团体心理
辅导与训练

刘勇 著

Tuanti Xinli Fudao Yu Xunlian 第二版

· 广州 ·

版权所有　翻印必究

图书在版编目（CIP）数据

团体心理辅导与训练/刘勇著. —2版. —广州：中山大学出版社，2018.5
ISBN 978-7-306-06328-1

Ⅰ.①团… Ⅱ.①刘… Ⅲ.①集体心理学—高等学校—教材 Ⅳ.①C912.2

中国版本图书馆CIP数据核字（2018）第078800号

出 版 人：	王天琪
策划编辑：	蔡浩然
责任编辑：	蔡浩然
封面设计：	林绵华
责任校对：	杨文泉
责任技编：	何雅涛
出版发行：	中山大学出版社
电　　话：	编辑部 020 - 84110771，84113349，84111997，84110779
	发行部 020 - 84111998，84111981，84111160
地　　址：	广州市新港西路135号
邮　　编：	510275　　传　真：020 - 84036565
网　　址：	http：//www.zsup.com.cn　E-mail：zdcbs@mail.sysu.edu.cn
印 刷 者：	佛山市浩文彩色印刷有限公司
规　　格：	787mm×1092mm　1/16　23印张　531千字
版次印次：	2007年5月第1版　2018年5月第2版　2025年3月第10次印刷
印　　数：	26001—27000册　　定　价：49.90元

如发现本书因印装质量影响阅读，请与出版社发行部联系调换

内 容 提 要

本书共15章，比较系统地阐述了团体心理辅导与治疗理论、团体心理辅导操作原理与过程、团体心理辅导训练及有关带领团体的基本知识与技术方法，并对团体心理辅导与训练过程中要解决的具体问题做了详细介绍。

本书内容全面，资料新颖，最显著的特色是理论阐析和实际操作紧密结合，既对团体心理辅导的各学派的理论、模式、技术和方法进行了详尽的描述，又给读者提供了多达215个应用广泛的具有典型性的团体心理辅导与训练的方案、操作流程、案例和对话片断，体现了科学性、理论性与实践性的统一。本书不仅适合高等院校心理学、心理健康与咨询、医学心理学、教育学、社会工作、人力资源等专业的高职高专、大学本科的学生及研究生做教材，而且对各级各类学校从事心理教育的老师和心理咨询师有指导作用，对职业指导师和企业培训师也有重要的参考价值。

目　　录

第一版前言 ………………………………………………………………（Ⅰ）
第二版前言 ………………………………………………………………（Ⅲ）

第一章　团体心理辅导导论 ……………………………………………（1）
　第一节　什么是团体 …………………………………………………（1）
　　一、团体是一种有序的组织 …………………………………………（1）
　　二、团体必须有一个共同的目标 ……………………………………（1）
　　三、团体成员之间具有互动性 ………………………………………（1）
　　四、团体具有整体感 …………………………………………………（2）
　第二节　团体的类型 …………………………………………………（2）
　　一、根据团体目标不同划分 …………………………………………（2）
　　二、根据团体成员的背景、问题性质的相似性划分 ………………（3）
　　三、根据团体辅导活动的程序性划分 ………………………………（4）
　　四、根据团体的重心和目的的不同划分 ……………………………（4）
　　五、根据学校团体辅导的组织模式划分 ……………………………（5）
　　六、根据团体成员的固定程度划分 …………………………………（6）
　第三节　团体心理辅导 ………………………………………………（6）
　　一、什么是团体心理辅导 ……………………………………………（6）
　　二、团体心理辅导与团体心理治疗 …………………………………（7）
　第四节　团体心理辅导的优点与特征 ………………………………（7）
　　一、团体心理辅导的优点 ……………………………………………（7）
　　二、团体心理辅导的特征 ……………………………………………（8）
　第五节　团体心理辅导的功能 ………………………………………（9）
　　一、教育功能 …………………………………………………………（9）
　　二、发展功能 …………………………………………………………（9）
　　三、预防功能 …………………………………………………………（9）
　　四、治疗功能 …………………………………………………………（9）
　第六节　团体心理辅导目标的功能与分类 …………………………（10）
　　一、团体心理辅导目标的功能 ………………………………………（10）
　　二、团体心理辅导目标的分类 ………………………………………（10）

第二章　团体心理咨询与治疗理论基础（一） ………………………（12）
　第一节　心理分析式团体治疗理论 …………………………………（12）
　　一、心理分析式团体治疗的目标 ……………………………………（12）

二、心理分析式团体治疗的过程 ………………………………………… (12)
　　三、心理分析式团体治疗的基本原理 …………………………………… (13)
　　四、心理分析式团体治疗的基本技术 …………………………………… (17)
　　五、心理分析式团体治疗领导者的角色与功能 ………………………… (19)
　　六、心理分析式团体治疗的发展阶段 …………………………………… (20)
　　七、心理分析式团体治疗的操作方案 …………………………………… (22)
第二节　阿德勒式团体治疗理论 …………………………………………… (23)
　　一、阿德勒式学派的理论观点 …………………………………………… (24)
　　二、阿德勒式理论的团体实践 …………………………………………… (25)
　　三、阿德勒式团体治疗阶段 ……………………………………………… (26)
　　四、阿德勒式团体治疗领导者的角色与功能 …………………………… (27)
　　五、阿德勒式的家庭咨询 ………………………………………………… (27)
第三节　行为主义团体治疗 ………………………………………………… (28)
　　一、行为主义团体治疗的原理 …………………………………………… (28)
　　二、行为主义团体治疗领导者的角色与功能 …………………………… (29)
　　三、行为主义团体治疗的阶段与技术 …………………………………… (30)
　　四、社会技能训练团体治疗 ……………………………………………… (34)
　　五、肯定性训练团体治疗 ………………………………………………… (34)
　　　　肯定性训练方案 ……………………………………………………… (35)
　　六、压力管理训练团体治疗 ……………………………………………… (36)
　　　　压力管理训练方案 …………………………………………………… (37)
　　七、自我管理行为团体治疗 ……………………………………………… (38)
　　　　减肥目标的自我管理方案 …………………………………………… (40)
　　八、多重模式团体治疗 …………………………………………………… (42)
第四节　存在主义团体治疗 ………………………………………………… (44)
　　一、存在主义团体治疗的原理 …………………………………………… (44)
　　二、存在主义团体治疗的目标 …………………………………………… (44)
　　三、有关概念在存在主义团体治疗中的应用 …………………………… (45)
　　四、一个存在的人的基本特征 …………………………………………… (48)
　　五、存在主义团体治疗领导者的角色与功能 …………………………… (49)
　　六、意义治疗团体操作方案 ……………………………………………… (49)
第五节　格式塔团体治疗 …………………………………………………… (51)
　　一、格式塔团体治疗的原理 ……………………………………………… (51)
　　二、格式塔团体治疗领导者的角色与功能 ……………………………… (55)
　　三、格式塔团体治疗技术 ………………………………………………… (56)
　　　　格式塔动作治疗案例 ………………………………………………… (57)
　　四、梦工作的原则与方法 ………………………………………………… (59)
　　　　梦工作案例 …………………………………………………………… (60)

五、格式塔团体治疗操作方案 ……………………………………………… (61)

第三章　团体心理咨询与治疗理论基础（二） ……………………………… (64)
第一节　理性情绪团体治疗 ……………………………………………… (64)
　　一、理性情绪团体治疗的背景与基本假设 ………………………………… (64)
　　二、理性情绪团体治疗的原理 ……………………………………………… (65)
　　三、理性情绪团体治疗的目标与特点 ……………………………………… (67)
　　四、理性情绪团体治疗领导者的角色与功能 ……………………………… (68)
　　五、理性情绪团体治疗技术 ………………………………………………… (69)
　　六、马拉松团体治疗技术 …………………………………………………… (74)
第二节　现实团体治疗理论 ……………………………………………… (74)
　　一、现实团体治疗的原理 …………………………………………………… (74)
　　二、有关概念在现实团体治疗中的应用 …………………………………… (75)
　　三、现实团体治疗的过程 …………………………………………………… (76)
　　四、现实团体治疗技术 ……………………………………………………… (79)
　　五、现实团体治疗领导者的角色与功能 …………………………………… (81)
　　六、现实团体治疗操作方案 ………………………………………………… (81)
第三节　个人中心式团体治疗 …………………………………………… (83)
　　一、个人中心式团体治疗的发展 …………………………………………… (83)
　　二、个人中心式团体治疗的原理 …………………………………………… (84)
　　三、个人中心式团体治疗的发展阶段 ……………………………………… (88)
　　四、个人中心式团体治疗领导者的角色与功能 …………………………… (89)
　　五、会心团体治疗 …………………………………………………………… (90)
第四节　沟通分析式团体治疗 …………………………………………… (92)
　　一、沟通分析式团体治疗的发展与原理 …………………………………… (92)
　　二、有关概念在沟通分析式团体治疗中的应用 …………………………… (93)
　　三、沟通分析式团体治疗技术 ……………………………………………… (97)
　　四、沟通分析式团体治疗的发展阶段 ……………………………………… (98)
　　五、沟通分析式团体治疗领导者的角色与功能 …………………………… (99)
　　六、沟通分析式团体治疗操作方案 ………………………………………… (99)
第五节　心理剧团体治疗 ………………………………………………… (101)
　　一、什么是心理剧 …………………………………………………………… (101)
　　二、心理剧团体治疗原理 …………………………………………………… (101)
　　三、心理剧团体治疗的构成要素 …………………………………………… (105)
　　四、心理剧团体治疗的基本过程 …………………………………………… (108)
　　　　附加现实景的即兴演出案例 …………………………………………… (109)
　　五、心理剧团体治疗技术 …………………………………………………… (110)

第四章 团体领导者 (112)

第一节 团体领导者的角色 (112)
一、领导者的角色 (112)
二、调解员的角色 (112)
三、教育者的角色 (112)
四、好朋友的角色 (112)
五、治疗师的角色 (112)

第二节 团体领导者的素质 (113)
一、团体领导者的特征 (113)
二、团体领导者的技能 (114)

第三节 团体咨询师的职业道德 (115)
一、方向与提供信息 (115)
二、成员的挑选 (116)
三、保密性咨询 (116)
四、自愿参加还是非自愿参加 (116)
五、离开团体 (117)
六、强迫与压力 (117)
七、价值观 (117)
八、公平的治疗 (118)
九、双重关系 (118)
十、技术应用 (118)
十一、发展目标 (119)
十二、咨询原则 (119)
十三、结束治疗 (119)
十四、评估与随访 (119)
十五、转诊 (120)
十六、提高专业水平 (120)

第四节 协同领导模式 (120)
一、协同领导的优点 (120)
二、协同领导的模式 (121)
合作式协同领导案例 (121)

第五节 成为一个有效的领导者 (122)
一、有效领导者的训练途径 (122)
二、建立个人领导风格的原则 (123)

第五章 团体发展阶段 (125)

第一节 团体发展阶段的划分 (125)
一、团体发展五阶段论 (125)

二、团体发展三阶段论 ……………………………………………… (125)
第二节　团体初期阶段 …………………………………………………… (126)
　　一、团体初期阶段的特征 …………………………………………… (126)
　　二、领导者的主要任务 ……………………………………………… (126)
　　三、团体成员的主要任务 …………………………………………… (127)
　　四、不同类型团体聚会开始的方法与案例 ………………………… (127)
　　　　教育团体聚会开始的案例 ……………………………………… (128)
　　　　治疗团体聚会开始的案例 ……………………………………… (128)
　　　　任务团体聚会开始的案例 ……………………………………… (128)
　　　　成长团体聚会开始的案例 ……………………………………… (129)
第三节　团体转换阶段 …………………………………………………… (129)
　　一、团体转换阶段的特征 …………………………………………… (129)
　　二、团体成员的任务 ………………………………………………… (129)
　　三、领导者的任务 …………………………………………………… (130)
　　四、焦虑与矛盾冲突的控制 ………………………………………… (130)
第四节　团体工作阶段 …………………………………………………… (131)
　　一、团体工作阶段的特征 …………………………………………… (131)
　　二、团体成员的任务 ………………………………………………… (132)
　　三、领导者的任务 …………………………………………………… (132)
　　四、团体凝聚力 ……………………………………………………… (133)
　　五、工作团体的效能 ………………………………………………… (133)
　　六、团体主题的引导 ………………………………………………… (134)
　　　　有关性的主题提纲案例 ………………………………………… (134)
　　　　有关自尊的主题提纲案例 ……………………………………… (136)
　　　　有关认同感的主题提纲案例 …………………………………… (137)
第五节　团体的巩固与结束阶段 ………………………………………… (138)
　　一、团体巩固与结束阶段的特征 …………………………………… (138)
　　二、团体成员的任务 ………………………………………………… (138)
　　三、团体领导者的任务 ……………………………………………… (138)
第六节　团体的追踪与评价阶段 ………………………………………… (139)
　　一、团体成员的任务 ………………………………………………… (139)
　　二、团体领导者的任务 ……………………………………………… (139)

第六章　领导团体的技术 …………………………………………… (140)
第一节　积极倾听 ………………………………………………………… (140)
　　一、积极倾听的含义与类型 ………………………………………… (140)
　　二、工具：支持性倾听测试 ………………………………………… (140)
　　三、练习：提升倾听技能 …………………………………………… (141)

第二节 反映 ……………………………………………………………… (142)
  一、反映的含义与类型 ………………………………………………… (142)
  二、反映的功能 ………………………………………………………… (142)
  三、示例：恋爱困惑团体 ……………………………………………… (142)
  四、示例：求职遇挫团体 ……………………………………………… (142)

第三节 澄清 ……………………………………………………………… (142)
  一、澄清的含义 ………………………………………………………… (142)
  二、澄清的功能 ………………………………………………………… (143)
  三、示例：初中生认知偏差团体 ……………………………………… (143)
  四、示例：异性交往团体 ……………………………………………… (143)

第四节 面质 ……………………………………………………………… (143)
  一、面质的含义 ………………………………………………………… (143)
  二、面质的类型 ………………………………………………………… (144)
  三、面质的原则 ………………………………………………………… (144)
  四、面质的六种情况 …………………………………………………… (144)
  五、示例：信息混乱或矛盾的面质 …………………………………… (144)
  六、示例：面质沉默的成员 …………………………………………… (145)
  七、示例：面质漫谈者 ………………………………………………… (145)

第五节 摘论 ……………………………………………………………… (145)
  一、摘论的含义 ………………………………………………………… (145)
  二、摘论的功能 ………………………………………………………… (145)
  三、示例：阶段式摘论 ………………………………………………… (146)
  四、示例：信息核实式摘论 …………………………………………… (146)
  五、示例：团体活动临近结束时的摘论 ……………………………… (146)

第六节 解释 ……………………………………………………………… (146)
  一、解释的含义 ………………………………………………………… (146)
  二、解释的功能 ………………………………………………………… (146)
  三、解释的原则 ………………………………………………………… (147)
  四、示例：成员无故缺席 ……………………………………………… (147)

第七节 催化 ……………………………………………………………… (147)
  一、催化的含义 ………………………………………………………… (147)
  二、催化团体的方法 …………………………………………………… (147)
  三、示例：音乐冥想 …………………………………………………… (147)

第八节 即刻化 …………………………………………………………… (147)
  一、即刻化的含义 ……………………………………………………… (147)
  二、即刻化的原则 ……………………………………………………… (148)
  三、示例 ………………………………………………………………… (148)

第九节 自我开放 ………………………………………………………… (148)

一、自我开放的含义 …………………………………………… (148)
　　二、自我开放的功能 …………………………………………… (148)
　　三、自我开放的类型 …………………………………………… (148)
　　四、示例：示范性自我开放 …………………………………… (149)
　　五、示例：过去积极经验的自我开放 ………………………… (149)
　　六、示例：过去消极经验的自我开放 ………………………… (149)
　　七、示例：现在消极经验的自我开放 ………………………… (149)
　　八、示例：现在积极经验的自我开放 ………………………… (149)
第十节　微型演说 …………………………………………………… (149)
　　一、微型演说的含义 …………………………………………… (149)
　　二、微型演说的原则 …………………………………………… (149)
　　三、示例：婚姻辅导团体 ……………………………………… (150)
第十一节　提供信息 ………………………………………………… (150)
　　一、提供信息的含义 …………………………………………… (150)
　　二、提供信息的原则 …………………………………………… (150)
　　三、示例：亲子教育团体 ……………………………………… (150)
第十二节　鼓励与支持 ……………………………………………… (151)
　　一、鼓励与支持的含义 ………………………………………… (151)
　　二、鼓励与支持的途径 ………………………………………… (151)
　　三、示例：支持性团体 ………………………………………… (151)
第十三节　设定团体基调 …………………………………………… (151)
　　一、设定团体基调的含义 ……………………………………… (151)
　　二、设定团体基调的原则 ……………………………………… (151)
　　三、示例：严肃基调的团体 …………………………………… (152)
　　四、示例：社交基调的团体 …………………………………… (152)
　　五、示例：面质基调的团体 …………………………………… (152)
　　六、示例：支持基调的团体 …………………………………… (152)
　　七、示例：正式基调的团体 …………………………………… (152)
第十四节　非语言反应技术 ………………………………………… (152)
　　一、眼睛的运用 ………………………………………………… (152)
　　　　领导者忽视可能引起成员对团体失去兴趣案例 ………… (153)
　　　　领导者利用眼睛邀请成员发言案例 ……………………… (154)
　　　　领导者截断成员漫谈行为案例 …………………………… (154)
　　二、声音的形态 ………………………………………………… (154)
　　　　领导者运用声调协助成员思考案例 ……………………… (155)
　　三、沉默的技术 ………………………………………………… (155)
　　四、非语言反应的训练方法 …………………………………… (155)
　　　　非语言反应技能训练案例 ………………………………… (157)

第十五节 关联技术 (159)
 一、关联技术的含义 (159)
 二、关联技术的功能 (159)
 三、示例：两性关系发展团体 (159)

第十六节 截断技术 (159)
 一、截断技术的含义 (159)
 二、针对漫谈者的截断技术 (159)
  以漫谈者为焦点截断谈话案例 (160)
  以漫谈者话题为焦点截断谈话案例 (161)
  换人换话题截断案例 (161)
 三、针对团体目标的截断技术 (162)
  重新聚焦团体主题案例 (162)
 四、针对主题内容的截断技术 (162)
  领导者如感觉成员谈话失当而使用截断技术案例 (162)
 五、针对活动焦点转换的截断技术 (163)
  领导者引出想发言成员而使用截断技术案例 (163)
 六、团体聚会结束时的截断技术 (164)
 七、针对成员间争执的截断技术 (164)
  当团体成员发生争执状态时领导者使用截断技术案例 (165)
 八、针对拯救者成员的截断技术 (165)
  截断拯救行为案例 (166)
 九、截断技术的使用原则 (166)

第十七节 引导技术 (166)
 一、引导技术的含义及其使用目的 (166)
 二、成员沉默的原因 (166)
  了解成员沉默原因案例 (167)
 三、引导沉默成员发言的方法 (168)
  引导沉默成员发言案例 (169)

第七章 团体计划 (170)
第一节 团体形成之前的任务 (170)
 一、团体领导者的任务 (170)
 二、团体成员的任务 (170)

第二节 团体形成之前的计划拟订 (171)
 一、谁带领团体 (171)
 二、团体规模 (171)
 三、开放式或封闭式团体 (171)
 四、每次团体聚会时间 (171)

　　　　五、聚会场所的选择与布置 …………………………………………………… (172)
　　　　六、招募与筛选成员 …………………………………………………………… (172)
　　　　七、团体聚会次数 ……………………………………………………………… (173)
　　　　八、选择团体聚会的频率与时间段 …………………………………………… (173)
　　　　九、对非自愿成员所组成的团体应对策略 …………………………………… (174)
　　　　　　领导者在首次团体聚会时面对非自愿成员的说明案例 ………………… (174)
　　　　十、团体契约的签订 …………………………………………………………… (174)
　　　　　　团体契约书签订案例 ……………………………………………………… (175)
　　第三节　每次团体聚会计划的拟订 ………………………………………………… (176)
　　　　一、领导者要明确的问题 ……………………………………………………… (176)
　　　　二、设计团体活动的原则 ……………………………………………………… (176)
　　　　三、示例：团体聚会计划 ……………………………………………………… (176)
　　　　四、拟订团体聚会计划的误区 ………………………………………………… (179)
　　第四节　团体辅导计划的设计 ……………………………………………………… (180)
　　　　一、团体辅导计划设计的项目 ………………………………………………… (180)
　　　　二、示例：团体咨询计划 ……………………………………………………… (181)
　　　　三、团体辅导计划设计案例 …………………………………………………… (185)
　　　　　　心动：两性关系成长团体辅导计划案例 ………………………………… (185)

第八章　团体焦点 ………………………………………………………………………… (207)
　　第一节　建立团体焦点的方法 ……………………………………………………… (207)
　　　　一、叙述明示法 ………………………………………………………………… (207)
　　　　二、活动聚焦法 ………………………………………………………………… (207)
　　　　三、绕圈发言法 ………………………………………………………………… (208)
　　　　四、两两配对活动法 …………………………………………………………… (209)
　　第二节　团体焦点的维持 …………………………………………………………… (209)
　　　　一、保持团体焦点的时机 ……………………………………………………… (209)
　　　　二、团体焦点维持的时间 ……………………………………………………… (210)
　　　　三、团体焦点维持的方法 ……………………………………………………… (210)
　　第三节　团体焦点的转换 …………………………………………………………… (211)
　　　　一、团体焦点转换的时机 ……………………………………………………… (211)
　　　　二、团体焦点转换的方向 ……………………………………………………… (211)
　　　　三、团体焦点转换的方法 ……………………………………………………… (211)
　　　　　　团体焦点转换方法案例 …………………………………………………… (211)
　　第四节　团体焦点的深化 …………………………………………………………… (213)
　　　　一、团体焦点深度图 …………………………………………………………… (213)
　　　　二、促进团体焦点深化的策略 ………………………………………………… (215)
　　　　　　运用截断技术引导成员做有意义的自我探索案例 ……………………… (215)

第九章　团体活动 …………………………………………………………（217）

第一节　团体活动的价值 …………………………………………………（217）
一、团体活动的含义 …………………………………………………（217）
二、团体活动的意义 …………………………………………………（217）

第二节　团体活动的原则 …………………………………………………（218）
一、团体活动应遵循的原则 …………………………………………（218）
二、示例 ………………………………………………………………（218）

第三节　团体活动的类型 …………………………………………………（219）
一、书写活动 …………………………………………………………（219）
　　书写活动案例 ……………………………………………………（219）
二、肢体活动 …………………………………………………………（221）
　　肢体活动案例 ……………………………………………………（221）
三、配对活动 …………………………………………………………（225）
　　配对活动案例 ……………………………………………………（225）
四、绕圈发言 …………………………………………………………（227）
　　绕圈发言案例 ……………………………………………………（227）
五、创造性道具 ………………………………………………………（230）
　　创造性道具案例 …………………………………………………（230）
六、美术工艺活动 ……………………………………………………（231）
七、幻想活动 …………………………………………………………（231）
　　幻想活动案例 ……………………………………………………（231）
八、阅读活动 …………………………………………………………（232）
　　阅读活动案例 ……………………………………………………（232）
九、回馈活动 …………………………………………………………（232）
十、信任活动 …………………………………………………………（234）
　　领导者评定成员信任感案例 ……………………………………（234）
十一、经验性活动 ……………………………………………………（234）
十二、道德两难活动 …………………………………………………（234）
　　　道德两难故事案例 ……………………………………………（235）
十三、决策活动 ………………………………………………………（235）
十四、触摸活动 ………………………………………………………（235）

第四节　团体活动的说明 …………………………………………………（235）
一、团体活动说明的重要性 …………………………………………（235）
二、注意事项 …………………………………………………………（235）
　　有关团体活动说明案例 …………………………………………（236）

第五节　团体活动的指导 …………………………………………………（237）
一、团体活动的指导要点 ……………………………………………（237）

二、团体活动指导案例 ……………………………………………… (238)
　第六节　团体活动结束后的处理 …………………………………………… (239)
　　一、团体活动结束后处理的含义 …………………………………… (239)
　　二、处理的事项 ……………………………………………………… (240)
　　　　有关处理事项案例 …………………………………………… (240)

第十章　团体评估 …………………………………………………………… (243)
　第一节　团体评估的方法 …………………………………………………… (243)
　　一、行为计量法 ……………………………………………………… (243)
　　二、心理测验法 ……………………………………………………… (243)
　　三、问卷调查法 ……………………………………………………… (243)
　第二节　领导者评估团体 …………………………………………………… (244)
　　一、领导者评估团体的作用 ………………………………………… (244)
　　二、使用领导过程评估表评估 ……………………………………… (244)
　第三节　成员的自我评估 …………………………………………………… (246)
　　一、成员自我评估的作用 …………………………………………… (246)
　　二、成员参与评估 …………………………………………………… (246)
　　三、成员自我行为改变程度的评估 ………………………………… (247)
　第四节　根据结果来评估 …………………………………………………… (248)
　　一、获取评估结果的资料 …………………………………………… (248)
　　二、评估成员的调查资料 …………………………………………… (249)
　第五节　团体进程的评估 …………………………………………………… (249)
　　一、过程性评估 ……………………………………………………… (249)
　　二、总结性评估 ……………………………………………………… (249)
　　三、追踪性评估 ……………………………………………………… (250)
　第六节　团体动力的评估 …………………………………………………… (251)
　　一、团体动力评估的含义 …………………………………………… (251)
　　二、识别团体负向动力 ……………………………………………… (251)
　　　　假互动模式案例 ……………………………………………… (251)
　　三、领导者对团体动力的评估 ……………………………………… (252)
　　　　团体治疗性力量评估因素案例 ……………………………… (252)

第十一章　首次团体聚会 …………………………………………………… (253)
　第一节　首次团体聚会开始的方法与案例 ………………………………… (253)
　　一、领导者描述团体性质与目标后做自我介绍 …………………… (253)
　　二、领导者简述后请成员做自我介绍 ……………………………… (253)
　　三、领导者长篇讲话后直接进入团体活动的内容 ………………… (254)
　　四、领导者简要讲话后直接进入团体活动的内容 ………………… (254)

五、领导者简要介绍团体后成员进行两两配对 …………………………（255）
　　六、领导者简要介绍团体后成员借助语句完成活动 ……………………（255）
　　七、成员借助自我介绍来开始团体活动 …………………………………（255）
第二节　协助成员熟悉的方法 …………………………………………………（256）
　　一、成员自我介绍 …………………………………………………………（256）
　　二、成员介绍的方法 ………………………………………………………（256）
第三节　团体气氛的营造 ………………………………………………………（257）
　　一、建立正面的团体气氛 …………………………………………………（257）
　　二、建立团体信任感 ………………………………………………………（257）
第四节　引导成员发言 …………………………………………………………（259）
　　一、引导成员发言的技巧 …………………………………………………（259）
　　二、示例：领导者引导成员发言 …………………………………………（259）
第五节　讲清团体目标 …………………………………………………………（259）
　　一、讲清团体目标的作用与案例 …………………………………………（259）
　　二、讲清团体目标的步骤与案例 …………………………………………（260）
　　三、讲清团体目标的原则与案例 …………………………………………（260）
第六节　解释领导者的角色 ……………………………………………………（261）
　　一、解释领导者角色的目的 ………………………………………………（261）
　　二、示例 ……………………………………………………………………（261）
第七节　解释团体进行方式 ……………………………………………………（262）
　　一、解释团体进行方式的目的 ……………………………………………（262）
　　二、示例 ……………………………………………………………………（262）
第八节　聚焦成员对团体目标的期望 …………………………………………（263）
　　一、增强成员对团体目标的期望 …………………………………………（263）
　　二、示例 ……………………………………………………………………（263）
第九节　说明团体规则 …………………………………………………………（265）
　　一、利用合适时机说明团体规则 …………………………………………（265）
　　二、示例 ……………………………………………………………………（265）
第十节　评估团体舒适度与团体互动形态 ……………………………………（266）
　　一、评估团体舒适度 ………………………………………………………（266）
　　二、评估团体互动形态 ……………………………………………………（267）
第十一节　聚焦团体的内容与团体活动 ………………………………………（267）
　　一、聚焦团体的内容与方法 ………………………………………………（267）
　　二、开展团体活动 …………………………………………………………（268）
第十二节　结束团体聚会的方法与案例 ………………………………………（269）
　　一、直接告知法 ……………………………………………………………（269）
　　二、提问法 …………………………………………………………………（269）
　　三、总结法 …………………………………………………………………（270）

四、绕圈发言法 …………………………………………………… (270)
　　　五、配对讨论分享法 ……………………………………………… (270)
　　　六、书写反应法 …………………………………………………… (271)

第十二章　团体治疗 …………………………………………………… (272)
第一节　团体治疗概述 ………………………………………………… (272)
　　　一、团体治疗的含义与特征 ……………………………………… (272)
　　　二、团体治疗的目标 ……………………………………………… (272)
　　　三、团体治疗领导者的任务 ……………………………………… (274)
第二节　团体治疗技术与案例 ………………………………………… (274)
　　　一、营造团体治疗气氛与案例 …………………………………… (274)
　　　二、治疗性讨论、引导与案例 …………………………………… (274)
　　　三、达成治疗契约与案例 ………………………………………… (275)
　　　四、成员参与技术与案例 ………………………………………… (277)
　　　五、领导者介入技术与案例 ……………………………………… (279)
　　　六、治疗性绕圈发言与案例 ……………………………………… (281)

第十三章　家庭治疗 …………………………………………………… (284)
第一节　家庭治疗的含义与发展 ……………………………………… (284)
　　　一、家庭治疗的含义 ……………………………………………… (284)
　　　二、家庭治疗的发展 ……………………………………………… (284)
第二节　家庭治疗的理论模式 ………………………………………… (285)
　　　一、系统式家庭治疗 ……………………………………………… (285)
　　　二、结构式家庭治疗 ……………………………………………… (286)
　　　三、交流式家庭治疗 ……………………………………………… (287)
　　　　萨蒂尔记录的交流式家庭治疗案例 …………………………… (287)
　　　四、行为式家庭治疗 ……………………………………………… (289)
　　　五、分析式家庭治疗 ……………………………………………… (290)
　　　六、策略式家庭治疗 ……………………………………………… (290)
　　　　社交恐惧症的家庭治疗案例 …………………………………… (291)
　　　七、社会网络式家庭治疗 ………………………………………… (291)
第三节　家庭治疗的程序 ……………………………………………… (291)
　　　一、诊断与评价 …………………………………………………… (291)
　　　二、治疗室内座位的选择 ………………………………………… (292)
　　　三、心理干预 ……………………………………………………… (292)
　　　　幼儿对狗恐惧的心理干预案例 ………………………………… (293)
第四节　健康家庭的标准 ……………………………………………… (293)
　　　一、感情的交融 …………………………………………………… (293)

二、感情的理解 ……………………………………………………（293）
　　三、接纳成员的差异性 ……………………………………………（293）
　　四、体贴与关心 ……………………………………………………（293）
　　五、互助与合作 ……………………………………………………（294）
　　六、幽默的家庭气氛 ………………………………………………（294）
　　七、有基本的生活保障 ……………………………………………（294）
　　八、有自己的生活原则 ……………………………………………（294）

第十四章　婚姻治疗 ……………………………………………（295）
第一节　婚姻治疗的含义与模式 ………………………………（295）
　　一、婚姻治疗的含义 ………………………………………………（295）
　　二、婚姻治疗的模式 ………………………………………………（295）
第二节　婚姻治疗的内容与目标 ………………………………（296）
　　一、婚姻治疗的内容 ………………………………………………（296）
　　二、婚姻治疗的目标 ………………………………………………（296）
第三节　婚姻关系发展阶段 ……………………………………（297）
　　一、婚前阶段 ………………………………………………………（297）
　　二、初婚阶段 ………………………………………………………（297）
　　三、生产与养育子女阶段 …………………………………………（297）
　　四、子女分离及婚姻后期阶段 ……………………………………（297）
　　五、婚姻结尾阶段 …………………………………………………（298）
第四节　婚姻治疗的技术 ………………………………………（298）
　　一、转负为正，更改气氛 …………………………………………（298）
　　二、提出改善的具体目标 …………………………………………（299）
　　三、促进夫妻协调 …………………………………………………（299）
　　四、稳定"婚姻认同"形式 ………………………………………（299）
第五节　夫妻关系的心理辅导 …………………………………（299）
　　一、夫妻沟通不良的心理分析 ……………………………………（299）
　　二、夫妻沟通障碍的心理辅导原则 ………………………………（302）
　　三、夫妻沟通障碍的心理辅导程序 ………………………………（303）
　　四、夫妻的性生活心理辅导 ………………………………………（303）

第十五章　团体心理训练 ………………………………………（306）
第一节　心理训练概述 …………………………………………（306）
　　一、心理训练的含义 ………………………………………………（306）
　　二、心理训练的分类与特点 ………………………………………（306）
　　三、心理训练的源泉 ………………………………………………（307）
　　四、国外心理训练状况 ……………………………………………（308）

五、国内心理训练状况 …………………………………………………（309）
第二节　职业心理训练 ………………………………………………………（310）
　　一、职业心理训练的类型 ………………………………………………（310）
　　二、职业心理训练的内容与方法 ………………………………………（310）
　　三、职业心理训练的理论 ………………………………………………（312）
　　四、中学生职业生涯团体训练方案 ……………………………………（314）
第三节　自我控制能力训练 …………………………………………………（330）
　　一、调整自我情绪 ………………………………………………………（330）
　　二、自我探索，处理负面情绪 …………………………………………（332）
　　三、把持自我，控制情绪冲动 …………………………………………（334）
　　四、探讨两性交往的方式 ………………………………………………（335）
　　五、自我总结，展望未来 ………………………………………………（336）
第四节　自我意识训练 ………………………………………………………（337）
　　一、自我意识的分类 ……………………………………………………（337）
　　二、自我意识训练方案 …………………………………………………（338）
　　三、提高自我接纳水平的训练方案 ……………………………………（340）

主要参考文献 ………………………………………………………………（342）

第一版前言

团体心理辅导作为一种应用广泛的、最经济和最有效的咨询形式，充分利用人类乐群性的本质特征，借助于科学设计的团体聚会，在受过专业训练的领导者带领下，通过深度的团体互动，给团体成员提供心理援助，协助其心理成长和人格发展。正如美国著名的咨询心理学家 Capuzzi 和 Corey 在《20世纪90年代心理咨询展望》一书中所描述的，团体心理辅导的重要特征和优势具体体现为如下八个方面：①团体中发展信任气氛以促进成员彼此态度和情感的分享；②增进成员自我接纳感和自我尊重感；③协助成员澄清生命的价值并探索人生哲学；④强化成员容纳和尊重他人的意识、能力；⑤协助成员学会问题解决和正确决策的技巧，并承担责任；⑥协助成员能够敏锐感知他人的需要；⑦提升成员关心他人的能力；⑧协助成员将团体中学习到的经验运用到自己的生活实践之中。因此，团体心理辅导与训练是当代发展最快的心理咨询与治疗的形式之一。

从20世纪60年代开始，基于心理咨询与治疗理论指导的团体辅导与训练的实践，就在西方发达国家以及我国香港、台湾地区迅速发展，并取得显著效果。教育部颁发的《关于加强普通高等学校大学生心理健康教育工作的意见》（2001年3月16日）和《关于加强中小学心理健康教育的若干意见》（1999年8月13日）等重要文件中，也将团体心理辅导、团体训练作为构建心理健康教育体系和实现全员性心理健康教育目标的重要途径和手段。

自从2001年，笔者就在华南师范大学心理学专业开设了团体辅导课程，并承担广东省中小学心理健康教育师资培训"团体疗法与团体训练"课程的讲授，并于2003年10月出版了专著《团体咨询治疗与团体训练》。那本书深受读者的好评，并被一些大学的心理学系选作团体辅导课程的教材。这些年来，笔者一方面对团体辅导做深入研究，另一方面也充满热情地致力于团体辅导与训练的推广工作，已经成功地在许多大中型企业、政府机关、公安、武警、监狱、税务、学校等组织运作过很多团体辅导的项目，都收到了显著的效果。

本书最显著的特色是理论阐析和实际操作紧密结合，不仅对团体心理辅导的各学派的理论、模式、技术和方法进行了详尽的描述，更重要的是给读者提供了大量的应用广泛的具有典型性的团体心理辅导与训练的方案、操作流程、案例、范例和对话片断。或许可以这样说，本书是笔者多年来在团体辅导、团体训练领域孜孜不倦地研究、教学、推广的又一个阶段性的总结。

本书在写作过程中，参阅了大量的国内外文献，在此对所用资料的作者表示深深的谢意。中山大学出版社叶侨健社长、蔡浩然总编给予我极大的鼓励和支持，在此表示诚挚的感谢。鉴于笔者能力与水平所限，书中难免存在疏漏和诸多不尽如人意之处，敬请同行与广大读者提出宝贵意见。

刘　勇

2007 年 3 月于华南师范大学

第二版前言

本书自 2007 年 5 月出版发行以来，由于内容新颖、实用而受到读者的好评。借此再版机会，我们在保留原书框架结构和特点的基础上，对部分章节主要是第二章、第三章、第五章、第七章进行了修改和重写，补充了一些前沿理论、较新的资料以及操作方案和案例，突出团体心理辅导与训练的理论性和应用性。

本书在修订过程中，笔者充分吸收了一些用书单位诸如北京大学、西南大学、华南师范大学、广州中医药大学等相关专业师生的宝贵建议，一些培训组织单位诸如公安部、教育部、广东省公安厅、广东省国家安全厅等广大学员的反馈意见，以及一些心理咨询师、心理治疗师、心理健康教育工作者的很好意见。修订后的本书，内容更加丰富，知识逻辑结构更加合理，实践操作性更强，更便于读者学习和掌握团体心理辅导与团体训练的基本理论、方法与技术。

本书修订版的问世，得到了中山大学出版社蔡浩然编审的大力支持和帮助，在此深表谢意，并对修订过程中所参阅相关文献的作者表示诚挚谢意。由于时间仓促、水平所限，书中难免存在疏漏甚至错误之处，敬请读者批评和指正。请用 E-mail：keavin5@126.com 与我联系。

刘 勇
2017 年 12 月于广州林海

第一章　团体心理辅导导论

第一节　什么是团体

学者对团体的描述有所不同。著名的社会心理学家勒温（Kurt Lewin，1948）从团体动力学的角度认为，不管团体的大小、结构以及活动如何，所有称为团体的都需要建立在其成员彼此互动的基础上。Hamans（1950）指出，所谓团体，是指一群人彼此互相沟通一段时间，以使每个人不需要通过他人，能与其他人面对面的沟通。贝斯（Bass，1960）指出，团体是指一群人的集合，团体的存在对于他们有报偿的价值。肖（1980）认为，团体是指两个或两个以上的人彼此互动并互相影响。Corey（1987）将团体理解为具有目标、内容、架构、过程及评估等要素的一群人所形成的集合体。Johnson（2000）这样定义团体：两个或更多的人的面对面互动，每个人都意识到自己是团体的成员，每个人都意识到属于团体的其他人，每个人也意识到，在他们努力获得共同目标的过程中他们之间积极地相互依赖。

在心理辅导领域，团体是指在一定的目标引导下，通过成员之间的互动，满足成员一定的心理需求的组织。具体可以从四个方面来理解。

一、团体是一种有序的组织

团体并不是一群人的简单组合，而是具有一定组织结构的。在大部分团体中，成员之间的关系是稳定且有序的。团体的组织性取决于团体角色、团体规范和成员间关系这三个基本要素。每个成员在团体中都扮演着一定的角色，如领导者、追随者、沉默者、攻击者等。团体规范则是成员都必须遵守的行为准则，它保证了团体目标和团体利益的实现。团体成员之间的关系是一种人际关系，实质上是其心理关系的反映，它对团体功能与效率产生直接或间接的巨大影响，例如，成员间的关系是紧密型的还是松散型的，是专制型的还是民主型的。

二、团体必须有一个共同的目标

团体通常是为了一定的目的而存在的。成员聚集在一起来完成他们独自一人时没有办法完成的某种工作。在团体实现其目标的过程中，成员共同解决问题、分享观念、切磋技艺、创造生产、寻得乐趣以及满足个人的归属感、安全感、自尊感和爱的需要。

三、团体成员之间具有互动性

团体成员借助于语言、非语言方式相互交流和分享彼此的感受。互动是团体达成目标的重要条件，它促成了个人对自己和他人的觉察，并从中学习、支持、反馈而实现自我成长。

四、团体具有整体感

团体中的每个成员应认为自己是团体的一个分子，要与团体休戚相关、荣辱与共，团体不是个体的简单集合，而是成员之间互相依存的共同体。

第二节　团体的类型

一、根据团体目标不同划分

（一）教育团体

团体领导者为团体成员提供不同主题的信息，承担着教育者的角色和引导成员讨论的角色。通常教育团体只有一次聚会，聚会时间约持续 2—8 小时。

（二）讨论团体

成员围绕某一共同主题展开讨论，其目的是为成员提供一个交流想法和交换信息的机会。领导者主要是充当促进谈话的角色，以及保证成员们不偏离主题。例如，读书俱乐部、时事团体、生活风格团体等。

（三）任务团体

它是围绕一个特定的任务完成而形成的团体。任务团体有很明确的目标，会面一次或少数几次。例如，教师会议、学生行为规范制定会议等。领导者的角色功能是促进成员的注意力聚焦于既定任务，促进讨论和相互作用。

（四）成长团体

由希望体验置身于团体中的感觉或者希望对自我探索的成员组成。例如，敏感性团体、领悟团体、邂逅团体、生涯探索团体、社交胜任团体、自尊团体、愤怒控制团体等。成长团体为每个成员提供探索与发展个人目标以及更好的理解自我与他人的机会。它的目标包括生活风格的改变，对自身与他人的更好的认识、改善人际沟通以及对价值观的评估。领导者在营造友好、分享与倾听的群体氛围上起着重要作用，而且在成长团体中随着成员所暴露的不同问题，将会出现大量的咨询与辅导工作。

（五）咨询与治疗团体

由一位咨询师或治疗师和一些带有相同或相似心理与行为问题的成员组成。咨询师或治疗师为成员提供心理帮助，团体的注意力集中于不同的个体和问题。通常，咨询师或治疗师会扮演一种主控的角色来指导团体咨询的进程。

(六) 支持团体

由一些具有某些共同之处的成员组成，可能是天天会面，也可能是一周一次、一月一次或两次。支持团体中的成员交流思想与感受，帮助彼此检验某些问题和忧虑。例如，亲人正面临死亡威胁的人、社区康复中心的老年人、艾滋病人等。领导者的作用主要是鼓励成员之间真诚地交流、分享体验和想法。

(七) 自助团体

由一些具有共同兴趣或面对相同困难的人组建的一个群体支持系统，它强调成员之间的自助性和团体内部的资源的利用。自助团体的领导者往往不是专业人员，他与团体成员一起为克服同样的问题而努力。Alfreel Katz 和 Eugene Bender（1976）描述了自助团体的一个综合性定义："自助团体是自愿形成的，团体形成是为了互相帮助和完成特定目标。团体通常由同伴组成，他们结合在一起是为了互相帮助以满足共同的需求、克服通常的障碍或生活迷失问题和产生希望。这些团体的发起者和成员感觉到，借助或通过现有的制度无法或不可能实现他们的愿望。自助团体强调面对面的互动和作为成员的个人责任的承诺。他们经常提供物质和情绪上的支持。他们常是'原因'取向的，并且传播理想或价值，成员们可能获得对个人人格同一性的深刻意识。"

Powell（1987）将自助团体分为以下五种类型：

（1）干预习惯自助团体，如酒瘾者匿名团体、赌博者互助团体、戒烟者互诫团体、体重控制团体等。

（2）普遍性目的自助团体，如双亲互诫团体（针对虐待孩子的双亲）、情绪互诫协会、同情赞助者协会等。

（3）生活方式自助团体，如鳏寡互助团体、收养者自由运动协会、男女同性恋者的双亲和朋友互助协会等。

（4）身体障碍自助团体，如肺气肿互助协会、失声俱乐部、中风俱乐部、心脏修复俱乐部等。

（5）其他的自助团体，如酒徒亲属俱乐部、匿名社交俱乐部、严厉的爱俱乐部等。

二、根据团体成员的背景、问题性质的相似性划分

(一) 同质团体

同质团体是指团体成员的年龄、性别、学历、生活经历、心理问题具有一定的相似性。例如，老人团体、大学生团体、妇女团体、压力适应团体、减肥团体、学习困难儿童团体、亲子沟通团体、考试焦虑辅导团体、情绪调控训练团体、教师同理心训练团体、婚姻危机调适工作坊等。同质团体的优点表现为：团体成员因背景、条件的相似性而有许多共同语言、共同体验，互相之间容易沟通，能互相关心，不会感到孤立，似乎有一种同病相连的感觉，并且成员可以从其他成员身上受到启发。

（二）异质团体

异质团体是指团体成员的自身背景条件、个人特质或所遇到的问题的差异性很大，情况比较复杂。这类团体的成员常常因为志不同道不合、话不投机而难以沟通和建立信任关系，以阻碍团体的正常发展。而团体动力一旦形成，成员互动沟通的机会增加，互相激励，将有助于成员学习行为的建立。例如，创造力训练团体、两性关系成长团体、社会人士的生涯辅导团体。

当然，团体的同质和异质是相对于某些指标而言的，例如，学习成就、学习能力、情绪行为、家庭类型等。而且即使是同一指标，往往也是程度上的类别，具有相对性，例如，一个学校的班集体，从年龄指标上可以视为同质团体，而从学业、能力、个性等指标来看，则是高度异质化的。

三、根据团体辅导活动的程序性划分

（一）结构式团体

结构式团体是指为了帮助成员学习，事先做了充分的计划和准备，根据团体所要实现的目标来设计相应活动程序和引导成员积极参与。这种类型的团体的优点在于：团体目标明确、活动安排的程序化、领导者与成员的角色明确、重视团体互动气氛、改善成员的目标行为、有团体焦点主题等，如发展性辅导团体。

（二）非结构式团体

非结构式团体是指不刻意安排有程序的固定活动，强调成员的自主性的团体。领导者对团体较少承担责任，其主要任务是促进成员的互动，对团体目标与方法很少介入。团体目标与团体进程由成员在互动中自己探究。团体初期往往表现出一种无组织状态。Allis（1976）指出，非结构式团体是以非指导性的程序结构进行的。在这种结构下，领导者的角色比较隐蔽，成员的学习是在活动过程中自然发生的，而经由怀疑、焦虑、愤怒、挫折，逐渐转向澄清、重构、分享和认同。因此，成功的非结构式团体也可能产生高度的团体内聚力和治疗功能。一般来说，这种形式的团体更适合年龄较长、心智成熟、表达能力较强的人。

四、根据团体的重心和目的的不同划分

（一）训练团体

训练团体（training group），又称 T 小组。勒温及其同事在 1946 年主持的一个领导人训练计划时，发现利用团体训练人际关系技术是一种很有成效的途径。1947 年，勒温的同事在美国缅因州成立了第一个社交训练团体。1949 年，雷特弗德等人建立了国家训练实验室（national training laboratory，NTL），继续研究团体行为与团体过程。此后，训练团体在美国各地迅速蓬勃发展。

（二）个人发展团体

个人发展团体（personal growth group），也称敏感度训练团体。1964 年，魏尔（Joyce Weir）依据训练团体的经验，在美国加州成立了第一个个人发展实验室。个人发展团体的重要目的在于：借由成员间的互动作用，促进个人的成长与发展，增加自己对他人觉察的敏感性。

（三）学习团体

学习团体（learning group）是由多种团体经验演变而来的，在这种团体中，所有的人都是学习者，在结构性不强的团体运作下，因时因地地学习如何学习，以增进自我了解和改善人际关系。

五、根据学校团体辅导的组织模式划分

（一）发展性辅导团体

发展性辅导团体是学校心理教育的基本团体模式，也是应用最为广泛的辅导团体形式。人的心理素质和能力是一个不断发展的过程，在人生成长的不同阶段与过程中，个体必然会不断遇到某些暂时性的心理困难，如果能有效地克服这些不可避免的心理问题或挑战，人就能获得心智上的成长。因此，发展性辅导团体的主要目的是通过团体成员的主动参与，有效地表达自我，找到伙伴共同的兴趣与目标，在此基础上，通过交流、互动、体验和反思，得以自我成长与自我完善。

发展性辅导团体的功能具体表现为：一是使个体已经弱化的社会功能与技巧在团体中得到修正与增强；二是使个体掌握社会技巧来自我解决问题；三是团体可以协助成员走向自我完善，激发心理潜能。这些功能的实现依赖于四个重要条件：一是提供团体成员情感、思想宣泄的机会；二是成员能从团体获得心理支持，满足被接纳和归属的需要，提升自尊心与自信心；三是成员能获得新的自我领悟；四是改善社会适应能力，促进自我的成长。发展性辅导团体具有多种形式，如自我探索团体、生涯发展及规划团体、人际关系团体、两性沟通成长工作坊、自我成长团体等。发展性辅导团体经常使用的方法有：团体讨论、问题解决法、角色扮演、行为训练、团体游戏、各种习作与活动、演讲会、报告会、参观访问、影视观赏等。

（二）训练性辅导团体

这是学校心理教育的重要团体模式。训练性辅导团体重视团体成员人际关系技能的训练，着重借由团体背景下的行为演练培养成员解决问题的能力。训练性辅导团体的主要功能是为团体成员提供一个实验室，通过团体内的互动性体验，协助成员改善非适应性社会行为，学习对自己、对他人、对团体的理解与洞察，获得新的行为模式。训练性辅导团体有三个显著特点：一是强调此时此地的行为表达与演练，不涉及成员的过去行为习惯；二是关注团体互动过程，而非着重内容；三是强调真实的人际关系，尊重他

人，有利于他人的成长。一般来说，训练性团体过程包括三个阶段：原有态度解冻阶段、敏感性训练阶段和新态度、行为模式的巩固阶段。在通常情况下，训练性团体规模为10—15人。

（三）治疗性辅导团体

这是学校心理健康教育的重要补充形式。通过这种辅导团体特有的治疗性因素，来改变成员的人格结构，实现心理康复的功能。治疗性团体一般持续较长的时间，所处理的问题也较严重，往往针对某些表现出异常行为的学生，如焦虑、神经症、抑郁、性心理障碍等。治疗性辅导的核心放在过去经验的影响以及个体的潜意识因素，同时或多或少必须改变个体的人格结构。在学校心理健康教育中，治疗性辅导团体主要是针对问题青少年展开的，它并非是学校心理教育的主流形式。

六、根据团体成员的固定程度划分

（一）封闭式团体

封闭式团体是指从第一次团体聚会到最后一次团体聚会，参加成员保持固定不变的团体。封闭式团体的成员有较高的和谐性和认同感，在团体进行过程中是不允许吸纳新成员加入的。一般来说，咨询与治疗团体经常采用封闭式的方式来进行。

（二）开放式团体

开放式团体是指参加团体的成员并不固定，新成员有兴趣可以随时加入，旧成员可以随时离开的团体。例如，大学生读书俱乐部、一些自助团体。

此外，我们还可以根据团体规模将团体划分为：小团体（少于20人）、中团体（20—35人）、大团体（多于35人）；根据团体领导者所依循的心理咨询与治疗的理论取向的不同，将团体划分为：心理分析团体、阿德勒治疗团体、认知治疗团体、行为治疗团体、理性情绪治疗团体、心理剧团体、会心团体、现实治疗团体、格式塔治疗团体、存在治疗团体、TA团体等。

第三节　团体心理辅导

一、什么是团体心理辅导

团体心理辅导（group counseling/guidance）又称团体心理咨询，是相对一对一的个体心理辅导而言的，是一种在团体情境下提供心理援助与指导的一种咨询形式，由领导者根据成员问题的相似性或成员自发组成课题小组，通过共同商讨、训练、引导，解决成员共同的发展或心理问题。

团体心理辅导的优越性在于将团体作为一个微型社会，为那些在现实生活中受到挫折、压抑的成员提供一个宽松的环境。在这个充满理解与支持的团体氛围中，参与者愿意尝试各种选择性的行为，探索自己与其他人相处的方式，学习有效的社会技巧；团体成员之间能讨论彼此之间的相互察觉，并获得其他成员在团体中对其察觉的反馈，使之经由别人的观点来审视自己；培养成员的信任感与归属感，从对团体的信任到信任周围的其他人，从对团体的归属感扩延到对学校、社会的认同感与归属感。团体心理辅导可用来满足各种特殊群体的需要，是当代发展最快的心理咨询和治疗的形式之一。

二、团体心理辅导与团体心理治疗

团体心理辅导（group counseling）与团体心理治疗（group psychotherapy）是一个连续体，不存在质的差别，但在某些具体特征上存在着不同点。Arbuckle 曾经列举出团体心理辅导与团体心理治疗的特征（见表1-1）。

表1-1 团体心理辅导与团体心理治疗的特征

团体心理辅导的特征	团体心理治疗的特征
1. 团体经常具有共同目标 2. 讨论多半是属于知识性的，通常并不与个人有关联，而是与团体的重要话题有关联 3. 重点放在讨论内容上 4. 特别注重团体本身的利益与学习 5. 由实行评鉴以及判断任务的指导者时常加以评价 6. 团体成员对他人的态度不会有很大的改变 7. 团体咨询的主要目的是知识的增加和了解 8. 团体活动通常是以领导者为中心 9. 团体活动将会导致形式和组织的类型 10. 团体咨询的人数可以相当多	1. 团体各个成员个人的目的比团体的目的更加重要 2. 讨论通常偏重于情绪的或感情的色彩，所讨论或感受的问题乃是个人的问题 3. 特别强调讨论的过程，其次是讨论的内容 4. 团体只是手段，所注重的是个人 5. 采取自由、宽容的气氛，因此可以减少焦虑，团体内成员可以自由表达任何情感 6. 团体成员更能相互支持 7. 团体成员更能接纳自己、了解自己，因此可以导致变化 8. 团体治疗较倾向于当事人中心 9. 团体治疗具有非正式的或非组织的类型 10. 团体治疗的规模较小，团体人数较少

第四节 团体心理辅导的优点与特征

团体心理辅导充分重视与利用人类的乐群性本质特征，应用范围广泛，是一种最经济、最有效的方法。团体心理辅导与个别心理辅导相比具有以下四个优势：①团体心理辅导的感染力强，具广泛的影响性；②团体心理辅导效率高，省时省力；③团体心理辅导的效果容易巩固与迁移；④特别适用于人际关系适应不良的人。

一、团体心理辅导的优点

L. N. Downing（1968）指出团体心理辅导具有以下12个优点：

（1）让学生了解、体验到自己是被其他学生支持的，以获得公德心和增强自信心。

（2）让每一个学生能够从与别人的相互关系中找出自己的利益，学生将可以得到单独与咨询员接触所不能得到的利益。

（3）鉴别需要特别予以援助的学生。

（4）增进个别的咨询，团体的经验可以提高辅导的需求，达成更好的成熟。

（5）有益于发展社会性，团体中所获得的社会化经验可以促进学习与改进行为。

（6）可以提供治疗效果，以便更好地适应。

（7）使咨询员可以与更多的学生接触，这种接触可以帮助学生克服胆怯、减轻压迫感，改善自己的态度。

（8）使学生获得安全感，增强自信心。

（9）提供接近咨询员的机会和求助动机。

（10）综合各种教育经验以获得最大的利益，经过团体讨论使方法明确化后，将有助于学生对参加学校的各项活动感到有意义。

（11）松弛学生的紧张和不安。

（12）咨询员和教师的工作将更加有效。

二、团体心理辅导的特征

Capuzzi 和 Corey 在《20 世纪 90 年代心理咨询展望》一书中描述了团体心理辅导的特征，具体表现为八个方面：

（1）团体中发展信任气氛以促进彼此态度和情感的分享，能将这种信任应用到日常生活中。

（2）增进自我接纳和自我尊重。

（3）澄清生命的价值并探索人生哲学。

（4）能容忍他人并能接受和尊重不同的个体。

（5）学会解决问题和正确决策的技巧，并坦然接受这些决定的结果。

（6）能敏锐地感知他人的需求。

（7）增加关心他人的能力。

（8）学会将团体中学习到的经验运用到自己的日常生活之中。

樊富珉（1996）概括了团体心理辅导的六大局限性：①在团体情境中，个人深层次的问题不易暴露；②在团体情境中，个体差异难以照顾周全；③在团体情境中，有的成员可能会受到伤害；④团体咨询过程中获得的一些关于某个人的隐私事后可能无意中泄露，会给当事人带来不便；⑤团体咨询对指导者要求高，不称职的指导者会给成员带来负面影响；⑥团体咨询并非适合于任何人，社交障碍者极端内向、害羞、自我封闭，不宜参加。

从上面一些学者对团体心理辅导特点的论述中我们可以发现，团体心理辅导具有专业性、开放性、互动性、经济性、目标性、一致性和结构性等显著特征。

第五节 团体心理辅导的功能

人类是社会性的动物，人类的行为都具有社会的意义，透过团体历程进行的学习既真实又有价值。一个人要了解自己，最好从团体中去了解；要改变自己，最好从团体中改善；要实现自我，最好从团体中去实现。因此，团体心理辅导具有教育、发展、预防与治疗四大功能。

一、教育功能

团体心理辅导的过程是一个借助于成员之间的互动而获得自我发展的学习过程。团体心理辅导非常重视成员的主动学习、自我评估、自我改善，有利于参加者的自我教育。团体心理辅导的过程还有利于培养参加者的社会性，学习社会规范以及适应社会生活的态度与习惯。成员在团体中可以进行信息交流、相互模仿、检视现实、尝试与创造、学习人际关系技巧等，这都具有教育的意义。

二、发展功能

团体辅导的积极目的在于发展的功能，这是咨询心理学遵循发展模式的直接体现。通过团体活动可以改善成员不成熟的偏差态度与行为，促进其良好的心理发展，培养其健全的人格。尤其是学校团体辅导能给予正常学生以启发与引导，满足学生的自我发展需要，促进其自我了解与接纳，改进人际关系，学习建立充满信任的人际关系所必备的技巧与方法，养成积极应对问题的态度，对自己充满信心，对未来充满希望。

三、预防功能

团体辅导是预防心理问题发生的最佳途径。通过团体心理辅导，可使成员加深对自己的了解与认识，懂得什么是适应行为、什么不是适应行为，提供更多的机会，让成员交换彼此的意见，互诉心声，讨论日后可能遇到的困难及应对策略，增进独立处理问题的能力，预防心理问题的发生或减少心理问题发生的概率。成员在团体中可以更好地了解他人、接纳他人、满足隶属感和互谅互爱的需要。这些都具有预防的功能。

四、治疗功能

心理治疗学家强调人类行为的社会相互作用。团体活动的情景比较接近日常生活与现实状况，以此处理情绪困扰与心理偏差行为容易收到效果。在团体心理辅导中，个人的问题或困扰可以借助勇敢面对或借助澄清而获得舒解。

第六节 团体心理辅导目标的功能与分类

一、团体心理辅导目标的功能

在团体辅导过程中，团体辅导目标具有以下四个功能：

（1）导向性。团体目标引领着团体活动过程的方向，是领导者与成员经过共同努力要实现的状态。

（2）聚焦性。团体目标可以协助成员将自己的注意力集中在团体主题上。

（3）激励性。团体目标有助于调动成员的积极性，努力克服暂时的困难，而最终达成目标。

（4）评估性。团体目标为领导者评价带领团体的效果，以及适时调整团体活动主题提供了一个参照标准。

二、团体心理辅导目标的分类

Hansen（1980）将团体辅导的目标分为过程性目标、一般性目标和成员个人性目标。

Egan（1976）提出了过程性目标：①成员个人自我探索；②逗留在此时此地；③实验新行为模式；④让别人认识自己；⑤挑战自我和他人；⑥敢于适度冒险；⑦给予和接受反馈；⑧聆听他人谈话；⑨有效而真诚的回应他人；⑩正确应对冲突和解决矛盾。

Corey（1987）列举出团体辅导中成员的个人性目标：①增进自尊感；②接纳自我限制性的现实；③学习如何信任自己和他人；④减少行动的阻碍；⑤自我释放和获得精神自由；⑥增强自觉性和做出有效的选择；⑦学习分辨拥有感受和依循感受行为的差异；⑧明白他人同样有挣扎；⑨澄清价值观并能够重新评估和修正；⑩强化心理容忍力；⑪发现解决个人问题的方法；⑫增加关心别人的能力；⑬在此时此地情景中和他人有直接的交往；⑭能够关爱他人；⑮学习将自己所期望的向他人提出；⑯对于他人的需要和感受变得敏锐；⑰为他人提供有效的建设性反馈。

Patterson（1985）将团体辅导的目标分为直接目标、间接目标和终极目标三个层次，终极目标是自我实现、自我认识和促进自我成长。

Mascow（1956，1962）提出一个健康、成熟而自我实现者所具有的14个心理特点：①对现实有良好的洞察力，并和现实有着良好的关系；②接纳自我、他人和环境；③自发性，基于内在的个人成长发展的动力和自我潜能的实现；④富有使命感，以问题为中心；⑤有超然脱俗的本质和静居独处的需要；⑥有自制力，不受文化背景和环境的影响；⑦持续不断地具有新鲜的鉴赏力；⑧有神秘的经验和浩瀚澎湃的感受；⑨无条件地关心他人；⑩能与人建立深厚的人际关系；⑪无条件尊重他人，具有民主的性格；⑫具有高度德行，目的能够有效支配手段；⑬有哲理的和无敌意的幽默感；⑭具有一种新鲜、天真而直接的创造性。

樊富珉（1996）从团体咨询的特点出发，将团体咨询的目标分为独特性目标和一般性目标。所谓独特性目标，是指每一个团体咨询都具有明确的针对性，例如，自信心训练小组的独特目标是增强自信心，人际关系训练团体的独特目标是改善人际关系、掌握交往技能，戒毒团体的独特目标是帮助成员从吸毒的泥坑中挣脱出来。一般性目标是指无论哪种特殊目的的团体咨询，在团体活动过程中都会包含的目标，具体可概括为以下六点：①通过自我探索的过程帮助成员认识自己、了解自己、接纳自己，使他们能够对自我有适宜性的看法；②通过与其他成员沟通交流，学习社交技巧和发展人际关系的能力，学会信任他人；③帮助成员培养责任感，敏锐地察觉他人的感受和需要，更善于理解他人；④培养成员的归属感与被接纳感，使其更有安全感，更有信心面对生活中的挑战；⑤增强成员独立自主、自己解决问题和抉择的能力，探索和发现一些可行而有效的途径来处理生活中的一般发展性问题，解决冲突矛盾；⑥帮助成员澄清个人的价值观，协助他们做出评估、修正和改进。

第二章　团体心理咨询与治疗理论基础（一）

第一节　心理分析式团体治疗理论

自我心理学家、精神医学家和心理分析家亚力山大·沃尔夫（Alexander Wolf），是第一个将心理分析原理和技术应用于团体的人，他在 1938 年开始从事团体的心理分析工作，强调心理分析式团体治疗理论的着眼点应该放在与其他个体相互交往的每一个人身上。

一、心理分析式团体治疗的目标

心理分析式团体治疗的目标是通过使潜意识冲突进入意识层次进行检验，来重建当事人的性格与人格系统。心理分析式团体治疗本身以一种象征性的方式再现原生家庭，便于每一个团体成员的过往历史在团体面前重演。

沃尔夫（1963、1975）建立了心理分析式团体治疗的技术和方法，如移情、自由联想、梦以及现时行为的历史决定因素。他强调原生家庭的再创造，以及自我人格强度系统性退化的控制能力。当事人对伙伴和团体领导者的反应揭示了其与原生家庭中的重要他人的关系，是一个动力学象征性的线索。这些反应虽然源于此时此地，但其根源却可追溯到当事人的早期经验系统。心理分析式团体治疗的推动作用取决于个体本我或个体自我的创造性成长。

穆兰和罗森保（Mullan，Rosenbaum，1978）认为，再造当事人的家庭的过程是一个"退化—重建"式的探索，即借由退回到一个人的过去来实现人格重建的目标，其特征是创造性地投入于生活的社会意识和能力。他们将分析式团体视为"人生的片段"，它在许多方面重复了原生家庭。团体领导者要了解产生于团体成员之中以及团体成员和领导者之间的各种家庭式的关系。团体领导者最好实施很少的结构性工作，而且团体是异质的，代表了日常生活的不同层面。这种异质性增强了团体作为一个缩微社会的可能性，有利于团体成员重新体验到在家庭情景中所产生的矛盾和冲突。

二、心理分析式团体治疗的过程

心理分析式团体治疗过程集中于再创造、分析、讨论、解释过去经验和解决在潜意识层次上发生作用的心理防卫和抗拒。传统心理分析治疗者和分析取向的治疗者倾向于认为，分析和解释的情感过程是治疗过程的核心，这样做的目的是为了实现深入领悟和人格改变。

心理分析式团体治疗的过程较个体心理分析过程具有如下优点：

（1）团体成员能够建立关系，这类似于他们在各自家庭中所存在的那些关系。然而，此时这些关系是在一个安全的、对所期望的结果具有建设性的团体环境中产生的。

（2）团体参与者有许多机会体验对其他成员和团体领导者移转的感情，他们可以修通这些情感，并因此增加他们的自我了解。

（3）团体成员能够获得对自己的防卫与抗拒作用的更生动的领悟。

（4）对治疗者权威的依赖型不像在个别治疗中那样强，因为团体成员也可以从其他成员那里得到回馈。

（5）团体成员了解到，产生并表达那些他们以往排除于意识之外的强烈的情绪，是可以接受的。

（6）在团体环境中，团体成员拥有许多机会了解自己和其他人，可以在实际上也可以在想象中，可以从团体领导者也可以从与伙伴的交互作用中去了解。所分析的材料不仅可以是历史回忆，也可以以团体同伴之间的交往内容为基础。

（7）团体环境鼓励成员检查自己的行为。对他们来说，当其他团体成员针对他们歪曲现实的方式与他们对待时，他们很难再固执自己的抗拒。而且，借由观察其他成员同样的矛盾冲突，能帮助他们停止抗拒，并明白他们并不是孤立无助的。对抗在互相坦露的气氛中消除了，在团体中探索的程度范围的确要比一对一的治疗效果好得多。

（8）团体中的分析直接打破了团体成员要与团体领导者建立一种排他式关系的理想化期望。成员从他人的经验中发现存在普遍性的苦恼，会孤立他，做出更全面的反应，其治疗效果远远大于个别治疗。

三、心理分析式团体治疗的基本原理

（一）早期经验的影响

心理分析的观点主张成年人的心理问题都有其童年期发展的根源，尤其是生命的前六年的经历，被看成是一个人现时心理冲突的源流。心理分析工作着重于当事人过去经验对现时人格和行为的历史影响。早期的经验是学习的结果，如果要改变它，一个人就必须认识到这些早期的经验是怎样促成现在的人格结构的。需要指出的是，心理分析领导者如果单纯地认为，心理分析只是诉诸过去而排斥现实问题，则是错误的。正如洛克（Locke，1961）所说："心理分析式团体治疗是在过去与现实、现实与过去之间的往来穿梭，治疗者在时间上往来行走是非常必要的，以便即刻把握过去或现实中的重复事件，并认识到造成当事人现在神经症的早期创伤。"

（二）潜意识

古典心理分析理论创始人弗洛伊德提出潜意识的概念。他认为，人的大多数行为由意识体验之外的力量所驱动，即潜意识的动机和需要所决定。意识仅仅是人类经验系统中的一小部分，犹如一座冰山，它的绝大部分处于水面之下，经验的绝大部分存在于意识之下的潜意识中。潜意识由一些被隔离在意识之外的思想、情感、动机、行动和事件构成。

儿童早期的痛苦情感经历都被埋葬在潜意识区域，并导致无法容忍的焦虑，这种压

抑并不能自动消除，即"过去历史的阴影"笼罩着当事人的现实。因此，心理分析的目的是协助当事人进行潜意识内容的意识化，使压抑的焦虑变得可以忍受，清楚地觉察潜意识的动机和需要，从而重新做出选择，并成为自由的人。心理分析师要在现实与幻想、意识与潜意识、理性与不合逻辑、思想与情感之间不断的转换。心理分析领导者要明了潜意识对成员行为的深层影响作用，注重现时行为的历史决定因素，探索梦和幻想的意义，处理抗拒和修通移情的扭曲。否则，如果只关注此时此地的成员之间的互动，将导致更加冲突的团体，而不是一个分析式治疗团体。

（三）焦虑

焦虑是一种担心厄运将至的情绪体验，即对环境或个人内心某种事物恐惧的情感反应，因被压抑的情感、记忆、欲望、经验欲浮出意识表面而产生。在分析式团体过程中，焦虑在成员们的交互作用中以多种形式表露出来。穆兰和罗森保（1978）认为，焦虑是退化—重建团体治疗的出现的必然现象，尤其是当成员公开袒露自己的防卫时强烈地体验着焦虑，它是团体中承担风险的一种副产品，是一种最终导致建设性改变的过程。当团体成员感到太少或太多的亲密关系时，就会出现团体不平衡，他们会因之体验焦虑。

（四）自我防卫机制

自我防卫机制是心理分析理论解释行为的一种方法，它保护个体的自我免于思想和情感的威胁，以避免体验焦虑，是促成自我能力感的一种方式。尽管自我防卫机制有时会造成自我欺骗和对现实的歪曲，但不一定是致病性的。从某种意义来看，自我防卫机制具有修复当事人有效应对生活挑战能力的功效，通过学习，可以成为防卫焦虑的一种具有适应价值的习惯性模式。

心理分析式团体治疗过程中经常出现的自我防卫机制有以下几种：

1. 压抑

压抑（repression）是指个体将令自己苦恼的思想或情感从意识领域推到潜意识中，来控制焦虑的自我防卫方法。例如，团体成员经常对可能发生在童年期的乱伦事件的细节没有记忆。但是，当看到其他成员经历情绪宣泄并解决与乱伦相伴随的痛苦时，被压抑到潜意识里的乱伦事件可能会浮现到意识层面。

2. 否定

否定（denial）是指人极力隐藏令自己不愉快的现实，它通常是在潜意识或意识领域起作用。例如，有些团体成员固执地拒绝承认自己的问题，或声称自己的问题已经解决了。比较多见的否定方式诸如成员这样的陈述："我真的不再有任何有关我父亲的问题了，他在我6岁时就死了，我在以前曾经参加的团体中，已经处理过两次与这件事有关的痛苦了。"

3. 退化

退化（regression）是指当事人在巨大压力或危机情景下，退回到不成熟的发展阶段，以曾经使用过的旧有行为模式来应对。例如，一个治疗团体的男性成员，在面对妻子决定离开他跟别的男人走所挑起的危机时，可能采取儿童式幼稚行为，并变得极度恐惧和依赖。

4. 投射

投射（projection）是指当事人将自己不能接受的思想、情感和动机归因于他人，它是移情的重要基础，是一种在团体情景中进行探索的很有价值的历程。团体提供了观察成员投射作用的机会。当成员再次体验有关原生家庭的旧有情感时，往往将曾经针对父母的情感投射到领导者身上，并在某些成员身上看到了自己的兄弟姐妹的形象。

5. 转移

转移（displacement）是指当事人将某种性质的情绪从实际的根源转向一个替代性的人或物的重新定向。例如，如果团体成员不被允许噘嘴或利用其他引人注意的行为方法来表示不满，他们可能会以一种敌意的方式痛斥某些不那么令人畏惧的团体成员。虽然他们的愤怒可能是团体领导者与其对峙的结果，他们会找一个更安全的靶子来发泄自己的敌意。

6. 反向形成

反向形成（reaction formation）是指当事人采取与自己的真实情感完全相反的行为方式。例如，团体中看似"糖一般甜蜜"的妇女，其内心隐藏着不敢表露的仇恨；让他人相信拒绝自己很无所谓，但内心却渴望被他人接受的男性成员；等等。

7. 合理化

合理化（rationalization）是指当事人通过赋予自己的行为一个合乎逻辑的令人欣赏的动机，来表明自己行为的合理性。例如，有些团体成员故意编造一些美丽的原因，来解释受挫的自我；有些团体成员过多谈论其他人，来作为自己问题的根源；有些成员通过指责母亲的冷漠作为回避接触团体的原因；等等。

（五）抗拒

抗拒是指当事人不愿意将被压抑或否定的潜意识内容带到意识领域重新体验，即害怕认识、处理自己被封闭在潜意识之中的过去经历，以避免体验焦虑。德金（Durkin，1964）指出，抗拒是分析式团体的一个基本成分，团体领导者不要解释抗拒，因为它是所有团体中的一种自然现象，过多的解释可能会严重干扰它们协助成员打破自我防卫以便不断取得治疗性进展的使命。

沃尔夫（1963）列举了团体成员的抗拒行为的可能来源：①担心自己不可能从团体受益；②害怕个人隐私表露后会受到他人的攻击或耻笑；③需要有自己专门的治疗者；④害怕在某些团体成员身上认出自己父母或兄弟姐妹的形象，必须应对因这种遭遇所引起的焦虑；⑤对放弃神经症倾向的潜意识恐惧；⑥对焦虑进行讨论的自由。

领导者如何鉴别成员的抗拒行为呢？沃尔夫（1963）总结了团体成员抗拒心理的行为表现：

（1）总是迟到或缺席团体聚会。

（2）保持一种自满的或漠不关心的态度。

（3）隐藏在其他成员背后，经常性的沉默。

（4）对自己的生活史做漫长的叙述，避免现实的挑战。

（5）理智化。

（6）过分夸张地表现出对其他成员的帮助。

（7）不信任团体的言辞。

（8）行为上不合作，逃避自我的探索。

（9）造作性表演。

（10）将团体仅仅作为一个社交活动场所。

领导者处理成员的抗拒行为的方法有：

（1）自由联想治疗。它包括一种非监督式的不受抑制的观念流动，这种流动由成员对个人潜意识冲突提供的线索而产生。根据沃尔夫等人的观点，随着团体成员不断的互相自由联想以及旧有的情感在现时再度出现，抗拒就会出现。当这些自我防卫出现时，它们被观察、分析和解释，并由团体提供支持协助成员打破自我防卫。

（2）建立团体之信任感和成员的合作态度。

（3）唤起成员对自己抗拒行为的注意，并从抗拒行为所反映出来的现时问题入手，处理成员的沮丧和愤怒。

（4）防止对成员进行标记分类或责难。

（5）让其他成员尝试对当事人的抗拒行为进行分析。

（六）移情

移情是指当事人将自己在过去生活中对重要他人的感情、态度和幻想等潜意识转移到治疗者身上的现象。心理分析强调移情是治疗有效的重要条件。借助于移情的发生，可使当事人重新体验自己的童年期经历，认识和领悟过去经历是怎样妨碍着现时功能的发挥。领导者要尝试性地接受和探究当事人的移情，找出它们是否反映了当事人的普遍性需要，以及这些需要如何影响其目前的生活行为模式。否则，团体成员可能会出现很大的心理抗拒，抑制了团体的正常发展。如果领导者鼓励当事人的依赖性，以便从其对自己的极度需要中获得权利感，其结果往往会导致成员退化到一种幼稚的情景，领导者却扮演了父母的角色。由于其他团体成员的存在，这种依赖性和与之相伴随的退化，不像在个别心理分析治疗中那么容易发生。

心理分析团体为成员提供了多重移情的可能性。洛克（Locke，1961）认为，此刻的团体已经成为昨日的家庭，分析式团体营造了一种建设性的环境，可以重现具有重要意义的过去事件。领导者和其他团体成员都有可能成为当事人的移情对象。团体领导者要协助成员发现，他们在多大程度上对团体中其他人做出反应，就好像这些人是他们的父母或兄弟姐妹一般。

穆兰和罗森保（1978）指出，移情作用发生是心理分析的重要里程碑，分析式团体最好安排一男一女的协同领导者，这样更有利于再现原生的核心式家庭，使当事人能够重现自己早年对父亲和母亲的期望。

（七）反移情

反移情是指治疗者对当事人的潜意识情绪反应，导致对其行为产生扭曲的知觉。也就是说，治疗者对当事人的移情所产生的潜意识的、不自觉的、不恰当的和暂时令人满足的反应。例如，如果团体领导者有一种强烈的被尊重、被赞同的需要，可能会变得过分依赖团体成员的赞同和支持。团体领导者要清楚地认识和觉察自身未解决的问题和被压抑的需要，防止利用成员满足自己未实现的需要而干扰心理分析式团体治疗的进程。

领导者要能鉴别自身反移情反应的各种表现：

（1）在某些团体成员身上看到了自己，并对他们过分认同，以至于不能对他们进行有效的工作。

（2）对当事人投射以某些自己所鄙视的特质，将这些当事人看作难以接受治疗或不能对其进行工作的。

（3）表现出引诱行为，利用团体领导者角色的优势，来赢得某些成员的特殊感情。

（4）扮演一个慈祥的替代式父母，具有过度的保护性。

四、心理分析式团体治疗的基本技术

（一）自由联想

自由联想（free association）是揭示被压抑或潜意识内容的基本方法，描述进入意识的一切内容。弗洛伊德称自由联想为"到达潜意识的康庄大道"。自由联想的基本要求是，请当事人集中注意力于头脑中"流出"的任何念头、意象或思想，不用意识指导思维，不对出现的任何念头进行评判，即观察和报告出思想。福克斯（Foulkes，1965）将自由联想的过程看成自己漂流式的讨论或自由团体联想。

团体使用自由联想来激励成员的相互交流。当团体成员通过袒露自己的梦想和幻想，营建出一种活跃的团体气氛时，就可以鼓励成员对团体中的每一个人进行自由联想。每个团体成员随意和其他成员自由讨论，谈论自己脑中对对方的第一印象。沃尔夫认为，成员之间的随意交流的方法使所有的团体成员都成为治疗者的助手，即团体成员不是被动地接受团体领导者的观念，而是积极地贡献具有重要意义的解释。团体成员报告自己的梦后，请其他成员对之进行自由联想，可以使成员逐渐变得积极主动，而不再感到自己被团体排斥。团体不仅可以探索做梦者的，而且可以探索其他团体成员的联想。自由团体联想的方法有助于促进团体的整体性和成员对团体历程的积极参与态度。

（二）解释

解释（interpretation）是一种针对自由联想、梦、口误、抗拒行为和移情反应等进行分析的治疗技术。解释的内容通常聚焦于主要的关系问题的模式、实质以及与症状的关系。解释的目的在于促进潜意识内容显露的治疗过程。

一般来说，领导者进行解释时要遵循如下原则：

（1）解释最好针对与当事人的觉察具有密切关系的内容，即领导者必须解释那些当事人自己还没明白，但他们已经准备好去接受并能接受的内容。

（2）解释应该在当事人情绪上能承受的范围内，从浅入深地进行。

（3）在解释潜藏于防卫或抗拒之下的情感或冲突之前，最好指出其防卫或抗拒的形式。

（4）不要忽略成员之间的分享和领悟的重要价值。

（5）解释可针对个别成员，也可针对团体。

（6）解释要选择适当时机，才能实现将当事人无意识内容提升到意识领域的目标。

（7）解释的时间选择需要考虑治疗的时间限制，在每次团体治疗中，解释应选择安排在治疗的中段，一次治疗开始的最初5—10分钟通常以倾听为主。

（8）要限制一个治疗中提供的解释数量，在一次治疗中，单独一个解释或者一组相关联的部分解释是最好的。

（9）每个解释的深度与复杂程度也应限制，如果一次提供太多信息，往往会使成员感到混乱而无法集中焦点。

（10）治疗者解释时应保持耐心，最好在成员获得充分理解之后再提供解释。

（11）在解释时最好避免使用专业术语，避免给成员造成教导感。

拜恩（W. R. Bion, 1959）根据自己领导分析团体的经验，提出针对整个团体进行解释的重要性。团体依循着成为"工作团体"的三种基本假设发展：①依赖团体，成员试图讨好领导者；②逃避团体，成员反抗、拒绝、无视领导者和其他成员；③结伴团体，成员形成二人一对，做他们需要的工作。领导者要和团体成员讨论那些反映出此三种基本假定之一的行为。随着团体成员认识到他们对领导者和其他成员不实际的要求，可以建立起更实际的、更有效的、更能在团体中发挥功能的方法。

（三）梦的分析

梦的分析是指解释潜意识内容的重要方法。梦反映了潜意识的需要、矛盾冲突、愿望、恐惧和被压抑的经验。当一个成员的梦在团体中公开被探索时，可使团体参与者对隐藏在背后的动机和未解决的问题获得新的认识，以一种具体的方式来应对原先不能面对的情感和动机，会更愿意接受自己，以及探索其他未解决的、引起内疚和羞耻感的问题。

心理分析的观点倾向于将梦看作打开埋藏于潜意识中的隐藏内容的钥匙。心理分析团体要针对梦的表层内容和潜在内容展开工作，逐渐揭示被压抑的矛盾和冲突。领导者应该在第一次团体聚会活动时，明确告诉成员积极袒露自己的梦、幻想、自由联想的重要价值，鼓励成员进行自我分析，营造一个具有感情和支持性的家庭氛围的团体。

梦的分析的重要价值表现在如下方面：

（1）作为一种探索潜意识内容的技术贯穿于团体的各个发展阶段。通过成员彼此的分享和揭示梦的内容，达成团体最深程度的交流，有利于团体成员的情绪释放。

（2）当事人报告的梦为团体进程提供有意义的素材，可以了解当事人对领导者和其他成员的反应，一个人的梦变成了整个团体的梦。

（3）团体成员既解释又投射的过程会引发有价值的领悟，愿望、态度、恐惧等都会随着彼此的梦的联想得以显现。

（四）领悟和修通

领悟（insight）是指当事人对自己现时情绪困扰的原因的认识。心理分析模式认为，领悟是对过去经验和现时问题之关系在情绪、理智层面的认识。随着成员发展出更深刻的领悟，他们逐渐认识到核心问题表现在团体和日常生活中的多重方式。

解决领悟到的问题和矛盾是心理分析团体治疗的归宿点。如果团体成员希望改变人格的某些方面，就必须修通抗拒性和旧有行为模式。修通（work through）是指反复解释和克服抗拒，从而使当事人解决其在童年期产生的功能失调的模式，并在新领悟的基础上做出决策。修通是心理分析团体的最后阶段，是一个漫长和艰巨的过程，要求成员全心投入。领导者发现了成员的核心问题和症状动因之后，要很谨慎地设计一个行动方案，促成当事人的进步和改变。

（五）替代性单元

心理分析式团体治疗最后阶段的目标是帮助成员找到更有效的与他人相联系的方式，鼓励自我的发展，实现独立思考和自立。替代性单元（alternative session）技术可以达成此目标，它的功能表现为：发展团体凝聚力，增强成员的创造潜能，强化团体的治疗功能，增加团体的归属感。穆兰和罗森保（1978）认为，团体领导者不在场，更有助于成员的责任转移，寻求新的目标和价值，发展不同的关系模式，促进应对问题的相互努力，所有这些因素都会促进团体成员更大的自主性。替代性单元暗示了团体成员具备了在没有领导者时自我发挥作用的能力，为最终离开团体做好准备。替代性单元还能加强常规聚会的效果，使领导者相信成员有能力运用自身的资源处理个人行为和实现社会整合。

五、心理分析式团体治疗领导者的角色与功能

在通常情况下，心理分析式团体治疗领导者扮演着分析者、催化者和解释者的角色。多数心理分析团体的领导者具有一种以客观、温暖、较隐匿的个人身份为特点的领导风格。他们倾向于保持自己的匿名身份、自己的隐私和团体外的生活，但并不隐瞒自己情感性和人性的方面。正如沃尔夫所言，团体心理分析治疗的成功不仅依赖于心理分析的理论和技术结构，而且依赖于领导者的人性化个人特质，心理分析的焦点已经逐渐由病人的心理动力学转向治疗者与当事人之间的关系。

一般来说，心理分析式团体治疗领导者的功能具体表现为如下七个方面：

（1）协助成员逐渐揭示他们现时行为的潜意识决定因素。
（2）创造一种鼓励成员自由表达自我问题的气氛。
（3）为团体内和团体外的行为设限。
（4）提供支持性的治疗。
（5）协助成员勇敢面对和处理他们自己以及整个团体的抗拒。
（6）逐渐地撤除某些领导功能和鼓励互动，以促成成员的独立性。
（7）吸引团体成员对行为中的微妙层面的注意，并借由询问协助他们在更深层面上进行自我探索。

沃尔夫（1983）提出，心理分析式团体领导者最重要的功能是促进团体成员之间的交往，扩展团体成员的选择和发展。具体表现为：

(1) 能够承认错误和确保足够的安全,以将领导的功能转移至团体。
(2) 避免使成员接受领导者观点的说教式指导方法。
(3) 欢迎团体中移情表现,以获得有成效的工作机会。
(4) 指引成员发展充分的觉察和社会整合。
(5) 将团体看作一种有潜在能量的催化剂。
(6) 承认团体成员的潜在能力,帮助解释与整合由其他成员提供的材料,有能力接近彼此的潜意识实质。
(7) 留意团体中的个别差异。
(8) 运用解决团体内部矛盾冲突的必要技能。
(9) 在团体进程受阻时,保持一种乐观态度。
(10) 示范简明、真诚和直率。
(11) 经由公开自己的情感,建立情绪自由的团体基调。
(12) 监督团体中具有破坏性的同盟。

六、心理分析式团体治疗的发展阶段

艾里克森的心理社会发展理论和弗洛伊德的性心理发展学说,可以为心理分析式团体治疗领导者提供一个指导团体工作进程的概念架构和有效模式。这个概念架构包括:发展趋势的了解;人生不同阶段的重要发展主题;主要需要的满足和生活挫折;人生每个阶段进行选择的潜能;重大转折点或发展危机;以及可能导致日后心理冲突的不良人格发展的根源。

领导者在带领心理分析式团体治疗的过程中,要提出如下问题:
(1) 给当事人的生活带来连续性的主题是什么?
(2) 当事人现时的担忧和未解决的问题是什么?
(3) 当事人的现时问题与其早年生活史中具有重要意义的事件的关系是什么?
(4) 塑造当事人的性格的影响因素有哪些?
(5) 在这个当事人的生活中重大的转折点和危机是什么?
(6) 在这些关键期中,当事人做出了哪些选择?
(7) 当事人是如何处理这些不同的危机的?
(8) 目前当事人正朝着什么方向发展?

艾里克森批判性的吸收了弗洛伊德的思想,提出了心理社会发展理论。该理论认为自我是人类发展的生命力量,自我经由认知过程和外在环境相联系。每个生活阶段都存在着一个重要的发展主题,个体都面临着在自我与社会环境之间建立一种平衡的任务。人的发展实质上是生物、心理和社会诸方面的整合过程。艾里克森将人生划分为八个发展阶段,每个阶段都以要解决的特定心理危机为特征,如果个体成功地解决了每一种危机,心理发展就沿着健康的轨道演绎;否则,不能解决这些矛盾冲突就会导致心理退化(见表2-1)。

表 2-1 人生发展的八个阶段

发展阶段	年 龄	发展危机	发展顺利者的特征	发展障碍者的特征	对团体工作的启示
婴儿期	0—1 岁	信任—怀疑	对人信任,有安全感	面对新环境焦虑不安	成员回忆起早年的被遗弃感和被拒绝感,而害怕去爱和形成亲密关系。协助表达痛苦感受
儿童早期	1—3 岁	自律—羞耻和怀疑	能借助社会要求表现目的性行为	缺乏信心,行动畏首畏尾	提供宣泄情绪和重新学习的团体环境;从情绪性依赖逐渐学习自我依赖,获得对自我生活的心理控制
学前期	3—6 岁	主动进取—内疚	主动好奇,行动有方向,开始有责任感	畏惧退缩,缺乏自我价值感	成员表现出与性别角色认同相关问题的抗争;协助成员公开表达性问题困扰、纠正错误认识、处理被压抑的情感和事件,开始形成正确的性别角色认识
学龄期	6—12 岁	勤奋—自卑	具有求学、做事和待人的基本能力	缺乏生活基本能力,充满失败感	借由团体支持纠正消极自我概念、重新体验过去情感,学会以不同角度审视自我的过去
青少年期	12—20 岁	自我同一性—角色混乱	有明确的自我观念和自我追寻方向	生活缺乏目标和方向,感到彷徨和迷失	探索和解决依赖—独立的心理冲突;重演过去认识自我承担生活的责任;体验和检验现实
成年早期	20—35 岁	亲密—孤独	与人相处有亲密感	与社会隔离,孤独寂寞	解决个人独立感与需要建立亲密关系之间的矛盾;挣脱人际亲密的苦恼,预想自己未来和重新评价自己生活模式
中年期	35—60 岁	生产—停滞	热爱家庭,关心社会,有责任感和义务感	不关心社会和他人,缺少生活意义	协助成员做出新的评价、调适和决策;摆脱"这就是生活"的破坏性观念,重塑自己
老年期	60 岁后	统整—绝望	随心所欲,安享晚年	悔恨旧事,悲观失望	提供心理支持和鼓励;协助成员认识到建设性应对死亡恐惧的方法

七、心理分析式团体治疗的操作方案

(一) 目标

心理分析式团体治疗的目标是经由潜意识冲突进入意识层次，探讨可能引起现在人格冲突的不良人格发展的根源，重建当事人的性格与人格系统。

(二) 理论背景

(1) Sigmund Freud 心理分析理论。
(2) Erik Erikson 心理社会学说。
(3) Alexander Wolf 学说（最先尝试将心理分析理论与技术运用于团体治疗）。心理分析理论取向的团体治疗试图经由自由联想，及其对自由联想、抗拒、移情和梦的解释、领悟与修通等技术，在过去与现实，现实与过去之间来往穿梭，再创造、分析、讨论和解释过去的经验和解决在潜意识中发生的防卫和抗拒，正确认识心理困惑的根源，从而消除意识与潜意识之间的冲突，建立起一个和谐的人格体系。

(三) 操作程序与方法

1. 个人心路历程的回顾阶段

【理论依据】
以艾里克森的人生发展八阶段的学说、弗洛伊德性心理发展阶段理论为基础。

【主要任务】
了解当事人生活中每一发展阶段的需要满足情况、挫折和危机情况，寻找人格冲突和心理障碍的根源。

【操作方法】
请团体成员对照"个性心理发展历程分析表"，回顾自己过去在人格发展的每一阶段的情况，并探讨现时心理问题的联系，将要点写在最右边相应的空格位置。然后，两人一组相互分享自己的分析和交换看法。领导者对每个成员的自我分析情况进行统整，围绕下列问题展开分析与讨论：

(1) 当事人在各个发展阶段存在着哪些挫折和危机？
(2) 挫折和危机与当事人现在的心理问题有何联系？
(3) 当事人是如何处理危机？做出了哪些抉择？
(4) 目前当事人正顺着什么方向发展？

2. 自由联想和梦的分析阶段

【操作方法】
(1) 自荐或抽签法选定某个成员作示范样本，根据上一个环节对自己心路历程的分析或报告自己的某个梦境，先由其自己进行自由联想。
(2) 鼓励全体成员对其进行自由联想和随意讨论，讲出自己对那个人的第一印象。
(3) 示范后，鼓励全体团体成员之间彼此互相进行自由联想和梦的分析，帮助他人揭示出内在的情感，减少防卫性，激发洞察潜在心理冲突的能力，对现时的问题和过去经验之间的关系产生顿悟。

对于少数不愿意袒露内心的当事人，领导者可以使用当事人童年中不同时期的家庭照片进行诱导，比如说，指导者可以问："当你看着这些照片时，你产生了哪些想法和情感？"

3. 解释和修通阶段

解释是指团体治疗者帮助团体成员指出和解释其自由联想、梦、抗拒和移情的潜在意义；而修通则是指当事人改变抗拒性和旧有的反应模式的艰巨过程。解释要注意下列原则：解释要针对当事人自己还没有明白，但他们已准备好去接受并能够接受的内容；解释应当在当事人情绪上能够接受的程度范围内，由浅入深地进行；解释要把握好适当的时机进行，时机不恰当的和不成熟的解释反而带来过度的焦虑或使当事人拒绝接受并采取更大的防卫；要注意解释的措辞和表达方式，用提问或假设的形式来组织解释更容易为当事人所考虑。

解释既可以针对个别参与者，也可以针对整个团体。梦是打开潜意识中之内容的钥匙，解释应分别对梦的表面内容和潜在内容展开，搜寻掩盖在表面内容之下的潜在含义，揭示被压抑的矛盾冲突。

4. 训练成果向替代性单元扩展阶段

鼓励团体成员在没有指导者在场的情况下进行集会（如在某成员的家里），这不仅可以促进成员之间的亲密气氛，发展团体凝聚力，激励成员无须掩饰的参与，而且有助于责任的转移，促进成员发展出更大的自主性。

（四）注意事项

（1）团体治疗者最好保持隐匿的个人身份，有利于团体成员投射自己心目中所期望的团体领导者形象。

（2）承认团体成员的潜在能力，帮助他们勇敢地面对并处理自己的抗拒，避免说教式的指导。

（3）治疗过程中要有步骤地逐渐撤除某些领导功能，鼓励互动，促进成员独立性的培养。

（4）团体领导者要为团体内外的行为设限。心理分析取向的团体治疗需要较长的时间，少数当事人可能不耐烦，指导者应加以说明和鼓励。

第二节　阿德勒式团体治疗理论

阿弗莱德·阿德勒（Alfred Adler）是一个社会取向的精神医学家和教育家。他的使命是把心理治疗带给正常人，将心理学概念转换为实践的方法，协助人们来应对生活的挑战。阿德勒认为，人的主要问题与他们为成为所希望成为的人的努力有关，反对性压抑导致心理障碍的观点，反对生物决定论，倡导社会心理的人性观，强调个体心理学而不是变态人格心理学。

一、阿德勒式学派的理论观点

(一) 人生观

所有形式的生命特征都有一种成长和发展的倾向。人的生存有目标和目的，并受其对未来的预期所驱动，人的行为由社会因素决定。人的最高目标是致力于寻求重要性，努力于获得控制、超越、权力以及终极完美，生活的目的不是快乐，而是完美。自我决定和意义是人格的核心，我们不是命运的牺牲品，而是有创造性、活动性、有决策力的生物。每个人都有一种独特的生活方式或人格，这种生活方式或方式最初建立于儿童早期，以弥补与克服个体知觉到的自卑感。因此，阿德勒式学派强调心理与行为的社会目的论和自我成长模式，心理治疗工作实质上是教导人们应对生活任务挑战的最佳方法，提供指导，协助改变自我的错误看法，为沮丧的人提供激励。

(二) 整体论

个体心理学以对人的整体认识为前提。整体论不仅指从统一的整体上看待一个人，而且指个体选择了生活目标之后的人格统一性。思想、情感、信念、态度、行为都是一个人的独特性的表现，个体大于其各个组成部分的总和。当事人是社会系统的一个整合部分，心理治疗工作者要深入理解当事人的社会环境及其对环境的态度，从相对于社会系统的关系来看待当事人的问题。整体论思想对团体咨询与家庭治疗有很重要的启示作用。

(三) 创造性与选择性

阿德勒认为，人们对先天禀赋的运用比生来所具有的禀赋更重要。尽管人不可避免地受到遗传与环境的限制，但是在限制的范围内，个体有相当广泛的选择机会和创造能力。人是一种创造性的存在，在自己主观知觉的基础上决定自己的行为。故而，心理健康的人不断地努力而成为自己命运的主人。心理治疗的目的是使当事人明白，尽管他们不能直接改变别人的行为，但的确有能力来改变自己对别人的反应和态度。

(四) 社会兴趣

社会兴趣指个体对待他人的态度，包括努力追求人性更美好的未来。社会兴趣意味着"以别人的眼睛去看，用别人的耳朵去听，凭别人的心去感受"。个体心理学认为，人们的快乐与成功与社会联系性有关，人具有一种对别人有用，并在社会中建立有意义关系的需要，人不能以与社会相隔离的形式生活。社会兴趣是对心理健康的度量指标，具有社会兴趣的人才是健康的，它反映着人们给予和接受的能力，以及个体愿意为他人的共同利益而合作的态度。阿德勒式团体咨询的目标则在于：通过发现成员所具有的、使其无法感到有能力和对他人有兴趣的错误假设，来增强成员的自尊水平与对社会的兴趣。

（五）家庭星座

阿德勒认为，家庭和家庭气氛在儿童时期的人格发展中扮演着重要的角色。家庭星座是指家庭团体的心理社会结构，它是一个关系系统，是自我意识发展的环境。家庭星座系统包括：个人、父母、兄弟姐妹以及生活中家庭的其他所有人，并由这些人来维持此系统的运作。德雷克斯认为，同胞手足关系比亲子关系对儿童人格发展的影响力更大，儿童融合了父母的许多人格特质，并经由对父母的观察和互动学习如何生活。依阿德勒学派的观点，人们对自己在家庭星座以及兄弟姐妹之中所处的地位对个人的意义，要比兄弟姐妹们的实际年龄更为重要。家庭星座形成的因素包括：家庭中每个个体的人格特质，家庭成员之间的情感关系，家庭规模、同胞手足的性别。

帕沃斯和格里菲斯（1987）认为，家庭成员反复的重演与他人相关联的方式，并构成其生活方式的重要组成部分。家庭并不是一个与社会隔离的孤立系统。通过收集当事人的家庭星座资料，如出生排行、家庭气氛、家庭价值观、男性行为准则、女性行为准则、家庭角色、角色原型与联盟、生活经历、遗留的未解决问题等，就可以对其问题做出摘述和解释。在建立个人的家庭星座过程中，还要着重考虑当事人的旁系家庭、家庭之外的角色楷模、居住区域与学校的经历、种族、宗教、社会及经济环境等因素。

（六）生活方式

生活方式是指一个人对生活的基本取向以及个性化存在的形态。它受个人的家庭星座与家庭气氛的影响。阿德勒将我们自身视为生活的演员、制作者和艺术家。个体在努力实现重要目标的过程中建立了一种独具特色的生活方式。生活方式主要在最初五年中习得，个体最早的印象构成了人的生活方式的基础。儿童期经验本身不是关键性的，而对这些经验的解释才是最重要的。我们的对于早期影响的解释可能会发展出一种不良的生活方式。人们一旦认识到自己生活的模式和连续性，尤其是某些错误的看法时，就可以予以矫正和改变。人们可以利用儿童期的经验有意识地创造自己的生活方式。

（七）行为异常

不正确的生活方式或错误的作为导致了心理与行为异常。例如，不良的生活方式、不正确的成功目标、不健全的社会兴趣等。阿德勒用"生活中的失败"来描述心理与行为异常，他认为当事人并没有生病，只是灰心沮丧，不能解决生活带来的问题与任务。因此，阿德勒式心理治疗实质上遵循着一种教育模式。团体咨询的主要内容则是鼓励成员，教授更好的应对方法，使其能获得成功。

二、阿德勒式理论的团体实践

1921年，阿德勒及其同事就在儿童辅导中心运用团体方法。德雷克斯在团体应用方面进一步扩展了阿德勒的工作，在其私人诊所运用团体心理治疗长达40年之久。在阿德勒学派看来，人的问题和矛盾冲突反映出他们的社会性，团体则是一种理想的场所，不仅因为它揭示了矛盾冲突和功能失调的性质，而且提供了矫正性影响作用。团体提供了一种社会背景，团体参与者可以建立起一种归属感和一体感。

丁克梅尔（Dinkmeyer，1975）在领导阿德勒式团体的大量实践中，总结了阿德勒式团体治疗的特殊性因素：

（1）团体为成员的行为提供了一面镜子。
（2）团体成员可以从来自其他成员和领导者的回馈中获益。
（3）团体为检视现实和尝试新行为提供机会。
（4）团体情景鼓励成员采取行动改变自己的生活。
（5）团体中所处理的事情有助于成员了解他们如何在工作和家庭中发挥功能，并教给他们怎样在社会中找到自己的位置。
（6）团体的组织结构方式使成员能够满足他们的归属感。

阿德勒式学派的理论对团体有很广泛的应用价值，特别适用于团体之中的个体工作，如父母团体、家庭咨询、教师团体、教育团体等。

三、阿德勒式团体治疗阶段

德雷克斯（1969）、桑斯特加德和比德（Sonstegard & Bitter，1982）在论述阿德勒式团体治疗时，归纳出以下四个阶段。

（一）建立与维持平等的治疗关系

阿德勒式团体治疗关系是一种平等的关系。此阶段的重点是在互相合作与尊重的基础上，来营造一种平等、信任和民主的团体气氛。建立一个团体契约是必需的，这种契约说明了当事人对团体的需要和期望、领导者和成员的责任。阿德勒式学派认为，无论个人或团体的咨询，只有当治疗过程集中于当事人觉得具有重要意义的内容，以及他们想要探索和改变的方面时，治疗才会有效。

（二）评估和探索个体的动力功能

此阶段的目的是探察当事人的生活方式，揭示基本的错误模式。团体领导者探索成员如何在工作和社会情景中发挥功能，以及他们如何感受自身和性别角色认同。丁克梅尔（1987）编制了一个家庭星座问卷，对当事人的自我知觉、同胞关系、生活中的重要因素、关键决策等进行考察。另一种评价方法是早期回忆的自我报告，旨在了解当事人的自我感受、生活目标、生活动机、信念、价值观以及如何看待世界。

莫隆克（H. Mosak，1989）提出，生活方式可以被看作一种个人的神话，人们做出的种种行为，就好像这种神话是真的一般。他还列举了生活方式的五种基本错误：①过度类化；②不可能达成的目标；③对生活的错误知觉；④否定一个人的基本价值；⑤错误的价值观。

领导者在评估阶段的主要任务是，整合生活方式探查的资料，解释错误的观念和个人神话怎样影响着当事人。领导者要以清晰、简明的方法，让成员认识自己的动力，确定自己的优点。

（三）领悟与解释

阿德勒式学派认为领悟是转化为建设性行动的知觉，它只是迈向转化的一个步骤，而不是变化的必要前提，领悟本身不是目的，而是实现目的的一种手段。领悟的重心在于协助成员了解为什么自己现有的方式发挥功能，经由探索自我的目标、个人神话、生活方式来了解自己。

在协助人们获得领悟并重新调整其错误目标和错误观念方法，团体咨询比个别咨询更加有效。原因在于：①团体中的互动为成员的自我了解提供了理想的环境；②有利于建立成员的社会联系感，使成员在别人身上看到自己的影子；③团体中个人的自我表露和解释对自我和他人具有很大的价值；④其他团体成员的领悟和说明，往往比团体领导者所提供的观察和解释更为重要。

解释是一种促进获得对个人生活方式的领悟过程的技术，是探讨团体成员此时此地的行为模式的原因的方法。领导者借由提供外在的参照框架，帮助成员从不同角度看待自己的行为，从而获得更为广泛的替代性方法。在阿德勒团体中，领导者要明白解释是一种开放式的表白，是可以在团体中讨论的，不是强加给当事人，而是以假设的语句尝试性地提出。例如："它可能是……""我有一种印象，我很想与你分享……""在我看来，那似乎是……"

（四）重新定向

重新定向是一个团体的行动阶段，其目的有二：一是教给成员更有效地应对生活任务的方法；二是激励当事人承担风险和做出改变。领导者鼓励成员重新体验自己的内在资源，矫正原来的错误目标，挑战自我限制的假设，采取积极的行动而成为自己希望成为的那种人。成员的自我承诺在此阶段很关键。如果当事人希望有所改变，就必须愿意为自己确定任务，并针对自己的问题采取具体的行动。

四、阿德勒式团体治疗领导者的角色与功能

阿德勒式团体治疗领导者扮演着积极促进者的角色。这表现在：一是拥有自己的情感和观念，并可自由表达；二是建立和维持团体的历程，承担推进团体的责任；三是积极参与建立能促进成长和人际学习的规范，说明团体行为的指导原则，如和谐、开放式互动、非批判性接纳、面质、承诺等；四是挑战成员的信念和目标，协助其将在团体历程中所学内容转化为新的信念和行为；五是提供示范作用；六是领导者要深刻认识促成当事人发展的必要条件，如同理、尊重、真诚、开放、积极关怀、对行为动力的了解，以及能够运用行为导向技术协助其发生改变。

五、阿德勒式的家庭咨询

阿德勒式学派有很长的家庭工作和家庭动力学研究的历史。阿德勒式学派在维也纳的儿童心理辅导诊所曾经为家庭咨询提供示范。在家庭咨询中，阿德勒式学派更重视人与人之间的相互关系，儿童的问题实际上是家庭的人际关系问题的呈现。

（一）家庭咨询的目标

家庭咨询的基本目标是改善亲子关系和家庭关系，教导家庭成员如何和谐相处，并以平等的社会地位共同生活。此目标的实现是经由向家庭成员解释民主地解决冲突的原理，重新引导家庭成员放弃破坏性的沟通模式，教导家庭成员之间互相鼓励。

（二）家庭成员在家庭咨询中的责任

阿德勒式学派强调家庭咨询应遵循自愿的原则。家庭成员被要求参加一系列的聚会活动，认真完成作业，以获得改善家庭关系的知识与方法。领导者扮演着教师的角色，负责协助父母更好地了解造成家庭问题的各种因素，并提出有效的建议，使家庭成员能够表现出互相的尊重，学习解决家庭冲突的策略，学习如何达成新的共识或做出让步，积极参与负责任的决策过程。

（三）家庭咨询的方法

领导者经常使用初次访谈（initial interview）来开始家庭咨询过程。其目的在于客观地评价儿童的行为、父母的教养方法、家庭气氛、家庭星座、家庭成员的优缺点、家庭成员的生活方式与交往模式、父母的担忧等。领导者要注重鼓励家庭成员之间建立和睦的团体关系。访谈经常提出对父母和其家人做好家庭事务的建议。

解释贯穿于家庭咨询的全过程。领导者要向团体说明人际动力学理论，以及如何有效处理家庭问题的建议。需要提醒的是，领导者解释的目的是为了促成家庭成员的领悟，并将团体所学内容转化为实际行动。角色扮演和行为导向法在家庭咨询中也被经常使用。

第三节 行为主义团体治疗

一、行为主义团体治疗的原理

行为主义团体治疗原理越来越被广泛地应用到团体咨询与治疗。该原理强调教导当事人自我管理技能，控制自我的生活，以有效地应付现在和未来的问题。华生和萨普（Watson & Tharp, 1989）出版了大量著作，论述行为主义团体治疗原理借助于各种认知和行为技术，协助人们发展自我指导行为。

（一）行为主义团体治疗的特征

Berkowitz（1982）认为当代行为主义团体治疗的重要特征表现为：①注重选择改变的目标行为，确定所期望改变的性质；②研究环境中维持行为的显著事件；③坚持以数据资料为基础对治疗效果进行评价；④强调新行为模式的获得以及在日常情景中的迁移问题。

（二）行为主义团体治疗的基本假设

行为主义团体治疗是指以各学派学习理论为基础的多样化技术和方法的应用，是一种以研究行为的实验方法为基础的一般性的临床治疗倾向。它有两个基本假设：

（1）所有的问题行为、认知、情绪都是学习的结果，它们可以借由新的学习历程而被矫正。罗斯（Rose，1980）认为，行为治疗或行为矫正的过程实际上是一种教育历程，因为当事人被教导如何看待自己的学习过程，建立一种有关学习方法的新观念，尝试更为有效的改变行为、认知和情绪的方法，突出团体情景中所固有的教育价值和学习价值。

（2）当事人表现出的行为就是问题，而不仅仅是问题的症状。问题行为的成功解决等同于问题本身得到解决，新类型的问题产生并不是必然的。行为改变可以先于领悟而发生，而且行为的改变可以很好地引导当事人更高层次的自我理解。

（三）行为主义团体治疗的优势

行为主义团体治疗可以协助当事人解决很多问题：缺乏社会技能、抑郁、恐惧症、焦虑、压力管理、性障碍、愤怒控制、体重控制、物质滥用、儿童管理、冲突情感、人际关系紊乱、错误信息、适应不良、自尊缺乏以及生物功能失调。行为技术可用于各种环境，如学校教育机构、精神病院、门诊、社区诊所、企业和监狱系统等。

罗斯和埃德勒森（Rose & Edleson；1987）总结了团体行为取向模式的优势：

（1）团体在练习新获得的行为和将团体实践转化到日常生活中两者之间，为团体成员提供了一个中介步骤。行为是学习建立良好社会关系技能很重要的自然实验室。

（2）团体环境提供了控制团体行为的有效规范。例如，按时出席、愿意自我开放、对自己的问题进行评价和解决、接受他人的鼓励、坚持一项能够促成认知和行为改变的计划等。

（3）团体治疗为准确的评估提供了一个环境，因为团体成员可以学习如何经由不断从其他成员和团体领导者获得的回馈而影响其他人。团体成员可以相互就具体的行为提供有效的回馈，这种来自团体成员的回馈要比来自团体领导者的回馈更容易被迅速接受。

（4）团体治疗的一个特色是，存在着来自同伴之间的强化作用。

（5）有关行为、认知—行为团体治疗各种成分的实验性证据越来越多。团体治疗的效率高于个别治疗。

二、行为主义团体治疗领导者的角色与功能

行为主义团体治疗领导者拥有各种人性化心理品质，如真诚、尊重、弹性、责任性、非批判性的观点、温暖、幽默感等，这些品质对于促成团体的信任与关怀气氛是必要的，但不是成员发生改变的充分条件。

行为主义团体治疗领导者担负着教育的功能，在团体中扮演一种主动的、指导性的角色，积极运用行为原理的知识与技能解决问题，认真观察团体成员的行为，准确标定

与特定问题相关联的情景和促进改变的条件。

班杜拉（Bandula，1986）认为，当事人学习新行为的一个基本过程，是对由治疗者所提供的社会示范的模仿。故此，行为团体领导者需要觉察自己的价值观、态度、行为对成员的影响和塑造作用，否则就会弱化自己在团体治疗过程中的核心影响力。

行为主义团体治疗领导者的功能和任务具体表现在如下方面：

（1）领导者与未来的团体成员进行接案会谈，做初步的评估和对团体的准备训练。

（2）教导成员了解团体历程以及从团体中获益的方法，解释团体目的、活动和组织结构，评估成员的期望。

（3）用各种方法对成员的问题进行持续的评估，例如，初次会谈、测验、问卷调查、团体讨论。这种评估包括：团体成员的目标行为的摘要，每个成员的重要优点、兴趣和成就的摘要。

（4）领导者运用一系列广泛的设计方案来实现成员预定目标的技术。

（5）领导者收集资料，确定对每个成员的治疗效果。

（6）领导者要为成员适宜的行为和价值观提供示范和榜样，训练成员如何以角色扮演法在某种特定情景种做出适宜的反应。

（7）明确的即时强化成员行为的点滴进展，以增强成员发展出的新行为。

（8）领导者有责任积极参与团体过程，有责任在团体治疗之外安排合适的家庭作业。领导者要协助成员明白语言和领悟不足以导致改变，必须制定规划和采取实际行动，扩大适应性行为的成果，积极地在团体中进行体验，在现实生活情景中练习家庭作业。

（9）协助成员做好结束团体的各种准备。

（10）随着团体的进展，领导者要有意识地减少团体的组织性，为成员在团体中扮演别人的讨论的指导者和治疗伙伴提供机会，将指导的责任逐步授权于团体成员，以促成他们的自我管理技能的改善。

三、行为主义团体治疗的阶段与技术

（一）初期阶段

行为主义团体治疗的初期阶段要完成如下任务：

（1）领导者向成员提供所有关于团体历程的资讯。

（2）领导者通过团体前的个别会谈，探讨未来团体成员的期望，协助决定是否将加入该团体。

（3）建立团体的凝聚力和信任关系。根据罗斯（1980）的观点，领导者必须通过主动的努力使团体对其成员具有吸引力；要创造种种团体情景，使成员发挥出社会能力；要创造出多种功能角色，使成员可以在团体中扮演；以逐渐的和适宜的方式把指导责任授予团体成员；提供各种情景来使成员在其中相互作为治疗伙伴发挥作用；控制不恰当的团体冲突；寻找各种方法使所有的团体成员都投入团体互动之中。

（4）协助成员逐渐熟悉团体治疗的组织结构，鉴别团体成员的问题行为。

（5）评估行为问题，以具体的行为术语对问题做出描述。

（6）建立书面形式的团体治疗契约。这包括：成员对领导者和团体的期望；领导者对成员的期望；选择目标的方法；目标行为的描述；实现目标的策略和方法等。Gottman 和 Leiblum（1974）提出，合乎伦理的治疗要求是在任何形式的治疗中，当事人有权力详细了解他们正在使自己承诺怎样的约定。一个明确的治疗契约可以促进团体的信任，有利于建立治疗同盟关系，而且约定强化了当事人对自己在团体中扮演积极参与者角色的意识，具有将具体的治疗方案结合具体的目标相联结的作用。

（二）工作阶段

工作阶段是治疗计划的实施和技术运用的阶段，是成员发生行为改变的关键阶段。领导者担负着收集信息和评估团体的两大任务。领导者要继续收集团体的相关信息，如成员的参与状况、满意度、出席率、团体活动之间达成的作业的完成情况。领导者要持续不断地评价团体的工作进程、团体活动的效果、团体目前存在的问题、策略的有效程度等。

行为主义团体治疗的工作阶段经常运用如下技术。

1. 增强

增强（reinforcement）是行为团体塑造成员的目标行为的一个重要方法，是指团体领导者和团体成员借由表扬、赞赏、支持、关注等为当事人提供激励的过程。社会增强和自我增强是增强的两种形式。例如，每次活动开始请团体成员分享其成功经验，不仅为当事人提供搭配，而且向团体证明改变是可能的，这有利于建立一种积极的团体气氛。需要指出的是，领导者要有意识地教导成员如何在自己的进步过程中进行自我增强，提升自我控制能力，逐渐减少对团体或他人的依赖心理。

2. 暂时契约

暂时契约（contingency contracts）要说明需要表现、改变和终止的行为，与完成目标行为相关的奖赏，获得奖赏的条件，以及目标行为实现的时间表。有效的暂时契约须具备三个特征：一是明确描述出在约定中要表现的具体行为；二是说明可获得团体增强和立即增强；三是具体说明对作用进行检查、测量和记录的方法。

3. 角色示范

角色示范（modeling）是指由领导者和团体成员为当事人提供的可以模仿的各种角色楷模，它是行为团体中最有效的教育工具之一。示范作用的有效性依赖于楷模的某些具体特征：楷模与观察者的相似性，如年龄、性别、种族、态度等；楷模所具有的威信和地位。示范要在观察者在场时加以详细说明，并即时增强模仿者的积极行为。具体行为的示范作用经由团体活动的角色扮演所表现，并以生动的形式来实践。在肯定性训练团体和训练当事人如何更有建设性的自我陈述和改变认知结构方面，角色示范是很有效的方法。示范作用的效果可以通过行为预演、教导和团体回馈的方法得到加强。

4. 行为预演

行为预演（behavior rehearsal）是一种逐渐的行为塑造过程，是传授社会技能的有效技术，是目标行为在一个模拟真实情景中得到实践的方法。它的目的是训练团体成员在团体之外，在不存在楷模的提示的情况下，表现出所期待的目标行为。

行为预演的要求：一是尽可能在相似于当事人实际生活情景中进行，以实现从团体到真实生活环境最大程度的推广和延伸；二是每次行为预演最好选择目标行为的一部分进行，如音质、语速、手势、身体姿势、目光接触等；三是回馈与评价相结合，包括当事人自我评价行为预演的效果、领导者的评价、其他团体成员的反应、重放行为预演的录音或录像带。

5. 教导

教导（coaching）是指领导者和成员为有效地使当事人达成所期望的目标行为，而提供建议或一般性原理的方法。例如，在当事人正在进行行为预演时，或当事人陷于僵局时所进行的教导。教导要随着角色行为的逐渐实践而减少，团体成员在真实情景中尝试新的角色之前，要能独立地预演。

6. 回馈

在团体成员实践了一种新的行为之后，领导者和其他成员对其表现所给予的建设性、具体性和正面性的语言反应，称为回馈。回馈是学习新行为的有效工具，其方法包括：对当事人行为的赞赏与鼓励；对矫正错误行为的具体建议。行为团体中的回馈应遵循的原则有：一是提供肯定性回馈；二是在批评一种行为时要说出一种意见；三是有效的回馈是具体的和着眼于行为的；四是在团体活动的早期，领导者要说明回馈的具体标准；五是领导者和团体成员都可以对回馈进行评价。

7. 认知重建

认知重建是借由鉴别和评价当事人消极的思想或观念，学习以更为现实和适宜的思想或观念来取代这些认知的过程和方法。认知重建过程的程序包括：一是领导者教导团体成员如何鉴别自我妨碍和自我促进的陈述；二是彼此互相为认知分析提供回馈和各种示范；三是鼓励团体成员提出自我促进的、有助于问题解决或有效行动的陈述；四是请成员运用认知模拟和自我交谈，想象自己处于紧张压力情景，并以自我陈述取代自我妨碍的评价；五是成员模仿楷模，并从团体获得建设性的反馈；六是每次团体活动结束时布置家庭作业，下一次团体活动开始时进行检查。

8. 问题解决

问题解决（problem solving）是系统的训练成员独立应对真实世界的认知和行为技能的认知—行为技术。问题解决过程的步骤包括：一是以对问题的一般性导向作为训练的起点，协助成员了解为什么某些问题情景会出现，可以掌握有效地应付这些问题的方法；二是具体描述导致问题情景的内在事件和外在事件，制定目标；三是提供各种选择的建议和多样化应对问题情景的方法；四是评价各种建议的相对风险性、适宜性和可能的效果；五是鼓励当事人做出决策，并采取实际行动来证明其行动方案有多大的有效性。

9. 压力免疫

压力免疫（stress inoculation）的创始人是梅肯保（Meichenbaum，1986），这是一种为团体成员提供有效应对未来压力情景的技术。压力免疫训练可以运用推进活动和追踪观察延伸到未来的时间。这种方法包括三个阶段：

第一阶段是概念化阶段。给当事人提供一个理解压力反应的概念架构，建立一种合作的工作关系。通过会谈、想象性回忆、自我监督、行为评估、心理测验等方法，收集当事人相关的紧张压力的资讯，以认识其压力反应。

第二阶段是认知—行为的因应技术练习阶段。帮助当事人建立和巩固各种人际交往技能，常用的方法有放松训练、认知重建、问题解决、自我指导训练等。

第三阶段是新的认知—行为技能的迁移阶段。团体成员将在团体中所学到的训练内容、新的行为模式运用于日常生活的各种压力情景，训练者所运用的各种技术有：想象预演、行为预演、角色扮演、示范作用、逐步暴露、复发防范、追踪观察。

10. 因应技术

梅肯保（1977）设计了一种治疗方法，用以教导因应技术（coping - skills techniques）。首先是将当事人暴露于引发焦虑的认知情景之中，然后对他们的认知或自我陈述进行合理的重新评价；最后，当事人在合理评价之后，将对自己的焦虑程度得到新的认知。

11. 同伴系统

Rose（1986）认为，同伴系统是团体成员之间的一种治疗性同盟，一个当事人被指定或自己选定另一个人在整个团体治疗过程中作为监督者和教导者。成员在团体中互相监督，在团体活动之间互相提醒坚持约定和完成作业，在团体之中和之外扮演支持性角色，尤其是在完成家庭作业的过程中，同伴系统将给团体成员提供机会，能够对别人有所帮助，并实践自己新学到的指导技能。这种同伴系统成为一种自助网络，能在团体结束之后继续发挥作用。

（三）后期阶段

行为主义团体治疗的后期阶段的主要任务是：促使成员新的行为模式转化为日常生活情景。领导者的角色也从指导性的治疗者逐步转为咨询辅导者。领导者经常采取的方法有：

（1）鼓励团体成员为自己的治疗效果承担起相应的责任。
（2）为成员提供多样化的练习情景。
（3）在训练情景中模拟真实情景。
（4）训练成员勇敢地面对非接纳性的环境，并应付可能的行为退化。
（5）针对所期望的目标行为对成员进行过渡性训练。
（6）团体领导者练习行为扩展。
（7）鼓励成员参加各种非治疗性团体，实践和发展新获得的行为技能。
（8）教导成员各种自助的认知技能。

领导者的另一项任务是评价团体训练效果，结束团体和追踪会谈。领导者通过安排长期和短期的追踪会谈，比较当事人训练之前和之后的效果，确定成员多大程度上能够在自己的环境中运用新的行为模式，确定他们在多大程度上维持了理想的行为而避免了非期望行为。追踪会谈对于维持已经改变的行为和继续从事自我指导的改变，具有维持与推进效果的作用。一般来说，追踪考察聚会是在团体结束后两个月进行一次，然后

4～6个月再进行一次。

四、社会技能训练团体治疗

社会技能训练涉及一个人在各种社会情景中有效地与他人交往的能力。Rose（1986）认为，在发展社会技能训练方面，团体比个别咨询有明显的优势，并描述了社会技能训练团体的组织程序和方法。

在社会技能训练团体治疗开始之前，团体领导者与成员讨论团体的目的和可能用到的方法，为成员提供各种实例，鼓励成员积极地提出问题，尝试介绍曾经运用这些方法的团体成员的经验，训练成员进行角色扮演的能力。

领导者教导成员建立各种使自己进行社会技能训练情景的方法。在团体受过设置问题情景的训练之后，成员被要求坚持记日记，记录下每一个星期里所发生的事件。在每个星期里，每位成员至少要在团体中讨论自己遇到的一件事，清楚说明自己的目标，或是重新针对此事件确定目标。其他成员被要求为当事人提出具体的建议，并就这些建议进行团体的评价。评价建议时可参考这些标准：行动方案的风险性、适当性、有效性以及和当事人人格的协调性。最后，请当事人自己做出选择。

领导者或成员都可以简要的示范形式为所期望的语言和非语言行为做出榜样。随后当事人就在这一情景中运用一致赞同的行为来实践自己的角色。如果当事人在行为预演中遇到困难，可以得到领导者或其他团体成员的教导。每一次预演结束后，当事人接受团体的反馈，为自己指定要在真实世界中完成的家庭作业。在完成这些家庭作业时，当事人要在新的情景中进行自我观察，并记录每天所遇到的问题。

五、肯定性训练团体治疗

肯定性训练，又称自信训练、果敢性训练，是指教导人们如何在各种社会情景中坚持自己的主见的训练方法。自我肯定训练的基本假设是：任何人都有权利来表达自己的情感、思想、观念、态度，而不是有义务的表达。肯定性训练团体治疗的终极目标包括：

（1）认识并改变有关一个人自我肯定权利的自我妨碍观念。

（2）发展出一种态度，强调一个人表达自己的权利和尊重他人权利的重要性。

（3）学习如何鉴别和区分坚持主见的行为、攻击行为、无主见行为。

（4）增强一个人的自尊，能够采取积极主动的姿态。

（5）能够在特殊的人际情景中应用新学习到的表达主见的技能。

自我肯定行为主要表现为三个方面：一是肯定的请求：请求他人为自己做某事，来满足自己合理的需要。二是肯定的拒绝：拒绝他人的无理要求而又不伤害对方，想拒绝时可以坦然地说"不"而不觉得不舒服。三是真实地表达自己的意见和情感。

肯定性训练团体一般按照如下程序进行：一是设置成员难以应对的训练情境。例如，排队购票时有人在你前面加塞；考试时临座同学要抄袭你的答案，你不愿意；有人找你借钱，你知道此人借钱从来不还，你该怎么办？二是通过角色扮演法进行训练。三是决定其他变通的方式。四是在现实生活中运用习得的交往方式。五是评价训练的效果。

下面是一个肯定性训练团体治疗的具体操作方案。

肯定性训练方案

1. 训练目标

培养自我肯定行为，提升自信心水平。

2. 适用对象

自信心不足，有自卑感、情绪压抑和人际沟通困难的人。

3. 理论基础

认知行为疗法。阿尔贝蒂和伊蒙斯（1986）认为，自信心不足的人常有三种错误的信念：一是不相信自己有权利坚持自己的主见，在父母、老师、长辈、上司和优越者面前尤其如此；二是对坚持自己的主见感到高度的焦虑和恐惧，如害怕别人会讽刺挖苦自己、担心自己出"洋相"等；三是认为自己缺乏有效地表达与沟通的技能，如认为自己口笨、眼睛表情不自然等。

4. 训练目的

（1）改变当事人妨碍自我肯定的不合理观念，发展出一种自我表达的权利和尊重他人的权利的态度。

（2）懂得人有权利而不是有义务表达自己真实的情感、思想、观念和态度，使自己的行为符合内心的愿望，而不必要有任何焦虑和压抑。

（3）学习促进平等的人际关系建立的方法，学习鉴别正确的坚持主见的行为，学会在人际情境中应用新学到的表达主见的技能。

5. 活动内容与方式

第一个环节：观察行为，预演示范。

领导者描述日常生活中的一些情境，如在餐馆点菜，服务员推荐菜谱时的情境，或上司要自己按照某种可能落后的方式完成一件事时的情境，或同学/同事向自己提出某项自己不愿意接受的事情等情境。请3—4名参加者分别扮演三种行为模式。请参加成员谈谈每种行为在表达方式、技巧、心情等方面的体会。让其他成员一起学习鉴别无主见行为、攻击性行为和肯定性行为三者之间风格和后果的区别。

第二个环节：认知重建。

领导者讲解观念与行为之间联系的认知行为主义的理论，帮助参加者认知重建，了解自己的不适应行为与错误的观念之间的联系。如常见的认知障碍有"我这样做，别人会怎样想呢？""不用试了，我注定会失败。""我曾经有个很好的机会，可我竟错过了，现在已为时太晚。"分别让参加者发表感想，不断追溯自己焦虑和恐惧的认知来源，并要求回家后记录有关思想进展的日记。指导者对日记进行点评。

第三个环节：自我表达训练。

（1）第一轮训练可让每一个参加训练者轮流站起来即席表达自己对时局或某件社会新闻（如球赛等）的见解，发言结束时其他成员均应鼓掌给予鼓励，然后请发言者闭上眼睛，其他成员用举手的方式表示是否给予通过，不能过关者下轮再讲演一次。

（2）第二轮训练可以让参加者对他所熟悉的某个对象进行赞扬性评价，用上述同样的方法进行评价。

（3）第三轮训练以辩论性话题为主，将参加者按单双数随机分成正反题两组，每次两人进行辩论表演，其他人观看并以掌声给予助威。

第四个环节：羞恶性攻击训练。

鼓励成员冒险去做一些自己原来不敢做的事情，挑战害怕难堪的神经质恐惧感。可选练习内容，例如：在校园散步时戴着耳机，任意高声哼歌曲或说外语；在公众场合（如食堂）高声向同学询问时间或开几句玩笑；向陌生人打听某件事；穿戴奇装异服；等；等。在做这些事情时，其他成员可以给予赞同或耻笑类的评论，使表演者感到一点治疗性压力。鼓励练习者不要顾及别人的想法和反应，坚持自己想做的事情，并逐渐将在团体训练中取得的经验迁移到生活的情境中去。

六、压力管理训练团体治疗

压力管理训练团体治疗的基本假设是：我们并不只是压力的牺牲品，相反的是，我们所做的和所想的内容，主动影响着我们怎样体验压力。也就是说，我们如何评价生活中的事件，决定着压力是否将正面或负面的影响着我们。梅肯保（Meichenbaum，1985）描述了压力管理训练的目的：不是要消除压力，而是告诉当事人压力的性质和作用，并教会他们各种建设性的应对压力的个人和人际的技巧。

罗斯、托尔曼和托兰特（Rose, Tolman, Tallant, 1985）设计了压力管理训练团体治疗的计划。这个计划通常是八个星期，每个星期两个小时的团体聚会的形式，外加团体前、团体后个别评价性会谈各一次，以及一次追踪团体聚会。评估包括：用以鉴定压力来源和程度的个别会谈，运用一些纸笔测验，当事人对自己在压力情景反映的日常自我监督。

梅肯保（1985）建立了压力免疫训练（stress - inoculation training，SIT）计划。SIT是由信息提供、认知重建、问题解决、放松训练、行为与想象预演、自我监督、自我指导性对话、自我增强、时间管理、改变环境状态等多种方法组成。梅肯保提出了 SIT 计划的三阶段模式：概念获得阶段、技能获得和预演阶段、应用和追踪阶段。

梅肯保总结了压力管理训练团体治疗的指导原则：

（1）进行评估，确定哪些个人的和人际的因素抑制了当事人应付压力的能力。

（2）号召当事人的合作与参与，建立合作式的评估、介入训练计划的方法。

（3）在各种因应技巧方面训练当事人，要考虑到个体和文化的差异。

（4）促进一种具有弹性的应付能力。

（5）详细说明应付过程中的认知和情感因素。

（6）认真选择训练任务。

（7）训练如何将学到的内容进行转换和推广。

（8）训练应当是以未来为导向的，要预见可能的挫折和压力性生活情景，应考虑到旧病复发的可能性。

（9）多层次、多方面的训练是最有效的，应当在各种环境中进行训练。

（10）为当事人的活动绩效提供回馈。

（11）如果有可能，要安排一些后援活动、追踪评估和追踪训练。

压力管理训练对相当广泛的问题类型和当事人都具有潜在的应用价值，无论是压力问题的治疗还是压力的预防都有广泛的适用性。

下面提供了一个压力管理训练团体治疗的具体操作方案。

<h2 style="text-align:center">压力管理训练方案</h2>

1. 训练目标

探讨心理压力的来源，学习应付压力的方法。

2. 理论基础

按照认知行为主义心理学，罗斯、托尔曼、托兰特设计了团体中的压力管理训练计划和梅肯保建立了压力管理训练计划。其理论假设是：我们并不是压力的牺牲品，相反，我们所做和所想的内容，主动地影响着我们怎样体验着压力。也就是说，我们如何评价生活中的事件，决定着压力是否正面或负面地影响着我们。

3. 活动内容与方式

第一个环节：感觉与表达压力。

请团体成员在黑板上用圆形表示压力，圆的直径大小与压力的大小成正比，并在圆圈内标明压力源。同时画一个人形图，用以表示有压力时自己身体哪一个部位有不适反应，在相应部位涂上阴影。领导者引发参与者对压力的感觉、想法和情感，以及探讨究竟是哪些因素抑制了当事人应付压力的能力，并对人的心理问题所导致的躯体化现象加以评述与解释。

第二个环节：驳斥非理性思维，重建认知。

帮助当事人正确认识压力的性质和不可避免性，意识到自己的想法、认知方式和情绪在造成压力中所扮演的角色，找出当事人适应不良的观念模式（如绝对化思维方式等），并且以新的适应性的思维模式取而代之。具体做法如下：

（1）RET自助单法。请参与者画一张包含四列的"RET自助单"：左边第一列写下生活事件（如与别人打交道等），第二列写下自己原来对此类事件的看法（如认为我对别人好，别人就应该对我回报等），第三列写上针对原看法的驳斥（如千人千面、千面千心，想别人像我对他们那样回报自己是不可能的），第四列写上按新的想法重新体验事件之后的体会。一周后回到团体，以自助单为基础，分享自己的经验，彼此学习驳斥不合理信念的方法。

（2）自我对话，驳斥非理性信念。领导者描述一个日常生活中的情景，请参与者想象自己身处于那个情景之中，先按照以前的思维习惯自言自语说一段话，表白自己的内心想法（如"我必须表现得与众不同"），然后要求用一种新的陈述来取代原来的理想主义的陈述。

第三个环节：行为预演或放松训练。

先让当事人暴露于引发焦虑的情景中（如在团体中表演的情境），然后通过肌肉紧张——放松训练，以及调身、调息、调心的训练达到情绪和身体的放松。依序放松如下肌肉：额肌——嚼肌——颈肌——胸肌——腹肌——上肢——下肢。本节可配合放松磁带训练。

第四个环节：指定家庭作业与应用追踪。

（1）建立一个相互支持的同伴系统：用奇数偶数抽签的方法使成员随机配对，使之相互成为团体治疗中的监督者和支持者。

（2）指定多种多样的想象性或现实性的社会练习情境，包括非接纳性的情境（如向上司汇报工作）。训练的问题和人群可以是：有关难以控制的愤怒问题或有关恐惧的问题，A型性格者，遭强暴的受害者，运动员，考试紧张者，等等。

（3）练习将新学习的行为向日常生活的扩展或转化。练习过程中同伴给予必要的监督和精神支持。

七、自我管理行为团体治疗

自我管理反映了行为治疗的一种倾向性转变，是"分享心理学"趋势的体现。这意味着心理学家将与消费者分享他们的知识，以便人们能够逐渐自我指导的生活，不必依赖于专家就能有效地应对所面临的问题。自我管理行为模式突出了当事人在改变的各个环节上，扮演着积极主动的角色，承担着行为改变的责任。这种团体模式的优势表现为：提高了当事人改变行为的动机水平；直接在生活的自然情景中改变行为。

行为取向的团体为学习自我管理技能的人提供了很大的包容度。自我管理改变的方面有：过度的饮食、酗酒、吸烟、乱扔东西、目标管理、时间管理，以及工作或学校环境中的自我约束不足。自我指导改变的行为团体提供了促成改变所必需的指导原则和计划。

威廉斯和落恩提出了一个自我管理行为模型，将自我管理行为模型分为选择目标、监测靶行为、改变环境因素、获取有效的结果和巩固收获五个方面（见表2-2）。

表2-2 自我管理行为模型

选择目标
1. 一次确定一个靶结果目标。
2. 目标应该重要、可测量、能够实现、积极。
3. 靶结果目标的陈述应该包括：
　（1）所希望的表现（或消失）的水平。
　（2）预定达到目标的日期。

监测靶行为
1. 选择适当的靶过程目标。
2. 在实施行为改变策略之前先对靶行为进行基线评估。
3. 开始记录与过程目标有关的行为数据包括：
　（1）行为发生后即时记录。
　（2）使用纸笔、腕计数器、跑表等工具记录行为。
　（3）记录行为的频数、持续时间或行为产品数。

续表 2-2

改变环境因素

继续记录靶行为。
1. 一开始要避免肯定会产生失调行为的情景。
2. 改造情景，以便达到以下目的：
    （1）使你易于觉察自己正在做什么。
    （3）限制会诱发"坏"行为的刺激。
    （3）使所希望的行为易于出现。
    （4）确定与失调行为不相容的那些替代行为。

获取有效结果

继续记录靶行为，继续维持环境因素的改变。
1. 区分行为结果，确定它具有强化性质还是惩罚性质。
2. 组织强化匹配，以便达到以下目的：
    （1）适宜行为及时得到强化。
    （2）容易取得强化标准。
    （3）其他人会支持达到目标行为。
    （4）对通过过程目标的行为制定一个渐进的强化时间表。
    （5）强化物既包括外部强化物也包括内部强化物。
    （6）强化物有足够的价值或力量使之有效。
    （7）按一个程序计划进行强化，以产生最大的激励作用——短期的、中期的和长期的。
    （8）坚持用图表形式精确记录。
    （9）可以以书面形式制定一项行为合同。
    （10）如强化匹配不能产生希望的行为变化，可使用厌恶性的后果改变行为。
3. 承诺：当不按规定行事时处罚自己（或许与一位支持者签订合同，同意放弃某样对自己有实际价值的东西）。
4. 用物理手段诱发痛苦。
5. 刺激餍食法。

巩固收获

继续记录靶行为，继续评估维持环境因素的改变，维持自然结果。
1. 评价。
建立一个有效的评估—反馈系统，以保证可以对自我管理进行调整、重新定义或改变方向的目标。
2. 维持自然结果。
    （1）逐步撤销自我记录活动。
    （2）在自然环境中保持最多的改变。
    （3）维持自然的强化匹配。
    （4）逐步撤销人工强化匹配。
    （5）谋求社会支持。
    （6）应用自我管理方法于其他方面。

下面提供一个减肥目标的自我管理方案。

减肥目标的自我管理方案

该方案是当事人李×的减肥目标的自我管理计划与行为合同（见表2-3）。

表2-3　减肥目标的自我管理计划与行为合同

实施人：李×，34岁。
日期：1999年5月6日。
步骤一：目标选择

　　我为了健康和有一个满意的自我形象必须减轻体重。我计划在1999年5月6日至2000年5月6日这12个月内减轻体重48斤，以实现理想的体重110斤。

步骤二：监测靶行为
1. 过程目标的选择。
　　（1）我将制定一个计划食谱。每天吃三顿饭，每顿饭热量为750大卡，吃低盐热量的简单食品。
　　（2）我将制定一个常规的体育锻炼计划，每天至少锻炼6次，总锻炼时间不少于150分钟。
　　（3）我将制定一个常规的步行计划，逐步达到每天不少于3000米，无论是晴天还是雨天。
2. 现状评估。
　　（1）我现在体重是158斤。
　　（2）我目前每天摄入热量为4000—5000大卡。
　　（3）我没有进行任何常规的身体锻炼。
　　（4）因为我随时都有钱买需要的衣服，所以我不担心衣服的大小问题。
　　（5）我每天都在职工餐厅大吃免费午餐。
3. 记录与过程目标和结果目标有关的行为。
　　（1）在一张日程表上记录体重，两周一次。
　　（2）坚持每天计算热量。
　　（3）每天完成锻炼计划，每天锻炼序列完成后予以核查，并在日程表上做上标记。
　　（4）步行要每天进行，每天计划完成后在日程表上做标记。
　　（5）我的督导者将在他的案头日志上记录确认我的指定午餐。

步骤三：改变环境因素
　　（1）每天做好第二天的低热量午餐，放进冰箱，并在门上做记号以免忘记。不做完这些不得上床睡觉。
　　（2）看电视或学习时，身边放一碗胡萝卜和芹菜梗来嚼。
　　（3）把立体声定时器设定在早晨7点，使舞曲录音每天准时开始奏响。
　　（4）早晨离家前，把我的跑鞋放在进门过道上，以便下班回家后首先看到它。
　　（5）不再去职工餐厅吃午餐，而是到我的督导者办公室，在督导者的监督下吃我的午餐。

续表2-3

步骤四：获取有效的结果

（1）无论哪个月，只要我达到减轻4斤的目标，我丈夫张×将额外在我的账户上支付我100元。无论哪个月我没有达到目标，就罚我付100元给丈夫。

（2）任何时候只要我放了一碗胡萝卜和芹菜梗在身边，就可以继续看电视或学习。如果没有，就必须立刻停止学习或看电视。我丈夫同意监督。

（3）每次做了锻炼，我就可以享受洗一次20分钟的温水泡沫澡；每次未做锻炼，就要洗一次冷水淋浴，用洗涤皂。

（4）每次我完成了步行计划，就可以花20分钟照料花草，这是我特别喜欢的活动。如果没有做到，我得替丈夫擦皮鞋。

（5）我要把我的指定午餐带给我的督导者。

（6）如果我在规定日期实现了靶结果目标，我将从我丈夫那里每月得到600元，这些钱将用来去北京看望一个朋友。

（7）我丈夫同意，任何时候只要他看见我在履行本计划所载的条款就表扬我。

步骤五：巩固收获

1. 评价。

（1）在任何为时两周的减肥期，如果我没有减轻两斤以上，我的督导者和我将检讨这一计划的要素，并做出必要的调整。

（2）我丈夫同意就任何他观察到的阻碍我进步的行为或事件给我提供反馈。

2. 维持。

（1）达到110斤体重后，我将继续维持我的体重。在任何一个月我的体重超过了115斤，就恢复实施整个行为计划。

（2）我把我所有穿过10日的衣服都将送给慈善机构。

（3）我丈夫将在卧室装一面全身长的镜子，以便我欣赏自己的新体型。

（4）我相信我的行为将在我的生活中变得极其重要。

行为合同

李×同意执行一项减肥和锻炼计划，按照这一计划，我将在1999年5月6日至2000年5月6日这12个月时间内减轻体重48斤。

我同意遵守我的行为计划中所述之各项条款，如若未能实现本合同之各项约定，每月支付罚金600元给我丈夫张×。

签名：李×

日期：

我，张×同意履行附加文件中所述之各项条款。我还同意除了上述文件指明的方式外以任何方式对控制饮食和锻炼计划发表议论或建议。

我同意，如果李×成功履行合同的各项条款，我对她每月提供600元奖励；如果李×没有履行以上合同的条款，她必须每月支付我600元。

签名：张×

日期：

八、多重模式团体治疗

多重模式团体治疗的倡导人是心理学家拉扎勒斯（Lazarus）。他认为，多重模式团体治疗考虑到了人的整体性，每个人都是独特的，因此治疗要因人而异，须慎重地避免使当事人就范于某一种预设的治疗模式。此模式强调团体治疗的弹性和多样性。

多重模式团体治疗的基本假设是：①一个人在团体治疗中所学习的应对方法越多，旧病复发的可能性就越小；②治疗者必须是有影响力的人；③治疗者要具备相当广泛的技能和技术，来应对当事人所提出的大量问题；④治疗者必须采取"技术折中主义"，运用任何一种有效的技术协助当事人解决问题。

拉扎勒斯（1986）提出，任何人都有七个重要的人格功能：行为（behavior），情感（affect），感觉（sensations），想象（imagery），认知（cognition），人际关系（interpersonal），药物/生物（drugs/biology）。一个完整的评估与治疗方案必须符合认知图（BASICID）的每个型态，保证人格的每个方面都得到明确的系统性关注，即完善的治疗包括对不合理的信念、偏差的行为、不愉快的情感、厌烦的想象、紧张的关系、负面的感觉、可能的生化失衡方面的矫正。

多重模式团体治疗的程序是：首先，对当事人的 BASICID 做初步的调查，确定其 BASICID 的基本轮廓，以便产生一些重要而有意义的主题并在团体中进行讨论；其次，有一个详细的生活经历问卷，检查各种不同型态之间的交互作用，凸显当事人问题的各个部分，便于治疗者充分的自己了解，针对性地选择和实施有效的治疗策略；最后，结束团体治疗，布置家庭作业。人格的 BASICID 评价见表 2-4。

表 2-4　人格的 BASICID 评价

人格功能	含义	评估问题
行为	该行为包括各种可观察和测量的活动、习惯、反应	1. 你喜欢有什么样的变化 2. 你希望减少或改掉哪些行为 3. 你希望增加哪些行为 4. 你的主要优点是什么 5. 有哪些具体的行为阻碍你想得到的东西
情感	指情绪、心境以及强烈的体验	1. 你经常体验的情绪是什么 2. 什么使你开怀大笑 3. 什么使你悲伤 4. 你有哪些情绪问题
感觉	指五种基本感觉：视觉、听觉、触觉、嗅觉、味觉	1. 你是否有什么不愉快的感觉，如疼痛、头昏、目晕等 2. 有哪些是你很不喜欢看、听、触、闻、尝的东西

续表 2-4

人格功能	含义	评估问题
想象	指个体描绘自己的方式，包括记忆等	1. 在你的记忆中出现哪些令你烦恼的事件 2. 你如何评价自己的身体状况 3. 你现在如何看待自己 4. 你希望将来怎样看待自己 5. 目前正在困扰你的过去、现在或未来的心理问题是什么
认知	指一个人的价值观、信念和态度	1. 在你生活中哪些价值观最重要 2. 满足你的生活方式有哪些 3. 你对自己说哪些否定性的语言或事情 4. 你主要的不合理信念是什么 5. 在你的生活中主要的"应该、必须"的内容是什么 6. 你的思想如何影响你所做的事情以及你的现时感受
人际关系	指与他人之间的相互交往状态	1. 在生活中你对他人有什么期望 2. 他人对你有何期望 3. 你给了他人什么 4. 你从他人那里学到些什么 5. 你是否希望与别人的关系得到改善 6. 你希望与别人的关系有什么样的改变
药物/生物	指一个人使用的药物、饮食习惯和活动方式	1. 你的健康状况如何 2. 你是否有任何医疗上的问题 3. 你是否服用任何被禁止的药物 4. 你的饮食和活动习惯是怎样的

多重模式治疗的领导者在团体活动中是很主动的，往往扮演着训练者、教育者、咨询者、治疗者、催化者，角色楷模等多重角色。他们提供信息、指导和回馈，给成员示范自我肯定行为，挑战自我妨碍的观念、提供正向的增强，进行适当的自我开放，等等，而在团体中发挥着重要功能。因此，这种团体工作的多重模式方法，客观上要求团体领导者在选择、实施各种干预方法和带领团体活动时具有很大的变通性和开放性。

第四节 存在主义团体治疗

一、存在主义团体治疗的原理

存在主义团体治疗受到欧洲存在主义哲学思潮的影响,如海德尔、萨特、罗素等人的哲学思想。存在主义强调人类存在的悲剧性因素,它的诞生旨在协助人们应对现实生活中的各种困境,如孤立、疏离、空虚,它并不试图建立某些治疗规则,而是致力于理解深刻的人类体验。

将存在主义团体治疗从欧洲引进美国,被转换为心理治疗实践的重要人物有:梅(May)、布根塔(Bugental)、耶乐姆(Yalom)、弗兰克尔(Frankl)。存在主义团体治疗注重了解人的主观知觉世界,是一种现象学的研究取向。治疗被看作治疗者与当事人的一次旅行,一次深刻考察当事人所认识和体验的世界的旅行,当然治疗者也能接触到自己的主观世界。存在主义团体治疗最好被理解为邀请当事人认识他们没有获得真实生活的方式,并做出使他们成为有能力成为的那种人的决策,它并不注重治疗疾病,或者是仅仅运用问题解决技术于真正生活的复杂任务。正如布根塔(Bugental,1986)论述存在治疗的基本任务时所说的:"我们不教给他们如此一大堆东西,以便他们更好地倾听那些他们已经知道但并没有注意的东西。这种观点与作为拯救一个懊悔或被破灭者的治疗相矛盾。"

存在主义团体治疗取向反对心理分析和行为主义两大学派的决定论观点,强调根植于人类存在的四个基本问题:自由、孤独、死亡以及无意义性。它的基本假设是:我们是自由的,要对自己的选择和行为承担责任,是自己生活的创造者,要成为自己生活的建筑师,而不是环境的牺牲品。因此,治疗过程主要目的在于激励当事人去探索各种替代性方法,并从中做出选择。

二、存在主义团体治疗的目标

存在主义团体是成员发挥功能的一个缩微世界,成员围绕着"我是谁"这个共同主题而聚在一起。成员是经由公开自我表露自己的现实问题,制定计划,进行一次深刻的自我探索旅行的人。这种团体为成员提供了开始倾听自己、关注自己主观体验的勇气,注重成员的意识不被治疗者所牵引时,自己所能发现的内容。

穆兰(Mullan,1979)阐述了存在主义团体治疗的目标,他认为,每个团体成员必须经过痛苦的过程,去发现自己的目标。最初团体经验是痛苦的,因为团体没有规则和例行程序,成员还在搜索但仍尚未发现要扮演的角色,他们感觉到自己原有的行为模式在团体中是失效的,而经常问及领导者的角色以及团体对自身的价值是什么。经过痛苦的探索历程,最终成员的压抑被平衡与快乐所替代,但道路仍然是曲折的。

三、有关概念在存在主义团体治疗中的应用

（一）自我觉察

自我觉察能力是人类可以进行自由选择的基础，自我觉察越强，人们的自由可能性就越大。存在主义认为，尽管我们受限于社会文化环境的决定力量，以及先天遗传强加给的各种限制，我们仍然能够在这些限制性因素的认识基础上做出选择。由于人们的自我觉察，我们开始认识到与这种自由想联系的选择和行动的责任。正如 May（1961）所言："无论使人类痛苦的力量有多大，人们有能力知道他正在忍受煎熬，并因此以某种方式影响他与宿名的关联。"

存在主义团体治疗的重要目的就在于协助当事人拓展自我觉察，增加选择的可能性。存在取向的治疗团体往往通过协助成员发现他们存在的独特价值来实现自我觉察。团体成员将重新对自己定义，深入认识自我存在的特色，试图探索如下问题：

（1）我是谁？
（2）我要到哪里去？
（3）我是如何体验自己的世界的？
（4）我对自己所经历的事件赋予什么意义？
（5）我怎样做才能增强我的自我觉察？
（6）我将以什么方式来扩展自己选择的范围？

领导者在团体发展初期，要明确告诫成员必须为寻求更大的自我觉察所付出的相应代价承担责任。随着一个人自我觉察能力的增强，他就会发现自己很难再"回到从前"，在自己眼前就会豁然展现出更多的选择余地。可能的选择内容包括：

（1）我们可以选择去扩展我们的觉察，或者我们选择去限制自己的眼界。
（2）我们可以决定自己的生活方向，或者可以让他人、环境力量来为我们决定这一切。
（3）我们可以运用我们行为的潜在能力，或者我们选择不做任何行为。
（4）我们可以选择与他人建立起有意义的联系，或者我们选择孤立自己。
（5）我们可以寻求自己的独特性，或者我们可以允许自己的身份消失在顺从之中。
（6）我们可以创造和发现自身生活的意义，或者可以作为一种空虚和毫无意义的存在。
（7）我们可以从事某种冒险，并体验与自我决策相伴随的焦虑，或者我们可以选择依赖所带来的安全感。
（8）我们可以接受终将死亡的事实，最大限度地获益于现实，或者我们可以因这种现实所产生的焦虑而把自己隐藏起来，对一切视而不见。
（9）我们可以使自己投入运用自己的全部潜能的努力之中，或者我们可以勉强接受凭自己一小部分能力所发挥的功能。

（二）自我决定与个人责任

存在主义的观点主张，虽然我们被推到这个世界，但我们怎样生活、成为怎样的人

是取决于我们的自我决定。我们是自我决定的存在，可以自由地在各种可能性中做出选择，有责任指导我们自己的生活和选择我们的命运。我们只要活着，就必须面对继续做出选择的现实。萨特（Sartre，1971）说："被宣告具有自由的人类，在双肩上承受着整个世界的重负。他对这个世界和对自己负责，并以次作为生存的方式。"

罗素（Russell，1978）说："每当我们采取行为时，我们都以自己想要成为的那种人来选择、创造自己，而这一过程是无休止的。我们从不确定自己究竟是什么，但却在每一次塑造我们的行为中被创造。我赋予我的现实以重要性，我谱写我自己世界的意义。当我把自己看成是行动主宰，以及我赋予我的世界重要性时，我为此获得一种更强烈的责任感。"

意义治疗的创始人弗兰克（Frankl，1963）是一位存在主义的精神病学家，他强调自由与责任之间的关系，在任何情景中我们的自由都是不可能被取代的，至少我们还可以选择对待环境的态度。生活意味着承担责任去寻找问题的正确答案，并去实现这一不断摆在每个人面前的任务。意义治疗意味着当事人自己造成了他们所体验的痛苦，只有对此有所认识，当事人才有可能改变自己，如果当事人非要等待他人或环境去做改变的话，他们就会进一步的加剧自己的悲惨和绝望。

团体成员在不能逃避自由、接受责任，以及做出选择相伴随的风险时，不可避免地产生焦虑。领导者要协助成员正视自身的这些焦虑。存在团体初期之中的成员经常以受害者的现象出现，谈论他们的无助感和无能感，为自己的悲惨现实指责别人或环境。领导者要协助成员充分认识到自己对自由所设定的各种限制，挑战自我的受害者的观念，认识到自己将要扮演的角色，建立对自己命运掌握的自信心。经由团体的回馈，成员学习从别人的眼光来看待自己，也了解自己的行为影响他人的方式，最终学习到团体情景如何反映着日常生活中的情景。

（三）存在焦虑

存在主义者将焦虑视为人类的一种基本特征，它不一定是病态的，而可能是促进个体发展的一种巨大的动机力量。梅（May，1983）强调焦虑是对急迫的丧失存在恐惧的体验。为了自我成长，我们必须将熟悉的安全方式与新的、未知的方式相交换，这种认识和交换过程本身就是一个重要的焦虑源。焦虑是我们成为我们所能成为的存在过程，是必须要付出的代价。焦虑是一种自我成长的催化剂，它鼓励我们采取行动做出改变。

领导者要协助成员认识到焦虑的促进自我发展的动力性特征，经由团体的支持，树立正确面对和彻底消除焦虑的勇气，制定行动计划，探索未知的领域，增进自我潜力的认识程度。

（四）死亡

生活之所以有意义，是因为人要死亡。存在主义者将死亡看作揭示生活的意义和目的的工具，它使现时的时光具有重要的价值。人一旦认识到这种自身的限制性，就会产生一种紧迫感，而让我们的生活有所作为。耶乐姆（1980）说："死与生是互相依存的，虽然死在肉体上摧毁了我们，但在观念上却拯救了我们。对死的认识促进了对生活的深刻认识，提供了生活观的根本转变，使一个人从闲散、平静、很少焦虑的生活模式，转变为一种更为真实的模式。"梅（1961）认为，否定死亡的代价是无穷的焦虑与自我疏远，要彻底的了解自己，人必须面对死亡，觉察到个人死亡的存在。

领导者要协助团体成员充分认识死亡，以及由死亡所衍生的焦虑感。正如穆兰（1979）所说："死亡主题是令人警醒和具有挑战性的，但并不是像某些人所认为的，是可怕和虚无的。借有对死亡的思考，当事人日常生活追求的卑微性受到抨击。他们的日常习俗、惯例、传统、习惯，都被付之一炬。一旦他们面对自己不可避免的死亡，就不会再做过去历史的牺牲品。他们因之而感到现在必须行动起来，激发前所未有的力量。"

存在主义团体治疗提供了一个安全的场所，成员可通过自我询问如下问题，来尝试新的生活方式：

（1）你对自己目前的生活品质有什么感受？有哪些因素导致你有这种感受？
（2）假设你只有6个月的生命，你对自己目前的生活品质感受如何？
（3）目前你还有什么没有做出的决定？
（4）你对自己目前的情感世界有什么看法？

（五）意义追求

存在主义者认为，生活本身没有什么积极的意义，生活的意义在于我们去创造，努力寻求生活的意义和目的感。意义治疗强调人的核心问题是揭示赋予一个人生活方向的意义，缺乏生活意义感是现代社会中存在的压力和焦虑的主要来源。神经症患者之所以需要治疗，是因为他们经常体验着一种存在的空虚（existential vacuum），这种存在的空虚导源于不追求任何意义。因此，意义治疗的关键是协助当事人设计寻找他们生活意义的途径，积极工作、爱、创造、为他人服务等都是找寻生命意义的方法。

存在主义团体要探索生活意义的问题，解决成员价值观的转换的问题。团体的重要任务之一是使成员正视这样的现实：他们正依赖不加检验的、不再贡献于有意义的生存价值观而生活。在团体的支持下，成员可以怀疑和抛弃不适宜的价值观，创造出一种内在的、与其生存方式一致的价值系统。领导者要鼓励成员认真反省如下问题：

（1）我是谁？
（2）我要去哪里？
（3）为什么我在这里？
（4）我生活的目的和意义从何而来？
（5）我喜欢自己生活方式吗？
（6）我生活中的哪些方面最使我感到满意？
（7）是什么正在阻碍着我去做我最想做的事情？

（六）寻求真实的生活

真实的生活意味着一个人在认识和接受自己的局限性的前提下，去做一切能证明自己的事情。当我们进入一种真实的生活，便永恒地成为我们有能力成为的人。我们可能因为放弃寻求自我定义,允许他人来确定我们是谁以及我们将成为谁,而失去了真实的生活。我们不相信自己能寻求和找到内在答案,而是成为其他人期望我们所成为的人,而背叛了自己。这样就导致了可怕的局面:我们成为自己的最危险敌人。当我们陷入一种非真实生活的深渊时,就会感到自己在环境面前是无能为力的,而体验一种存在的罪恶感。这种对潜能的忽视造成了我们的生活被束缚,以及我们的发展受阻,最终出现心理疾病。

存在主义团体为成员提供探索自我、认识潜能、评定自我功能发挥程度的有效背景。成员能够公开表达他们以非自我实现的方式生活的恐惧,开始认识到自己是怎样损害了自我的整合性。

(七)孤独与关联

存在主义团体治疗的观点认为,我们最终是孤独的,我们只是赋予自己的生活一种意义,决定我们如何生活,寻找自己的答案,决定自己的存在。从现实来看,我们是社会性存在,我们依赖于一定的人际关系,有归属的需要,希望能对别人的世界有意义,渴望感到别人的存在在我们的世界中是重要的。很显然,我们实际上处于一种矛盾的境地:既孤独又与他人相关联。

我们只有深刻认识、体验这种孤独,愿意选择这种孤独,能够在自身之中找到我们的力量源泉,才可能真正有意义地与他人联结起来。有些人为了逃避这种孤独的处境,将自己投入各种因果关系和疯狂的活动之中,相信它们可以麻痹我们对孤独的恐惧,这是一种本末倒置的行为,是心理不健康的表现。

存在团体的成员有机会以有意义的方式与他人建立关联,学会在与人相处中保持自我风格,能从已经建立的关系中找到酬赏,认识到所建立的这种关系的价值局限性,最终形成自我认同感和依赖感。

四、一个存在的人的基本特征

May认为一个存在的人具备六个基本特征:
(1)人的中心是自己本身,神经症是用来保护这个中心或存在的方式之一。
(2)人有自我肯定的倾向,或者有保护自我肯定的需要,但这需要付出意志的努力。
(3)人有从中心移向其他存在的可能性,这种转移是一种冒险。
(4)意识有赖于中心的主观方面,主体能够意识与他们发生作用的一切。
(5)人的一种独特的意识形成叫自我意识,它是与人们自己的经验相联系的。
(6)人有焦虑的特征,这是一种努力反对那些销毁此存在的努力时的一种情感。
布根塔描述出一个存在的人要具备三个典型特征:
(1)一个真正存在的人能够对当时有完全的意识。
(2)一个真正存在的人能够对在此刻如何生活方式做出选择。
(3)一个真正存在的人能够对这种选择负责任。
弗兰克尔认为一个存在的人必须能够超越自我,成为一个自我超脱者。自我超脱者具有如下心理特征：

(1) 能够有意识地选择和驾驭个人生活的进程，并承担相应的责任。

(2) 遭遇挫折时，不将自己的不幸归咎于父母或社会。

(3) 自我超脱者的动机指向是要达成各种具体目标，否则生活就会黯然失色。

(4) 能够专注于工作，这是发现人生意义的根本途径。重要的是对待工作的态度和方式，而不是工作本身的内容。

(5) 能够给予爱，也能接受被爱。爱情是认识自我和发现人生意义的重要途径之一。通过爱情，可使爱与被爱的双方都得到满足和促进。

五、存在主义团体治疗领导者的角色与功能

存在主义团体治疗不仅注重特殊技术的使用，更强调当事人在此刻的体验，治疗焦点是治疗者在和当事人接触中理解其主观世界。治疗过程被看作治疗者与当事人之间的一种伙伴关系和共同冒险。存在主义团体治疗的领导者通过关心、敏感度、即时回应，来建立一种有效的工作关系，创造一种治疗性同盟。正如布根塔（1987）所说："治疗同盟是一种非常有效的联合力量，它给漫长的、艰难的、有时是痛苦的改变生活的心理治疗工作注入力量和支持。在这里，治疗者的概念并不是指一个不动声色的观察技师，而是当事人的一个充满活力的人性伴侣。从这个意义上说，我的观点明显不同于传统的观点：即将治疗者看成是治疗过程中一个有技术但客观的指导者。"

存在主义团体治疗的领导者的主要功能包括：

(1) 促进成员之间建立一种有意义的关系。

(2) 激励成员从现在的状况转向他们想要去的地方，看到失败中所隐藏的学习机会，探究一次危机的发展边缘。

(3) 认识自己逃避个人责任的风格。

(4) 超越现时的有限视野，尽可能达到可以到达的境界。

(5) 分享式地说明每一个人所具有的重要性。

(6) 使成员认识到帮助他人的最好方法是，真诚地分享自己是怎样处理矛盾冲突和现实的问题。

六、意义治疗团体操作方案

下面是一个意义治疗团体操作方案。

1. 团体主题

发现我的人生意义。

2. 团体目标

(1) 学习发现生活的意义，建构一种充实的生活方式。

(2) 适合于遭受生活挫折，有存在空虚、意义丧失的对象。

3. 理论依据

弗兰克的意义疗法（Logotherapy）。弗兰克认为，努力探索生活的意义和目的，是人类的一个独有特征，也是心理健康的重要标志。

这种探索会增加在已经达到的和应该达到的东西之间的张力,即在"我们是什么样子"和"我们应该是什么样子"之间保留着缺口,而设法填补这个缺口正是我们健康人永远追求着的目标,这个目标给生活带来意义。

健康的人总是不断地追寻和发现新的生活目标和生活意义,而神经症者正是因为缺失生活奋斗目标和不能找到生活的意义而感到空虚。

弗兰克认为可以通过三种方式赋予生活意义:①通过我们向世界提供某种创造物的方法,给生活提供创造的价值或意义;②通过我们从世界上吸收经验的方法,给生活提供体验的价值或意义;③通过我们转变对待痛苦的态度的方法,给生活提供态度的价值或意义。

4. 活动内容与方式

第一个环节:认识意义。

(1)领导者给成员讲述弗兰克在纳粹集中营的苦难经历和创立意义疗法的故事,让团体成员了解什么叫意义疗法和追寻意义在建构健康人格中的重要性。

(2)请每一个成员谈谈自己所熟悉的人(可以是科学家、政治家、思想家、工人、农民或自己的亲人)或自己从事某项创造性工作(可以是有形产品或思想的等无形产品)的故事及其体验到的价值和意义。

第二个环节:发现意义。

(1)作品欣赏:老舍《小病》、施蛰存《赞病》、林语堂《论躺在床上》或其他作品等。

(2)请团体成员评价作品中的人面对疾病、死亡、失败和挫折时的故事和体验,学习发现和转换意义的方法。

(3)请团体成员谈一谈自己在观察山水树木等自然景物或人文世界、日常生活中所发现的美好事物以及所体验到的愉悦程度,而不必管这种愉悦时间的长短,哪怕是一瞬间的体验。

第三个环节:向死而生。

(1)领导者揭示死亡事实。人是唯一知道死亡不可避免的动物。人要完全彻底地了解自己,就必须面对死亡的终点,它可以促使任何人对自己生存的意义和目的进行反思。因此,存在主义把对死亡的讨论看作揭示生活意义和目的的工具。

(2)领导者请每一个成员回答问题:"假如你生命的历程只剩下最后的三天时间,你想做些什么事?"

(3)领导者对各成员的回答进行分类统整,并进行评价。虽然死亡可以在肉体上摧毁我们,但却拯救了我们的灵魂。如果我们树立了一种向死而生的人生观,就能够时刻关注生活的意义和目的,并为这种意义和目的而牵引。

第四个环节:经验整理。

(1)飞镖的比喻。飞镖的目标是外界的某物,但当飞镖没有击中目标时,飞镖就反而会回敬抛出它的那个人。类似地,当一个人达不到它的目的并看不到自己在世界上的意义时,他的注意力就返回到他们自己身上,成为一个悲哀、绝望的人或神经症者。

(2)健康的人格。从健康人格这个意义上说,就是个体能够为一种未来的目标所牵引或拉动，前进到超出自我中心，达到超越自我，使主体献身于工作或学习，全神贯注在意义和目的的追寻上，在过程中达到自我实现。

通过训练最后确立的两个基本观点：虽然我们不能选择环境，但我们可以自由选择怎样对环境做出反应，这个自由永远不能被别人剥夺（意志自由）。我们可以通过任何种类的工作发现意义（生活的意义），重要的不是工作的内容，而是我们完成它的方式和对待它的态度。

5. 注意事项

（1）领导者并不是告诉成员他们生活中的特殊意义应当是什么，而是应鼓励他们为自己发现意义。

（2）常见的问题是：一些成员也许放弃了原来的价值观，但并不寻找新的更适应的价值观来替代，这时领导者应该鼓励成员尝试用新的价值观念来重新体验生活。

（3）因为抱负和承诺有助于成员改变原来的生活模式，因此，领导者应为不断追求意义和有承诺行为的当事人提供充分的支持。

第五节　格式塔团体治疗

一、格式塔团体治疗的原理

弗里兹·皮尔斯（Fritz Perls）创立了格式塔团体治疗（Gestalt therapy），这种疗法属于存在主义治疗的一种形式，是现象学与行为主义的整合，即一方面处理当事人知觉的主观世界或此时此地的体验，另一方面采取实验的行为主义方法学。格式塔治疗的理论前提是人必须自己找寻生活道路，并接受个人责任。

（一）治疗目标

皮尔斯认为，治疗的基本目标协助当事人获得具有治疗作用的自我觉察能力，从环境支持转为自我支持，充分利用自我资源，而成为统整的人。

辛克尔（Zinker，1980）描述了格式塔团体成员的个人目标和团体目标。成员的个人目标包括：①整合个人内在的各种倾向；②与自我以及他人进行接触；③学习自我支持；④逐渐觉察到自己现时所感觉、体验、思考、幻想和行动；⑤明确的定义自己的界限；⑥将领悟转化为行动；⑦乐于从事创造性的尝试，进行自我认识。

团体成员要在团体层次上实现的目标包括：①学习如何明确与直接地寻找自己想要的东西；②学习在面对冲突的情景下如何处理人际关系；③学习互相的给予支持和帮助；④能够互相激励，突破安全的和已知的领域；⑤创造一个信任性团体气氛，使成员能够进行深层次的有意义的活动；⑥学习如何运用团体内部资源，而不是单纯的依赖团体领导者。

（二）此时此地

皮尔斯强调学习充分的欣赏和体验现实的最佳时机就是"此时"，因为过去的已经过去了，未来还没有到来。不幸的是，很多人的现实力量已经丧失，因为他们不是存在于现实之中，而是沉湎于过去，或是整日忙碌着对未来的计划和决策。随着他们将自己的精力指向已经有的或可能有的内容，而戏剧性的削弱乃至丧失了掌控现实的能力。

皮尔斯（1973）认为，格式塔是一种经验主义的治疗，不是语言式或解释性的治疗。格式塔治疗的目的在于协助当事人在即刻的现实中直接接触自己的经验，如果我们思考、谈论一种经验，就会干扰现时中心式的经验，而离开我们自己。如果过去经验不能和现时功能相联结的话，它就是不重要的。在格式塔团体中，成员将过去的问题情景拿到现实之中，重演这些情景，就好像它们正在发生一样。例如，一个团体成员开始谈论自己儿童期曾经怎样尝试和父亲相处问题情景时，领导者就会提醒成员说："现在请将你的父亲带到这间屋子中来，然后使自己回溯到你是个孩子的年代。现在对他说话，好像他就在这里一样，你就是那孩子，你最可能说的是什么？"格式塔治疗注重现时的能力，成员可以重演过去经验，也可以预演未来情景。

皮尔斯（1969）认为，我们往往沉湎于过去，以便我们能很合理地不愿为现时的生活承担责任。借由停留在过去，我们可以无休止地玩那种指责别人的游戏。我们从不面对自己改变生活方式的能力，我们陷入那种忙于为我们无生气的状态做合理化的过程。我们宁愿做任何事情，都不愿去意识到自己是在怎样使自己失去充实的生活。

皮尔斯主张从现实情景的整体性出发，在此时此地的背景上，探求人格的完善和统一，提出了"此时此地者"所应具备的10项人格特征：

（1）此时此地者立足于当前的存在。他们的注意中心、意识和满足都来源于当前和现实世界，而不为寻求生活的目的和意义去向后看或向前看。

（2）此时此地者对自己的现状和特点很明了并予以接受。

（3）此时此地者对自己的生活敢于承担责任，不会把责任转嫁给父母、配偶、命运、童年的不幸以及任何外部力量上去。

（4）此时此地者能坦率地表达自己的冲动、欲望和情感，对安全有自我保障感。

（5）此时此地者摆脱或避免对他人所负的责任。皮尔斯认为，如果对别人负责任，就会削弱自身的独立性和自我的责任感，生活应遵循"我干我的事，你干你的事"的原则。

（6）自我与现实的充分接触。此时此地者完全处于自我与现实世界的动态联系之中，能充分意识自己与周围世界所发生的一切。

（7）此时此地者勇于表达自己的不满、怨恨等负性情绪。皮尔斯认为，对于消极情绪的人为性压抑是心理不健康的表现。

（8）此时此地者的生活倾向于摆脱外在规则的束缚，他们所依赖的是自己认为正确的标准，而生活自发、坦然，能够真实地反映自己。

（9）此时此地者的自我界限是灵活的，能够伸展和扩大。

（10）此时此地者不追求未来的幸福。皮尔斯认为，对未来幸福的追求反映了个体已经离开了当前的存在，生活中空想之中。心理健康者的注意力总放在对幸福的此时此地的具体体验上，所追求的是即时性幸福感受。

(三) 觉察与责任

觉察是指认识到自己所思想的内容、所体验的情感和正在做的行动的过程。觉察不同于内省或领悟，它是一种持续的更新一个人自我的工具。格式塔团体成员的任务是对自己经验的结构给予注意，意识到这种体验是什么，以及是如何体验的。领导者要向成员提出"是什么"和"如何"的问题，而不是"为什么"的问题。这种提问会增强当事人对现实的认识和觉察能力。

格式塔治疗的两个重心是："现在"和"如何"。"现在"包容了所有的存在，是觉察的基础。"如何"包括了行为和不断延续的过程所涉及的内容。为了帮助当事人着眼于现时，并深刻体验现时的情感，领导者有必要提出一些促成现时中心式的问题：

(1) 你现在正体验着什么？
(2) 在你说话时，你正在想些什么？
(3) 你现在如何体验你身体的焦虑？
(4) 此刻你如何尝试退缩？你正在如何避免接触不愉快的情感？
(5) 当你坐在那里，试图说些什么的时候，此刻你正在感受到什么？
(6) 当你现在正对你父亲说话，你的声音会是什么样的？

格式塔治疗注重当事人的外显行为，来促成此时此地的觉察。它的基本做法是请当事人高度注意自己的活动、姿势、语言模式、语调、手势以及和他人的互动。领导者要提供一种团体气氛，使成员能够清晰地注意他们随时变化的意识，这是当事人能够承担自我责任的关键和前提。领导者要协助成员们为他们所体验和所行动的任何内容承担责任，而不是因自身的现状去指责他人。皮尔斯说："成熟的人并不努力去满足别人的期望，或以对他人尽义务的方式生活；恰恰相反，成熟的人关注如何依照自己的期望而生活，真正地成为他们自己。"一般来说，有两种促成个人责任感的方法：一是觉察到自己以怎样的方式放弃个人能力，让别人为自己承担责任；二是将自己的期望和别人对自己的期望分割开来，按照自己的期望做出有意义的选择。

(四) 未竟事物与回避

未竟事物是指当事人未表达的情感、尚未解决的事件与问题。它们在没有得到合理解决之前，会持续地干扰当事人的现时中心性功能。正如鲍斯特（Polster, 1973）所说："这些未完成的事件一直寻求被完成，当它们获得足够能量的时候，个体就会被偏见、冲动行为、忧虑、压制的活力、大量的自我妨碍行为所困扰。"

回避是指当事人用以免于面对未解决的问题、免于体验与未解决问题相伴随的令自己感到不适情绪的方法。皮尔斯认为，因为多数人宁愿体验痛苦的情绪与情感，也不愿意做必要的改变，而逐渐变得僵化，不能摆脱困境，这种倾向则恰恰影响着他们充满活力的生活，阻碍了自我成长机会。当事人习惯性地幻想一些灾难性期望，来回避要承担的必要风险。例如，"如果我充分表达了我的痛苦，人们就会很厌烦，他们与我并没有什么关系"，"如果我要表达出对他人的愤怒，他就会抛弃我"，等等。如果当事人能够忍受并真正体验他的深层情感，就有可能发现自己原来幻想出的灾难性预期、无助感、空虚感等，都不会现实性的发生，仅仅是一种自我虚幻的结果。经由摆脱这种回避的倾向，人就有可能去处理那些正在干扰自己现时生活的未解决问题，而向着健康和统整发展。

（五）神经症层次与抗拒模式

皮尔斯（1970）将人格层次的发展比喻为剥洋葱皮。个体要实现心理成熟，就必须蜕下五层神经症：

第一层是虚伪层（phony layer）。当事人以刻板的不真实方式对别人做出反应，生活在自己或他人所创造的幻想之中，一旦认识到这种游戏的伪装性，就会体验不快和痛苦。

第二层是恐惧层（phobic layer）。当事人尝试回避情绪痛苦，抗拒接受自己的本来面目，体验灾难性的恐惧，如果表现真正的自我，将会遭遇到别人的拒绝。

第三层是僵滞层（impasse layer）。当事人的自我成熟处在停止状态，认为自己无法继续生存，极力地尝试操纵环境，自感麻木和虚无。

第四层是内向爆发层（implosive layer）。当事人继续体验死亡感时就会出现内向爆发层，为了达到真正的自我就必须穿过内向爆发层，显露自我抗拒和自我防卫模式。

第五层是外向爆发层（explosive layer）。当接触到外向爆发层时，当事人就摆脱了虚伪者的角色，释放出因掩盖真实自我而被压抑的巨大能量，这种爆发可以是痛苦、快乐、愤怒、悲伤、性欲等。

导致神经症五个层次的原因是什么？格式塔理论用抗拒的概念来解释。所谓抗拒，是指当事人建立起来用以保护自己免于以充分真实自我的方式体验现实的防卫策略。主要的抗拒模式有：

1. 内射

内射（introjection）是指不加批判地吸收与自身不协调的方式，不加批判地接受别人的观点和标准的倾向。内射导致当事人被动地接受环境的影响，而不清楚自己的真正需要。例如，团体初期阶段成员经常寻求领导者提供组织结构和指导。

2. 投射

投射（projection）是指当事人否定自我人格中与自我形象相矛盾的方面，将它们归咎于外界环境的过程。投射很容易造成当事人区分内在世界和外在世界的困惑。例如，当某个成员试图对领导者和其他成员有所认识时，往往将那些实际上属于自己生活中重要他人的特征，归结到这些成员身上。

3. 反转

反转（retroflection）是指当事人对自己做出那些原本要对别人要做的事情。在团体初期阶段，很容易从某些成员的沉默、很少表达情绪等自我抑制的倾向中观察到反转现象。

4. 聚合

聚合（confluence）是指将对自己与环境之间的区别意识搞的模糊。聚合型的人其内在体验与外在真实之间没有明显的疆界，倾向性地认为所有人都应该感受到同一思想和情感，极端渴望被人接受和赏识，很难具有自己的独立思想，造成人际冲突。

5. 转向

转向（deflection）是对觉察的阻断和情绪体验的消除，结果导致当事人很难维持一种持久的人际接触感。具有转向防卫模式的人试图借由过度幽默、抽象概化、话题推给他人、替别人说话、发问而非陈述等方式扩散与他人的交往。

（六）能量与能量的阻碍

辛克尔（1978）在评价格式塔治疗工作中注重当事人能量的意义时指出："当事人可能并没有觉察到他们的能量或者他们在什么地方，而且他们可能以一种消极的方式体验它。格式塔治疗最好是一种点燃当事人内在意识与接触之火的活跃过程。这一过程是以一种不消除当事人能量的方式唤醒和丰富当事人。"

格式塔治疗者要特别注意团体的能量、如何利用它，以及能量可能受到的阻碍。受阻碍的能量其实是一种抗拒，它会以多种方式在当事人身体上表现出来，如呼吸急促、音量较低、嘴巴紧抿、无精打采、眼睛直盯天花板或地板、情绪冷漠、脸红、发热、手脚颤抖、嘴角打颤、头部和肩膀紧张等。治疗者的工作在于协助当事人觉察到阻碍自己能量的方式，并将这些被阻碍的能量转换到更适应的行为中去。治疗者要学会欢迎当事人抗拒的态度，并运用这种抗拒作为深入治疗过程的一种方法，鼓励成员认识自己的抗拒如何展现，而不要刻意摆脱某些身体症状，允许成员夸大表现这种僵化的躯体动作，体验自己是怎样消耗能量和使自己丧失精力的。

治疗者邀请当事人报告自己失去活力的身体感受，这种运用身体意义作业被认为是一种发展其活性并主动承担自我责任的方法。例如，如果某个成员以一种封闭性的姿态坐着，治疗者可以邀请他或她感受一下放开双臂交叉在胸前的感觉，然后重新交叉双臂。通过邀请成员改换一种特定姿势，尝试另一种新姿势，可以促进成员的自我觉察意识和能力。

二、格式塔团体治疗领导者的角色与功能

领导者要善于面质当事人，激励其充分体验自身的能量阻碍，面对自己的现时行为，决定是否将开发自己的潜能。在协助当事人成长过程中，领导者要有一种规避意识，即避免努力表现出"很有帮助的样子"，以增加当事人的依赖感和无助感，应更多鼓励他们为自己的意识层次担起责任和开发自我资源。

格式塔团体着重邀请，而不是命令成员去体验；注重挑战和正向面质，而不是严厉地或批判性地要求成员必须与原来的自我有所不同；正向面质是一种真诚关心的表现，旨在促成积极的改变，而不是攻击没有防卫能力的成员。

皮尔斯（1969）强调，格式塔团体治疗领导者要熟练运用广泛的技术来协助当事人获得自我觉察，但格式塔治疗过程并不仅仅是矫正方法和技术的简单堆加，技术和方法的使用不能与治疗者的人格相分离，过分使用技术会使治疗者被掩盖，而造成"妨碍成长的伪治疗"。

鲍斯特（1973）认为，领导者的角色不逊于一个艺术家，格式塔取向的治疗者应

该充分运用自己的经验作为治疗过程的一个基本成分,避免成为一个单纯的技师,技术和方法使用要因人而异,必须是治疗性交往的产物,即这种交往是以当事人与治疗者相互体验为基础的。鲍斯特(1987)描述了格式塔实验的性质与目的,他说:"实验是一种格式塔技术,目的在于恢复对一个人生活中僵滞点的回忆。这种方法为个人提供机会,将许多带到治疗室,更新思考与自发行为之间的联系。格式塔实验可能采取的形式有:戏剧化重演痛苦的记忆;想象一次可怕的遭遇、扮演一个人的父母、在一个人自身的两种角色之间进行对话、注意一种被忽视的姿势以及夸张某种姿势。领导者的作用之一就是观察者这种实验对当事人而言,是否过于安全或过于危险。"

辛克尔(1978)认为,格式塔团体治疗领导者应该是一个有创造性的治疗者,要拥有丰富的个人背景,能够自我开放并接受广泛的生活经验,充分地赞美生活,具备特殊的能力、技术和技能,善于利用自己的、成员的和团体情景中的客体与事件,积极地为成员创造崭新的景象。领导者要具备的特殊技能包括:

(1)探讨团体成员自身的能量,以及运用这种能量推动发展的能力。
(2)在适当的时机采取适当的方式进行实验。
(3)放弃某些陈旧的主题,进入更具活力的领域,以促进自我保持弹性的能力。
(4)愿意推动和面质成员,以便成员能够完成自身工作,能够知晓治疗者在什么时候撤除协助。
(5)有能力协助成员表达其情感,完成团体实验后及时总结成员所学内容。
(6)有智慧了解何时让成员停留在困惑之中,以便其能够学习以自己的方式澄清问题。

三、格式塔团体治疗技术

格式塔团体治疗运用多种行动导向的技术,协助团体成员在现时活动中体验冲突,或成为自己所体验的对象,而不仅仅是谈论冲突、问题或情感。

(一)语言活动模式

格式塔强调语言模式与人格之间的关系。成员的语言模式表达了他们的情感、思想、态度,通过关注自身的言语习惯模式,就可以增强他们的自我觉察。语言可以使我们接近自我,也可能使我们远离自我。治疗者的任务之一就是协助成员仔细检查他们的语言活动风格的影响价值。

1. 它

"它"是一种去个人化的语言形式。治疗者邀请成员将"它"换成"我"来表达,促成对自己所说的内容承担责任。例如,成员说:"如果加入这个团体的话,它会令人感到害怕。"治疗者要请成员将这个陈述改为:"我害怕加入这个团体。"

2. 你

"你"开头的句子往往会使他人产生防卫态度,隔离了自己和自己的感受内容,可能是在否定自己的经验。例如,成员说:"当有人拒绝你时,你会觉得受到了伤害。"治疗者邀请成员将这个陈述改为:"当有人拒绝我时,我会觉得受到了伤害。"

3. 问题

问题会将团体成员的注意力指向某人，导致这个人的防卫态度。团体成员可能会因为被治疗者询问问题而感到压力。治疗者对成员提问时要遵循的原则包括：①不要提问题，而是对个人做直接陈述，并公开发问的动机；②避免问"为什么"的问题，代之以"如何""是什么"的问题；③练习做"我"的陈述。

4. 修饰词和否定词

成员通过关注对自己的陈述所加的修饰词，可以增强他们对如何削弱自己表达力量的觉察。例如，成员说："我经常感到抑郁，但是我不知道该做些什么来改善这种状况"，"我认为这个团体是对我有很大帮助，但是团体之外的人与这里的人差别太大"。治疗者提醒成员陈述中的"但是"其实是否定了前面的陈述，请用"而且"替代"但是"这个词，或者干脆尝试省略掉某些修饰词，如也许、有些、可能、我猜想、我假定，从而将模糊的信息修正为明确的直接陈述。

5. 不能

"我不能"的真正意思是"我不愿"。治疗者要请成员将"不能"替换为"不愿"，协助他们接受自己的能力，为自己的选择承担相应责任。例如，张三说："我简直不能对我父亲说话，告诉他我的感受；他从来不了解我。"张三表达的真实而精确的意思是，他不愿意尝试和父亲交谈的风险，或者认为和父亲交谈是不值得的。

6. 应该

"应该"式的语句陈述习惯限制了当事人的自我觉察。治疗者要协助成员清楚觉察自己使用该类语言表达模式的频率，以及这种表达背后所映射的无力感。邀请成员将"我不得不""我必须""我应该"等，改为"我选择"。例如，将"我讨厌在学校，但我不得不这样，因为父母希望我这样"改换为："我不喜欢学校，我选择呆在学校是因为我不想给父母找麻烦。"

（二）非语言表达

皮尔斯认为，当我们的人格的某些方面受到阻碍时，这一被否定的部分会寻求表达它的方式，如借由我们的动作、手势、姿势、音调、音高、音量、语速等方式。熟练的治疗者不仅要倾听语言字面的表达，而且更要深刻地听出字面背后隐含的讯息。团体情景提供了许多机会来探索非语言表达的意义，有创造性的治疗者能发明出多种自发性的技术，协助成员关注到他们整个身体以及他们的目光接触、举止、微妙手势和姿势等表达的内容，以增强成员觉察此时此地真实体验。下面是一个格式塔动作治疗案例。

格式塔动作治疗案例

格式塔动作治疗重视身体的感觉并与之对话。帮助治疗者觉察认识自己的身体征兆及习惯性的身体形态的主要方法有：

（1）用感觉在身体各部位幻游。可以指定某种感觉让团体成员去探索与感受，或者让成员很舒服地躺在地板上，然后播放一些录音带，如海洋的声音，那声音暗示着呼吸的韵律，接着让成员将注意力集中在身体内，专注倾听身体内的声音。

（2）与身体交谈。许多不同的身体活动都能用来和自己的肢体对话，如自由在空间中移动（走、跑、爬等）一会儿之后停住，停时身体呈现一个形状并固定住，细心地感觉这个形状及身体各部位之间是如何连接的，然后找出一个字或词说出来，并试着和这个"身体形状"说话。当我们在和身体对话的练习中，往往发现自己隐藏的感情。

（3）完形和按摩。通过双手的按摩，有助于了解自己身体的样子；通过手的接触，意味着关切和接纳的态度，这种简单、原始的沟通所传递的情感，往往给成员更正向的力量。

（三）承担责任

承担责任是指当事人承担全部责任，认识到他们的投射，重新鉴别它们，并成为他们所经验的内容。格式塔治疗者要协助成员正视他们不愿承担责任的问题，建构起"我为……负责"的概念，不将责任投射到环境，或让他人为自己负责。例如，成员说："我感到自己被这个团体排斥，他们对我不友好。"改为这样的陈述："我感到被这个团体排斥，我要对这种被排斥感负责。"

（四）对话实验

对话实验是用来促进当事人对内在分离的觉察和最终的人格统整。治疗者经常采取的形式有：当事人自身相对立的两方面的对话（男性化与女性化、爱与恨、温柔与粗暴、进取与退缩等）；与父母、重要他人、想象中的人以及无生命客体之间的幻想式对话。对话实验可以协助成员增加对自身两极化的认识，描述自己那些看似相反的人格方面，加强对内射和投射的自我觉察，最终整合这些不同的极性倾向。对话实验可用角色扮演法、空椅技术、双椅技术等来进行。

（五）轮流交谈

轮流交谈是指请当事人轮流走到每个成员面前，大胆说出自己通常不用语言表达的内容。例如，李四认为自己很害怕女性，治疗者可以请李四当面对团体中的每一个女性说："我害怕你，因为我……""如果要接近你，那么我就会……"

（六）想象法

格式塔团体实验各种各样的想象情景，促成成员的自我觉察和有意义的发展。想象法可针对成员的非决断行为、恐怖的预期、羞耻心与内疚感的表达、恐惧参加团体等情景。

（七）预演技术

预演技术是请当事人大声地说出他们正在默默思考的内容的方法。皮尔斯认为，我们的思想是预演的过程，我们预演着自认为被他人期望去扮演的角色，这种内在的预演消耗了我们大量的能量和抑制了人的自发性。预演的主题可以是成员此刻的思想，也可以是预见的未来问题情景。例如，治疗者邀请团体中某位沉默的成员，大声说出自己坐在那里时脑中思考的内容。

（八）翻转技术

翻转技术是指请成员尝试扮演自己不愿意看到和接受的自我的某些特质的方法。这种技术的理论假设是，当人们允许自己进入引起焦虑的事件，与他们自身那些被埋没、被拒绝的部分相接触时，就有可能认识到自我的两极化倾向，以实现自我人格的统整。例如，请经常保持沉默的成员在团体中故意扮演霸道者的角色；请有自卑感的成员有意识地扮演监督者的角色；请那些总爱对他人说赞美性语言的成员，分别走到其他成员面前说些批评性的话语。

（九）夸张实验

夸张实验是指邀请成员故意夸张表情所携带的微妙线索的活动。经由反复的夸张动作或姿势，成员可以更强烈地体验到与这种行为相伴随的感受，更能清楚地觉察它的内在意义。例如，成员张尧在其他成员说话时总是以赞同的方式点头，治疗者可以邀请张尧走到每一个成员目前，不停地点头，并且伴随着点头动作要说些话。

（十）经验性动作治疗

格式塔团体治疗领导者重视将成员身体所经验到的带到意识层面，并转换为语言的描述进行觉察。身体的自发表达是一个进入个体内心世界的媒介，借助身体运作的方法，帮助成员和自己的感觉经验相连接。首先是放松：由主动到被动模式的转化，任何自我导引的放松方法都能达到这种状态，如静坐冥想、肌肉放松法等，当眼睛闭起来并且放松时，一种意识的被接纳状态就能让其完成，闭上眼有助于减低外在刺激的侵入，更能专注于内在刺激；然后是身体集中焦点，又称定焦联系，用来区辨或感觉我们对身体的觉察，可以增强一个人对身体的意识和感觉反应的程序，如当你闭上眼睛，放松地躺在地板上，治疗者将会引导你把注意力放在身体舒服或不舒服的感觉上，接着就开始区辨两极化的身体经验，在区辨身体两极化的过程中，情绪体验也会伴随而来。这种程序化的练习可以促使成员集中于感觉特质，而对此刻的情绪状态做出清楚的描述，因此，身体集中的技巧可以促使焦点成员迅速地调整其内心的状态。

四、梦工作的原则与方法

（一）梦是人格投射

皮尔斯（1969）认为，梦是通向人格整合的黄金大道。一个人的梦是其人格的投射，是一个人内在矛盾和人格不协调方面的表现，是一种存在的信息或对存在的一种表达。梦包含着现实的信息，梦的不同方面反映了人们在清醒状态下的不同侧面。

格式塔团体治疗强调将梦带到现实中来，重新创造它、重视它，就像是现在发生一样。格式塔团体治疗领导者的任务是协助成员重新拥有那些曾经在梦中被投射到人或物体上的自我部分，成员经由描述一个梦的所有细节，回忆梦中的每一个人、事件、心境，并在此刻尽可能扮演出每一个部分，他就能够越来越认识到自己相对立的方面，以及自己的情感世界，最终欣赏和接受自己内在的各种差异，实现人格的统整。

（二）梦工作的原则

雷恩沃特（Rainwater,1979）归纳了梦工作的一些原则：①注意是风景还是环境；②成为梦中所有的人，他们之间有谁是有重要意义的；③注意任何有联系和连接作用的物体，如电话线和高速公路；④鉴别任何神秘的物体，如一封未打开的信或一本未读过的书；⑤注意任何有力量的特性比，如海啸；⑥成为任何两个相对立的对象，如一个年轻人和老年人；⑦注意任何梦中所消失的内容；⑧警惕在梦中出现的任何数字，变成这些数字，探究与它们的关系；⑨注意做梦醒来时的那一刻感受是什么？

（三）梦工作的不同探索方法

Muller（1996）认为，梦境是一种内转（introjection），梦的工作（dreamwork）就是要理解并解除那些在清醒状态下无法表达的内转。针对同一梦境，格式塔团体治疗可以选择不同梦工作的方法来进行探索。

下面是梦工作的一个案例。

梦工作案例

杰克的梦境：我正沿着一片荒凉的海滩走着，我感觉既紧张又恐惧，天空漆黑一片，海浪一直扑打着海滩。然后，我看到一个人从远处缓缓走来，那是我的母亲，尽管她看来很年轻。她悲伤地哭泣着，并向我哀求。

方法一：用现象学方法倾听焦点成员的梦。

治疗者：荒凉的海滩对你意味着什么呢？

杰克：我记得那海滩有些像我父亲离开家与另一个女人同居后，我和母亲去度假时所看到的那个海滩。

……

方法二：邀请焦点成员用此时此地的语气讲述梦境。

杰克：我正沿着一片荒凉的海滩走着，我感觉既紧张又恐惧，天空漆黑一片，海浪一直扑打着海滩。此刻，我看到一个人从远处缓缓走来。当她走近时，我才知道那是我的母亲，她看来比现在更年轻。她一边哭泣一边大声呼喊着。你一定要帮我啊，我就快死了，只有你才能帮我啊……

方法三：将焦点成员讲述的梦境体验为真实的故事。

治疗者：我能打断你一下吗？我注意到当你讲述梦境的时候，你的身体一动不动，显得有些紧张，而且讲话的声音也越来越小，看上去你好像很压抑。

治疗者的及时有效的介入，促成了焦点成员逐渐觉察到自己在面对母亲时存在的无助感和躯体上的内转。

方法四：建议焦点成员用非语言方式来表达梦境。

治疗者：现在请你拿出纸和彩色笔，通过绘画的方式来表现你的梦境……然后向后退几步从远处看那幅画。你正体验那幅画似乎传递着什么信息？你想在画中再添些什么？想象那个沿着海滩而行的人将会有什么样的感受？她可能遭遇了什么问题？

方法五：建议焦点成员以梦中的人或物的角色来描述梦境。

杰克：想象我是孤独的海滩，我在这儿已经很久了。我绵延数公里，很少有人在我的身边走过，我感到既寒冷又孤独，我的确感到非常孤独。

当杰克以"孤独的海滩"的角色描述梦境时，开始显得有些忧伤。当他说："我的确感到非常孤独"时，泪水夺眶而出。

方法六：为梦境中的人物、事件之间创设对话实验的机会。

治疗者鼓励杰克进行角色扮演，再现在梦中他与母亲之间的一段对话。随着对话实验的进行，又一个事实变得越来越清晰。梦中的杰克哑口无言，他对母亲的困境无能为力，更谈不上让母亲满意了，这使得他越来越沮丧，直到他突然跳出实验，转向治疗者说："这就像我母亲真的在我面前，她一直都指望我能照顾她，满足她的需要，我真的受不了。"当杰克和治疗者回顾此次角色扮演的体验时，杰克说他以前从未对母亲的要求表达任何不满和愤怒，因为他从小就是这样。

方法七：创设梦境的不同结局。

杰克想象自己的父亲正沿着海滩向他和母亲走来。父亲将母亲拥抱在怀中，一边抚慰她，一边告诉她，他会照顾他们母子俩的。杰克逐渐领会，父亲才是那个本应该帮助母亲解除痛苦的人，然而事实上，杰克却一直对自己的无能怀着负罪感。接着他还逐渐意识到自己对父亲是多么愤怒，因为正是父亲多年前抛弃了他们母子俩。

此外，Zinker（1978）创造出一种称为"戏剧化梦作业"的方法，这种方法不仅仅是处理某位成员的梦，而是在一个梦被报告和处理之后，创造一个团体实验，便于其他成员们能够得益于这个做梦者的原始表象的心理治疗。他认为，所有的团体成员都共有某种原型主题，一个梦中不同的形象可以用于增强自我的了解。每个人都可以扮演这个梦中的一个角色。扮演者提供了许多机会表现梦中的某些既与做梦者又与他们自己的生活相关联的部分。

五、格式塔团体治疗操作方案

（一）治疗目标

（1）激励成员认识自己怎样为自己的觉察负责任。
（2）鼓励成员寻找内部的自我支持，而不是外部环境的支持。
（3）适于治疗那些过度社会化的、拘谨的、压抑的、过分挑剔的个体。

（二）理论背景

格式塔团体治疗是现象主义与行为主义心理学的整合，它由皮尔斯等人开创。格式塔团体治疗是一种经验性的而非解释性的方法，主要经由一些现时知觉的实验技术，促使成员获得对自身的障碍和矛盾冲突的即刻察觉，并接受个人的责任，找到他们自己走出困境的道路。

格式塔团体治疗一方面处理成员的主观世界，注重此时此地的个人体验和知觉重组；另一方面，不断鼓励成员不断去尝试新的行为模式，以替代旧的不适应性行为，促使原来处于冬眠状况的人格得到激发和重新调整，以拓展他们对环境的适应能力。

格式塔团体治疗的重点是"现在"和"如何"，帮助当事人为他们自己所体验和所做的任何内容承担责任，使他们依自己的期望而生活，真正成为他们自己。

(三) 活动的内容与方式

第一个环节：说明与讨论。

治疗者帮助团体成员认识"蜕皮"和"抗拒"。皮尔斯把成人人格的发展比作剥洋葱皮的过程。即对个体来说，要先蜕掉五层神经症的皮，才能祛腐生新，达到心理成熟。五层神经症的皮分别是：虚伪层、恐惧层、僵滞层、内向爆发层、外向暴露层。要剥开妨碍成长的"洋葱皮"，就必须打破成员曾经用来保护自己免于以充分真实的方式体验现实的抗拒手段。这些抗拒形式有：内射、投射、反转、聚合、转向。

治疗者可以通过观察成员的躯体姿势、手势等躯体语言，诱导其察觉阻碍自身活力发挥的身体感受，鼓励他们在现时的治疗过程中表达那些以前从来没直接表达出来的体验。

第二个环节：双椅对话实验。

安排两张空椅，请当事人坐在其中的一张椅子上，用平时自己习惯的语气和句式表达自己对某个问题（如被纳入治疗的某个问题）的看法和情感（如爱），然后，换坐另一张椅子，表达与上述表现相反的观点和情感。

换一对极性问题（如男性化与女性化、温柔与粗鲁、爱与恨、进取与退缩、自卑与自大、严肃与活泼、是与不是、应该与不应该、自己与父母、丈夫与妻、自己与某物品等）使这种对话反复进行多次。

治疗者提出如下问题："你现在正体验着什么？""你在说话时，正想些什么？"等，促进当事人对他成为另一角色时的感想。这种训练的目的不是要摆脱那些极性中的任何一方，而是要接受和整合这些不同的极性倾向，使当事人意识到他既具有这样的性格，也具有那样的性格；既可以是那样的人，也可以是这样的人，完全没有必要极力否定和掩盖人格的另一个方面。

第三个环节：角色翻转训练。

要求每一个成员用语言和非语言的形式，轮流表演他们自己平时很少或从不表现出来的另一面。例如，让谦让的人表演霸道者的言行，殷勤的人表演懒惰者，温柔的人表演凶恶者，武断的父亲表演委屈的儿子，自卑的人表演自大者，外表坚强的人表演软弱无力者，爱奉承别人的人表演一些挖苦别人的言行，等等。通过这种训练，使当事人与潜意识中那些被埋没和拒绝的另一面进行接触，从而实现人格的整合。

第四个环节：句型替换训练。
(1) 用"我……"的句式取代"他……"的句式。
(2) 用"我……"的句式取代"你……"的句式。
(3) 用"我知道……，我选择……"句式取代"我知道……，但……"的句式。
(4) 用"我不愿……"的句式取代"我不能……"的句式。
(5) 用"我选择……"的句式取代"我应当……"的句式。
(6) 用"我能做些什么……"的句式取代"为什么……"的句式。

第五个环节：想象预演训练。

请成员做各种想象情境的训练。例如，有些人总为保守自己的隐私而忧郁，但又担心把自己的秘密告诉任何人。治疗者可以要求他想象这个秘密终于被别人知道，以及想象别人各种各样的评价。又如，一个害怕与异性接触的人可以想象在一个封闭的空间（如电梯内）正好遇到一个熟悉的异性的情境。如果当事人能够真正体验到深层的情感，他可能就会发现，无论他对这种情感有着怎样的灾难性的预期，都不过只是幻想而不是现实，他并不会因为无助感、恐惧感而被摧毁。因此，体验可怕的情绪反而会导致自身健康成长。

（四）注意事项

(1) 格式塔团体治疗始终要注意调动成员自己的主观努力，有些当事人宁愿放弃运用自己的眼睛和耳朵，被动地利用别人来替代他们看和听。如果治疗者表现出很帮忙的样子，反而会增加当事人的依赖性和无助感。

(2) 在各种实验过程中当事人重演出痛苦的记忆，想象一次可怕的经历，治疗者应密切注意这种实验对当事人是否过于危险或不能引发察觉，并根据具体情况加以及时的处理。

(3) 训练进程中注意不断更换一些主题，从而保持训练的活力。

第三章　团体心理咨询与治疗理论基础（二）

第一节　理性情绪团体治疗

一、理性情绪团体治疗的背景与基本假设

理性情绪团体治疗（rational – emotive therapy，RET）是 20 世纪 50 年代由美国心理学家亚伯特·艾利斯（Albert Ellis）创立的。艾利斯曾经接受过三次心理分析治疗，但无法忍受长时间而且无助益的沉默，从而背离古典的精神分析法。艾利斯（1979）描述了自己年轻时的情绪问题和压抑行为，其中之一就是对公开演说的恐惧。他积极地自我探索而逐渐发展出一种认知取向的做法，结合系统脱敏法和家庭作业练习，最终克服了公开演讲的焦虑。艾利斯非常信奉哲学家 Epictetus 的名言：造成你困扰的原因不是发生在你周遭的事件，而是你对这些事件的看法。他强调 RET 的哲学基础之一是现象学的观点，当事人情绪和行为困扰的根源是他们主观的反映现象并理解现象所导致的。艾利斯是一个精力充沛和极具效能的人，在忙碌的专业生涯中，他平均每天处理 80 个心理个案，并带领 5 个心理治疗团体，每年对社区大众和心理学工作者作约 200 次的演讲和工作坊，迄今为止，他出版了以探讨 RET 主题为主的 50 多著作和 600 多篇论文。

RET 的基本假设包括：

（1）情感、思考和行为持续的互动，并互相影响。

（2）情绪困扰起因于复杂的生理和环境因素。

（3）人们受到环境中的人和事件的影响，也希望试图影响周围的人。人们有意识地决定或选择困扰着自己，以反映其周围环境系统的影响力。

（4）人们在情绪、认知和行为上困扰自己。他们经常以挫败自己和社会团体其他人的方式来思考。

（5）当不幸事件发生时，人们倾向于产生非理性信念，即绝对化和教条式的思考。一般来说，这些非理性信念会过于强调能力和成功、爱和赞同、公平待遇以及安全和舒适。

（6）不幸事件本身并不会导致情绪困扰，而是由于非理性信念产生的人格适应问题。

（7）多数人有使自己陷于情绪困扰的强烈倾向，因此他们觉得不容易维持良好的心理健康。除非他们清楚且实际的认清这个事实，否则他们很有可能会妨碍自己行为改变的动力。

（8）当事人在行为上表现出自我挫败时，他们仍然有能力审视其生活中的事件，并了解到其信念正对自己造成负面的影响，也有能力驳斥其非理性信念，并改变为理性

的想法。借由改变这些对特定事件所持的信念，人们也能改变其不适当的情感和自我挫败的行为。

(9) 一旦发现非理性信念时，就可以用认知、情绪和行为的方法来对抗。RET 有许多技术提供人们减低其自我妨碍的想法、情感和行为。

(10) RET 的当事人必须有意愿认清他们自己必须为其困扰的想法、情绪和行为承担起全部责任，审视自己应如何思考、感觉和行动才不会困扰自己，以及努力改变自我。

二、理性情绪团体治疗的原理

(一) 情绪困扰的根源

艾利斯认为，诸如焦虑、愤怒、排斥、罪恶、疏离等负性情绪都来自于自我挫败的非理性信念系统。这个信念系统导源于童年期不加批判吸收的非理性观念，而人们不断对自己所做的负性的、绝对性和不合逻辑性的自我陈述，反过来又进一步强化支持了自我挫败的信念。

艾利斯（1962）总结出日常生活中常见的产生情绪困扰或导致神经症的 11 种主要的非理性信念：

(1) 每个人绝对要获得周围的人，尤其是对自己重要的人物的喜爱和赞许。

(2) 个人是否有价值，完全依赖于他是否是一个全能的人，即有价值的人应该是在生活的各个方面都比别人强和更有所成就者。

(3) 世界上有些人很邪恶、很可憎，所以应该对他们做严厉的谴责和惩罚。

(4) 如果事情非己所愿，那将是一件可怕的事情。

(5) 不愉快的事总是由外在环境因素引起，不是自己所能控制和支配的，因此人们对自身的痛苦和困扰也无法控制和改变。

(6) 面对现实困难、挑战和自我需要承担责任时，逃避比正视它们更容易、更可取。

(7) 人们要时刻对危险和可怕的事情保持警惕，应该非常关心并不断注意其发生的可能性。

(8) 人必须依赖于他人，特别是某些与自己相比强而有力的人，只有如此才能生活得更好些。

(9) 一个人以往的经历和事件经常决定了其目前的行为，而且这种影响是永远难以改变的。

(10) 一个人应该关心别人的问题，并为他人的问题而悲伤难过。

(11) 对人生中的某个问题，都应有一个唯一正确的答案，如果找不到这个答案，人就会痛苦一生。

艾利斯（1988）总结出造成大多数人情绪困扰的必须信念（mustuibation），这种必须信念有三种形式：

(1) 我必须做得很好，且受到重要他人的赞同，如果我做不到我应该或必须做的，我就真的堕落不堪了。

（2）他人必须、应该能体谅的、公平的甚至特别地对待我。如果他人无法如此，这可真是糟透了，他们罪有应得，应该下地狱，并永远不能超生。

（3）我所生活的情景必须被妥善安排，以使我能立即轻易且无须任何努力，就可以获得我想要的。

艾利斯（1979）认为，情绪困扰的持续是那些内化语言持续作用的结果，个人的自我评价过程会影响其情感和行为，它可能也会成为情绪困扰的主要来源之一，最好不能仅仅只用"好"或"坏"来评量自己或他人的行为。RET治疗者会教导当事人如何区分他们对自己行为和整个自我的评价，避免随意将"我"与"我的"之间等同起来，以及如何接纳自己而不问自身的不完美。例如，我犯错误的事实意味着我是无能与无价值的；如果每个人都不接纳我，我就是一个很差劲的人。除此之外，像人们的忽视、愚蠢、毫无觉察、僵化、防卫、极端乐观主义、专注于改变环境而非改变自己等因素也会使得情绪困扰问题持续存在。

（二）ABC 理论

人格与情绪困扰的 ABC 理论，是 RET 理论与实务的核心。艾利斯认为，人们会建构自己的情绪与行为，使其与自己所信仰的理念与哲学相一致，这些理念与哲学观会受到这些人的社会环境的塑造，而形成人格特质或困扰问题的原因不是情景本身，而是人们反应周围情景所持有的信念。艾利斯的这种观点反映着他的人性观：

（1）人既可以是有理性的，也可以是非理性的，当人们按照理性去思维与行动时，就会感到愉快，并富有竞争精神以及行动有成效。

（2）情绪是伴随人们的思维而产生的，情绪或心理的困扰是由非理性信念与不合逻辑的思维所造成的。

（3）人具有一种生物学与社会学的倾向性，倾向于存在有理性的合理思维和无理性的不合理思维，即任何人都不可避免地具有或多或少的非理性思维与信念。

（4）人是有语言的高等动物，思维借助于语言而进行，人们不断地用内化语言重复某种非理性信念，必将导致无法排解的情绪困扰。

根据艾利斯的看法，人的情绪不是由某一诱发性事件的本身所引起，而是由经历了这一事件的人对此事件的自我解释和评价所引起的。

在 ABC 理论模式中，A（activating events，简称 A）是指诱发性事件；B（belief system，简称 B）是指个体在遇到诱发事件之后相应而生的信念，即对这一事件的看法、解释和评价；C（emotional consequence，简称 C）是指与特定情景相伴随产生的个体情绪与行为的结果。ABC 理论认为，诱发性事件 A 只是引起情绪及行为反应的间接原因，而人们对诱发性事件所持的信念、看法、解释 B 才是引起人的情绪及行为反应的更直接的原因。简而言之，是 B 决定了 C，而不是 A 决定了 C。因此，人们应该为自己所建构的情绪困扰承担起绝大部分责任。

艾利斯（1986）认为，人们有能力改变自己的认知、行为和情绪。如果个人能够发挥人类以不同方式思考和行动的潜在选择能力，就可以很快改变困扰—建构的组型，而获得建设性的生活方式。

根据艾利斯的看法，人们可以通过避免事件 A 的盘踞在心，认清并抗拒停留在无休止的情绪结果 C 的诱惑，而实现自我改变的目标。人们完全有能力选择去检验、挑战、修正和根绝对刺激事件 A 所持的非理性信念 B。他强调，因为人们能够思考，自然就能训练自己改变或淘汰其自我妨碍的信念。这种训练可以通过练习自我教导、寻求客观理性思考者的协助、参加个别治疗工作坊或团体治疗，以及自我阅读 RET 书籍或聆听 RET 录音带等方式来实现自我改变的目标。

三、理性情绪团体治疗的目标与特点

（一）理性情绪团体治疗的目标

艾利斯（1987）描述了 RET 团体的理想在于发展出心理与情绪健康的特质，这些特质包括：自我兴趣、社会兴趣、自我教导、容忍、接纳暧昧和不确定、有弹性、科学式思考、履行自我承诺、冒险、自我接纳、广泛的快乐主义、愿意接受不完美、为自己的情绪困扰负责。

艾利斯认为，RET 治疗既可用于 50 人以上的大团体，也可应用与 10 个成员左右的小团体。他描述的小团体的目标归纳为以下几点：

（1）协助成员了解其情绪与行为问题根源，并将此种领悟运用于克服其症状，学习更好的个人与人际问题处理方式。

（2）团体成员学习如何了解他人的问题，并发挥治疗性的协助。

（3）成员学习降低生活环境干扰和非理性反应的方法，才能减少自寻烦恼的机会。

（4）团体成员学习达成行为改变和基本的认知改变，这包括：学习如何处理不愉快情绪，驱除自我挫败的思考并以理性思考取代之，以及停止自我评价，学习接纳自己成为"孰能无过"的正常人。

（二）理性情绪团体治疗的特点

艾利斯（1977）积累了 30 多年的带领 RET 团体的经验，深信团体在协助成员重塑建设性人格和行为改变方面效果非常显著。他总结了 RET 团体的优点：

（1）团体成员可彼此提醒接纳现实，共同致力于正向的改变。

（2）由于 RET 强调严格地打击自我挫败的思考，其他成员能扮演有力的角色，以挑战个人的扭曲思考。

（3）团体成员可提供建议、评论、假设，以及增强领导者的论点。

（4）活动取向的家庭作业指定是 RET 的重要元素，其在团体中的运用较个别咨询更有效。

（5）团体的进行是主动性与指导性的程序，如角色扮演、肯定性训练、行为预演、楷模示范、冒险练习等，提供改变行为的良好环境。

（6）团体可作为一个行为实验室，行为可以在活动中直接被观察与操作。

（7）团体成员会发现，由于他们的问题不是独一无二的，他们无须因为这些问题

的存在而责备自己。

（8）RET 的当事人常被要求完成家庭作业报告书，经历沮丧情景的 A－B－C 过程，然后学习如何修正错误的思考和行为。当事人借由聆听其他成员的报告以及学习他们克服这些类似情景的方法，有效地处理自己的问题。

（9）经由团体中其他成员的回馈，参与者开始看待自己如同他人看待他们一般，且清楚地留意到行为改变的可能性。在团体单元以及团体后的社会化过程中，他们也能学习到社会技巧。

（10）当成员的叙述显示其错误思考时，其他成员和领导者能立即促使该成员注意到这些错误，以修正其原有的思考模式。

（11）借由观察其他成员，参与者能够看到 RET 的治疗策略是有效的，人们能改变，能采取行动协助他们自己，同时，成功的治疗是努力与奋发不懈的产物。

（12）团体中，当事人有机会广泛探索解决其问题的可能性，较一对一的治疗来得有利。

（13）表露个人认为羞愧的私密性问题，本身即具有治疗性。自我表露能促使成员认识到冒险的代价。他们会了解到泄露自己的隐私通常不会出现他们所害怕的后果，即使真的有人批评他们，也不是世界末日般的灾难。

（14）由于 RET 具有高度的教育性和教导性，它通常包括信息的提供和问题解决策略的讨论。无论从经济上，还是实务上来评量，在团体中进行比个别情景更有裨益。团体提供一个教学、学习、讨论和演练的环境，鼓励参与者主动投入治疗之中。

（15）RET 团体单元的时程（130 分钟与治疗者合作，60 分钟在团体结束后与助理治疗者共同讨论），将提供足够的时间严格挑战自我挫败的信念。

（16）团体程序对于为旧有的非适应性行为所桎梏的人特别有帮助。因为，团体情景提供必要的挑战，重新评价旧有行为模式，并采取比较健康的新行为模式。

（17）RET 团体可以处理广泛的行为异常问题，如焦虑、愤怒、婚姻问题、人际关系失调、亲职技巧、人格异常、强迫症、饮食障碍、物质依赖行为以及精神异常等等。

（18）RET 融合了教育、商业和传播，其技术可被广泛应用到非治疗性情景之中。

（19）RET 本质上是一种高效率的短期治疗，对于那些有强烈改变动机的成员或团体才最具有效能性。

四、理性情绪团体治疗领导者的角色与功能

RET 团体治疗领导者强调重点在于治疗的技巧和探测当事人的态度，不断演练新的行为，使当事人在信服的基础上来引导其思维与行为的结构性改变。

RET 团体治疗的领导者在无条件接纳与尊重成员的前提下，扮演着教师的角色，而非与成员密切关联的伙伴。领导者是一个积极主动的协助者，鼓励成员表达对彼此的完全接纳，并不试图建立支持性的团体气氛，以避免强化成员的爱和赞同的神经性需求。Warren 和 Mclellarn（1987）研究 RET 团体治疗的领导者与成员之间互动模式后指出，领导者倾向于指导性和面质性，而不细腻温和，习惯于行为的教导和极力说服成员在日常生活中表现其教导的行为，就领导者的个人特质而言，他们倾向于哲学的、理智的、

刚强的、面质的、教导性的、指导式的、说服力强的、冒险性的、能容忍、实际的、科学的、不神秘的以及折中的。

艾利斯曾经描述了自己带领团体的领导风格，他说："根据我在以前各个单元中所要应用的心理治疗和团体治疗方法的观点，你们所有的人，正如绝大多数人一般，强烈的倾向于高度的强制性信念。你们经常会错误而且自我挫败地认为你们绝对必要做得很好，并受他人的赞同；其次，你们应该且必须受到你亲近的人的体谅和公平对待；最后，这个世界理应和必须为你提供最好的情况：迅速且轻易地给予你任何所想要的东西，并避免给予你就你看来非常可憎恨的事情和情境。"

五、理性情绪团体治疗技术

（一）认知策略

RET 的认知策略强调当事人的信念和自我对话是导致情绪困扰的根源，提供许多技术来消除人们的自我挫败的认知，以协助获得理性的生活方式。

1. 教导 ABC 模式

领导者讲授与示范应用 ABC 理论模式来分析与解决日常生活的实际问题，说明像"必须""可怕化""灾难化""自我贬抑"的观念是如何导致人们的情绪困扰的。

韦斯勒（Wessler）总结出非理性信念所具有的三个典型特征：

（1）绝对化要求。这是指人们从自己意愿出发，对某一事物怀有认为其必定会发生或不会发生的信念。它通常与"必须""应该"这类字眼连在一起，如：我必须获得成功；别人必须很好地对待我；生活应该是很容易的。持有这种信念的人极易陷入情绪困扰之中，因为客观事物的发生、发展都有其规律，是不以人的主观意志为转移的。就某个具体的人来说，他不可能在每一件事情上都获得成功；而对于某个个体来说，他周围的人和事物的表现和发展也不可能以他的意志为转移。因此，当某些事物的发生与其对事物的绝对化要求相悖时，他们就会受不了，感到难以接受、难以适应并陷入情绪困扰之中。

（2）过分概括化。艾利斯认为，过分概括化是不合逻辑的，就好像以一本书的封面来判定其内容的好坏一样。过分概括化的一个方面是人们对其自身的不合理评价。例如，当面对失败就是极坏的结果时，往往会认为自己一无是处、一钱不值等。以自己做的某一件事或某几件事的结果来评价自己整个人，评价自己作为人的价值，其结果常常会导致自责自罪、自卑自弃的心理及焦虑和抑郁情绪的产生。过分概括化的另一个方面是对他人的不合理评价，即别人稍有差错就认为他很坏、一无是处等，这会导致一味地责备他人，以致产生敌意和愤怒等情绪。按照艾利斯的观点来看，以一件事的成败来评价整个人，这无异于一种理智上的法西斯主义。他认为一个人的价值就在于他具有人性，不要随意地去评价整体的人，而应代之以评价人的行为、行动和表现。因为在这个世界上，没有一个人可以达到完美无缺的境地，所以每个人都应接受自己和他人是有可能犯错误的理念。

（3）糟糕至极化。这是一种认为如果一件不好的事发生了，将是非常可怕、糟糕，甚至是一场灾难的想法。这将导致个体陷入极端不良的情绪体验，如耻辱、自责、自罪、焦虑、悲观、抑郁情绪的恶性循环之中，而难以自拔。一个人讲什么事情都糟透了、糟极了的时候，对他来说往往意味着碰到的是最最坏的事情，是一种灭顶之灾。艾利斯指出，这是一种非理性的信念，因为对任何一件事情来说，都有可能发生比之更好的情形，没有任何一件事情可以定义为是百分之百糟透了的。一个人沿着这条思路想下去，认为遇到了百分之百的糟糕的事或比百分之百还糟的事情时，他就是把自己引向了极端负性的情绪状态之中。糟糕至极常常是与人们对自己、对他人及对周围环境的绝对化要求相联系而出现的，即在人们的绝对化要求中认为的"必须"和"应该"的事情并非像他们所想的那样发生时，他们就会感到无法接受这种现实，因而就会走向极端，认为事情已经糟到了极点。

Rudolph Alexander（2000）总结出九种自我挫败式的认知模式：

（1）武断推论（arbitrary inference）。在缺乏充分证据或证据不够客观时，仅凭自己的主观感受就草率得出结论。例如，在街上看见一个熟人匆匆走过来未打招呼，就断然下结论：一定是自己在什么地方得罪了他，他肯定是在生气，所以没有理睬我，而实际上很可能是这个人根本没有看见他。

（2）过度类化（overgeneralization）。又名"过分概括化"，只根据个别事件，就对自己或他人做出关于能力、智力和价值等整体素质的普遍性结论。也就是说，仅仅根据一个具体事件就得出一般性结论。例如，有的学生一次考试失败就认为自己很笨，并且对此坚信不移。

（3）选择性消极关注（selective negative focus）。将个人所有的注意力放在消极事件上，而忽略大量存在的积极事件。

（4）"全或无"的思维方式（all-or-none thinking）。以绝对化的思维方式对事物做出判断或评价，要么全对，要么全错。这种思维方式的人往往把生活看作非黑即白的单色世界，认为不可能存在中间状态。持有这种观念的人常持有一种不现实的、不可能达到的目标，认为自己只有达到这个标准才是成功，否则就是失败，这种思维方式易导致完美主义。

（5）夸大或缩小（magnification or minimization）。对客观事物做出歪曲的评价，或过分夸大自己的事物、缺陷，或过分贬抑自己的成绩、优点。

（6）个人化（personalization）。将一切的不幸、事故都归因于自己并不断自责。也就是说，主动为别人的过失或不幸承担责任。例如，一位朋友生病去世，某人会为此责备自己，为自己忙于个人事物未能顾及朋友的健康而歉疚不已。

（7）情绪化推理（emotional reasoning）。这种思维模式倾向于将自己的情绪看作事实的思维。如"我有罪恶感，所以我是一个坏人"。

（8）应该陈述（should statements）。使用命令性陈述句。

（9）标定与错误标定（labeling and mislabeling）。当个人感到自己不完美时就会给自己贴上某种消极标签的现象。

2. 驳斥非理性信念

RET教导当事人应用逻辑—经验方法检查和修正其对自己和他人的价值观与态度，

鼓励当事人有力驳斥（dispute）这些非理性信念。这种驳斥的历程包括三个 D：探测（detecting）非理性信念，以及认识到不合逻辑合不符合现实的地方；辩驳（debating）这些非理性信念，提醒自己它们是不被任何证据所支持的；辨析（discriminating）非理性思考合理性思考。经过 D 过程的发生，将会产生驳斥的效果 E（effect），即当事人放弃自我贬抑的观念，获得相对比较理性与合乎现实的生活哲学，以及对自我、他人和日常生活中不可避免的挫折有更大的包容性。

领导者必须积极主动地、不断地向当事人发问，来挑战与质疑其非理性信念。提问的方式有两种：一是质疑式提问。领导者直截了当的质疑当事人的非理性信念。通常，当事人不会轻易放弃自己的原有信念，面对质疑而表现出想方设法地自我辩护。因此，领导者需要借助不断重复和辩论过程，使当事人感到自我辩解的非现实性和非逻辑性。二是夸张式提问。领导者针对当事人信念的不合理之处故意提出一些具有夸张性的问题。这种提问方式犹如漫画手法，把对方信念不合逻辑、不现实之处以夸张的方式放大给他们自己看。

［示例1］ 质疑式提问
（1）你有什么证据能证明你自己的这一观点？
（2）是否别人都可以有失败的记录，而你却不能有呢？
（3）是否别人都应该照你想的那样去做？
（4）你有什么理由要求事物按您所想的那样发生？
（5）请证实你自己的观点好吗？

［示例2］ 夸张式提问
当事人：别人都看着我。
治疗者：是否别人不干自己的事情，都围着你看呢？
当事人：没有呀。
治疗者：要不要在身上贴张纸写上"不要看我"的字样？
当事人：那人家都要来看我了！
治疗者：那原来你说别人都看你是否是真的呢？
当事人：（犹豫的表情，慢慢的语速）嗯……是我头脑中想象的吧……

3. 因应式自我对话

治疗者教导当事人如何以有意义的自我陈述性对话来对抗非理性信念。一般是通过书写出其语言的特质，并对其进行分析，来协助当事人学习监控自己说话的速度。

［示例3］ 因应式自我陈述取代自我毁灭性语言
当事人：（自我毁灭性语言）我必须表现得很好。如果我犯了任何错误，无疑是很可怕的。当我不能立即做到尽善尽美时，我就没有办法忍受。人们只有在我很完美时，才会给我赞美和爱，我绝对需要他人的接纳来证明我是有价值的。
当事人：（因应式自我陈述）即使我并不完美，我仍能接受我自己。虽然我喜欢尽我所能做到最好，但我不需要强迫自己达到超乎现实的高度表现。此外，即使我失败了，我仍能接纳我不必拥有普遍的赞美来证明我是一个有价值的人。

4. 认知性家庭作业

RET 团体成员需要完成 RET 自助单（RET self-help form），写出诱发事件、结果和非理性信念。表 3-1 是常见的一种 RET 自助单。

表 3-1 RET 自助单

A：诱发事件（我感到情绪困扰或产生自毁行为之前所发生的事件、思想或感受）。

B：结果（在我身上出现的，也是我想要改变的情绪困扰或自毁行为）：

C：信念（导致我产生情绪困扰或自毁行为的非理性信念）：请圈出你应用于诱发事件的非理性信念。

D：辩论（与每一个圈出的非理性信念辩论）。例如，"为什么我必须干得非常棒？""何以证明我必须受人欣赏？"

E：有效的理性信念（取代非理性信念的理性信念）。例如，"我希望干得很棒，但并非如此不可。""尽管我喜欢受人欣赏，但没有理由必须如此。"

(1) 我必须干得很棒，做事一定要完美。
(2) 如果我做了蠢事，我就是一个大笨蛋。
(3) 我必须受到我喜欢的人的赞赏。
(4) 如果我被人拒绝，我就是一个不好的人或不可爱的人。
(5) 人们必须公平地对待我，必须满足我的所有要求。
(6) 做事缺乏道德观念的人应该被人耻笑。
(7) 任何人都绝不能辜负我的期望，否则那将是非常可怕的。
(8) 我的生活必须要一帆风顺。
(9) 我很难忍受糟糕的事情发生。
(10) 我不能容忍很难相处的人。
(11) 我不能忍受生活中出现的不公平的事情。
(12) 我看重的人也必须爱我。
(13) 我必须总是心想事成，否则就必然要感到痛苦和伤心。

我还要补充的非理性信念：
(14) ……
(15) ……
(16) ……
(17) ……
(18) ……

F：感受和行为（我获得了自己的理性信念之后的所感受到的）。
(1) ……
(2) ……
(3) ……

自我承诺：
　　我将在日后的各种场合尽最大努力，对自己不断重复我新获得的理性信念，这样我就可以使自己减轻情绪困扰，以减少不必要的自毁行为。

5. 自助式心理教导

RET团体领导者鼓励成员阅读RET的书籍和聆听录音带来实现自助式改变。普遍受到高度赞誉的两本书是《理性生活的新指南》(*A New Guide to Rational Living*, 1975)和《如何固执地拒绝陷于任何困境：是的，任何困境》(*How to Stubbornly Refuse to Make Yourself Miserable about Anything：Yes，Anything*, 1988)。艾利斯录制了大量的RET录音带，内容涉及固执地拒绝为任何事而羞愧的方法、停止焦虑的方法、征服对爱的迫切需要、克服低挫折容忍力等。一般来说，RET团体成员在团体内接受RET治疗的同时，还被要求在团体治疗之外努力地演练RET的方法，作为一种人格改变的重要途径。

（二）情绪策略

1. 无条件接纳

RET团体治疗强调领导者要以没有任何先决条件的态度与行为来接纳团体成员。通常，领导者会郑重地向团体声明："即使你们的行为显得不道德或愚蠢，你们绝对不是无可救药的人。"这种策略将会营造出成员被团体接纳的心理气氛，即使成员的某些信念或行为在团体中很可能会受到猛烈的批驳。

2. 理性情绪想象

RET会教导成员如何去想象出一些令自己很难堪的情景，以激发出负面性感受来体验，以后训练以适当的情绪来替代这种负面的情绪。例如，领导者鼓励具有较强心理抗拒性的成员生动地想象自己因为一直失败而受到责骂，产生一种无能感，接着再鼓励这些成员将自己的无能感逐渐改变为遗憾感或不满意感。这种理性情绪想象需要反复演练，直到理性情绪替代为止。

3. 羞耻攻击训练

羞耻攻击训练是鼓励成员敢于冒险做一些事情，挑战担心当众出丑的神经质恐惧感。训练目的在于：一是学习接纳自己，而不要太多考虑他人的反应；二是培养自我责任感。

（三）行为策略

理性情绪治疗者相信：除非当事人将其哲学上认知的重建付诸实际，否则认知重建的效果将不具有意义性和持久性。因此，RET团体很重视成员在行为层面上的改变。RET的行为策略包括：指定家庭作业、阅读治疗、冒险练习、放松训练、自我奖惩、自我管理训练、角色扮演、示范练习、行为预演、回馈活动等。

［示例4］RET团体的行为练习活动

（1）鼓励一个与女性相处会感觉很害羞的男性去接近女性团体成员，并以渐进的程序，有系统地挑战自己的恐惧和期待。

（2）一位因自认为对团体没有任何贡献而不发言的女性成员，会被要求签订心理契约来保证做到每一单元至少参与团体讨论一次。她可能改变其无能力贡献于团体的非理性信念。

（3）一些成员将团体领导者视为无所不能的超人时，他们将会被邀请在团体中挑战领导者，并处理他们对于权威人物的态度。这个活动可以让成员认识到他们如何改变在权威人物面前无助的态度，从而使自己成长为一个有能力的人。

六、马拉松团体治疗技术

艾利斯（1969）发展出一种特殊的团体治疗形式：马拉松团体治疗，也称理性会心周末营（a weekend of rational encounter）。马拉松团体治疗技术分为两个部分：第一部分包括 14 个小时的理性会心治疗，之后休息 8 个小时；第二部分包括 10 个小时的治疗。

马拉松团体治疗的初期阶段主要是直接的口语和非口语活动，以协助成员彼此熟悉。成员被安排投入冒险性的程序以及攻击羞耻感练习，利用一些程序引导成员的情绪表达，但并不尝试做问题解决和决策。在马拉松团体治疗的后期阶段，成员需要在高度的认知架构内探索深层的个人问题，成员与领导者通常需要逐个检查，并找出尚未将任何难题付诸讨论的某些成员。这些成员会被询问为什么很少谈论自己，并被鼓励寻找出一个主要难题在团体中公开讨论。在马拉松团体治疗结束之前，领导者通常会给成员布置针对性的家庭作业，并再次向成员询问以下一些问题：

（1）在这次马拉松团体治疗期间，你所获得的最有意义的经验是什么？
（2）你学习到关于自己最感兴趣的知识是什么？
（3）是否有些事情你未曾向团体或其他成员说起，而现在你愿意说出来。

在马拉松团体治疗结束后的 6—8 个星期，将会举行一次团体后的聚会，以检验成员实践家庭作业的状况。

第二节 现实团体治疗理论

一、现实团体治疗的原理

现实团体治疗（reality therapy）的创始人是美国精神病学家威廉·格拉塞（William Glasser），他出于对传统心理治疗尤其是精神分析的不满，在 20 世纪 60 年代创立了侧重于现时行为的一个治疗系统。现实治疗旨在解决问题和迎合社会的现实要求，治疗者关注当事人的行为实际能够做出哪些改变。这种治疗要求当事人先陈述出自己的需要，尔后接受评价自身行为的挑战，拟定改变的计划，最后认同此计划并实际执行。治疗时不主张当事人找借口，责怪他人和环境，而是通过评价自己正在做什么以满足欲望，来提高其自控生活的能力。

现实团体治疗的基本假设是：每个人都有一种成长驱动力，它迫使我们发展出一种成功认同感，而成功认同感的任何改变，是行为改变的一个变量。这种疗法是一种主动的、引导的、教诲性的治疗法，强调当事人目前的行为，而不是强调态度、领悟力、过去历史和潜意识动机。

Wubbolding（1988）对现实治疗法的精髓做了这样的描述：现实治疗法是一种协助

人们控制生活的方法。它帮助个人确认和澄清自己的欲望和需求，然后评估自己是否能够切合实际的满足这些欲望；它协助人们去检视自己的行为，并以清晰的准则评价这些行为。接着拟定积极性的计划，协助人们控制其生活，并满足其实际的欲望与需求。其结果是使当事人的自我意识增加，变得更有自信，拥有更好的人际关系，以及按照个人的计划过着更美好的生活。因此，现实治疗法为人们提供一种自我帮助的工具，使他们每天都能用以面对逆境，促进个人成长，且更能控制自己的生活。

Patricia Van Voorhis (2000) 认为现实治疗的原理包括三个方面：

（1）卷入（involvment）。治疗师以一种充满人性的和认真负责的态度，关注当事人并建立起尊重的治疗关系。

（2）排斥不负责的行为。治疗师必须要帮助当事人评估其自我行为的责任性，并拒绝当事人不现实、不负责的行为。

（3）教导（teaching）。治疗师要教给当事人一些更好地满足其需要，又符合社会现实要求的行为方式，集中关注并深入讨论其目前的生活、兴趣、希望、恐惧、价值观。

目前，现实疗法被广泛应用于个别治疗、婚姻家庭治疗、团体治疗、社会教育、社会工作、学校教育、危机处理、矫正和康复、管理机构、社区发展等短期干预领域，效果非常显著。

二、有关概念在现实团体治疗中的应用

（一）需求与目的性行为

格拉塞（1980）指出人类有四种重要的心理需求：隶属、权力、自由和娱乐。心理需求受到阻碍时，人们就会选择一些感受痛苦的行为，当我们以负责的方式来满足这些需求时，则会发展出认同成功和自尊的特质。一般人的内心都会发展出一个特定欲望的"相片簿"，它包含着人们想要如何满足其欲望的相片。现实治疗的一个主要目标就是，教导当事人满足其欲望的最佳方法，协助当事人从生活中有效地获得所要的东西。

人类行为都是有目的性的，这些行为起源于人内在的力量，无意行为是不存在的。每种行为都是我们为了获取某样事物所认为的最佳行为。行为就是填补知觉到获取事物之间这段空间空隙的一部分。人们的行为是依照他们内心想要的影像去塑造环境的，就犹如雕刻家塑造泥块一样。

（二）存在与现象学导向

现实团体治疗法是建立在存在和现象学导向的假设之上。格拉塞认为，我们知觉到的世界是以自己的需求为背景，而不是以真实形象为背景。我们同时活在外在世界和自己的内心世界之中。我们选择了我们所有的行为，并且为自己创造出来的世界负责。例如，我们的悲伤实质上是我们自己愿意选择面对的，它的意义在于：能够控制愤怒；使他人来协助我们；为我们不愿意做的事情找借口；获得强有力的控制。

（三）统合行为

统合行为（total behavior）由四个要素组成：行动或主动性行为（如说话、运动）、思考（如自愿的思考、自我陈述）、感觉（如愤怒、悲伤、高兴、焦虑）和生理反应（如出汗、头痛）。这四个要素一方面交互作用；另一方面，它们并不是平均分配的，一般来说，统合行为的次序为行动、思考、感觉、生理反应。格拉塞认为，我们不可能选择了一种统合行为，而没有选择其所有要素。如果我们要改变一个统合行为，就必须改变我们正在做和正在想的事情。改变统合行为的关键在于改变行动上的选择，也就是说，如果我们明显的改变行动的要素，则思考、感觉、生理反应要素就会相应发生变化。

（四）成功认同

人类具有一种自我认同的心理需求。现实团体治疗将自我认同分为成功认同和失败认同两种。拥有成功认同的人，是一个能爱与被爱、对他人具有重要性、能感受到自我价值、能关怀他人，以及能在不牺牲别人的情况下满足自己需求的人。具有失败认同的人则视自己为不被爱、遭别人拒绝、不受欢迎、无法与他人建立亲密关系以及无助的人。在面临生活挑战时，具有失败认同的人往往以"我无法……"的心态去应对，这种负性的自我预言将最终导致失败的结果，这反而强化了消极的自我评价，久而久之，他们把自己看作一个没有希望的人。现实团体治疗就是要改变当事人那些孕育失败认同的行为，发展出那些能够导致成功认同的行为。

（五）行为控制论

格拉塞1985年出版了《控制理论》。该理论强调：任何行动、思考和感觉都产生于我们的内心。我们如何去感觉并不受到他人或外在事件的控制，是我们亲手创造了自己的内心世界。从我们试图去控制满足自己需求的知觉中，我们的行为最能够被了解。尽管我们必须以某种方式表达行为，但是我们不需要局限在任何一种行为模式之中。我们不是他人或环境的心理奴隶，我们的行动、思考和感觉在当时总是最能满足内在驱力的。这种内在驱力被格拉塞称为"脑中的相片簿"：在你的相片簿中，你可以找到爱、价值、成功、乐趣和自由等，这个相片簿就是你最喜欢遨游的世界，在那里你所有欲望都能以某种方式获得满足，即使是彼此冲突的欲望也是如此。没有一个人的相片簿中存在着不良行为的影像。我们有时候也许会有自我毁灭的行为，但是我们做这些事情并不是真的要毁灭自己。

三、现实团体治疗的过程

现实团体治疗法的实务既是一种历程，又是一门艺术。格拉塞称之为咨询循环（cycle of counseling），它包含两个要素：咨询环境和引导行为改变的特殊处理程序。现实治疗的艺术性体现在领导者要相互使用咨询循环，引导当事人评价自己的生活，决定采取有效的行为。

（一）领导者的人际介入

现实团体治疗开始阶段，领导者要进行积极的人际介入，以当事人的立场来理解他们的外在世界，努力营造一种支持性的团体环境。领导者必须与成员成为朋友，介入他们的生活，以彼此融洽的相处奠定治疗关系的基调。有效的人际介入一方面有赖于领导者的个人特质，如亲和力、关怀、尊重他人、自我开放、接纳他人、善解人意、乐于接受挑战等，另一方面则是领导者善于谈论与成员行为有关的广泛性话题。

（二）探索欲望、需求与知觉

现实团体治疗的一个重要任务是探索当事人的"相片簿"，以及他们设法使外在世界接近于自我世界的欲望的行为方式。在团体历程中，成员有机会去探索生活的各个层面，如希望从家庭、亲人、朋友、工作中要得到什么，以及目前缺乏什么。领导者的有效询问可以协助成员深入了解自己的欲望和知觉。这些问题包括：

（1）你希望自己成为什么样的人？
（2）你希望拥有的东西是什么？
（3）如果你的欲望与亲人的能够配合，那么你的家庭将会是什么状况？
（4）你的生活方式会如你所愿，你将会做些什么？
（5）你想要改变吗？
（6）你最希望如何改变你的生活？
（7）如果能改变，你的生活可能有何不同？
（8）如果改变了，你会感觉更好吗？
（9）如果能改变，你的生活会拥有哪些东西？
（10）如果你现在已经拥有了你所想要的，你试着想象你的生活会有什么不同？
（11）如果你尝试做改变，你的生活可能变得更好些吗？
（12）什么是你想要而在生活中似乎是得不到的东西？
（13）你认为是什么原因使你无法做你想要的改变？

（三）讨论目前行为

在现实团体治疗初期，讨论成员的目前行为方向是很重要的任务。领导者扮演着镜子的角色，引导成员做深度反省，意识到自己目前的统合行为，协助培养出正面的自我形象。领导者要协助成员认清自己目前行为的无效性，坦然接受自己的价值，制定实际的改变计划，做出更好的行为。领导者可以面质成员如下问题：

（1）你现在正在做什么？
（2）你上一个星期中实际做了些什么？
（3）你上一个星期曾想要做些什么？
（4）什么原因使你无法做你说你要做的事情？
（5）你明天将要做些什么？

（四）当事人评价自我行为

领导者的任务在于要求当事人评价其统合行为的各个要素，以当事人的行为结果来面质他们，并促使其去判断行动的品质，这样可以增强自我责任意识。领导者有必要让成员停下来反省自己和倾听他人的意见，能够刺激成员进行自我质问，成员则较可能开始进行改变。

领导者协助成员评价自己行为的一些询问有：

（1）我现在正在做什么？
（2）我目前的行为能带领我向想要到达的方向前进吗？
（3）我的行为对我有什么帮助吗？
（4）我所做的是否是建设性的选择？
（5）请具体描述一次你有成就感的情景，那个时候你正在做什么？
（6）请具体描述一次你尽责任的情形，那个时候你正在做什么？
（7）哪些事情是你正在做，但心里希望不要再做下去的？
（8）你希望现在生活的哪些方面不同于去年的生活？
（9）如果你只剩下一年的寿命，那么你会去做哪些不同的事情？
（10）哪些你做过的事情曾带给你很大的满足感？

（五）规划与行动

现实团体治疗的主要工作在于协助成员确认某些明确的途径，改变其失败行为而转为成功行为。一旦成员对自己行为做价值判断并决定改变之后，领导者就要协助成员拟定改变行为的计划。规划负责任的行为是团体过程的重点，是治疗的一个指导阶段。在团体背景下，成员借由与其他成员和领导者的互动接触，可以学习如何实际负责的拟定行动计划。制定和执行计划的过程，可以使团体成员获得自控生活的能力。

Wubbolding（1988）描述了一个有效的行为改变计划所应具备的主要特征：

（1）计划最好与成员的需求密切结合。领导者要协助成员确认计划的那些内容，能够满足其需求的报酬，并协助成员评价这个计划的有效性。
（2）计划最好简单、明确、具体和容易理解，保持必要的弹性。领导者通常会以"是什么""在哪里""跟谁去做""多久做一次"等问题协助成员澄清其计划。
（3）计划要切合成员的实际状况，具有可实现性。领导者要协助成员明白，即使是一个小计划，对他的行为改变也是有很大作用的。
（4）有效的计划着重去做某些事情，必须陈述成员应该从事那些正面性的行为。
（5）执行的计划要与他人的所作所为无关。领导者要强调成员对自己的欲望、知觉、行为的自我控制，而非受环境的控制。
（6）有效的计划要具有可重复性。需要成员依靠意志努力和持续重复的正性习惯实现行为上的变化。
（7）计划要带有急迫性，尽快付诸行动。领导者通常询问成员："你愿意今天就开始改变自己的生活吗""你说你喜欢有更多一点的娱乐，因此，你现在要去做什么来娱乐自己呢",等等,以此促使成员立刻行动,实现自我的改变。

(8) 有效计划要包含以历程为中心的活动。例如,成员每天慢跑30分钟,或每天赞美10个人,或去度假,等等。

(9) 评价计划。在成员执行计划之前,最好在团体中评价该计划,以获得其他成员的建议。计划在现实生活中被执行之后,成员还要在团体中谈论该计划成功执行的程度,必要时做适当的计划修正。

(10) 最好用书面形式写下计划,增强成员对自己计划的承诺程度。

(六) 承诺与执行

承诺的目的在于使成员对制定出的计划负担起必要的责任。如果成员缺乏执行计划的意愿,计划就丧失了实际行为的意义。成员可以自我承诺或向团体承诺。对于抗拒承诺的成员,领导者要协助其探讨和表达心中的恐惧,鼓励当事人每次聚会时汇报他执行计划所遇到的困难,以及尝试新行为方面所获得的成功。

Richard L. Rachin (1989) 将现实团体治疗分为14个具体步骤:

(1) 人格化 (personalizes)。
(2) 查明自我 (reveals self)。
(3) 关注"目前状况" (concentrates on the "here and now")。
(4) 强调行为 (emphasizes behavior)。
(5) 很少询问为什么 (rarely asks why)。
(6) 协助当事人评价其行为 (helping the client evaluate his behavior)。
(7) 协助当事人发展一种更好的未来行为计划 (helps the client develop a better plan for the future behavior)。
(8) 拒绝找借口 (rejects excuses)。
(9) 不表示同情 (offers no tears of sympathy)。
(10) 表扬和称赞负责任行为 (praises and approves responsible behavior)。
(11) 相信人能够改变其行为 (believing the client are capable of changing his behavioe)。
(12) 努力在团体中开展治疗 (tries to work in group)。
(13) 不要放弃 (does not give up)。
(14) 不给人们贴标签 (does not label people)。

四、现实团体治疗技术

(一) 策略性询问技术

现实团体治疗强调领导者要具有广泛的询问技巧。询问的主要目的在于:进入成员的内心世界;收集信息;给予信息;协助成员更有效地控制生活。策略性询问能够促使成员澄清出明确的行为途径,以成功认同取代失败认同。策略性询问是一种艺术,领导者要掌握询问什么问题、如何询问,以及询问的时机。

（二）自我成长的自助技术

成员可以在现实团体治疗中学习到各种有利于自我成长的自助技术。Wubbolding（1988）主张用替代方案（replacement program）来促进成员个人的发展。替代方案包括：实践行为取代放弃行为；正向症状行为取代负向症状行为。这种替代方案协助成员识别出哪些行为既能满足其欲望，又能接近他们的目标行为，能够协助成员学习实践行为和正向症状行为。这种自我改善的方案是一种促进成员成长的历程。

团体在实现替代方案中扮演着工具性角色。下面的询问可以增强成员的正向性行为：

（1）你说你希望在课堂上更积极一些，在上个星期，你有多少次主动参与讨论？
（2）你说你希望生活中能多一点娱乐，在这几天里，你做了哪些具有娱乐性的事情？
（3）请叙述一次你充满自信心时正在做什么？
（4）你可以做哪些不同的事情来改善你的家庭生活？
（5）告诉他人你有多么沮丧，这会对你有什么影响？
（6）请描述一次可能带给你挫折感而你并未逃避的场合，那个时候你正在做什么？
（7）如果你进行改变，可能会发生哪些最好的事情？
（8）如果你进行改变，可能会发生哪些最坏的事情？
（9）试想象一下如果现在你所希望的改变都已经做到了，你会成为怎样的人？
（10）采取哪些步骤可以使你朝着你的目标迈进？

（三）幽默技术

现实团体治疗将幽默作为促进成员建设性改变的一种介入工具。幽默是一种融合价值观感与归属感，反映了对人性基本矛盾的欣赏。领导者使用幽默技术要选择恰当的时机，防止在没有建立起信任的团体气氛时调侃成员。治疗性效果的幽默是一种具有教育性、关怀性和矫正性的，并能协助成员无拘无束地消遣自己和别人。领导者要给成员示范自发性和善意的幽默，并以幽默的方式表达对团体的感受，诱发出成员尝试自我表达的新方式，以崭新的眼光来自我检查。

（四）矛盾技术

矛盾技术是一种强有力的介入方法，要求成员夸大或去做认为有问题的行为。现实团体治疗认为，成员能接受其行为的方向，就是维持了其现状，证明成员能控制自己。这种技术对于具有抗拒心理和明显行为问题的成员特别有效。领导者在使用矛盾技术时需要慎重考虑如下问题：

（1）团体凝聚力已经达到什么程度？
（2）我和成员之间是否已经建立起高度的信任感？
（3）使用矛盾技术会不会产生反效果？
（4）团体对其他技术的反应如何？

（5）我是否很清楚为什么使用这个技术？我的目的是什么？

（6）我是否能够完全掌握成员对这种做法可能产生的反应？

五、现实团体治疗领导者的角色与功能

现实团体治疗领导者的任务是要积极介入成员的问题之中，协助成员面对现实和创造出成功认同。格拉塞（1986）描述了领导者的角色：协助个案避免找借口，接受应负的责任；增加个案心理的强度；让个案有机会学习和尝试新的、更实际的行为选择。

为了有效扮演上述的角色，领导者必须执行如下功能：

（1）扮演楷模的角色，描述负责的行为与成功认同的生活表现。

（2）以关怀和尊重的态度与成员建立起治疗关系，鼓励对方表现出负责任的实际行为。

（3）主动与成员讨论其目前的行为，当对方找借口逃避责任时则主动表达不赞同的态度。

（4）建立一种评价程序。

（5）教导成员拟定并执行改变其行为的计划。

（6）制定团体聚会的规章制度。

（7）以开放的心态挑战和探索个人的价值观，并与团体成员分享。

（8）鼓励成员介入彼此问题，让他人分享自己的经验，以负责的态度彼此合作解决问题。

（9）帮助成员制定治疗的计划。

（10）教导成员将在团体中所学的知识应用到日常生活之中。

六、现实团体治疗操作方案

1. 团体主题

生命转机。

2. 团体目标

（1）学习现实团体治疗的原理和理论。

（2）协助团体成员学习有效控制自我行为和个人生活。

（3）学会为自己的选择负责。

3. 团体规模

团体成员12人。

4. 团体操作单元与内容

团体操作共8个单元，每次一个单元主题，每周一次聚会，每次120分钟（如表3-2所示）。

表 3-2 团体操作单元与内容

单元	单元主题	过程	活动内容与目标
1	有缘千里来相会	团体开始 简介与承诺 建立团体关系	1. 热烈欢迎 2. 3 分钟自我分享 3. 团体规则与承诺
2	我就这样过了一生	参与及建立关系 了解自我的真实需求 知道如何实现需求	1. 建立信任感 2. 积极训练 3. 识别基本心理需求
3	我思故我在	行为与自我评估 自我探索与管理	1. 检视自我行为 2. 检视目标方向 3. 澄清需求 4. 行为重建
4	花非花雾非雾	感觉世界 认知与界定 真实与梦幻	1. 大脑系统 2. 新图片或旧图片 3. 内在控制 4. 个案讨论
5	新生活运动	评估及计划 检讨行为与态度 知道如何改进的方法	1. 问题海报 2. WDEP/TAFP 3. 决策与行动 4. 握手协议
6	人生的一小步 生命的一大步	生涯目标与规划 规划人生各阶段目标 目标与蓝图	1. 踏出成功的第一步 2. 人生蓝图 3. 做与行
7	生命与转机	承诺及发展计划 彼此鼓励	1. 评估与发展 2. 奖赏与鼓励 3. 拆毁与建设
8	相见时难别亦难	团体结束 评估与回馈 再相会	1. 总结及鼓励 2. 分享回馈 3. 承诺 4. 群策群力

第三节 个人中心式团体治疗

一、个人中心式团体治疗的发展

个人中心式团体治疗学派的创始人是美国人本主义心理学家卡尔·罗杰斯（Carl Rogers）。个人中心治疗的基本假设是：人在本质上是可信赖的，人有不需治疗者直接干预就能了解及解决自己困扰的极大潜能，只要能投入治疗关系中，他们就能朝向自我引导的方向成长。罗杰斯特别强调治疗者的态度、个人特质以及治疗关系的性质是治疗过程中最基本的决定因素，个人中心治疗最好被理解为一种存在方式，而不是行为方式。正如罗杰斯（1986）描述的个人中心治疗法的实质是："个人中心学派主要是一种存在的观点，寻找适当的态度和行为的表达，而这些态度和行为乃是能够创造出促成成长的气氛。它是一种重要的生活哲学，而不是一种简单的技术或方法。当这种哲学被生活采纳时，它帮助人推动他或她自身能力的发展。当它被采纳时，它还激励了其他改变，而当这种个人能力被感觉时，经验证明它往往被运用于个人的和社会的转变。"

Zimring 和 Raskin（1992）将个人中心治疗的发展分成三个阶段：

第一个阶段是罗杰斯于 20 世纪 40 年代提出的非指导性咨询方法。

罗杰斯反对过分指导性的、解释性的精神分析治疗，强调治疗者在于创造一个自由与不具指导色彩的治疗气氛。如果促进成长的适宜条件存在的话，当事人完全有能力向着建设性的方式转变。他还驳斥了当时深为一般人所接受的治疗方法的有效性，例如，劝告、建议、指导、说服、教导、教育、对话、诊断、解释等。非指导治疗者应避免与当事人分享太多关于自己的事，而将大部分的重心放在反映与澄清当事人所表达出来的语言与非语言的信息沟通上。

第二个阶段是罗杰斯于 20 世纪 50 年代发展出的当事人中心治疗法。

罗杰斯在 1951 年出版了《当事人中心治疗》（Client-Centered Therapy）。罗杰斯认为，当事人中心治疗的重心是在当事人身上，而不是那些非指导性的方法。他强调当事人主观世界的重要性，要了解人的行为，最好的方法是从当事人的内心参考架构入手。他更明确地强调人们自我实现的倾向，视之为导致当事人改变的基本动力。罗杰斯（1957）指出导致改变的充分必要条件的假设：治疗者营造出的相容、接纳、同理的气氛，这是促进疗效的关键所在。Hobbs 和 Gordon（1951）最先将当事人中心治疗应用于团体治疗之中。从 50 年代到 60 年代，当事人中心治疗的原理被广泛应用于各种团体：身体残疾的儿童和其父母、智力障碍儿童的家长、参与公共服务的母亲、接受个人咨询的当事人、精神病患者、养老院中的老人、心理健康专业人员的专业培训、游戏治疗团体。

第三个阶段是罗杰斯于 20 世纪 60 年代至 80 年代提出的个人中心治疗。

罗杰斯于 1961 年出版《成为一个人》（On Becoming a Person），强调心理咨询目标是使当事人成为一个忠于自我的人。回归经验的过程具有一些典型特征，即拥抱经验、信任经验、由内心来评估，以及乐于接受自己。罗杰斯及其同事广泛研究心理治疗的过程与结果，不断地测试个人中心疗法背后的假定，积极研究人们在心理治疗过程中如何获得最佳的学习效果，探讨治疗关系对于改变当事人的人格所具有的催化作用，强调治疗者不仅仅是具备反映当事人所体验内容的能力，更重要的是治疗者要愿意投入到治疗之中。在此期间，罗杰斯做了大量的工作来倡导基本的会心团体和个人成长团体的发展。随着应用领域的多样性发展，当事人中心治疗被更名为个人中心治疗。罗杰斯的兴趣也从个人中心治疗转向团体治疗。1973年罗杰斯创立了大规模团体（大的社区团体），在这种团体中，50—200人共同工作和生活两个星期。罗杰斯（1987）注重大规模团体中的学习及其过程对减缓社会和政治紧张压力的启示，并针对世界上不同地区的各种类型的人群运用了多种形式的团体。目前，个人中心式团体治疗已被广泛应用于教育、管理、工商业界、家庭生活、社区关系、少数民族团体、组织发展与保健、团体咨询、冲突解决、跨文化与种族活动、国际关系，以及对世界和平事业的追求上。

二、个人中心式团体治疗的原理

（一）人生观

1. 自我实现趋势

罗杰斯假定人有一种最基本的、统御生命活动的驱动力量：自我实现趋势。在人类的有机体中有一个中心能源，它是整个有机体的机能，是对有机体的履行、实现、维持和增强的趋向，它是任何生物机体天生就被赋有的、体现生命本质的东西。这种自我实现趋向包括两个方面：一是生物层面的一切生物所共有的成长、成熟的趋势；二是心理层面的属于人类所特有的自我实现趋势，它赋予个体一种巨大的生存动力，推动人顽强的追求发展。人本身有能力对生活中的各种变化做出价值判断，这种能力源于个体的一种机体智慧，机体智慧表现为个体能通过一种机体估价过程来评价什么是符合自我实现趋势的，什么是阻碍自我实现趋势的。机体估价过程实质是一种将经验和自我实现趋势相协调的反馈系统。

2. 人的可信赖性

罗杰斯认为，人性基本上是值得信赖的。他说："人的基本属性自由发挥作用时是建设性的，可以信赖的。当我们能够将个人从自我防卫中解放出来，使他对自己广大范围内的需要和对广大范围内环境和社会的要求全都开放时，可以信赖他的反应是积极的、前进的和建设性的。我们无须问谁将使他社会化，因为他自己的最深切的需要之一就是与人亲近和交往。我们无须问谁将控制他的侵犯冲动，因为当他对其所有的各种冲动都更加开放时，他希望得到他人的爱和给予他人以爱的倾向将如同他想与人争斗或为自己攫取东西的冲动一样强烈……在这些方面和其他各个方面，当他对他所有各种经验全都趋向开放时，他的所有行为将成为更平衡、更现实的，这种行为是适合一个高度社会性的动物生存和提高的。"

罗杰斯（1987）的专业经验告诉他，如果他能进入一个人的核心世界，就可发现一个值得信赖而积极的中心。他坚决相信人是有能力的，能自我引导，且能过着美好的主活。罗杰斯强烈主张心理治疗者应具备一致性、无条件积极关注和同理的特质，来制造一种促进成长的气氛，使个体在其中可以向前迈进，而达到他们所能成为的人。如果助人者能具备这些态度，则接受协助的人将会减少防卫并能更开放自己及其世界，而且他们会有融洽与建设性的表现方式。这种实现的基本驱动力意味着如果整个方向在指引着他向着健康的方向前进，他们就会自然而然地走下去。因此，咨询的目标在于使当事人变成真正的自己，创造出能进行有意义的自我探索情境，重新获得自由以发现自己的方向。这种积极的人性观对治疗实践具有深远意义。因为深信人类天生具有从适应不良朝向健康心理发展的能力，治疗者便可把基本的责任放在当事人身上。个人中心团体治疗认为，治疗者并不是无所不知的权威，而当事人也不是只能被动地听从治疗者的命令。因此，治疗是基于当事人有能力察觉及有能力作决定之上的。

（二）个人成长的治疗性条件

罗杰斯（1980）指出个人中心式团体治疗工作的基本信条：团体具有促进成员自我了解，改变成员的自我概念、基本态度和自我指导能力行为的巨大能力，如果在团体中能够提供一种具有明确促进性的心理气氛，成员的这些能力将被激发出来。这些能够促进人们成长和自我实现趋势的必要气氛，是以治疗者的真诚一致性、无条件积极关注、同理心为重要态度特质为特征的。罗杰斯（1986）认为，即刻性回应（出现）也是促进成长性治疗关系的重要特征，当团体催化者处于最佳状态时，他会触及内心不熟悉的层面，其内在精神伸展出来并和当事人的内在精神相接触，这种关系超越了它自身，成为某种更大内容的一部分。Natiello（1987）强调了个人能力（个人的以电力驱动的）在个人中心治疗实践中的重要价值。个人能力是指一种状态，在这种状态中，一个人能够觉察和执行他自己的内在情感、需要、价值，而不是在自身之外寻找指导。治疗者所具有的自主性越高，就越少会去尝试控制成员，就越能协助当事人激发自我指导的能力源泉，这种能力不与治疗者的权威和专门技术有关，而是信任人们有能力指导自己的生活。团体领导者的能力主要取决于他们是谁而不是他们所具有的各种介入方法和技术。正如罗杰斯（1986）所描绘的：治疗者与当事人在寻求自我发现的旅途中结成伙伴。

1. 真诚一致性

真诚一致性（真正）是指治疗者在治疗时表现坦诚、透明、整合与真实。他们没有虚假的外表，内在经验与外在表现一致，在治疗关系中，能开放地向当事人表露其当时的感觉与态度。坦诚的治疗者会自发地开放他们自己消极与积极的感觉和态度。通过表达和接纳自己的负面感觉，可以促进与当事人进行诚实的沟通。Natiello（1987）认为，治疗者为了保持真诚，就必须具有高度的自我觉察、自我接受、自我信赖，真诚是一种产生于自我深刻探索与愿意接受这一探索的各种真相的真实状态。

真诚的人格特质对个人中心式团体领导者具有重要的意义：

（1）真诚的领导者要清楚自我表达的界限，而不是不加分辨地自我开放经验和感受。

（2）真诚的领导者要充分认识到自己在团体中所表露的情感承担责任的重要性，

以及与团体成员探讨可能阻碍他们最大程度达成心理上接近的情感重要性。

（3）给成员提供一个可以模仿的真诚楷模。

（4）真诚的领导者要防止过分详细地讨论个人经验而成为团体的注意焦点，避免使团体成为公开讨论自己个人问题的场所。

（5）领导者要善于诚实地检查自我表达的动机，判断自我表达是满足私人的需要还是满足成员的某种需要。

（6）真诚的领导者要避免过于开放个人生活方面的问题。

（7）真诚开放的着眼点要放在成员身上，而不是限制成员进行自我探索。

2. 无条件积极关注

无条件的积极关注是指治疗者表达出一种无条件的，不对当事人的情感与思想评价和判断的关心，是一种对当事人的主观和经验世界的接受性态度。领导者重视和接纳当事人，而且这种关怀和接纳不附带任何条件和期望。它不是一种"我会接纳你，只有你当……"的态度，而是"我会接纳你，因为你是你"或"我接受你的本来状况"。治疗者利用行动告诉当事人，他们重视当事人因为他或她就是这样的一个人，他可以自由地表达感觉与经验，而不会失去治疗者的接纳。接纳是领导者认可当事人抒发感觉的权利态度和行为，但并非表示赞同当事人的一切行为。

与无条件积极关注密切相关的概念就是尊重与温暖。所谓尊重与温暖，是指治疗者的关怀并非是出于占有性的态度，而是一种不依赖于领导者赞成和欣赏的需要。具体来说，尊重与温暖包含着几个层次的含义：

（1）尊重当事人是一个具有独特性的人。

（2）尊重当事人的个体价值。

（3）一切都是为了当事人的利益，为了当事人的自我改变。

（4）开发当事人的内在资源。

（5）尊重当事人的自我决定。

领导者表达尊重与温暖的方式有语言、手势、目光接触、语调、语气、面部表情、身段表情等。罗杰斯（1977）认为，领导者愈能表达温暖、关怀、赞美与接纳，以及越是以一种非占有的方式来看待当事人，治疗成功的机会也就越大。无条件的积极关注、尊重与温暖的态度特质对团体领导者有很大的启发，这包括：①领导者要将成员看作一个独立的人来尊重和接纳；②领导者要积极营造积极关怀和温暖的团体气氛，促成成员和团体的成长力量的释放；③领导者的积极关注和温暖态度时刻可能为成员所觉察，尤其是虚假的、做作的关怀与温暖将阻碍成员的真实性和自我成长；④领导者的所表露的积极关注与温暖是其真实的情感，而非技术性表达；⑤领导者要坚信团体有能力凭借自身的动力而向前发展，允许团体自行决定怎样利用它们的时间。

3. 同理心

所谓同理心，是指领导者能够进入当事人的内心世界，准确感受并表达其内心世界的能力，这是一个积极主动的过程。正如罗杰斯（1961）所说："感受到当事人的世界，就好像它是你自己的一样，但又不失去这种仿佛的性质，它对领导者来说是必不可少的。"

领导者需要准确地理解与提升自己的同理心,这包括:①领导者首先要放下自己的主观参照标准,进行有效的聆听,设身处地地从当事人的角度去感受;②同理的重点是感受当事人的情绪体验,而不是当事人的认识。也就是说,领导者主要是感受隐藏于当事人内心的真实情感,不仅要能够对当事人自己所感知的部分了解,还要能够透过当事人的语言和非语言的表达,了解到连他自己也不清楚和不确定的感受,包括那些被当事人自己所拒绝歪曲了的经验感受;③同理并非意味着领导者要完全认同当事人的认识和感受。因为领导者同理当事人的目的在于促进当事人人格发生建设性的改变;④领导者能够通过准确的语言将自己对当事人的感受有效地传达给他,使当事人产生一种被读懂的感觉,使当事人感受到领导者能够理解自己所经历的挫折与痛苦。

(三) 治疗气氛

1. 信任关系

罗杰斯(1986)明确指出:个人中心式团体治疗的基础是对人类充分自我实现的潜能倾向的基本信任,学会建立信任会伴随着风险。他说:"我认为信任永远是一种赌博。你越是玩这种赌博,你就越能发现是否它有所报偿。我并不认为它总是有报偿的。但在许多重要的情况下,它的确能带来报偿。如果你相信别人,他们也会报以信任。因此我认为,愿意做这种赌博是建立信任的关键之一。"

个人中心式团体治疗的领导者要善于建立一种可接受的团体信任气氛,以使团体成员在这种信任关系中表达出他们通常隐藏的东西。这种改变体现在:①从扮演角色转为更直接地表达自己;②从对经验和不确定性持有比较保守的态度,转为更开放的接受外在现实和忍受这种不确定性;③从不能触及内在的主观经验,转为能敏锐的觉察它;④从在自身的外部寻求答案,转为愿意向内指导他们自己的生活;⑤从缺乏信任、封闭、恐惧人际关系,转为对他人更具开放性和善于自我表达。

2. 治疗关系的特征

个人中心式团体治疗强调当事人与治疗者之间的关系。领导者的态度比任何知识、理论或技术更重要。当事人受到鼓励去使用这种关系来释放他们成长的潜能,并且成为他们所欲成为的人。在这种治疗关系中,当事人拥有决定治疗方向的重要责任,当事人会面临为自己做决定的机会,并与自己个人的力量达成协议。治疗的一般性目标是希望当事人能渐渐对经验开放、达到自信、发展内在评估的资源,并愿意继续成长。而明确的目标并非由治疗者强迫当事人制定出来的,相反地,是由当事人自行选择他们的价值观与目标。

罗杰斯(1961)认为,个人中心式团体治疗的基本假设可归纳成一句话:如果我能提供某种特定形式的关系,以及其他人发现自己有能力去运用这种关系以促进成长及改变,则个人的发展就会随之而发生。治疗关系需具备哪些特点,才能有益于创造一种适当的心理治疗气氛,使当事人能从中体验到必要的自由,以促进人格的改变。罗杰斯(1987)总结出六个方面:

(1) 两个人有心理上的接触。

(2) 第一个人,即当事人,表现出表里不一。

(3) 第二个人,即治疗者,在治疗关系中是一位表里一致的人。

(4) 治疗者对当事人提供无条件的尊重,或真正地关怀。

(5) 治疗者对当事人内在参考架构有同理心的了解经验,并努力将这种经验告知当事人。

(6) 对治疗者同理心的了解与无条件的尊重,在与当事人的沟通中应达到让对方能感受到的最低标准。

罗杰斯和伍德(1974)描述个人中心式团体治疗与其他疗法的区别:个人中心式团体治疗注重当事人的责任与能力,以便去发现更能面对现实的方法。最了解自己的是当事人,他能在渐增的自我察觉基础上,为自己找到更合适的行为。个人中心式团体治疗法强调当事人的现象学世界。治疗者为了要掌握当事人内心的参考架构,因此将大部分的焦点放在当事人对自己及其周围世界的知觉上。根据个人中心式团体治疗法的看法,心理治疗是建设性人际关系中的一个范例。当事人通过与其他人的关系,也会体验到其他心理上的成长,只要这些人能协助他们作一些自己无法单独完成的事。

三、个人中心式团体治疗的发展阶段

罗杰斯(1970)依照亲自带领团体的经验,描述了个人中心式团体治疗的发展历程,分为以下 15 个阶段:

(1) 成群兜圈子。由于缺乏团体领导者的管理,成员会感到团体初期的混乱及乱哄哄兜圈子的状态。此阶段的主要问题是来自团体成员的担忧,例如,谁在这里负责,我们在这里做什么,我们应该做些什么,等等。

(2) 抗拒自我的表达和探索。团体成员最初表现出能为团体所接受的公共性自我,害怕和不愿意揭露其私密性自我。

(3) 描述个人过去的经验。尽管仍然怀疑团体的信任关系,但团体成员已经尝试性地开始表达个人的情感,且这种表达带有模糊性。这些袒露涉及团体之外的事件,往往以无关痛痒的彼时彼地的方式描述情感。

(4) 表达负面的情感。随着团体的发展,团体成员逐渐向着表达现时情感的方向转变。成员的表达一般采取攻击团体领导者的方式,指责领导者没有给自己提供指导。这反映了成员正在检测此团体是否是一个表达自我情感的安全场所。

(5) 具有个人意义内容的表达和探索。如果负面情感的表达被团体成员看作可被团体接受的,便产生了信任的气氛。由于这种信任感,团体成员决定冒险袒露自己的个人隐私,并且认识到:这个团体正是他们自己所营造的,他们开始体验到自由。这种认识使成员愿意让其他人了解他们自己更深层的部分。

(6) 对团体中现时人际情感的表达。此阶段的团体成员往往表达出对他人的正面和负面的情感。

(7) 团体的治疗能力的发展。团体成员开始自发地互相接触,表达关心、支持、了解和担忧。此阶段最大的特征是:互助性关系在团体中形成,为成员在团体之外开始更有建设性意义的生活提供支持。

(8) 自我接纳和开始改变。自我接纳代表了成员改变的开始。表现为:成员开始

接受他们曾经被自己抛弃或歪曲的自我方面；成员更加接近自己的情感，不再那么僵化，更容易改变自己。随着团体成员接受自己的优点和缺点，他们接触了自己的心理防线，并乐于改变。

（9）表象的溃裂。此阶段，团体成员开始对团体的要求做出反应，开始自动卸下面具和伪装，做自我的表露，进行具有意义的团体互动。这表明团体努力向着更深的沟通发展。

（10）回馈。在收到正面和负面的回馈过程中，团体成员获得了大量关于他人如何看待他们，以及他们对别人有什么影响的信息。这些信息通常会导致成员的新领悟，协助他们决定自身的哪些方面是他们需要做出改变的。

（11）面质。成员在涉及正面和负面情感回馈时，会在强烈情绪性的过程中互相面质。这种面质可以看作前一阶段的互动进一步发展。

（12）团体之外的互动关系。成员开始在团体之外进行接触，这是成员主动将团体中的治疗功能在日常生活中进行练习。

（13）会心沟通。由于成员在团体中开始了比日常生活中的一般情形更为亲近、更为直接的相互交往，产生真诚的人与人的关系。成员开始体验到当团体向着共同约定的目标和整体感努力时，会产生什么样的关系。

（14）正面情感和亲密性的表达。随着团体活动的发展，由于团体参与者对自己和对他人的情感表达的真实性，在团体中越来越多地发展成为亲密性关系。这种具有治疗性的亲密感促成了最终有效的治疗。

（15）团体中的行为改变。随着团体成员体验到越来越容易表达他们的情感、行为、风格，甚至他们的精神面貌都开始改变。成员采取了开放的行为方式：表达出对他人的更深刻的情感；达到对自己更丰富的了解；对自己的问题有了新的认识；以更有效的方式与他人相处。如果这些改变是有效的，成员就会将这些新行为模式贯彻到他们的日常生活之中。

四、个人中心式团体治疗领导者的角色与功能

个人中心式团体治疗领导者实质上是团体的治疗者。

领导者的角色是以其本身存在的方式与态度为基础，而不是利用技术促成当事人的改变。也就是说，领导者的态度可促使当事人改变人格，而非其知识、理论、技术。个人中心学派认为，领导者是促使当事人改变的一种工具，作为一个领导者，其功能在于建立一种治疗气氛。正如罗杰斯所说："我试图避免使用任何预先策划的方法，我觉得这种人为的方式很成问题。即使要尝试任何预先计划方案的话，都应当由成员自己来决定想要使用那种方法。"

领导者反映了团体成员之间的互动关系的重要价值。催化者的功能在于创造一种团体气氛，在这种气氛中，团体成员的自我实现倾向可以获得充分的释放和发展。领导者鼓励成员积极探索他们的信念、行为和他们内在情感与主观体验的愿望之间的不一致性。随着成员对自己的看法得到拓展，他们将愿意倾听自己的内在激励，依赖自己作为自身行为的基础。

Coulson（1970）描述了领导者对个人中心团体的影响，他说："一个会心团体的领导者如果要尝试刻意的改变团体的话，就是犯了一个很大的错误。他的错误在于丧失了机会来发现那些人在不被操纵的情况下实际是怎样的；他错误在于剥夺了团体成员仅有的做自己想做的人的机会；他的错误还在于，制造这些互动事件根本是不必要的。我深信我们每一个人都有某种属于纯粹个人性的事，倘若这就是我们所需要的，那么，一旦有机会与他人处在一个不致太混乱的场合，它就会适时的显现出来。"

Bozarth（1981）列举了个人中心式团体治疗的领导者的主要特征：①领导者愿意作为一个成员参与团体；②领导者表现出愿意努力了解和接纳团体中的每一位成员；③催化者愿意在自己的个人问题出现时，公开自己的苦恼，如果这种做法恰当而时机也合适的话；④领导者愿意放弃控制权力和专家形象，他们寻求发挥个人影响的方式；⑤领导者相信团体成员有能力在没有建议的状况下，向着积极健康的方向发展。个人中心式团体治疗的领导者要避免给予建议、促发行为的技术、诊断与评价、组织结构与指导性干预、安排团体活动之外的家庭作业。

Wood（1982）指出领导者的实质在于：成功的标志不是在于领导者如何卓越的赋予基本的态度，而是在于团体的创造性成长禀赋如何被释放出来，以及团体成员如何从成长中获益。如果团体能够创造一种促进性的气氛，成长倾向自然会完成其他任务。领导者的领导风格表现为：①以主动、敏感的方式倾听；②反映；③澄清；④摘要；⑤分享个人经验；⑥与团体成员积极接触和交往；⑦对成员表现出非批评性的关心和尊重；⑧跟随团体的自然发展，而不是试图指导团体的发展方式；⑨肯定团体成员的自我决定的能力。

五、会心团体治疗

（一）会心团体治疗的性质

会心团体治疗是利用团体力量来探索式解决心理与行为问题的一种模式，通过营造出良好的人际关系氛围，使团体成员最大限度地唤醒和利用个人潜能以及团体互动能量，矫治心理障碍，达到自我实现。

罗杰斯于20世纪60年代下半叶至70年代上半叶以极大的热情亲自带领会心团体，并和同事们一道推动这一事业的发展。罗杰斯（1970）指出，会心团体创始于美国缅因州的贝思尔，后传至加州的艾迪威尔德，一直扩展到全美各地。目前美国约有500万人自愿参加会心团体或研讨班，还有数百万人参加其他类似的小组，如自助小组、敏感性训练小组、塔维斯托克小组训练、马拉松集体治疗。1970年，罗杰斯出版《卡尔·罗杰斯论会心团体》，它被誉为会心团体治疗的一部经典著作。

（二）会心团体治疗的组织

（1）活动场所。会心团体一般在一个房间里举行聚会，房间里有地毯，但无家具。所有参加者席地而坐或坐在垫子上。

（2）团体规模。一般为8—18人，年龄为15—75岁，多数参加者为20—50岁。

(3) 活动时间。每次聚会时间 120 分钟,一般安排在周末。敏感性训练小组(T 小组)则把聚会时间扩展为 3—4 周,每天聚会 6—8 个小时。有些小组则把 20 多个小时的聚会集中在两天半进行,如马拉松小组从周五开始到周六晚上结束。

(4) 团体成员。参加人员非常广泛,有正常人,有病人。一般包括:①大公司的主管;②大学生;③心理治疗师和心理治疗学家;④准备接受医疗服务的护士、教育工作者;⑤已婚人士;⑥退学者、有过失的或者可能犯过失的青少年;⑦吸毒成瘾者;⑧被判刑的罪犯;等等。

(5) 团体目标。①解决心理上的问题,促进人际关系的改善,提高工作能力与效率;②克服心理障碍,促进不良人格的改变,帮助矫正劣迹行为;③扩大人际沟通,促使人生活得更丰富多彩、更快活、更有意义,达到生活的圆满。

(6) 理论基础。以勒温(Kurt Lewin)团体动力学(group dynamics)和罗杰斯以人为中心治疗模式为会心团体最主要的理论依据,同时融入一些其他治疗理论,诸如格式塔治疗和精神分析学说等。

(7) 活动内容。会心团体的主要活动内容有:①聚焦于各种人际关系的探索和对应的特殊训练;②针对过去经验和人的发展动力学做大量的探讨;③通过绘画或表达活动而集中于成员的自发性和创造性的呈现。

(8) 团体规则。①自愿参与性原则:每个人可选择自愿参加或随时退出团体;②自由交流性原则:团体中非常自由,没有多少严格限制,个体感到很安全,可抛弃某些心理防御和人格面具;③坦诚性原则:每个成员尝试努力以诚实、坦率和开放的态度,不掩饰真实情感的表达;④自我决定性原则:采用非结构化的团体活动,突出团体成员的自我抉择和自担责任。

(三)会心团体治疗阶段

会心团体治疗过程可分为三个阶段。

(1) 相互接受阶段。会心团体聚会开始活动时,新会员总会有陌生感和怀疑感,出现沉默或兜圈子。此时,团体领导者要介绍团体的性质和典型经验,启发成员尝试陈述参加团体的动机和希望,亲切而友好地疏通特别要重视以真诚态度进行情感交流。当每一个成员渐渐地互相公开而达到相互了解后,相互抵抗或混沌状态将被打破,他们就会由互相信任而进入相互接受。

(2) 探求理解阶段。进入这一阶段,团体成员对自己既有高度的评价,也有真诚的坦露,相互都听到对自我的真实的理性声音。在团体的帮助下,在探求和发展自我过程中,一方面提高了自我认识的能力,另一方面又加深了人际关系,促进了相互设身处地的理解或共情。

(3) 成长变化阶段。此阶段的团体成员既能正确认识自我,直率表达自我,又能真诚关心别人,愿意倾听意见,对团体出现了强烈的依赖感和共存感。每个成员的焦虑症状明显缓解,人际关系显著改善,自我创造力充分展现。在身心两方面放松、舒畅与提高的基础上,在互相理解与互相关怀的友好感情中,大家相互告别。

（四）会心团体治疗方法

会心团体治疗一般有6种方法：

（1）自我描述。让每个成员在纸条上写出最能说明自己的3个形容词。然后把全部纸条混合在一起，由团体讨论每张纸条上所描述的是怎样的一个人。

（2）定睛对看。让团体成员两人一组，互相凝视对方的眼睛2—3分钟，尽可能多地互相交流，然后再分享他们的情感。

（3）盲人散步。把所有团体的成员分成双人小组，一个人领着，另一个人把眼睛遮起来。"盲人"在室内或室外四处走动，以增强对周围环境的敏感性，设法只用触摸等非言语方式来传递思想和情感。

（4）信任练习。让团体成员围成一圈，每个成员轮流被举起来，并被绕圈传递。

（5）热座。让某团体成员坐在一张专门的椅子上，彼此对自己的影响给予诚实的反馈。

（6）正负反馈。这种技术类似于"热座"技术，给予团体成员反馈，但规定以正反馈为主，或以负反馈为主。

（五）会心团体治疗领导者应具备的条件

会心团体治疗能否顺利开展工作与领导者的素质关系密切。会心团体治疗的领导者需要做到以下几点：

（1）领导者要自我探索，善于自省，能够发现新的自我，与人真诚相处，直率表达自我。这样才会使成员愉快接受，使开展的各项活动向健康的方向发展。

（2）领导者要善于听取不同经历、不同背景的人的不同言论，信赖团体成员发自内心深处的情感、言语和想象，从而使成员之间相互尊重，具有安全感，并能充分发挥自己的潜能。

（3）领导者要以身作则，平等待人，敢于将自身的缺点、矛盾的焦点袒露在团体面前，以取得成员的信任，使他们也以开放的态度对待自我。

（4）领导者要经过一定的专业化训练，具有广博知识和丰富的社会阅历与实际工作经验。这样才会敏锐地发现成员的问题，并协助成员有效地解决问题。

第四节　沟通分析式团体治疗

一、沟通分析式团体治疗的发展与原理

艾里克·伯恩（Eric Berne）在1961年提出沟通分析（transactional analysis，TA）的理论和方法。在此之前，伯恩接受精神分析和精神医学的训练，逐渐不满于疗效较慢的精神分析治疗。从历史的角度来说，TA模式作为心理分析的扩展，又结合了人本主义的思想，其概念和技术特别适合团体工作的治疗。后来，许多心理治疗工作者沿着不

同路径发展出不同的 TA 模式。目前，TA 模式主要有两个流派：①20 世纪 60 年代发展起来的古典伯恩学派的 TA 分析；②玛丽和罗伯特·高尔丁（Mary & Robert Goulding）的重新决定学派（redecisional school）.

伯恩学派的 TA 分析强调现时的沟通分析，将团体看作一个缩微的世界，主要进行结构分析、交往分析、游戏分析和生活脚本分析。而重新决定学派将 TA 与格式塔治疗、家庭治疗、心理剧、行为治疗的原理和技术有机融合，着重协助团体成员体验他们的困境，再现早年做出某种选择的情景，以发现这些选择的无效性，而重新做出新的有效选择，协助成员挑战自己，寻找出他们以牺牲者的角色看待自己的方式，自我决定如何进行改变，而承担起自己的生活责任。

TA 是一种互动式治疗方法，强调认知、理性和行为，强调一个人改变决定的能力，通过增强一个人的觉察力，来重新做出选择，以改变其生活历程。人在生活中会对自己的角色有一个比较固定形态认识，尤其表现在人际交往中，心理健康与否主要取决于人们在交往中对自我形态的认定，即自我是处在什么位置上和他人发生交往。伯恩认为，在每一个人的人格中都沉积着三种自我成长状态：父母式自我、成人式自我、儿童式自我。尽管人们主要是遵循童年时期为自己所规划的生活脚本而发展，但在实际生活中每个人始终不停地从一种自我状态转换到另一种状态。人在任何时刻的行为都与当下的一种自我状况相关联，而人际冲突与矛盾就可能发生在当事人用一种过去曾经合适，而现时不再有效的角色来做出反应。

TA 治疗有两个基本假设：①自我觉察是我们的思想、情感和行为方式改变的前提。因此，在 TA 团体的初期阶段，领导者使用各种技术的目的就在于增加成员对自己问题，以及使自己做出实质性改变的选择的觉察。②每个人都是自主的，都能对自己所做的内容、思考方式、感受方式负起责任。罗伯特·高尔丁（Robert Goulding，1987）认为，我们主要是依赖于自己的选择去对环境做出反应，即使我们可能觉得自己像是个牺牲者。只要一个人还在为自己的命运去指责他人，花费很多精力和时间去试图改变他人，这个人就根本不可能在其生活中做出自己所希望的改变。人能够了解自己的过去，能够在现时做出影响其未来的新抉择，能够超越自己的早期规划和选择。因此，治疗者的主要任务在于鼓励当事人敢于去面对他们放弃个人责任的方式，坚持要他们在治疗过程中承担起责任。

二、有关概念在沟通分析式团体治疗中的应用

（一）自我状态

TA 理论认为，人们是在三种动力性自我状态上表达行为的，每一种状态都包含了人格的重要成分。

1. 父母式的自我状态

父母式的自我状态（parent ego state）主要是指父母式的态度和行为，是自己的父母始终存在并影响着内在儿童的方式，包括了所有的"应该""必须"的概念判断以及其他生活规则，主要表现为对他人的批评和照顾的行为。当我们处于父母式自我状态

时，我们是依照我们想象父母会怎样做出反应而对环境做出反应的，简单来说，就是按照父母对待我们的方式对付别人。我们的行为方式会相似于我们的父母或童年生活中之重要他人的行为方式，我们可能使用他们的某些语言，或者我们的姿势、手势、声音可能重复了我们在父母那里所经验到的内容。

2. 成人式的自我状态

成人式的自我状态（adult ego state）是指人格中指向当前现实，客观地收集信息的理性部分，和实际年龄无关。这种状态不是情绪性的和判断性的，仅仅是犹如一部电脑一样来客观处理事实和外在现实。

3. 儿童式的自我状态

儿童式的自我状态（childe ego state）包括情感、冲动、自发行为和早期经验的记录。这种自我状态可分为自然的儿童和顺应的儿童两种亚型。自然的儿童（natural child）是每一个人本性中自发性的、冲动的、开放性的、活泼的、善表达的、可爱的等尚未教化的特征；顺应的儿童（adapted child）是被父母驯化了的儿童，以及我们自己学习适应别人期望来获得赞赏和接受的那部分特征。

无论哪种自我状态作为自我意识的主要部分，都是不健康的，理想状况是三种状态都存在于人格系统之中。人们之所以心理不健康，是因为在人际交往中不恰当的使用某种自我状态，造成沟通的困难，反过来又影响了自己的心理健康。

觉察自我状态很重要。正如高尔丁（1979）所言："随着人们学习更深入意识他们所表现的自我状态，他们学习更好地掌握情感，更确认他们在生活脚本中所处的位置，更明确地觉察到他们的适应行为，适应于其内在父母之自我和外在世界。在获得觉察之后，他们能够清醒的选择去采用或不采用该自我状态。"因此，TA团体领导者的首要任务就是协助成员识别自己是哪种自我状态正发挥功能，并能够有意识地决定是否这个自我状态很适宜。

（二）抚慰需要

人们普遍有要获得身体上和心理上的抚慰需要，这是建立对环境的信任感和悦纳自我的基础。社会通过父母的语言、行为来塑造儿童，通过尊重、温情、关怀、严厉、冷酷方式将社会的、经济性的观念加在儿童身上。对儿童而言，社会或外界经常用经济的观点把孩子喂大，慢慢地这些孩子变得是自己非常想吃，而出现了饥饿感。孩子吃进了很多社会的、经济的观念并同化为自我的一部分后，变得有欲望，希望成人继续输入观念给自己，而且要和以前所喂的保持一致，也就是说，儿童的思想、意识、心理是通过成人的抚慰过程来实现的。

抚慰可以是积极的或消极的。积极的抚慰通过语言的、非语言的（如注视、微笑、拥抱、触摸等）方式传递温暖、爱心、赞赏，它是促使个体心理健康发展所必需的。消极的抚慰使个体感到被轻视、被贬低，不利于心理健康的发展。尽管消极的抚慰具有不良作用，但还是比完全没有抚慰要好。积极的抚慰可以通过条件性方式和无条件性方式来获得。有条件的抚慰需要先满足一些约定，否则将得不到积极的抚慰。例如，如果你表现出好行为，我就喜欢你。无条件的抚慰是一种无条件的接纳，它不必以某种方式证明接受者的存在。例如，我愿意接纳你，因为你是你。

TA 团体领导者要积极协助成员识别他们所需要的抚慰动机，敏感的觉察他们自我否定的方式。团体之中的抚慰可以来源于领导者或其他成员，成员接受到抚慰时会产生一种治疗性的力量。领导者还要教授成员如何进行自我抚慰。例如，请成员思考"对我自己，我喜欢些什么？"之类的问题。

（三）禁令与反禁令

禁令（injunction）是指父母的命令，导源于其父母的儿童自我状态。禁令通常表现为失望、挫折、焦虑、不满等为特征的准则。病态的父母给予儿童一些禁令：不准、不要、不要接近、不需要、不要感受、由不得你、不要长大、别像个孩子、不要很出色、不要健全等。儿童必须决定接受还是反抗来自于父母的禁令。如果儿童选择接受这些禁令，就会以这些禁令为基础做出各种决定，从而形成了他们性格结构的基本内容。

反禁令（counterinjunction）是指父母的命令，产生于父母的父母式自我状态。反禁令的内容表达了"应该""必须""需要"等父母的期望。例如，要坚强、要追求完美、按照我对你的希望去做、要有礼貌、让我高兴等。儿童要遵从反禁令去行为是有很大难度的，因此，儿童经常感到自己做得还不能令父母满意。

早年训喻作为一种抚慰经济的观点，会直接进入人们的自我意识，成年后很难摆脱其影响。因此，TA 团体成员要质疑性的检查早年赖以生存的来自于父母的禁令和反禁令的内容，决定是否放弃不合理的、不加批判地接受父母命令的行为模式。

（四）决定与重新决定

TA 理论强调人有能力意识到支配自我行为的选择，以及重新做出有益改变生活进程的选择能力。高尔丁认为，人们并非被动的决定其生活脚本。尽管禁令和反禁令带有父母的权威性，但只有儿童接受了这些命令，其人格才可能受到影响。而且，许多儿童所遵从的禁令和反禁令产生于对父母命令的一种想象和曲解。一个单一的父母命令可能促成儿童多种不同的选择。例如，"别再做蠢事"的训诫，可能导致各种选择性理解：①我再也不能做那种事了；②我将让他人来做决定；③这一次我很笨；④我永远都是很笨的。虽然儿童的人格会受到所接受的禁令和反禁令的影响，也曾经做出了某些选择，但人们仍然有能力通过改变自己的选择、学习重新选择来改变自我行为模式。

TA 团体领导者要协助成员完成如何重现、评价童年期选择和重新做出新的选择的过程，这个任务可借由想象作业的方法来实现。

领导者要善于提出问题情景，请成员进行想象。下面是一些供参考的问题：

（1）在你能说话的时候，你觉得自己有多大岁数？
（2）你现在所说的内容是否使你想起童年的任何一个时刻？
（3）你的脑海中现在正在闪现着什么画面？
（4）你能经常紧皱眉头吗？你现在有什么感受？
（5）当你体验到自己正在皱紧眉头时，你脑海里会浮现出什么样的情景？
（6）你曾经做过什么事而搞糟了自己的生活？现在你决定怎样恢复它？

高尔丁（1987）描绘了教导当事人摆脱旧有的约束创造新意义的方法。他认为，当事人经由否定、超越儿童期的抉择，重新构造了自我。消除了自我苛刻的批评，加强了自身的自我教养，使自己从过去的各种自我限制和自我毁灭的束缚之中解脱出来。随着自身的改变，当事人将新的自我带到现实生活中，以更为愉快和健康的生活。

（五）策略性游戏

游戏的本质是什么？一般理解是为了增进双方的亲密，但在任何一个游戏中，都有所谓的成功者、失败者，都有等级制度，因而，游戏的本质是阻止人们的亲密，游戏目的在于支持人生的早期决定。游戏由三个基本元素组成：①一系列表面上看似合理的互补性事物；②一个隐含的主题；③游戏的目的，即一个负面的报偿，用来结束这个游戏。伯恩在1964年出版的《人们所玩的游戏》一书中描述了多种游戏策略：如"自责""殉难者""那并不可怕""我只是想设法帮助你""喧嚣""看看你对我做了些什么"等。人们借助于玩一些策略性游戏来接受早年期的抚慰，维持和防卫早年的抉择，寻找证据来支持他们的世界观，累积起种种不良情绪。人们在游戏之后所体验的情绪是一种痛苦的经历，这种情感体验和童年期所感受的情感有着相同性质。因此，游戏是社会生活在儿童意识中的缩影，游戏策略往往成为抚慰的替代物。

TA团体提供给成员一个洞察他们所玩游戏策略的机会，领导者要协助成员觉察：他们以怎样的具体方式选择了游戏的策略，以回避真诚的接触；他们如何选择了各种导致自我妨碍的思想、情感和行为模式。成员可以分析自己在团体中的反应和早年期对生活情景的反应之间的关系，或可以观察其他成员的行为，来了解自己的游戏策略。成员最终认识到自己所做游戏从本质上是阻碍了人们之间的亲密交往，决定是否还继续玩下去。如果想要和他人建立一种更亲密的关系，就必须决定立即停止玩任何游戏。

（六）生活脚本

生活脚本的主要内容包括了引进父母信息、对父母训喻所做的决定、调整我们的决定，以及对人生游戏如何演出和如何收场的期望。游戏经常被用来支持和维护自己的心理生活观，并排演出生活脚本。生活脚本就像是一幅蓝图或一部戏剧作品，它告诉我们自己正在走向生活中的什么位置，以及在我们到达时应该做些什么。生活脚本决定着我们对自己的感受，以及怎样与他人相关联。

TA区分出四种生活脚本：

1. 我很好与你很好

这种生活观是非游戏性的，是一种双赢的状态。其特征是：信任与坦率的态度，愿意给予爱和接受爱，接纳他人的现状。

2. 我很好与你不好

它是一种通过有意地贬低他人来维持自己良好感觉的生活观。这种人将自己的问题投射到他人身上，经常指责、批评、贬低别人，对环境或他人充满着敌意，只认可自己，而不认可环境或他人。

3. 我不好与你很好

它是一种与他人相比觉得自己处于无能状态的心理生活观。这种人只认可环境，不认可自己，在父母长期训责的抚慰经济下长大，表现为自责、自卑、退缩，总是在满足别人的需要，经常感到自己是个牺牲者。例如，玩"自责"游戏、"殉难者"游戏的人。

4. 我不好与你不好

这种人对自己和他人都不认可，放弃了生活的希望，失去了生活的兴趣，具有无力应对现实环境的自我毁灭性态度，可能出现极度退缩、返回到幼稚的行为，也可能导致使自己或别人受伤害的暴力行为。例如，父母离异的子女会认为我不该出生，你们也不该生我。

TA团体的领导者要协助成员进行生活脚本的分析，意识到是怎样获得自己的生活脚本的，了解自己的基本心理生活观。生活脚本分析帮助成员看到了他们以怎样的方式被驱动去排演他们的生活脚本，且为成员提供了可替代性的生活选择。团体可以帮助成员舒解强制性活动，不必去做那些证明生活脚本中所需要行为的游戏。TA团体还为成员提供了一个实际体验一种不熟悉的生活脚本的环境和机会，例如，请持有"我不好"观念的成员在团体中玩"自责"的游戏，来感觉自己是怎样使自己成为牺牲者的，从而利用团体情景去体验"我很好"的角色。

三、沟通分析式团体治疗技术

（一）结构分析

结构分析（structural analysis）是指使成员意识到自己的父母、自己是成人和儿童时的自我状态与功能。结构分析作为一种工具，旨在协助成员学习如何鉴别、分析他们的自我状态，发现他们的行为模式是以哪种自我状态为基础的，以重新选择来改变他们感到僵化的行为模式。

伯恩（1961）区分了与人格结构有关的两种问题类型：

（1）排斥型。这是指三种自我状态之间具有严格清晰的界限，当事人表现为一种刻板的态度和僵化的行为模式。这种排斥性包括三种形式，即恒定的自己的父母、恒定的成人自我、恒定的儿童自我。恒定的自己父母排斥成人自我和儿童自我，这种人属于义不容辞型的人，表现出对他人的批判性态度，待人非常苛刻，没有时间休闲，如被动的工作狂。恒定的成人自我排斥父母和儿童自我，这种人极端的客观，只关注事实，具有情绪号召力和计算机式的自发行为。恒定的儿童自我排斥父母和成人自我，这种人表现出拒绝成长，不愿面对现实要求，不愿自己做选择，喜欢依赖他人，不愿承担行为责任。

（2）混杂型。这是指一种自我状态的边界与另一种自我状态的边界相互重叠，这两种自我状态的内容互相掺杂在一起。"当心，别人会欺骗你"的陈述，反映了成人自我与父母自我的混杂。"从来没有人像我一样，所有的人都挑剔我"陈述，反映了成人自我与儿童自我的混杂。

（二）沟通分析

沟通分析是指人们对他人所做的和所说的内容的描述。团体成员的交往实际上是彼此自我状态之间的互动。伯恩讨论了三种类型的沟通：①互补型。这是指来自一个特定自我状态的信息，收到了来自另一个人特定自我状态的预期反应。②交错型。这是指对一个人所发出的信息产生了没有预料到的反应。③隐含型。这是指涉及两种以上的自我状态，以及一种伪装的信息。

（三）游戏分析

游戏分析的目的在于为团体成员提供机会，认识到游戏的本质以及自己在游戏中的角色，停止各种游戏，建立起亲密的非操纵性的关系，做出真诚的反应，找到改变否定性抚慰的方法，学习给予和接受肯定性抚慰。

（四）生活脚本分析

生活脚本分析是指 TA 治疗过程中用于鉴别一个人生活风格、早年生活规划的方法。生活脚本分析的目的表现为：①说明成员以怎样的方式获得了自己的生活脚本；②说明成员怎样使用某个脚本来判断自己行为的策略；③提供机会使成员重新选择脚本。

生活脚本分析的方法包括：①请成员回忆童年期所喜欢的故事或寓言；②在团体中重演以原生家庭经历为基础的生活脚本的各个部分；③使用脚本检核表，这是 Steiner 在 1967 年编制的生活脚本问卷；④Karpman（1968）发明的戏剧三角关系教导过程的方法，这种三角关系由一个迫害者、一个拯救者和一个受害者组成。

四、沟通分析式团体治疗的发展阶段

（一）初期阶段

此阶段领导者主要有两个任务：①建立信任的团体气氛和治疗关系，以利于查明成员的主要问题所在；②协助制定契约和审查实际契约。领导者询问成员：你今天准备如何改变你自己。需要指出的是，领导者要将重点放在成员目前要采取行动做一些能够促成改变的事情，而不是请成员陈述他们的希望。

（二）工作阶段

此阶段领导者的主要任务有：①教导成员充分意识到自己的自主性，建立足够的信心来承担即将发生改变的责任。②通过团体活动，暴露成员的痛苦经历。请成员作为一个现时参与者身份，重现自己的反应和在原来情景下其他主要他人的反应。领导者可以从最近事件开始，引导成员回忆他们的生活历程。③协助成员进行游戏分析、生活脚本分析，寻找早年的抉择和构成这些抉择的原始禁令和反禁令，以及成员接受的抚慰。④善于及时的质问正在使用回避式语言的成员。⑤激励成员发现替代性选择。⑥鼓励成员在团体中表达重新选择之后的行为。

（三）后期阶段

此阶段工作的中心是领导者给予已经发生改变的成员以团体的支持。成员被鼓励在团体中报告新的经历，来替代旧有的故事，接受对其新选择的语言和非语言的抚慰。提醒成员做好准备，接受他们离开团体后所要面对的新情景，鼓励成员设计出在团体之外的支持系统，以及在日常生活中继续实践新的行为的决心和方法。

五、沟通分析式团体治疗领导者的角色与功能

古典的 TA 学派强调，沟通分析式团体治疗领导者扮演着教师角色，要着重成员认知方面的改变。正如 Harris（1967）所言："TA 团体治疗者是一个教师、训练者、有能力的人并积极参与的人。"领导者要解释 TA 的有关概念，应用自身的知识和技能协助完成成员所制定的契约。

重新决定学派强调，TA 团体要以成员的自主性为目标而迅速的治疗，反对那种促成依赖、消除病态的漫长的团体治疗历程，鼓励成员充分依靠自己的内在资源，而非不断地寻求治疗者的指导。因此，沟通分析式团体治疗领导者的功能主要表现为：①作为协助成员获得有效改变的工具角色，积极创造信任的团体环境，使成员可以自己发现所做的游戏是如何支持着他们的不良情绪，以及他们如何控制这些情绪支持其生活脚本和早期的选择；②扮演催化者角色，激励成员去找寻和尝试更有效的生存方式。

TA 团体领导者的风格倾向于促进团体环境下的个别治疗，而不是促进团体成员之间的交往。团体领导者作为促成这种改变的主要动因扮演着积极的角色，领导者处于团体的中心位置，轮流针对每个成员展开治疗工作，在某一个时刻只将焦点集中放在一个当事人那里，协助其完成自己的个人契约。

六、沟通分析式团体治疗操作方案

1. 目标

通过认识人际交往中自己的行为角色，改善人际关系。

2. 理论背景

伯恩学派的 TA 分析和 Mary & Robert Goulding 的重新决定学派理论。

3. 活动的内容与方式

第一个环节：治疗契约——我要改变什么？

（1）TA 团体治疗工作的基础是：成员能意识到并愿意对自己的思想、情感和行为方式做出改变，愿意对自己的思考方式、感知方式和所做的事情承担责任。

（2）治疗开始以前，由沟通分析式团体治疗领导者与成员之间达成一个逐步式的可以随时修改的契约，它主要包括：团体成员想要实现的目标、实现目标的方式、目标达到的时间期限。制定契约的目的是明确治疗是由双方共同来分担责任，成员不能被动地等待领导者的帮助。

（3）活动方式。领导者先给每位成员分发一张包含上述内容的表格，询问"您今天准备怎样改变自己"之类的问题，然后由领导者组织成员进行讨论。

第二个环节：自我分析——我习惯化的自我状况是什么？

（1）结构分析。领导者帮助成员学习如何鉴别和分析自己习惯化的自我状况，以便改变他们感到僵滞的行为模式。通常有排斥型和混杂型两种问题类型，前者表现为某

种刻板的和排斥其他状况的自我状况；后者表现为两种状态内容相互搅杂在一起，相互混淆的情形。

（2）沟通分析。领导者帮助成员分析自己对别人所做的和所说的模式：互补式沟通、交叉式沟通、隐含式沟通。

（3）游戏分析。领导者帮助成员意识到自己在生活中发明并参与的种种游戏、把戏、防卫策略，以便与人建立起亲密的和非操纵性的关系。

（4）生活脚本分析。①要求成员回忆他们童年时所喜欢的故事，认识他们是怎样不知不觉地受这些故事的影响，并融入他们现在的生活经历的。②通过角色扮演，让成员了解到他们童年是不加批判性地接受的种种禁令、他们对这些禁令的反应所作出的抉择，他们现在为维持这些早期抉择的存活所运用的游戏和骗局。③生活脚本体验游戏。请三名成员分别扮演迫害者、受害者和拯救者。要求迫害者总是批评别人，受害者总是处于一种被动的无助状况，除非别人先来改变，拯救者则以帮助别人而使自己感觉愉悦。最后由表演者和观看者分享自己的体验。④脚本分析查核问卷。领导者用一份问卷来催化成员对过去生活脚本的分析，如生活中的榜样、父母禁令的性质、在生活中看到的报偿，他们对生活所预见的悲剧结局等。

第三个环节：重新体验与重新抉择。

领导者从成员最近的事件开始，引导成员返回到童年自我状况，或者在游戏时要求成员作为一个现实参与者重现早年的经历，重新体验当时自己的反应和那种不愉快的感受，以及其他人的反应。这种高度情绪性的情景，可以诱发一种能量，有助于冲破他们僵滞于童年期的困境，帮助当事人迅速意识到他们自己怎样经由自己的行为和想象维系着自己长期的不良情绪，自己对早年的抉择负有责任，从而激励他们发现替代性的选择。

第四个环节：新行为的迁移。

领导者鼓励成员把他们在治疗情景中的改变转换到日常生活中去，想象这些改变可能会引起哪些相继的改变，树立信心，鼓励和帮助他们创造性地应付新的问题情景和所获得的新的成功。

注意事项：

（1）TA 领导者要注意把焦点放在认知的改变方面，在游戏中要注意激发成员进入早期情景的情绪强度。

（2）TA 分析属指导性团体治疗，领导者在团体中处于中心位置，但倾向于轮流对每一个成员展开治疗，也就是说，一个时刻只把焦点放在一个当事人身上。

（3）领导者注意鼓励成员利用自己的内在资源进行自我治疗。领导者要明白自己只是一个向导，旅行的是成员的当事人。

第五节 心理剧团体治疗

一、什么是心理剧

心理剧（psychodrama）是指通过特殊的戏剧化形式，让参加者扮演某种角色，借助于某种心理冲突情境下的自发表演，主角的人格结构、人际关系、心理冲突和情绪问题逐渐呈现于舞台，在治疗者的间接干预和同台参演者的协助下，使心理问题得到解决的一种团体心理咨询与治疗的形式。

心理剧起源于莫雷诺（J. L. Moreno，1889—1974）1921年在奥地利维也纳创办的自发剧院。参与该剧院演出的人们并不是职业演员，他们没有剧本，完全以自发的方式表演报纸上每天刊登的事件或观众建议的主题。演出结束后，观众在邀请下讨论他们在观看表演时的体验。莫雷诺发现，观众的个人问题以及由此产生的反应，不仅影响表演主题的选择，而且影响参演者表演角色的方式，并且参演者和观众都体验到被压抑感受的心理释放。

1936年，莫雷诺在美国纽约建立了世界上第一座心理剧院，将许多新概念引入了集体心理治疗，如婚姻治疗、家庭治疗、社区治疗和艺术治疗等，并成立了美国集体心理治疗和心理剧协会。心理剧的诞生在心理咨询与心理治疗的发展历史上是一个重要的转折点，标志着从单一个体的治疗到团体内个体治疗、从语言方法的治疗到行为方法治疗的重要开端。

心理剧是心理治疗的重要组成部分。尽管它处于传统精神病学和心理学的边缘，但心理剧已为许多不同取向的咨询治疗理论学派的治疗家们所广泛采用。心理剧常与其他心理治疗形式相辅相成，许多治疗手段已被其他形式的心理治疗所采纳和发展。如今，在美国、瑞典、德国、澳大利亚和日本等国，心理剧已成为心理治疗的主流。

二、心理剧团体治疗原理

所谓的"剧"并非是指戏剧，而是指重新经历我们的生活，就好像生活是戏剧情景一样。心理剧团体治疗的目的是经由角色扮演的方法帮助人们以一种自发的、戏剧化的方式表达感想。团体领导者引发有意义的事件来帮助团体参与者接触过去、现在或将来情景中未予认识和尚未表达的感受，提供一个充分表达情绪和观念的方法，并鼓励新行为的出现。

莫雷诺认为，团体成员在社会化过程中受到了持续的伤害，采用心理剧团体治疗的方法可以促使个体摆脱非理性力量的束缚而获得自由。莫雷诺相信，个体表演出自己的问题，而非仅仅在口头上谈论问题，具有治疗的价值。在心理剧团体治疗中，团体成员将过去或预见的事件带到现时中来，表演出自身的矛盾冲突，团体领导者鼓励成员在表演中夸大所有的表情、行为和语言沟通。心理剧团体治疗原理强调个人的会心和互动，强调此时此地的内容、自发性和创造性，充分表达情感以及现实检验。

（一）会心

1915 年，雷诺出版《会心的邀请》（*Invitation to an Encounter*），首次提出会心的概念，来描述两个人互相交换眼神，完全理解彼此。所谓会心（encounter），是指个体有能力去与别人相遇，在此时此刻尽可能地去觉察，能够在心中与他人进行角色交换。凯特（Kate）认为，会心的概念让心理治疗从个人层面转入两人关系层次，使得心理剧团体治疗有别于当时的其他形式的心理治疗，开创了心理治疗的新纪元。莫雷诺的人际关系理论基于主要的两人关系，这是两个相遇演员的想法与经验，在特定场合的事件中为所有的人际关系做预备。会心是一种经验，当它产生时，个体会立刻且有意义地面质到与自己生活中重要他人的关系。会心也是一种艺术，使一个人学习到开放、关怀和欣赏他人的创造力，而非仅将他人当作镜子或玩偶。在一个相互自发的关系中，个人可以通过他人的视角、感觉和思想来发现和欣赏世界，可以在与他人的互动中分享他人的经验，进而丰富和扩展个人的生活世界。

在心理剧团体治疗中，可以与别人会心，也可以与自我会心，借助空椅子技术或在配角的协助下，主角可以将自我具体化或者戏剧化，很快认识到自我并不单纯是一个人物角色，而是拥有多个角色并存于自我观念系统中。这个系统可以被呈现于舞台之上，通过在舞台上可以创造出各个角色之间的对话或者心电感应，以及它们之间的观感。当关系透过戏剧对话变得清晰可见时，心电感应也会随之改善。

（二）自发和创造

莫雷诺发现传统的舞台表演因为受到预定剧情和固定台词的束缚，表演者无法自主发挥，这样的舞台表演与剧作家的创造性创作实际上是貌合神离的。因此，莫雷诺在维也纳郊外私人诊所开业期间，与一些志同道合的演员们合作开始了"自发演剧"的实验。几年的实践使他越来越感到自发剧中即兴表演的重要性，这促使他强调了即兴表演在心理剧中的关键作用。

莫雷诺认为，个体应该对自身的行为、现状和未来负起全面的责任。人类社会化过程中所产生的风险或问题就是自发性与创造能力被压抑，使人应对问题情景时不能创造出适当的反应。如果能够恢复天生的自发性与创造性，将增强生命的适应性能力，日常生活更加变得丰富。因此，自发性和创造力在心理剧团体治疗中占据着至关重要的地位。

所谓自发性并非指一时冲动，而是与墨守陈规相对立，表现为对变化了的环境萌发新颖有效的反应。莫雷诺特别强调，许多心理病理现象可视为缺乏自发性和创造性思维不足。他将自发性分为：①普遍性自发，即自我流动，而不是心理学或理论学的决定论观点；②特定性自发，此时此地运作来促使一个人能够恰如其分地面对新环境，或是对旧情境做出新反应。

莫雷诺提出自发性有四种独特的表达方式：①自发性会刺激文化传承与社会刻板印象，让它们活化起来；②自发性会刺激创造新机制，新形式的艺术以及新的环境模式；③自发性会刺激人格用自由的形式来表达；④被刺激而进入反应适当的自发性状态时，会进入奇妙的境界。可见，自发性与内在旺盛的生命力有关，它带领我们去理解一个人对环境的认知。自发性关注当下所发生的，不再陷入"活在过去"或"活在未来"不切实际的幻想里，而是立足现在、放眼未来，让生命充满了可能和选择。

自发性和创造力紧紧交织在一起。莫雷诺将心理剧称作自发性剧场，鼓励自发性表达，这本身就是创造力的开始。创造力并不是冲动或随机的行为，而是具有建设性的意图，以产生美感、社交或练习。自发性是创造力的容器，创造力的焦点在于创作行为，而自发性则是关注创作过程中的态度、探索的过程、调整的意愿，以及弹性地而非整齐划一地去看待创作结果。创造行为一般可通过作品表达，诸如一首诗、一首交响乐、一幅画、一场剧等。我们无法将自发性分给别人，无法命令别人必须自发，无法凭借模仿自发的行为来获得自发性，但可以通过训练来发展自发性。在和谐安全的团体氛围、导演和团体成员的帮助下，提供给团体成员各种需要应对的状况，来尝试各种不同方法的机会，以发展团体成员的自发性。心理剧团体治疗的基础工作就是训练团体成员的自发性和创造力，使他们能在某个特定时刻做出更适当的反应。心理剧团体治疗之所以富有成效的秘诀正在于使用了这些方法，使治疗效果不仅来自学习重建条件反射或增强内省力，而且更为重要的是使当事人发现自己的内在创造力。这种发现是一种自我强化过程，创造力被发现得越多，越有信心去改变处境。

（三）角色理论

角色（role）一词源自古剧场。在古希腊和古罗马文中，提词人将卷纸上的剧本念给演员听，演员试着把自己的部分背下来。这样人们就用卷纸来类比角色，因为卷纸中写着一个演员要说些什么。社会学家则借用角色来形容一个人在社会上的位置。莫雷诺在其著作《角色概念：精神医学与社会学之间的桥梁》中这样界定角色：自我所采取的真实和有形的形式，针对与客体有关的特定情境所采用的功能形式，称为角色。角色的形式从过去的经验，以及个体所生存的社会文化型态中产生，可能会受到个体特质的影响。每个角色都是私人和集体元素的融合，表现为私人层面和集体层面。

莫雷诺认为，角色理论具有激励创造性变化的潜在作用，通过对角色不断地进行评估和实践，可促进角色不断更新。其机制表现为：通过心理剧过程中的角色扮演，能帮助主角将自我和所扮演的角色相分离。当个体能够将自己从其日常生活中所扮演的角色中区分开来时，便形成了角色差距（role distance）。因此在临床上，当患者形成角色差距，他们便能从原先的困境中找到更多的出路，就能使自己改变以前对事态的瞻望，重新看待人和事，从而增强个体思维灵活性和健全心理结构的功能。

莫雷诺认为，个体一生中扮演约 20 个主要角色、次要角色和较短暂的角色。所扮演的主要的角色群有：①身体角色。这是个体第一个经验到的角色，如呼吸者、睡觉者等。②心理剧角色。这类角色大多存在于心智，也被称为心理角色，表现出自我的心理向度。例如，英雄、探险家、电影明星等，是从戏剧、想象与幻想世界中发展出来的，它可能在治疗或一般生活中上演。③社会角色。它表现出社会向度。很多社会角色都可以在心理剧治疗中被呈现出来。比如说，假如主角本身是一个酒鬼，在分享时，团体中或许就会有一位母亲、兄弟、伴侣，从自己的观点来分享身为酒瘾家庭中的一分子，亲人是个酒鬼这件事给他们带了什么样的影响。这些角色群之间可能会产生冲突，例如，当小孩在半夜哭闹时，正在熟睡的母亲不情愿地醒来去安抚孩子，此时可能产生睡觉者（身体的）和母亲（社会的）的角色冲突；相同的角色群的内部也可能存在冲突，例如，女儿的角色跟妻子的角色可能是有矛盾的。

莫雷诺认为，个体渴望展现的角色往往多于其生活中所被允许呈现的角色，每个人心中都充满了各种他想在其中变得更为积极主动的角色，这些角色呈现在个体的不同发展阶段。角色是可以学习、转换、补偿、丢掉、改变和重新定义。角色是思考、感觉、行为和互动方面相对稳定的形态，经历角色获得、角色扮演、角色创造这个过程而逐渐形成和修正。莫雷诺认为，首先，一个人只是依据表面的范式来行动，跟随清楚的规则来模仿，这就是角色获得。然后，在逐渐熟悉和熟练这些角色之后，人们便开始加上个人风格的要素，来玩转角色，这称为角色扮演。最后，有些人能够确定角色的安全并精通这些角色，并对角色进行大幅度地改革，甚至敢于重新定义角色，这就是角色创造。

莫雷诺相信，一个人拥有的角色越多，生活品质就越好。心理剧鼓励个体发展多种和多重的角色，通过角色间的灵活转换和不同层次角色的扮演，去扩充角色的经纬度。心理剧治疗的目标就是在心理剧场的安全氛围中，不断地尝试不同的角色，增加个人的角色目录（role repertoire），创造新的角色，重新评估个人的旧角色与目前角色，进而推动角色自发和创造，即在旧环境中的新反应或是在新情境中的适当反应，来减少不当的行为渴望。因此，个体需要不断地检视自己的角色是如何创造出来的，找到事件发生的地点或起源状态。在心理剧演出中，主角呈现出目前的一个问题，他并不需要熟悉这个角色，导演会帮助主角辨识出失去功能或者多余的角色，透过一连串的演出，返回到这些角色被创造出的场景。重新刺激过去的感觉，也可能会有宣泄。这种探索能让主角重新评估现在的角色，努力创造更有效的新角色，并通过角色训练的过程，学习如何成功的运作这些新角色。

心理剧团体治疗不仅仅是扩大主角的角色目录，还要对各种角色进行整合。这种整合的作用要通过发展后设角色来实现。后设角色的功能是将其他扮演的角色进行统整。后设角色的组成包括和蔼的双亲、调停者、给予支持的朋友，以及有创意的问题解决者，等等。后设角色带给我们一种自我反思的能力。心理剧团体治疗聚焦于增强这种自我反思能力的应用，角色语言只是让这些自我反思过程更具体化。当实施心理治疗、个人成长和创造性改变时，需要一个清楚的自我评估历程，这个历程就是个人改变的原动力。

焦虑的感觉会阻碍了人们的自发性，使某些角色不断被重复。这些重复的角色可看作为试图解决冲突，以便获得或重新获得内在平衡和自发性的自然性尝试。在心理剧治疗中，主角可以思索这些他们所使用的，从周围人所扮演的角色中学习而来的，有范围限制的角色，重新发现自发性与更宽广的角色选择后，借由角色扮演而成为所扮演的人，拓展自我角色的内涵，从中找到认知自己与别人行为的新模式。

心理剧是一种寓教于乐的治疗方法。莫雷诺认为，心理治疗不能过分强调挖掘症状，找到问题后，树立改变的信心才是治疗的关键，这有赖于积极乐观的态度。因此，心理剧侧重治疗过程中的正面感情。演剧中和谐友善的气氛为当事人提供了一个尝试失败的安全岛，使之能在此环境中实践培养新行为，使当事人勇于冒险探索自我，使整个治疗充满乐趣，这正如莫雷诺墓志铭上的铭文所描述的："这里躺着一位公民，他使欢悦和喜乐回归精神病学。"

（四）团体成员关系分析法

1927年，莫雷诺移居美国后创立了一种衡量团体成员相互关系的学说，叫作社会关系计量学，也称团体成员关系分析法。他认为社会是由许多小团体组成，而小团体同整个社会有着相同的动态和结构，通过对小团体进行分析，就可以推知整个社会的动态和结构。

社会关系计量学以团体中各个成员对其同事的喜爱选择为基础，试图对团体成员间的相互关系进行分析，并使各个成员适应于工作任务。莫雷诺认为，团体成员的相互关系和相互作用的关键在于彼此之间的好恶感情。他制定了一种由团体成员自行填报的调查表，填报内容为自己对团体中其他各成员的好恶感情，分为"吸引""排斥"和"无所谓"三类。然后依据调查内容绘制出"社会关系计量表"和"社会关系计量图"。

三、心理剧团体治疗的构成要素

（一）导演

导演（director）是指心理剧团体治疗的领导者。在心理剧团体治疗中，导演是受过训练引导主角演出的人，是主角的替身和心理剧的协同制作人，是提升主角的自发性、提词、引导与架构心理剧，协助心理剧的演出者及观看剧的整个团体，将剧从什么都没有变成某种真实的东西。正如卡普（Karp）所言："主角紧握通往内在跟外在世界的钥匙，而导演紧握门，可以打开或关上。"因此，导演是一个多元化的角色，集制作者、催化者、促进者、观察者和分析者五大角色于一身。

导演的主要功能表现为八个方面：①拟订心理剧团体的活动计划；②提供接纳、宽容的团体气氛；③帮助选择角色，并为主角提供支持与指导，决定主角使用哪种心理剧技术来表演；④鼓励自发性与宣泄性，帮助主角解释他在心理剧中的各种体验；⑤提出可探讨的人际关系，可供表演的情境以及可以尝试的实验；⑥保护主角免遭其他成员的言论攻击；⑦必要时终止表演，帮助其他成员从经验中获得治疗性效果；⑧组织团体讨论，鼓励成员对主角给予反馈，并表达心理剧中的各自体验与收获。

一个称职的心理剧团体治疗的导演需具备的特质有：①对于团体的潜力抱着乐观和肯定的态度；②要能创造出团体潜在的神奇气氛和各种可能性；③对于游戏、趣味、新奇要真的心有所感，表现出生活的幽默以及痛苦的情形；④有能力去冒险、激励并将之化为行动；⑤有能力让他人自然地流露创造与自发的精神，以促进改变；⑥能催化"游戏"（以治疗和剧场的方式），能接受和包容焦虑，能在游戏中允许并创造出变化和发展；⑦在面对即将要发生的事情时，应该有能力忍受自己的不确定感和团体的不确定感，保持自我价值观点，做好准备来跟随团体。巴斯特斯（Bustos）认为，团体是制作人，而导演是协同制作人。换句话说，心理剧工作的重点是团体而非导演的个人。

（二）主角

主角（protagonist）这个词直接从希腊文中翻译而来，意指"第一个进入演出的人"，或指"内心冲突最剧烈的人"。在心理剧团体治疗中，主角指的是从事最主要演出的成员，是心理剧治疗中最重要的角色，是一个代表的声音，让团体的其他成员可以透过他来处理自己的问题。主角的产生通常是自愿担任或由团体和导演选出来。心理剧的主题是由主角来选择所要探究的事件。主角被要求在舞台上扮演他自己，雕塑出他的生活世界。他被要求做自己而非演员，因为演员通常都被要求牺牲自我，进入剧本所设定的角色之中。

被挑选出来的主角需要做些什么呢？首先，导演会帮助主角将焦点放在他想要探索的冲突点上，建立口头上的契约，确定主角已经知道即将演出的就是自己想要解决的。与导演定好契约后，依据主角陈述的想要处理的困扰，如我害怕死亡、我与女儿的关系、我在工作中与上司的摩擦等，导演协助主角搭设起发生在过去、现在或未来的场景。其次，透过主角的演出与辅角的协助，在舞台上呈现具体或想象的事件，并在附加现实的层面上创造新的现实及发展新的剧本。主角通常会公开或隐秘地探索角色或场景中过度发展、发展不够、未发展、冲突或缺失的自我部分，并尝试新的角色，发展自己的角色技巧，拓展自己的角色目录，提升自发性的程度，从而变得更加真实和开放。演出过后，进入团体的分享阶段，此时主角的主要任务是保持沉默，去聆听并保持他人与自己的生命联结。

主角按照导演的要求运用行为动作，与过去或预期事件中的重要人物进行互动。这种此时此地的表演，强化了情感体验，提供了有关主角与事件中重要人物关系的新认识，并使主角的恐惧和想象浮现，从而改变个人内心和人际之间的过程。一般情况下，主角要挑选辅助性自我的团体成员，并教导配角如何扮演事件中重要人物的角色。因此，心理剧中的主角实质上团体的一个工具，团体问题会在主角身上得到最清楚的具体化表现。

（三）配角

配角，又称辅角（auxiliary ego），是指心理剧团体治疗中辅助导演和主角进行心理剧创造的任何成员。辅角可以扮演某个外在性角色，如某位家庭成员、一只小狗或一棵树；也可以扮演某个内在性角色，如恐怖的自己、内在的小孩或一个人内在的声音。辅角可以协助主角，将其没有被表达出来的部分透过语言或非语言的形式进行表达。莫雷诺认为，通往心智的正统道路不是文字，而是非语言部分的表达，辅角可以借表情、姿势或距离，来表达跟主角有关但没有被说出来的秘密。

心理剧团体治疗中挑选辅角的通常做法是以满足主角在剧中演出的需要为原则，由主角主动选择谁可以扮演辅角，一般有三种情况：①根据明显特征来选择。某些团体成员可能因为很明显的特征而被挑选出来，比如年龄、性别、外形等与角色刚好相当。②根据不明显特征来选择。某些成员可能因为特征比较不明显或不具体而被邀请扮演某个角色。③心电感应法。有时主角在挑选辅角时会依靠直觉，往往"感觉"某个人扮演某个角色会很合适，是因为该人是他过去的历史及自身的某些特质（常常都是未被表达出来的），让主角有这种感觉。对此，莫雷诺用心电感应来描述这种现象。所谓心电感应，就是一个双方共同有的经验，不管知不知道，但起了莫大的作用。心电感应使团体成员互动的机会增加，相互选择的可能性胜过随机的可能性。

辅角是导演和主角的延伸，要雕塑出主角真实或想象的部分。辅角在调查者、引导者及演员三个向度上分担导演的工作。首先，在心理剧治疗中，辅角成为"特别的调查人员"或"分析师"，通过共情理解或扮演来获得他所扮演的角色信息。辅角可能会适应所扮演角色的身体姿势，产生相应的感觉和想法，说出只有这个角色自身才可能说的话。其次，辅角成为"引导者"协助主角生命故事的展开。一旦进入角色，辅角会被鼓励更加自发，去发展出超越这个角色的剧本，超越主角所给予的信息，更深入地演出来协助主角的治疗过程。例如，某个辅角（担任主角的替身）可以经由说出主角一直都不敢说出的话，或者一直都不敢想的话，来支持或影响治疗过程。透过这样的方法，主角对自己所处的关系及世界或许有更多的了解跟领悟，而不需要导演做任何分析诠释。最后，辅角成为"演员"来协助剧的铺陈。一旦辅角进入角色中，他们就有责任在导演的引导下来维持剧情的顺畅。辅角被鼓励以主角所给予的简单信息为基础，创造性地说或做某些事，发展自己的角色，塑造剧情及故事风格。

配角经常扮演主角生活中具有重要意义的人物，是主角的辅助性自我。配角的功能是强化和反映主角的行为带动主角表演前的气氛，鼓励主角更深入地参与此时此地的心理剧。有效的配角可以给予心理剧更强大的力量和密度。在心理剧中，允许配角在塑造角色时自由表达情感，这样可以使配角在扮演他人角色时，接触到自我的其他方面，从而使辅助性扮演工作具有很大的治疗潜能。

（四）观众

观众（audience）是指在心理剧团体治疗中不充当主角和配角，但能以间接的方式受益的成员。观众可以与主角认同和反馈，可以经由同理心体验自身情感的释放，可以领悟自己的人际关系冲突。

观众的责任就是与主角同在，同主角一起经历主角与自己的生命故事，在团体中从事新角色或是丢掉某些角色。一般而言，心理剧治疗团体的人数在 6～20 名之间。观众或者成为辅角的来源，或者担任主角心理剧的见证人，或成为上一个剧或下一个剧的主角。在心理剧分享讨论阶段，观众会分享他们的生命体验，被邀请走上舞台，与舞台上等待认同与支持的主角以及舞台下的其他成员，一起分享演出是如何触动他，使他回想起类似的体验，或者他现在仍旧被类似的体验所困扰。此刻是不允许观众对主角进行分析和评判，他们可以做的只是分享生活中发生在他们身上的，与这场剧类似的事件和相关的体验。

（五）舞台

舞台（stage）代表了主角的生活空间，可以满足主角、配角和导演的走动。舞台最好象征性地模拟主角所回忆的每一个场景。莫雷诺认为舞台提供给参演者们一个活生生的空间，它是一个多向度的、弹性达到最高点的空间。真实生活中所充斥的现实性往往会束缚住人们的灵活性，心理剧团体治疗中的参演者可以凭借舞台的自由度重新找回自我的灵活性，从令人无法忍受的压力之中解脱出来，自由地体验及表达，可以变成他想要变成的任何东西，而心理剧则代表了一种"自由最真实的印证"。总之，舞台是创造性的开放空间和充满潜能的私人空间，它介于象征与具体化之间，任由自体诠释的角色所斡旋，是一个让创造力得以真正实现，并在这个空间里得以再度像一个真实的人，而不是一个没有弹性、重复动作的机器人。

1936年，莫雷诺在纽约建立了自己的心理剧团体治疗场所。尤曼斯基（Umansky）曾经这样描述：该场所大约是70英尺长、25英尺宽、40英尺高。这个场所有一半以上都被舞台占据了。舞台是由三个同心圆的平台所组成。最大的圆直径大约是16英尺，第二个圆的直径比第一个圆的直径少两英尺，最上面的圆直径大约是12英尺。阳台大约距舞台上方9英尺高，与剧场同宽，从墙壁往外延伸3英尺到达舞台的边缘，由舞台中间两根柱子所支撑，用围栏围住。

莫雷诺认为，三层同心圆的舞台象征着个人准备变成主角的程度：在暖身充分后准备要行动时，主角会站到第一层上，而后再上一层，等到完全准备好要开始工作时，就会走上最高的舞台，而舞台上方的阳台可以用来摆放理想的或看起来比真实人物更大的人物。

四、心理剧团体治疗的基本过程

心理剧团体治疗的基本过程包括暖身阶段、表演阶段、分享阶段。

（一）暖身阶段

暖身阶段（warm-up phase）是指使成员为体验做好准备的必要阶段，此阶段最重要的任务是创造与培养团体自发性的气氛。

暖身是一个持续性的过程。暖身的方法有两种：一是以身体活动为主的非语言方法。其目的是借由身体活动达到身心放松，例如，轻柔体操、模拟游戏、捉迷藏、哑剧、伴随音乐的节奏活动等。二是语言的方法。例如，导演简要介绍心理剧的目的和本质或与成员简单的会谈、轮流交谈法、自我介绍、介绍他人、两人小组、发声练习、唱歌、口技模仿声音等。

团体先经由暖身阶段找到一个主角，而后主角逐步暖身以便触及长期埋藏在内心深处的、阻碍其能量生成的东西。通过心理剧治疗，导演就像剥洋葱一样，由外及里地发掘当事人感知的阻碍所在。

暖身阶段选择主角的方法有：①深入会谈法。莫雷诺常常去跟每一位团体成员接触，并促使他们亲密地交谈，从而团体中某个目前在生活中遭受困扰的人，就会被团体接受为主角。②导演指定法。由导演自己选择一个主角，该主角往往已经做好了充分的准备。③活动法。团体领导者创建一次团体活动，在活动中找出主角。④自我提名法。成员可以自我推荐成为主角。

（二）表演阶段

暖身阶段选出主角后，就进入心理剧团体治疗的演出阶段（enactment phase）。心理剧的演出不需要剧本，而是将主角期望探索的事件，可以是具体事件、梦境、幻想或身体的感觉等。在导演的引导、辅角的协助演出和观众的支持包容下，主角开始探索自己的生命故事。透过行动和演出，让主角重新进入事件发生时的场景，重新体会，重新领悟，从而走出困境。

当主角步入舞台时，表演开始。导演可以提出一些问题来推进主角尽快表演，例如，"此时你生活中最难相处的人是谁"，"用哪些词句可以最恰当的描述你的同学"，等等，这些问题旨在使主角集中于自身的主要冲突过程。一个表演阶段可能由一个或几个情景组成，表演时间长短取决于导演对主角的参与表演的评价和团体参与的程度。

导演在心理剧表演阶段要遵循的原则有：①尽快鼓励主角表演与其人际冲突有关的情景；②表演必须以此时此地为焦点；③主角要具有选择事件、时间、地点和参加情景之人员的权力；④先处理意义较小的事件，随后在重演对主角更具创伤性的体验；⑤要求主角尽可能忠实的重新构建情景；⑥鼓励主角以语言和非语言方式尽可能充分地表达自己；⑦为主角提供扮演情景中每一个角色的机会，帮助他们了解别人如何看待、感受该事件。

在心理剧演出过程中，主角离开了旧有的剧本，并不断创造新的剧本。主角可能会演出一幕剧或几幕剧，这些场景可能发生在过去、现在或未来，也有可能根本没有发生过。通过演出，主角在过去的场景中宣泄和统整，在现在的场景重新扮演与领悟，在未来的场景中预演及获得希望。如果事件特别具有创伤性，主角会被指导在附加现实景（surplus reality）中即兴演出。所谓附加现实景，是指超越与胜过现实的场景，是从来没有发生过、将来也不可能会发生，或者根本不可能发生的场景，然而对主角来说，它是再真实不过的场景。心理剧团体治疗以现象学为基础，是一种内心剧，在心理剧场中所呈现的世界是主角的现象场，即一个人知觉到的内在与外在的经验世界是在主角的现象场进行，是基于主角主观中的事实，然而在看似虚幻的演出中，主角上演了真实的自己，体会了真正的人生，这种演出为主角的内在世界与外在世界搭起了一座沟通的桥梁。

附加现实景的即兴演出案例

阿强在出生几周时间就被丢到了孤儿院。在随后的数年内，他被不断地从一个福利机构转换到另一个福利机构。每次，当他开始依恋上一位工作人员时，他就会被转到另一个福利机构。童年生活没有给他多少甜蜜的回忆，却让他不断体验到了被抛弃和不安全感。成人后，他没有朋友、没有亲密伴侣。他曾接受过律师的培训，但后来放弃了，因为当他直面培训中的某些东西时，他变得极端忧郁。他很焦虑地加入一个心理剧治疗团体，然而却不信任除治疗师之外的任何一个人。在心理剧演出中，他多次被选为主角。他开始在剧中哀悼他的童年生活，同时在导演的指导与激励下尝试演出幸福的童年生活。他在演出中体验到有父母、手足跟朋友是什么样的感觉。这些亲密关系的角色由同样的辅角担任，这些辅角几乎总是出现在阿强担任主角的剧中，而阿强也在别人的剧中扮演这些角色。最后，他终于愉悦地接受自己是被团体其他人所喜欢的，而他也喜欢且信任他们。这使得他在团体之外的生活中可以继续发展友谊，与他人建立亲密关系。如今他有了个交往稳定的女朋友，而且开始继续他的学业。

（三）分享阶段

分享阶段（sharing phase），是指心理剧团体治疗的结束阶段，将主角带回团体、整合进入团体，让团体成员分享他们曾经经历过的，同主角在剧中所呈现的类似的经验与感受，并让主角休息、恢复、沉淀的阶段。

导演指导分享阶段的基本原则包括：①团体成员要以一种积极支持的方式，向主角表达他们对心理剧的评价和自我体验，以获得最大程度的回馈；②团体成员分享时不分析主角的剧情、不提供建议给主角、不批评主角在剧中的作为与决定、不问主角问题；③团体成员只能分享自己内心被心理剧所触动的经验与感觉；④分享可以是言语或非言语方式；⑤分享需使主角产生自己与团体其他成员之间有联结或相似，而获得支持性力量，实现治疗效果；⑥导演可借此鼓励有类似感受的成员进一步自我探索，成为下一出剧的主角；⑦分享的功能之一是让团体逐渐冷静下来，在演出过后能够成为团体的一种治疗性经验，让成员掌握重新进入其个人现实世界的新方法。

五、心理剧团体治疗技术

心理剧团体治疗采用一些特定的技术来强化情感，引导宣泄，促进自我了解。这些技术有利于心理剧的顺利完成，但技术本身不是目的，而是引导团体成员自发的表达情感的手段。有效的心理剧不只是某些技术的使用，团体领导者必须以一种具有良好训练和教育的、敏感的、关心的和创造性的方式，学会了解和对待团体成员的心理世界。因此，领导者要避免仅仅为了激发戏剧性的表演而滥用技术。

心理剧团体治疗技术主要有以下几种。

（一）自我介绍

主角陈述自己的问题情景、重要他人以及自己与重要他人的关系。自我介绍的目的是为配角提供辅助表演的素材，尽可能复演问题情景。

（二）角色转换

心理剧中的角色转换包含两种含义，一是心理剧中的甲和乙交换各自的角色，借由角色交换，甲理解乙，乙理解甲，同时也理解了两人的关系、理解自己。二是在心理剧中扮演一个与自己现实生活中的角色相反的角色。角色转换的意义在于，站在对方的立场上体验和感受对方的心理世界，增加同理心。角色转换是最有效的心理剧工具之一，它提供了多重目的：允许观念的更替，以便主角能以新的方式看待情境；为主角提供一个机会，体验他人的观念世界；允许团体成员拓展知觉和行为；鼓励团体成员为其行为和抉择承担责任；帮助主角面对现实人际行为的影响。

（三）独白

主角想象自己单独处在一个地方，自言自语地表达此时此地的想法或感受。独白在帮助主角澄清思想、更强烈的体验情感方面，具有重要价值。

（四）替身技术

一个配角站在主角身后与主角同台表演，或者替主角说话，这个配角就是替身。替身是主角的代言人，它的作用表现在：模仿主角的内心思想与感受；帮助主角觉察到内部心理过程，引导主角表达出非语言思想和感受；充当主角与导演之间的联络人；发挥整合作用，强化主角与配角之间的相互影响；扮演主角的姿势与态度。

（五）镜照技术

配角经由模仿主角的手势、姿态、语言来反映主角的角色。配角犹如主角的一面镜子，给主角提供即时的反馈，增加主角对待现实的心理敏感性，澄清自我观念，洞察自己与他人人际沟通的差异点。

（六）魔幻商店技术

魔幻商店技术经常被用于那些不清楚自身价值观、对目标感到迷惑、很难判断自身价值观轻重的主角。配角或导演扮演充满各种虚幻物质的魔幻商店的老板，他有权满足每一位成员的最迫切的愿望。每个团体成员都在适当的时候与"商店老板"讨价还价。一般来说，魔幻商店技术经常用在心理剧的暖身阶段。

（七）未来投射技术

未来投射技术用于协助团体成员表达、解释对将来的期望或看法，将某些预期的事件搬到现时中进行表演。这个技术的目的是通过此时此地的预演，协助当事人做好心理准备，储备应对未来情境的各种策略。

第四章 团体领导者

第一节 团体领导者的角色

高效的团体必须依赖于四个条件：一是成员要认同团体目标；二是要有称职的团体领导者或咨询师；三是成员积极参与团体活动；四是适宜的团体活动。在这四个基本条件中，领导者是决定团体成败的关键要素。因为领导者在团体活动过程中始终起着组织与指导的作用。在带领团体的全过程中，团体领导者往往扮演以下多重角色。

一、领导者的角色

领导者的角色体现在制定团体活动计划、提供适当的学习机会、控制情境、为参加者建立行为模式、促进成员表达思想和情感等。在整个团体咨询过程中，团体领导者犹如一个舵手，掌控着团体行进的方向，包括活动前的动员，活动中的启发、激励、引导，活动结束时的分享与总结，以及结束后的效果追踪、反馈，等等。

二、调解员的角色

当团体成员之间在沟通上产生矛盾，或者个别成员不遵守团体规范时，团体领导者需要扮演调解人的角色，协助调解这些冲突、矛盾与纷争，以利于团体的良性发展。

三、教育者的角色

在团体辅导过程中，团体领导者需要像老师一样，讲解新概念、理论与方法，提供新信息，介绍新价值观，有时还要以身作则为团体参加者做示范，以适当的行为为团体成员提供可模仿的榜样。

四、好朋友的角色

团体领导者是团体的一分子，应该与其他成员一样积极参与团体的互动，在思想上将自己看作团体内的一个普通成员，全身心地投入，真诚地聆听他人的表达，细致地观察他人的行为举止，不妄加评判。有时还需要做坦诚的自我剖析，让成员了解自己。在这种团体互动中，领导者犹如团体成员的知心朋友，通过这种平等的、依赖的、尊重的、亲密的、融洽的氛围的营建，可以减轻成员的心理防卫，真实地暴露自己，安全地进行自我探索。

五、治疗师的角色

在治疗性团体中，领导者经常要利用援助技巧、澄清技巧、移情、反移情、阐析、行为改变技术等心理治疗方法协助成员矫正偏差的观念和行为。

第二节 团体领导者的素质

樊富珉提出，优秀的团体领导者的素质是：①良好的人格特质；②对团体咨询与治疗理论的充分理解；③具备建立良好人际关系的能力；④掌握基本的领导才能与专业技巧；⑤丰富的咨询经验；⑥遵守职业道德。

一、团体领导者的特征

团体领导者的特征，与有效的团体领导有着极其重要的关系，因为它们的存在与否，会促进或抑制团体历程。

Coreys & Callanan（1988）指出了团体领导者的10个特征，这些特征包括：

（1）良好的意愿，对他人有真诚的兴趣，尊重、信任他人。

（2）有能力与他人分享情感，以开放的态度友好对团体成员。

（3）认识并接纳自己的能力，致力于协助成员发现个人的能力和学习自主性。

（4）以谦虚的态度向不同治疗学派学习理论和技巧，综合发展成自己独特的辅导风格。

（5）愿意开放与冒险，乐意与他人分享自己的感受和看法。

（6）自我尊重与自我欣赏，肯定自己的价值观，以自己的长处和别人建立融洽的关系。

（7）愿意做成员的典范，发挥示范作用。

（8）愿意冒可能出错的危险，敢于承认曾经犯过的错误。

（9）具有自我成长的取向，不断地拓展自己的视野，不断地进行自我探索。

（10）具有幽默感。

香港中文大学的林孟平（1992）提出，团体领导者应具备11个特征，这些特征包括：

（1）认识自己，接纳自己，自爱自信。

（2）感觉敏锐，把握机遇。

（3）自我的肯定并欣赏自己。

（4）投入并参与，身体力行，以身作则。

（5）个人的协调和表里一致。

（6）愿意作典范，严于律己。

（7）愿意接触和面对个人的需要。

（8）清楚地了解个人的价值观。

（9）信任团体过程的功能。

（10）保证自己不断更新经验。

（11）个人力量与勇敢，勇于创新。

Yalom（1985）认为，优秀的团体领导者应具备四种良好心理素质：①关怀；②明确的意图，能对行为明确的变化、解释提供一种认知框架；③善于情感的激发，向成员提出挑战性的任务，鼓励成员冒险和创新，激发其行动热情；④鼓励成员做事要规范、有序。

二、团体领导者的技能

Gill & Barry（1982）提出团体领导者在团体咨询的各个阶段所应具备的技能（见表4-1）。

表4-1　团体领导者在团体咨询各个阶段的技能

阶　段　一	阶　段　二	阶　段　三
团体形成：促进成员间合作，形成共同的目标，明确团体的特征 1. 规范。明确表达所期望的团体行为 2. 引发团体行为。对成员提出明确的行为要求，鼓励成员多观察、多提问和多评价 3. 引发共鸣反应。鼓励成员对别人袒露自己的体验和感受 4. 共性与特性的鉴别。对成员的个体特征加以比较和描述 5. 引发情感反应。鼓励成员对他人的行为表现或情感表达做出设身处地的反应 6. 明确任务。交换临近成员的位置，让更多的人重新开始认同团体咨询的主题	团体意识：促进成员对团体行为的理解与共享 1. 标识团体行为。确定和描述团体的感受和表现 2. 规范。通过共同的参与对团体的典型行为加以描述 3. 引发团体的观察。鼓励成员对团体咨询的进程进行观察 4. 引发多样化的信息反馈。鼓励成员共享对他们行为的认识 5. 冲突的鉴别。指出成员之间沟通中的不协调因素 6. 非语言行为的鉴定。指出成员之间的非语言表达形式（面部表达、音调、手势等） 7. 准确性。要求团体对咨询者或成员的认识的准确性加以确认 8. 转变。改变团体所关注的行为表达或情感表达 9. 联通。把某一时刻或时期发生的团体事件与当前正在发生的事件联系起来 10. 终止成员不恰当的交流或行为方式	团体活动：促成成员在决策和解决问题方面的合作 1. 明确团体的需要。通过提问或陈述来明确团体的需要 2. 确立团体的目标。通过提问或陈述来确立团体所要达到的客观目标 3. 标明意义。为理解团体的观念、情感、行为提供相应的概念 4. 引发选择。对可能的行为做出描述，并要求成员做出选择 5. 考察结果。要求成员对活动的结果或可能的结果做出评价 6. 意见一致性检查。要求成员认同团体的决定、活动

团体领导者需要掌握带领团体活动的专业技术，才能成功地指导团体成员学习与发展社交技巧，建立与他人良好的信任感，尝试新的行为。团体领导者的技能可以经过训练和接受督导的途径而获得。

第三节　团体咨询师的职业道德

对团体成员负责并对团体活动做出反应的职业特点，决定了团体咨询师必须对自己行为的意图和背景给予足够的关注。

1989年6月，美国团体专业工作者协会（ASGW）公布了用于规范团体咨询师行为的"团体咨询师职业道德指南"，共16条、81款，其要点有以下方面。

一、方向与提供信息

团体咨询师要尽可能多地把目前团体和拟建团体的情况介绍给成员，以使成员做充分的准备。至少应提供以下几个方面的信息：

（1）入组程序、团体活动的时间安排、付费方法及终止程序等。这些问题应由团体咨询师根据成员的成熟程度及团体的性质与目的解释清楚。

（2）团体咨询师从职业角度向成员们讲明以下问题是有益的：他的执业资格，尤其是针对某些具有特殊性质和目的的团体。

（3）团体咨询师应告知成员双方各自的权利、义务和角色分配。

（4）团体咨询师要尽可能简明地讲明团体的目标，包括这个目标是哪方面的（咨询师的、单位的、父母的、法律的、社会的等）以及团体成员在影响和确定团体目标中的作用。

（5）团体咨询师应和成员们探讨团体活动的经历可能会给成员的生活带来某种潜在的变化及风险，并帮助他们面对这些可能性而做好准备。

（6）团体咨询师应告知成员可能在团体活动中要做一些不寻常的或试验性的事情。

（7）团体咨询师应尽可能实际地向成员讲明在某个特定的小组中，哪些服务能提供，哪些不能提供。

（8）在团体中，咨询师要强调必须促进成员们全身心的参与。咨询师要弄清将成为团体成员者是否在使用会影响小组活动的药物。活动期间，不允许成员使用含酒精或法律禁用的药物，因为使用这些物质可能会影响自己或其他成员。

（9）团体咨询师要弄清即将成为小组成员者是否接受过心理咨询或治疗。如果他正与其他专业人员保持着咨询关系，团体咨询师应建议此人将他参与团体活动之事告知其原治疗者。

（10）团体咨询师应清楚的告知成员，关于两次小组活动之间咨询师愿意与成员们进行探讨的原则。

（11）在确定团体咨询服务的费用时，咨询师应考虑成员的经济状况和居住地。咨询师未出席团体活动不能向成员收费。咨询师应与成员们就在指定时间内小组活动的费用问题签订合约,在现有的合约期满之前,咨询师不能擅自提高收费。如果已定的收费结构不合理,咨询师应帮助成员找到一个可以接受的费用与服务相当的价格。

二、成员的挑选

团体咨询师要对想参加团体成员进行挑选(当该成员适合于他们的理论倾向时)。咨询师应尽可能地选择这些成员:咨询师的目标与团体的一致;咨询师个人的健康也不会因团体经历受到危害。在挑选过程中也应包括团体治疗方向的确定。挑选方式可以通过如下一种或多种方式完成。例如:

(1) 个别谈话。
(2) 对欲参加成员的小组谈话。
(3) 让欲参加者完成一份书面问卷。

三、保密性咨询

(1) 团体咨询师通过解释保密的含义和保密性的限度,来保护成员。
(2) 团体咨询师要强调保密的重要性,并制定一套针对所有成员隐私的保密原则。保密的重要性应在团体建立之前和期间反复强调,当然,对保密的局限性也应说明。
(3) 应该让成员们知道在团体中,确保和执行保密规则的困难。咨询师应举些例子,让成员们知道某些隐私是如何被并无恶意的泄露出去的,以减少类似情况再次发生。咨询师还应告知成员而已破坏保密原则的潜在后果。
(4) 咨询师只保证自己不泄露所知的秘密,而对其他成员不做承诺。
(5) 团体咨询师在给团体活动录音、录像之前应征得成员们的同意,并让他们知道这些磁带做何用途。
(6) 采用单向玻璃观察时,咨询师应讲明此时保密的局限性。
(7) 应该让托管团体的成员们知道咨询师应按要求上报治疗情况的程序。
(8) 团体咨询师在保存和处置成员的记录(书面的、音像的)时仍需保密。
(9) 无论何时,承担团体咨询课程的讲解员在谈论具体案件时,都要隐去成员的真实姓名。

四、自愿参加还是非自愿参加

团体咨询师应告知成员,团体活动是自愿参加的还是非自愿参加的。
(1) 无论是自愿团体还是非自愿团体,咨询师都应让成员们知道须遵守同样的规则。
(2) 使用单向玻璃观察时,咨询师应遵循他所在单位制定的有关规则。
(3) 对于非自愿团体,咨询师应努力征得一部分成员的合作并在自愿基础上坚持参加团体活动。
(4) 对仅仅参加团体会谈,而没有达到小组既定目标的成员,咨询师不能认为他们已接受了团体工作。咨询师应告知成员未能参加团体活动的后果。

五、离开团体

团体咨询师应提供建议帮助成员以有效的方式终止团体治疗,离开团体。

(1) 如某成员过早的选择退出小组,咨询师和全体成员讨论该成员应遵从的程序。

(2) 对于受法律委托的团体咨询,咨询师应告知成员过早自动终止治疗可能会引起的后果。

(3) 理想的情况是咨询师与某成员合作,共同确定在何种程度上团体治疗能对该成员提供帮助。

(4) 在指定时间内如成员对预期的治疗效果不满意,他最终有权中止团体治疗关系。

(5) 成员有权退出团体,但要让他们知道在其决定离开之前,预先通知咨询师和其他成员是很重要的。咨询师要和欲离开的成员讨论过早退出可能存在的不良后果。

(6) 离开团体之前,团体咨询师应鼓励成员在团体中谈谈他打算终止的理由。如其他成员以不当的压力迫使该成员继续留在团体中,咨询师应出面干预。

六、强迫与压力

团体咨询师在其职责范围内尽可能的保护成员们的权利,使成员们不受人身威胁、恐吓、强迫及不当的压力。

(1) 有必要区分"治疗性压力"和"不当压力",前者是团体工作的一部分,而后者是非治疗性的。

(2) 团体的目的是帮助成员们找到他们自己的答案,而不是迫使他们去做团体认为合适的事情。

(3) 团体咨询师提供的帮助并非迫使成员向他们自己已明确表示不愿选择的方向改变。

(4) 当团体其他长远使用不当压力或试图劝说另一些成员反对某人的意愿时,咨询师有义务给予干涉。

(5) 当任何成员企图对他人或自己实施人身攻击或伤害行为时,咨询师应予以干涉。

(6) 当成员辱骂他人或与他人发生不当的对抗时,咨询师应予以干涉。

七、价值观

团体咨询师应该了解自己的价值观和需要,以及这些观念对治疗的潜在影响。

(1) 尽管咨询师要避免将他们的价值观强加给团体成员,但当隐瞒这些会使成员出问题时,咨询师表明自己的信仰、决定、需要和价值观也是恰当的。

(2) 任何团体中都有一定的价值取向,这些价值取向要在成员加入之前就讲清楚(如表露自己的情感、坦率、诚实、与他人分享个人资料、学会如何去信任、改善人际交往和自己做决定等)。

(3) 不能为满足团体咨询师个人或职业的需要而损害成员的利益。

（4）团体咨询师要避免利用团体作为对自己的治疗。

（5）团体咨询师应了解自己的价值观和取向，并知道在多重文化的环境中如何运用它们。

（6）团体咨询师应提高自己的认识，即他要了解成员们的个人反应会影响团体的进展，并监控自己可能发生的反移情。团体咨询师通过提高对自己的固执和歧视态度之影响的认识来保护个人的权利和所有成员的尊严。

八、公平的治疗

团体咨询师应努力为每个成员提供个体化和平等的治疗。

（1）咨询师应承认并尊重成员之间的差异（如文化、种族、宗教、生活方式、年龄、残疾、性别等）。

（2）团体咨询师要清楚自己的所作所为对团体成员的影响，并警惕因自己对某些成员的喜欢和偏袒而排斥或伤害其他成员可能导致的有害结果。咨询师可能喜欢某些成员，但所有成员都应得到公平的对待。

（3）咨询师可能通过如下手段，如要求沉默少言者参加到团体讨论中来，对其非语言交流的尝试予以鼓励等方式，来确保每个成员公平使用团体的时间；同时要劝阻那些散漫的独占时间的成员。

（4）如计划建立一个较大的团体，咨询师应考虑寻找一个专业同伴共同负责、领导这个团体。

九、双重关系

团体咨询师应避免与其成员发生双重关系，因为这会损害他们客观的和职业性的判断，也会危害成员全身心参与团体活动的能力。

（1）治疗期间，咨询师作为团体领导者不应滥用赋予其职业角色的权力去扩展与成员之间的个人的或社会关系。

（2）在治疗期间和治疗终止之后，咨询师均不能利用与成员之间的职业关系谋求个人利益。

（3）团体咨询师与成员之间发生性关系是不道德的。

（4）团体咨询师不能以其提供的专业服务换取成员的其他服务。

（5）团体咨询师不能让自己的家庭成员、亲属、雇员或私人朋友成为团体成员。

（6）团体咨询师要与成员们讨论在小组之外成员们之间建立亲密关系的潜在危害。

（7）学生们以参加团体活动作为学习团体咨询课程所要求的一部分，但是不能以学生参与团体活动的程度为依据去评价其学分等级。导师应把评定学分等级与学生参加团体活动分开，同时允许学生自己决定探讨什么问题和何时停止，这样的方式可以减少参加团体活动对学生的负面影响。

（8）从某个班级或组织机构中选择成员进行私人咨询或做团体治疗是不恰当的。

十、技术应用

除非接受过针对某种技术的训练或有熟知该技术的咨询师督导，否则，团体咨询师不能试图使用这种技术。

（1）团体咨询师应能清楚地说出指导其实践的理论倾向，并能提供他对团体施以专业干涉的理由。

（2）依据其对团体干预的类型，咨询师应做与其技术相应的训练。

（3）团体咨询师要清楚修正其技术的必要性，以能适用于不同文化、种族、群体的特殊需要。

（4）团体咨询师要帮助成员把他们在团体内学到的东西运用到日常生活中。

十一、发展目标

团体咨询师要努力帮助成员发展自己的个人目标。

（1）团体咨询师应用他们的技术帮助成员弄清自己的特定目标，以使组内其他成员理解目标的性质。

（2）在整个团体活动中，咨询师要帮助成员评估他们已在多大程度上实现了个人目标，并适时地帮助他们修正目标。

（3）团体咨询师要帮助成员弄清在特定团体的环境下其目标能在多大程度上得以实现。

十二、咨询原则

团体咨询师应向成员们说明咨询的原则。

（1）如果某些问题最好在正式团体活动中处理的话，咨询师应使成员们清楚不得把这些问题留待治疗间隙的咨询中解决。

（2）对于一些在团体活动间隙咨询中讨论属于小组的重大问题的行为，咨询师应促使成员们把它带到团体正式活动中去讨论。

（3）如遇到关于道德的重大问题，或足以影响其作为团体领导职能的有效发挥时，咨询师应寻求咨询或督导。

（4）对于个人问题或冲突，咨询师应寻找适当的专业帮助，因为这些问题和冲突不解决，可能会损害他们职业的判断和工作表现。

（5）团体咨询只有在专业咨询和处于教学目的的讨论中可谈及具体案例。

（6）团体咨询师应告知成员有关咨询的内容是否要保密的原则。

十三、结束治疗

根据团体参与者的目的，团体咨询师应以最短的时间促进成员达到目的并结束治疗。

（1）团体咨询师要始终了解每一个成员的进步情况，并定期请团体成员探讨和重新评价他们在小组中的经验。

（2）适时地促进成员的独立性提升是团体咨询师的职责。

十四、评估与随访

团体咨询师对其所辖团体要努力做进一步的评价和随访。

（1）团体咨询师要认识到对终止治疗的团体继续给予评估的重要性，并帮助成员对自己的进步进行评估。

（2）在团体最后一次会谈或倒数第二次会议中，咨询师对团体总体经验要进行评估或再评估。

（3）团体咨询师应对自己的行为进行监控并认识到自己在小组中起到哪些模范作用。

（4）随访可采用个人见面方式、电话方式或书面方式。

（5）随访会谈可采用个体的、集体的或兼用二者的方式，并测定以下几个方面的内容：①成员实现自己目标的程度；②团体成员的影响是积极的还是消极的；③成员是否从某些转诊中获益；④作为反馈信息是否有增进未来团体工作改善的可能。假如没有随访会谈，可针对需要或要求有随访的成员做一些个体随访的准备。

十五、转诊

如某成员的需要未能在所提供的团体治疗中得到满足，团体咨询师应建议他转诊。

（1）团体咨询师应熟悉协助团体成员进行专业转诊的社区服务资源。

（2）有需要时，团体咨询师应帮助成员寻求进一步的专业指导。

十六、提高专业水平

团体咨询师应认识到，不断提高和发展自己的专业知识是一个贯穿其整个职业生涯的过程。

（1）团体咨询师通过教学活动、临床工作和参加专业提高班等形式保持和更新自己的知识与技能。

（2）团体咨询师要能跟上学科研究的新发展、新成果，并把这些应用到团体工作中去。

第四节　协同领导模式

协同领导（co-leading）是指由两个相互合作的领导者一起带领一个团体的模式。在通常情况下，协同领导者坐在团体圆圈的对面，便于观察成员的非语言行为，在意见不同时用眼神互相暗示。

一、协同领导的优点

领导者自己带领团体时，经常会产生一种孤独感，而与协同领导者共同策划和带领团体则有优点。这些优点包括：

（1）团体成员可以获益于两个领导者的生活经验。

（2）两个领导者能够相互弥补，成员可以获益于协同领导者的合作优势。

（3）如果一个领导者是女性而另一个是男性，他们能创造出涉及团体成员父母关系的某种原动力，角色扮演的机会可以多样化。

（4）协同领导者可以在如何与他人、团体建立关系方面提供榜样。

（5）协同领导者能互相提供有价值的回馈，他们可以探讨在团体活动中所发生的内容，以及如何改善他们的技术。

（6）每一个领导者都可从观察、协同工作、学习协同领导者的过程中发展自己。

（7）协同领导者提供更多的机会促进团体成员在团体内的联系。当一个领导者处理一个特定当事人问题时，另一个领导者可以探察整个团体，以了解其他团体成员是如何参与的。

（8）团体成员有机会从两个领导者身上获得回馈，有时会有不同的反应，这可为团体注入活力，提供审视和进一步讨论的机会。

（9）对于特殊的团体，领导者拥有一个具备某些专业知识的协同领导者是很必要的。例如，一个未婚妈妈团体，如果有一个对产前护理具备充分知识的协同领导者，则可为这个团体提供重要的相关信息。

当然，协同领导方式也有自身的缺点。协同领导所产生的问题主要是来自于领导者之间的态度、风格、团体目标上的差异。因此，选择一位协同领导者是很重要的。不和谐的协同领导者之间的权力争执，将造成团体的分裂。如果协同领导者之间有分歧，在带领团体的过程中要尽量避免明显的冲突，最好是在私下会谈中讨论这种分歧。协同领导者要在一起讨论任何可能影响团体工作的问题，例如，他们共同带领团体的感受是什么？他们如何看待这个团体？他们怎样能够加强彼此的功能？

二、协同领导的模式

采取什么样的协同领导模式取决于团体目标、个人领导风格、领导经验、团体成员的需求、彼此之间的协调程度等因素。

（一）轮流式协同领导

轮流式协同领导者模式是指两人轮流扮演主要的领导角色。此模式最适合在理论取向上存在差异的协同领导者。例如，领导者甲这次负责此团体，领导者乙下次带领此团体；或者领导者甲负责团体前半段，领导者乙负责团体后半段。

（二）合作式协同领导

合作式协同领导，是指两人共同分担领导责任并不事先指定谁扮演主要领导者。他们彼此跟随对方并共同带领团体，当领导甲主导团体时，领导者乙则准备好选择适当时机随时介入，并延续相同的团体探讨方向。

合作式协同领导案例

领导者甲：今天团体聚会开始时，我们想请大家报告一下上个星期过得怎样。（停顿）

领导者乙：阿虎，你说过准备拜访你父亲，情况怎么样？

阿虎：很好。当他谈到我读师范大学的话题时，我只是告诉他我还在考虑之中，而没有与他争吵，我们相处得好多了。

领导者乙：我很高兴你已经发现避免争吵是很有帮助的，其他人怎么样呢？

阿鹃：我走到母亲面前告诉她这个暑假我准备找份工作。她很痛快地答应了，但我知道她还会再提起这个话题的。

领导者甲：我很高兴你有勇气去冒这个险。也许我们可以再谈谈，如果你母亲再次提及这个话题，你想如何应对呢？

领导者乙：上个星期，阿虎与阿鹃都有机会处理了一些对他们很重要的问题。你们其他人是否也做了类似的事情。大家也说说看。

（三）学徒式协同领导

学徒式协同领导是指由一个团体经验资深者搭配一个团体经验较少的人的形式。团体主要由资深领导者带领，协同领导者只是观察和学习，有时在资深领导者的督导下尝试性地带领团体。

第五节　成为一个有效的领导者

一、有效领导者的训练途径

有效领导者的训练途径主要有以下方面。

（1）训练自己具备领导者的特质。这包括关心、开放、弹性、温暖、客观、自信心、可信任、诚实、力量感、耐心、敏感、亲和力、准确觉察力以及心理健康等。

（2）不断丰富个人经验。这包括生活经验和个别咨询经验。领导者的生活领域越广泛，就越有可能了解团体中的不同的人。因此，领导者最好花些时间和人们谈论工作、社会、运动、文化、宗教的事件与功能，尽量接触不同领域的人。个别咨询经验丰富的领导者，较容易处理成员和团体发生的各种情况，没有个别咨询经验的领导者是很难有效地带领团体的。

（3）有团体经验。任何技巧、练习、经验的拓展都有可能增加一个人带领团体的能力。一个有效的领导者必定曾经带领过许多团体。

（4）团体活动的策划能力。带领团体之前的完整性团体计划经常是团体成功与否的关键与根本性因素。一个有效的团体领导者能详细计划一次团体聚会或一系列团体聚会，则团体必将成为有趣的、有助益和有价值的。例如，每次团体聚会领导者安排足够的时间做暖身、成员做自我进展报告、成员彼此之间的分享、聚会结束前做摘要与总结、家庭作业的设计和安排等。

（5）具备团体活动之主题方面的丰富知识。无论哪种类型的团体，一个有丰富资讯的领导者会表现得比缺乏资讯的领导者要好。领导者可以利用资讯来刺激团体讨论、澄清主题和分享新知识。例如离婚团体，领导者最好知晓有关的法律以及和孩子相处时所面临的实际问题。

（6）要深谙人与人之间的冲突和解决问题的方法。Corey（1990）和 Arciniega（1992）指出："任何类型的团体领导者都将面对和处理人与人之间冲突的问题与多元文化的主题，特别是自我成长和治疗团体中容易出现的罪恶感、恐惧失败、自我价值感、父母、愤怒、爱情关系和死亡等。"有效的领导者需要了解这些问题，以及协助成员解决这类问题的方法。

（7）熟悉各种咨询与治疗的理论。Corey（1992）指出："一个缺乏理论背景的领导者可能会发现他所带领的团体无法进入有效的阶段。"在团体互动过程中，成员和成员之间的许多事情将会浮现出来，一个有效的领导者必须能迅速地洞察其中的动力与映射的问题本质，而能做到这些，是离不开咨询与治疗理论的背景支持的。

（8）尝试和建立个人领导风格，保持领导风格的弹性。所谓的领导风格是指领导者在团体中所扮演的角色。领导风格要根据所带领团体的性质、目标、情景、成员的特点等因素，保持一种变通性。它可以从两个角度区分：一是领导者导向或成员导向；二是人际导向或个人内在导向。领导者导向的团体是指领导者要在了解成员需要的前提下，将团体结构化来协助成员满足其需求。对于多数团体咨询来说，领导者的导向是必要的和有重要价值的，这种领导风格特别适用于学校、心理卫生中心、医院、监狱、康复中心的团体，以及有特定主题的团体，例如离婚、虐待、成瘾团体。人际导向的领导风格强调此时此地成员之间的互动和整个团体的持续的团体动力，以及影响团体发展有效人际关系的障碍。而个人内在导向的领导风格则重视个别成员的需求与关心的问题，它很适用于治疗、成长和支持团体。

二、建立个人领导风格的原则

（1）经由与团体成员真诚、关怀的互动，积极投入团体活动之中，创造一种促进改变的团体气氛。

（2）努力保持一种理性开放式的治疗风格，它以适宜的、有促进作用的自我表露为特征。防止自我表露仅仅只是为了证明领导者的人性化和为了赢得团体成员的好感这种倾向。

（3）避免让团体成员承受过于个人化或过于详细的自我表露的心理负担。

（4）领导者要认识到自我表露可能会对团体历程和结果产生促进性或破坏性的作用。这取决于团体类型、团体发展阶段、自我表露的内容和方式等因素。

（5）协助团体成员利用有效的角色示范，尤其是以那些表现出目标行为的成员为榜样。强化在团体中出现的适当的和敢于承担风险的行为。努力创造一种成员之间互相学习的团体气氛。

（6）教导成员如何对他人提供回馈，尤其是正面的回馈。

（7）协助团体成员互相提供支持和了解。促成一种强调主动、诚实、相互交流的团体气氛，使成员获得更多的自我挑战的机会。

（8）在支持与批评之间达成一种治疗性的平衡。避免严厉的尖锐的面质。为成员示范一种慎重敏感的、关怀性的、尊重人性的、适时的面质方法。

（9）如果与另一个人协同领导团体，有必要在这种协同关系上成为坦率榜样，并表现出你教导成员的那些行为。通过团体活动前后的会晤和在团体活动之中的彼此的持续的沟通，与协同领导者保持一种良好的工作关系。

第五章　团体发展阶段

第一节　团体发展阶段的划分

团体运作是一个很复杂的过程。团体从形成到结束往往要历经几个不同的发展变化阶段，这些阶段是贯穿于团体的全过程。了解团体的发展阶段，对团体领导者与团体成员均具有重要的意义。

一、团体发展五阶段论

Garland、Jones 和 Kolodny（1965）认为，团体发展历程包括以下五个阶段。

（1）组合前期。接近与逃避是此阶段的显著特点。成员开始相互接触与认识的同时，心理上伴随着要保持一定的距离、带有自我保护的心理倾向。

（2）权力与控制期。成员开始角逐团体内的地位，开始权利的争取，有时会与团体领导者产生权力上的矛盾。有些成员会因不能取得权力而请求退出团体，或因不想受到团体规范的约束而有所变化。

（3）亲密期。团体成员经过相互的了解而彼此依赖，关系处于密切状态，并且有感情互转的倾向，而且要寻找团体的目标。

（4）分辨期。团体已经达到整合，成员之间可以自由发表各自的看法与感受，彼此的沟通很融洽，不再出现权力的争斗。

（5）分离期。团体活动的目的基本已经实现，当领导者提出结束团体时，往往遭到部分成员的拒绝。此阶段常见成员回味团体的历程，此时需要团体领导者应组织一次评估与总结，使成员做好团体结束的心理准备。

Mahler（1969）也将团体发展分为五个阶段：形成阶段，接纳阶段，过渡阶段，工作阶段，结束阶段。Warnetr 和 Smith（1980）认为，团体过程包括团体的初始期、冲突或对抗期、凝聚力产生期、成效获得期和终结期。美国著名的团体咨询专家 Gerald Corey（1990）将团体历程分为团体组建之前的准备阶段、团体初期的定向与探索阶段、团体的转换阶段、团体的巩固与终结阶段、团体结束后的追踪观察和评价阶段。

二、团体发展三阶段论

W. Schutz（1973）将团体发展划分为接纳、控制和影响三个阶段。Yalom（1985）区分了三个阶段：最初阶段的特征是犹豫和寻找意义；第二阶段的特征是冲突、控制和反抗；第三阶段的特征是士气、信任、自我表露和凝聚力的上升。Jacobs（1994）认为，所有的团体都会经历三个不同阶段：开始阶段、中间或工作阶段、结束阶段。

第二节 团体初期阶段

一、团体初期阶段的特征

团体的初期阶段是一个定向探索的时期：确定团体的结构，互相熟悉，探讨成员的期望。团体成员会习惯性地在刚开始的团体中保持一种所谓的"公众形象"，即成员表现出他们自认为是被社会所接受的各种行为和态度。团体初期阶段的主要特点包括以下方面：

（1）团体领导者检查团体气氛。

（2）团体成员了解团体规范，被期望内容，团体如何发挥功能，学习怎样参与一个团体。

（3）团体成员表现出亲社会行为，承担的风险相对较少，所做的探索是试验性的。

（4）如果团体成员愿意表达他们所思考和所感受的，团体凝聚力和信任感将逐渐确立。

（5）团体成员关心他们是否被接受或排斥，他们开始确定自己在团体中的位置。

（6）负面情绪首先出现，以此作为确定是否所有情绪都会被接受的一种检查方法。

（7）核心问题是信任对不信任。

（8）存在一段沉默和畏惧时期，团体成员会寻求指导，想了解这个团体究竟是做什么的。

（9）团体成员正在确定他们能信任谁，他们将在多大程度上进行自我表露，这个团体的安全感有多大，他们喜欢谁、不喜欢谁，以及要付出多大的投入。

（10）团体成员正在学习尊重、同理、接受、关心、反应等基本态度，这都有助于建立信任的态度。

二、领导者的主要任务

在团体初期阶段，领导者的主要任务包括以下方面：

（1）告诉成员积极参与团体的一般指导原则和方法，以增加成员获得团体收益的机会。

（2）建立团体的基本规则和规范。

（3）教导成员有关团体历程的基本原理。

（4）协助成员表达他们的恐惧和期望，努力促进信任感的发展。

（5）示范治疗性行为的各种有促进意义的部分。

（6）对团体成员坦诚相待，对他们从心理上予以及时反应、关照。

（7）澄清责任分工。

（8）协助成员建立具体的个人目标。

（9）开诚布公地解决团体成员的担忧和问题。

（10）提供一定的组织结构，它既不助长成员的依赖性，也不会造成他们不必要的停滞。

（11）帮助成员袒露他们对团体中所发生的事情的想法和感受。

（12）给团体成员教授一些基本的人际交往技巧。

（13）评价团体成员的的需要，并促成这些需要的满足。

（14）表达领导者对这个团体的预期和希望。

（15）向团体成员说明，他们对团体的发展方向和效果负有责任。

（16）保证所有团体成员积极参与团体的互动，避免有些成员感到被排斥。

三、团体成员的主要任务

团体初期阶段的核心工作是建立团体的认同感和信任感。

团体成员可能会自我询问的问题有以下方面：

（1）我要加入或退出这个团体吗？

（2）我要在多大程度上剖析我自己？

（3）我想冒多大程度的风险？

（4）冒这种风险的安全系数有多大？

（5）我能确实信任这些人吗？

（6）我适宜和属于这个团体吗？

（7）我喜欢谁？我不喜欢谁？

（8）我能被接纳吗？还是被拒绝？

（9）我仍能是我自己，同时又是该团体的一部分吗？

在初期阶段，团体成员需要完成的主要任务包括以下方面：

（1）团体成员要采取积极的态度和行为创造一种信任的团体气氛。

（2）团体成员要学习表达个人的情感和思想。

（3）团体成员要愿意表达与团体有关的恐惧、希望、担忧、保留意见、期望。

（4）团体成员要愿意使自己被团体的其他成员所了解。

（5）团体成员要积极参与团体规范的建立。

（6）团体成员要建立具体的、可行的个人目标。

（7）团体成员要了解团体历程的内容，特别是怎样参与团体的互动活动。

如果上述任务应对失败，团体成员将可能出现以下问题：

（1）团体成员可能被动等待团体的某些事情发生。

（2）团体成员可能坚持他们对团体的不信任感和恐惧情绪，持续坚持他们的心理抗拒。

（3）团体成员可能坚持他们的模糊认知和无知，使得有意义的互动很难进行。

（4）团体成员可能会倾向于主动为其他成员提供问题解决的建议。

四、不同类型团体聚会开始的方法与案例

领导者需要在团体聚会开始时安排一段时间，将成员的注意力聚焦于团体。常用的

方法有以下方面：

（1）邀请成员讨论上一次的聚会，提示上次曾被讨论过的重要问题，然后和成员谈这次聚会的计划。

（2）邀请成员谈谈上次聚会之后的生活，包括感受、想法、反应、所观察到的。

（3）邀请成员报告自己的进步状况。

（4）询问成员是否有问题，并用几分钟时间来回答成员的问题。

（5）领导者需要掌握不同性质与目标的团体聚会开始的不同方法。

教育团体聚会开始的案例

（1）今天，我们打算要谈谈……为使大家思考这个主题，我希望你们按照我的指示来做。这些指示是……

（2）我想先用几分钟时间谈谈……然后，我们谈一下你的反应、感受与想法。

（3）我们先观看一段20分钟录像资料，之后我们将讨论你们所提到的任何问题或建议。

（4）在开始今天的主题之前，有没有人对上次聚会所发资料的内容有任何疑问或反馈？

治疗团体聚会开始的案例

（1）我想我们开始吧！首先，有没有人有些事想提出来谈的？

（2）我们开始吧！上次聚会你们当中许多人谈到了一些对你们而言很重要的私人性问题，我想如果你们能谈谈从那次以后你们对这些事情的反应和想法，这对你们是很有帮助的。我们先用几分钟时间来谈谈这个话题，然后我们再移向其他的人和其他的话题。

（3）我想今天用不同的方式来开始这次聚会。我希望你们每一位想想有没有想谈的问题。然后紧接着我们用绕圈发言的方法谈，我只要你们简短的回答"有或没有"，来表示你有无问题想谈。这个方法可以很快地让我们知道有多少人心中有事。我希望你们大部分的人都有事情想谈，不过，你也可以很安心的回答"没有"。

（4）我们开始吧！我刚才和阿强在路上谈了一下，有些问题的确很困扰他。我希望我们能帮助阿强。阿真，你说你想要告诉团体当你看到你儿子时的状况，现在谈谈好吗？

任务团体聚会开始的案例

（1）让我们先来谈谈你们每个人任务完成的情况，谁想先开始？

（2）让我简要的概述一下我们工作情况，以及所需决定的下一件事是……

（3）在我们开始之前，你们当中谁有合适的事情想要分享？

成长团体聚会开始的案例

（1）我们开始吧！我想了解大家上周过得怎么样？阿强……

（2）对上次聚会有什么看法或是谁想报告自己的进步情况？

（3）今晚你们想谈些什么？你有任何想要谈的主题或问题吗？

（4）我们开始吧！首先，我们可以先想想，自上次聚会后，在你的生活中所发生的最重要的事情是什么？一分钟后，我们进行绕圈发言。谁想先开始？我们将听每一个人的想法。

第三节　团体转换阶段

一、团体转换阶段的特征

团体转换阶段是以成员的焦虑和各种抗拒形式为典型特征的。团体成员往往会表现出以下特征：

（1）想知道如果他们增强自我意识，将会怎样看待他们自己。

（2）想知道团体中其他人是接受还是拒绝自己。

（3）想知道投入团体中体验的感觉，以及跟其他成员或领导者之间产生的某种冲突的感觉。

（4）检验团体领导者和其他成员，以确定团体环境的安全性。

（5）讲述与其他成员或领导者之间产生矛盾冲突时自己如何处理。

（6）学习怎样解决矛盾冲突。

（7）讲述不能确认团体是否关心自己的想法。

（8）观察团体领导者，并评价领导者是否值得信任。

（9）从领导者那里学习如何解决矛盾冲突。

（10）学习如何表达自己，以使他人能够倾听自己的发言。

二、团体成员的任务

在这个阶段，团体成员的任务是认识和处理各种形式的心理问题，具体包括以下方面：

（1）认识、表达各种负性的情绪、情感。

（2）尊重一个人的抗拒情绪，但有信心解决它。

（3）从依赖向独立发展。

（4）学习怎样建设性地向别人提出问题。

（5）因过去尚未解决的情感问题而针对团体领导者产生某些反应时，去认识它们。

（6）乐于面对和解决团体中现时发生的事件。

（7）乐于去解决矛盾冲突，而不是回避它们。

成员可能出现的问题：

（1）团体成员可能被划分为某种问题类型，或者自己贴上标签来束缚自己。

（2）团体成员可能拒绝表达持续性的负面情绪，而导致一种不信任团体气氛的产生。

（3）如果不能很好地运用面质方法，团体成员可能会退到一种防卫姿态，此时问题被隐藏。

（4）团体成员可能相互组织在一起，形成亚团体，在团体之外表达各种负面情绪，而在团体中却经常性地保持沉默。

三、领导者的任务

在团体转换阶段，领导者需要以一种谨慎敏感的方式，选择恰当时机来采取有效的介入措施，既要给成员提供必要的支持，又要予以适度的挑战。如果能成功地经历和解决这些团体内冲突，就能获得使团体工作向前推进的真正的凝聚力。领导者的任务包括以下方面：

（1）告诉团体成员认识和表达他们的焦虑情绪的重要性。

（2）协助团体成员认识到他们进行自我心理防卫反应的方式，创造一种使他们能在团体中公开处理抗拒的气氛。

（3）注意抗拒的迹象，告诉团体成员有些抗拒是自然的和有益的。

（4）指出那些明显的旨在争取控制的行为，告诉成员如何接受他们对团体的发展方向所要承担的责任。

（5）坦率、真诚地处理任何针对身为一个普通人的你和专业领导者的挑战，为团体成员提供一个榜样。

（6）帮助团体成员处理任何可能影响他们获得自主能力的各种问题和现象。

四、焦虑与矛盾冲突的控制

团体转换阶段的焦点问题是成员的焦虑和心理防御行为的不断增加。这些负面情绪与行为将会被随后而来的各个阶段的真诚袒露和信任于的建立所替代。通常，成员通过对自己或团体陈述或询问的形式，来表达他们的焦虑与抗拒。领导者要善于识别出成员的这些焦虑反应：

（1）我想知道这些人是否真正了解我，他们是否关心我。

（2）我在这里公开袒露我自己到底会有什么好处？即使它真的有益，那么，当我在团体之外尝试做同样的事情也同样奏效吗？

（3）我看到我自己站在门前，可是由于我害怕在那背后可能看到的东西而不愿打开门。因为，一旦我把这门打开一条缝，我不能确信我是否还能再将它关上。我不知道我是否喜欢我所看到的，也不知道如果我向你们讲述我心里的话，你们将会有怎样的反应。

（4）在这里我能在多大程度上接近这里的其他人？

（5）我能在多大程度上对这些人公开我的情感和心理世界？

一般来说，成员的焦虑产生于害怕让别人在超出一般公众认识的程度上认识自己，或害怕遭遇他人的批评和误解，或产生于需要更多的组织结构，或源于缺乏对团体情景中的目标、规范行为的明确认识。随着与团体成员熟悉和相互信任，成员就能够逐渐地公开表露自己。

Yaolm（1985）指出，矛盾冲突在团体的转换阶段扮演着中心角色，成员可能对他人采取相当批评性的态度，却不愿意去知道别人对自己的看法，转换阶段是一个团体成员之间和成员与领导者之间，建立一种社会等级秩序的时期。

W. Schutz（1973）认为，控制是团体转换阶段非常突出的核心问题，这种控制在团体中经常表现为竞争、敌对、运用各种手段谋求利益、争取领导地位、频繁地讨论决策和责任分派的程序。

团体内一些矛盾与冲突是源于成员对领导者的挑战性、攻击性的评论。例如：①你是一个批判性的、冷漠的、严厉的人；②无论我们做什么，我都有一种感受，觉得它不足以打动你，你对我们的期望太多太高了；③你并不真正关心我们个人，我觉得你不过是在完成你的一次工作而已，而我们并算不了什么；④你不给我们充分的自由，你控制着这个团体；⑤你催得人太紧了，我觉得你不愿意听人说"不"。

团体应如何面对与解决这些矛盾冲突呢？

（1）领导者与团体成员要充分认识到这些矛盾冲突存在的客观性和不可避免性。如果团体中的矛盾和冲突被人为性忽略的话，那么，最初产生这些矛盾冲突的因素就会进一步地恶化，并破坏真诚接触交流的机会。

（2）领导者要能够识别引发负面情感的团体行为，并主动承担主要责任。这些常见负面情绪的团体行为有：①成员保持冷漠，隐藏在一种观察者的面具背后；②成员过多的言语行为，以询问、建议的形式，或是以干扰他人跳开原来的主题，主动地干预团体的历程；③试图支配整个团体，运用讽刺挖苦、贬低他人所付出的努力，要求他人注意自己。

（3）要采取合适的方法解决这些矛盾与冲突。Rogers（1970）指出，对于此时此地的矛盾和冲突，往往与对其他团体成员或对团体领导者的负面态度有关。根据 Rogers 的看法，表达负面情感是检查团体自由度和信任度的一种有效方法，团体成员会通过"当他们并不友善和蔼时，在多大程度上被接受"这样的测试，来考察这个团体是否是一个能表达不同意见、产生并表露负面情感以及体验人际冲突的安全场所。

第四节　团体工作阶段

一、团体工作阶段的特征

工作阶段是指团体成员认识到要对自己的生活承担起必要责任的时期，其典型特点是团体探讨重大问题和采取有效行动，以促成成员理想行为的改变。此阶段的具体特征包括以下方面：
(1) 团体的信任感、凝聚力层次很高。
(2) 团体内沟通流畅自由，能够对正在体验的内容做出准确表达。
(3) 团体领导者的功能往往由团体成员分担，成员自由、坦率地彼此交流。
(4) 团体成员愿意冒险暴露令人畏惧的内容，使自己被他人了解，将自己想要讨论和更想了解的个人问题带到团体之中。
(5) 团体成员之间认识彼此的矛盾冲突，并得到直接和有效的解决。
(6) 回馈可以自由地给予和接受，成员的心理防卫明显减弱或消失。
(7) 发起面质的成员避免给他人贴上批判性质的标签。
(8) 成员乐于在其日常生活中尝试行为的改变。
(9) 团体成员感受到他人对自己尝试性改变的支持，愿意冒险尝试新的行为模式。
(10) 团体成员感到充满希望，愿意采取行动来改变自己，不感到自己处于无助状态。

二、团体成员的任务

工作阶段的核心特征是探索具有个人重要意义的内容。团体成员需要完成的任务包括以下方面：
(1) 成员要愿意将自己的问题拿到团体之中来讨论。
(2) 能为其他成员提供回馈，且能够开放性地接受来自他人的回馈。
(3) 承担一些领导功能，表达他们怎样受到他人存在的影响，以及团体工作的影响。
(4) 日常生活中实践新的技能和行为，在团体聚会中报告自己实践的结果。
(5) 为其他团体成员提供挑战和支持，鼓励自我探索。
(6) 不断评价他们对团体的满意度，积极地采取方法来改变对团体的参与程度。

在工作阶段团体成员可能会出现的主要问题有：
(1) 团体成员可能陶醉于已经熟悉的舒适状态，回避互相挑战。
(2) 团体成员可能在团体活动中获得领悟，但看不到在团体之外采取行动促成改变的必要性。
(3) 团体成员可能因对其他团体成员具有强烈情绪，而感到焦虑，并做出退缩行为。

三、领导者的任务

(1) 领导者对所希望的、促进凝聚力的和有效工作的团体行为提供系统支持。
(2) 领导者在团体成员的工作中寻找一些具有普遍性的共同主题。
(3) 领导者继续为成员示范适宜性行为，特别是开心式的面质，表露对团体此时此地的感受。
(4) 领导者给愿意冒险的成员提供支持，协助成员将团体中所学的行为带到日常生活之中。

（5）领导者在恰当的时机解释行为模式的意义，实现团体成员能够达到更深层次的自我探索，考虑替代性行为。

（6）领导者认识到那些具有产生改变作用的治疗性因素，以协助成员完成所希望的情感、思想和行为上变化的方式，实施处理或介入措施。

（7）领导者注重将领悟转化为行动的重要性，鼓励成员实践新的技术。

（8）领导者鼓励团体成员牢记从团体中获得的知识。

四、团体凝聚力

团体工作阶段的一个关键性因素就是团体凝聚力的形成。所谓团体凝聚力（group cohesiveness），是指团体成员与领导者共同努力采取行动而形成团体整体感的结果，是团体目标活动的心理结合力，包括团体的吸引力、满意度、归属感、包容度和团结等指标，是团体成功的必要条件，为团体提供向前发展的动力。

D. Krech 曾经描述了高凝聚力团体所具有的主要特征：

（1）团体的团结力量的形成主要来源于团体内部，而非起因于团体外部的压力。

（2）团体成员没有分裂为互相敌对的小群体的倾向。

（3）团体本身具有适应外部变化的能力，以及具有处理内部冲突的能力。

（4）团体成员之间有一种强烈的认同感，成员对团体有一种强烈的归属感。

（5）每个团体成员都能明确团体的目标。

（6）团体成员对团体目标以及领导者有肯定的、支持的态度。

（7）团体成员承认团体的存在价值，并具有维护这个团体继续存在的意向。

Bednar 和 Kaul（1978）认为，团体凝聚力是团体中的一个基本的治疗因素。Yaolm（1985）的研究表明：凝聚力是一个团体建设性成果的重要决定要素，注重现时问题的团体几乎总是很有活力和凝聚力的，而那些成员只是谈论与现时无关问题的团体，很少会发展出很大的凝聚力。

需要说明的是，领导者也必须认识到有时团体凝聚力也会成为阻碍团体发展的力量，当凝聚力并没有伴随一种由团体成员和领导者共同促成的向前发展动力，团体很可能陶醉于所获得的舒适与安全之中，此时团体就会开始停滞不前。另外一种情况是，随着团体到达一定的凝聚程度，成员的评价往往集中于他们在那些情感上是如何的相类似。这些反应包括：①在我的痛苦和问题方面，我并不孤独；②我要比我想象中的自己更可爱；③我曾经觉得我已经太老了，不会再有什么变化，我不得不满足于生活中已经拥有的一切，现在我觉得我的感受和在这里的年轻人的感受没有任何区别；④我对未来充满希望，尽管我知道我要走过漫长的道路，而且那道路是很坎坷的；⑤这里有许多人令我感到很亲近，而且我明白我们是经由让他人了解自己而赢得这种亲密的；⑥亲密感是令人害怕的，但它也是有好处的；⑦一旦人们脱去他们的面具，他们会很美丽的；⑧我了解到，我所感到的孤独是这个团体中大多数人所共有的。

五、工作团体的效能

一个富有成效的工作团体通常会具备如下效能：

（1）着眼于此时此地的问题解决。成员学会了直率地讨论他们在团体活动中所感到和所做的事，愿意进行有意义的彼此交流和分享。他们互相交谈，而不是谈论对方。他们更注重于团体中所发生的事情，而不是团体以外的人的经验。

（2）团体成员更加充分地准备好确定自己的目标和关心的问题，并愿意自我承担责任。

（3）团体成员愿意在团体之外工作和实践，以实现行为的改变。他们能够认真完成家庭作业，愿意将自己在实践新的思想、行为和感受方式中所遇到的任何困难带到团体聚会中来讨论。他们愿意努力在日常生活情景中整合情绪、行为和思想，能够更好地监控自己是否仍以原有的方式进行思考和行动。

（4）大多数成员感到自己被团体所包容。那些不太活跃的成员知道他们是被欢迎的，而他们缺乏参与的行为表现并不会阻碍其他成员从事有意义的工作。那些一时难以体验联结或归属感的成员，可自由地将这个问题带到团体聚会中，成为有效工作的一个焦点。

（5）团体似乎成为一个交响乐团，成员彼此互相倾听和共同从事有成效的工作。虽然成员可能有时仍会寻求领导者的指导，但他们也往往会主动引导自己想要发展的方向。

（6）团体成员不断评价他们对团体的满意度，如果他们看到团体活动需要改变的话，就会采取积极的步骤做出调整。在一个有成效的团体中，成员能够认识到在所获得的成果中也有他们所付出的一份力量。如果他们没有得到想要的，通常也会觉得至少为别人做出了贡献。

六、团体主题的引导

团体工作阶段的关键是要提出和有效处理一些重要的团体主题。当重要的主题被引入团体时，领导者如果不清楚怎样将它发展成为对团体成员具有重要意义的主题，或没有思考过与主题有关的各种重要议题，或催化团体讨论与分享的活动，将会很难获得团体的效能。

有鉴于此，我们提供三个具有普遍性且具重要意义的主题提纲案例。

有关性的主题提纲案例

（一）重要议题

1. 如何学习性知识的？
2. 性生活的态度。
3. 罪恶感。
4. 早期性经验。
5. 有关性方面的困惑与压抑。
6. 性偏好的方式和次数。
7. 没有爱的性行为。

8. 性与宗教信仰。
9. 有关性的童年信息。
10. 与配偶的沟通。
11. 性高潮。
12. 手淫。
13. 性幻想。
14. 婚外性关系。
15. 同性恋。

（二）引入主题的活动

1. 绕圈发言：如果 10 表示非常舒服，1 表示非常不舒服，在团体中讨论性问题，你感受到的舒适程度是几？
2. 绕圈发言：在爱的关系中，你会将性看得多重要（1—10 评分）
3. 两两配对：有哪些关于性的议题可以在团体中讨论？
4. 绕圈发言：完成下面语句
（1）我认为性是＿＿＿＿＿＿＿＿＿＿＿＿＿＿。
（2）在团体中讨论性是＿＿＿＿＿＿＿＿＿＿＿＿。
（3）我目前对与性的感受大多来自＿＿＿＿＿＿＿＿＿＿。
5. 绕圈发言：用一个字或一句话描述你目前的性生活。

（三）深化主题的活动

1. 反应性语句：请成员对下列陈述做出反应，反应方式可以是书写活动、绕圈发言活动、强迫选择"同意"或"不同意"。
（1）手淫是一种不好的行为。
（2）确定伴侣有满意的性感是我的责任。
（3）只要对方没有达到性高潮，我就是一个失败者。
（4）婚前，每个人都应该有性经验。为了达到美好的性关系，你必须爱对方。
（5）即使我不喜欢，我也必须接受性活动。
2. 绕圈发言：我希望每个星期有＿＿＿＿＿＿＿＿＿＿次性行为。
3. 三人配对：你最关心或最害怕的性问题是什么？
4. 绕圈发言：对于性，你有没有过任何被遗弃的感觉或罪恶感？
5. 绕圈发言：请用一个词或句子描述你与伴侣进行性生活的满意度。
6. 纸笔书写：列出你对性关系的期望。
7. 绕圈发言：如果我的伴侣背叛了我，我将会＿＿＿＿＿＿＿＿＿＿＿＿＿＿。
8. 纸笔书写：请成员以不记名方式在指定卡片上写下希望在团体中谈论的性主题。
9. 大团体讨论与分享。

有关自尊的主题提纲案例

（一）重要议题

1. 自尊的内涵。
2. 自尊的来源。
3. 如何评价自尊。
4. 一个人可能改变自己的自尊吗？
5. 父母角色。
6. 兄弟姐妹或朋友的角色。
7. 配偶或恋人的角色。
8. 成绩、聪慧与自尊。
9. 外表或外貌与自尊。
10. 体育活动与自尊。
11. 工作与自尊。
12. TA 分析，我好—你好；不好的儿童自我状态。
13. RET 治疗，自我对话与自尊。
14. 什么是赢家，什么是输家。
15. 罪恶、羞耻与自尊。

（二）引入主题的活动

1. 绕圈发言：如果 10 代表非常喜欢自己，1 代表非常不喜欢自己，你会给自己打几分？
2. 绕圈发言：曾经有过哪些事件对你的自尊造成了影响？
3. 纸笔书写：这是一张 1～10 的评定量表，10 表示非常满意，1 代表非常不满意。现在请针对你的外表、智慧、人格特点来评分。
4. 纸笔书写：请用简短的语言文字来定义"自尊"。你认为自尊可以改变吗？如果可以的话，有哪些方法？如果不可以的话，原因是什么？
5. 两两配对：讨论你对自我的感受，并说明这种感受的原因是什么？
6. 语句完成活动：当_____，我的自尊心会起伏。

（三）深化主题的活动

1. 绕圈发言：为了增强对自己的好感，你们觉得自己需要做些什么事情？
2. 绕圈发言：你经常告诉自己有什么消极的话语，导致自我不如他人。
3. 配对活动：讨论在你成长过程中，是否重视他人怎么描述自己的。
4. 创造性道具：我要你们每个人都拿着这个塑料泡沫杯子，然后想象这个杯子代表你的自尊或自我价值。现在我要你们拿一支圆珠笔在这个杯子上打洞。这些洞就代表你自尊上的缺陷。多数人在自尊上的缺陷是来自童年、父母、学校以及其他的关系或事件的影响。现在你要花 2 分钟时间认真回顾一下，之后开始在杯子上打洞。
5. 身体移动活动：现在请你们都站起来并面向我排成一排。在我面前画一条想象的线，这条线代表你对自己感到很满意。而你们现在站的位置则表示你觉得自己"很不好"。现在请根据你们对自己的感觉移动自己的位置。好，我数到三这个数时，大家就开始行动。

有关认同感的主题提纲案例

（一）重要议题

1. 认同感的来源：父母、领导、孩子、朋友、配偶、恋人、老师。
2. 认同感需要来自哪里？
3. 人们如何寻求认同感？
4. 你的认同感需要的程度。
5. 人们需求认同感的途径。
6. 自我信赖
7. 信赖、独立
8. 需要认同感与渴望认同感之间的差异。
9. 如何降低认同感需要的行为

（二）引入主题的活动

1. 绕圈发言：他人对你的认同有多重要。请在1—10之间评分。
2. 配对活动：请讨论你在家中的早期经验，是否曾有被赞赏的感觉？这种经验如何影响着你的现状？
3. 绕圈发言或两两配对：你需要哪些人的认同？使用什么方法寻求这种认同？
4. 纸笔书写：请列出最渴求认同自己的对象，并依据重要程度排定顺序。
5. 配对活动：讨论这些对象对你的意义。
6. 语句完成活动：
（1）如果父母不认同我，我将_____。
（2）如果我的领导不认同我，我将_____。
（3）如果我的配偶不认同我，我将_____。
（4）如果我的同事不认同我，我将_____。
（5）如果我的孩子不认同我，我将_____。
（6）我肯定自我的语言有_____。
（7）如果我感受到他人的不认同，我会_____。

（三）深化主题的活动

1. 绕圈发言：认同需要对你而言是一种渴望、必需品或是一种负担（强迫选择一种）
2. 纸笔书写：列出寻求认同的行为可能产生的收益与损失。
3. 两两配对：讨论获得他人认同的方法，并区分出有效方法和无效方法。
4. 绕圈发言：以"非常同意""无所谓""非常不同意"回答陈述：他人对我的认同比自我认同更重要。

第五节　团体的巩固与结束阶段

一、团体巩固与结束阶段的特征

（1）对于团体分离的事实，成员可能会产生一些焦虑和伤感。

（2）预见到团体即将结束，成员往往会出现行为的退缩，不再以高昂的热情参与团体。

（3）团体成员正在决定他们可能采取什么样的行为方案。

（4）团体成员既有某种程度上的分离恐惧，也担心能否在日常生活中运用他们在团体中所体验到的、所学习到的感受和行为模式。

（5）团体成员可能互相表达恐惧、希望和担忧，互相述说他们是怎样体验的。

（6）团体活动可用于训练团体成员学习对待在日常生活中具有重要意义的人。与其他成员产生更为有效互动的角色扮演和行为预演方法，这是团体巩固阶段中经常用到的。

（7）团体成员可以评价团体经验。

（8）团体巩固阶段可引导团体成员追踪观察聚会或某些行为计划，鼓励成员去执行他们的计划。

二、团体成员的任务

（1）成员要处理好自己对分离和结束团体的情绪。

（2）成员要准备将自己在团体中所学扩展到日常生活中去。

（3）成员要给他人一个比以前更好的形象。

（4）评价团体的影响作用。

（5）成员要针对自己想要做出的改变和如何实现这些变化，做出选择和计划。

（6）成员要完成任何尚未解决的问题，无论是自己带到团体中来的问题，还是与团体其他成员之间的问题。

团体成员可能会出现如下问题：

（1）团体成员不愿意回顾自己的某些经历，就不要将它们纳入某一认知架构之中。

（2）由于分离性焦虑，团体成员可能会避免互相接近。

（3）团体成员可能只从团体结束本身的意义上考虑，而不是将它作为继续发展方面考虑。

三、团体领导者的任务

团体领导者在团体巩固阶段的任务是使团体成员能够认识他们在团体中学到的知识及其意义，协助成员从团体中学习到的东西带到日常生活之中。领导者要完成任务包括：

（1）协助成员处理他们可能在团体结束时所产生的任何情绪。
（2）提供机会让团体成员表达和处理在团体中任何尚未解决的问题。
（3）协助成员确定他们如何将特殊的技能运用于日常生活中去。
（4）和团体成员共同努力建立起特定的契约和家庭作业。
（5）让成员有机会互相提供有建设性意义的回馈意见。
（6）协助成员建立一个概念架构，理解、整合、巩固、记忆其在团体中所学到的内容。
（7）再次强调成员在团体结束之后保守团体秘密的重要性。
（8）强化团体成员已经做出的改变，保证成员了解能够使他们做出进一步变化的可使用的资源。

第六节　团体的追踪与评价阶段

一、团体成员的任务

在团体结束之后，成员的主要作用是将他们在团体中所学习的内容应用到日常生活中去。其主要任务有：
（1）寻找能自我强化的方法，以便继续发展。
（2）持续记录自己遇到的一些问题。
（3）参加个别会谈，以讨论如何更好地实现自己的目标，或者参加追踪观察活动，向团体成员说明自己将团体经验应用于日常生活中的情况。

团体成员可能出现的问题包括：
（1）如果团体成员难以将团体中所学运用于日常生活，他们可能会变得沮丧，也可能会贬低团体的价值。
（2）团体成员在没有团体支持的情况下维持新的行为模式会出现一些困难。
（3）团体成员可能会忘记，改变需要时间和实践，因此，成员可能不去运用他们在团体中所学的东西。

二、团体领导者的任务

（1）为成员提供个别咨询。
（2）进行追踪观察团体活动或个别会谈，以评价团体对成员的后续影响和作用。
（3）为那些想要或需要进一步咨询的团体成员寻找具体资源。
（4）鼓励成员寻找继续学习的途径，以便团体结束后成员能不断进步。
（5）研究有组织的评价团体效果的方法。
（6）协助团体成员建立相互联络的管道，以使成员能够在团体之外也能互相帮助。
（7）如果可行的话，与协同领导者进行会晤，以评价该团体的整体效果。

第六章 领导团体的技术

第一节 积极倾听

一、积极倾听的含义与类型

（一）积极倾听的含义

积极倾听（active listening），是指领导者要听团体成员说话的内容、声音和肢体语言的信息，更要让谈话者感觉到自己说的话正在被领导者所关注。对于领导者而言，积极倾听既是一种友好的态度，也是一种清楚觉察人际信息的能力。有经验的领导者不但要倾听团体发言者表达的内容，而且也必须尽力听到所有团体成员的心声，即使对于沉默的成员，领导者仍希望尽可能觉察他们的想法和情绪体验。领导者往往使用扫视团体的非语言姿势，尤其是去觉察成员的面部表情和身体移动的状况。

（二）积极倾听的类型

积极倾听包括两种类型：一是支持性倾听。以正强化理论为基础，重在鼓励对方表达。它由开放式问题、"嗯哼"回应、内容反映三种反应组成。二是记忆性倾听。这是一种保存和评估信息的聆听。

二、工具：支持性倾听测试

请从下面每个题目给出的三个答案中，选择出您认为最符合您的实际看法的一个，尽管有时您会觉得所有答案都有一定的道理。

1. 一个人要算得上很好的听众，他或她必须：
（1）在对方说话时什么也不想。
（2）听到对方所说的一切。
（3）聆听他自己和对方的假设、观点、感受，并为此寻求信息。
2. 当我们聆听时，要想对对方有一个清晰的印象：
（1）我们必须"听得到"某些从未言明的事。
（2）我们必须注意对方所说的每一件事情。
（3）我们必须清除头脑中可能有的任何先入为主的看法或偏见。
3. 人际沟通最大的障碍就是：
（1）个人缺少理解聆听他人的能力。
（2）个人缺少有逻辑的、明白易懂的表达的能力。

（3）任何言论都可能富有多重含义。

4. 每个需要和他人一起处理重大问题的人都有必要懂得如何聆听并理解他人，这是因为：
（1）在一次关键的谈话中，对他人的错误看法会导致误会和矛盾的产生。
（2）这样可以减少争执。
（3）人们往往试图掩饰自己的真实情感。

5. 你要判断自己与他人是否达成了沟通，可以通过：
（1）问对方问题。
（2）观察对方的面部表情。
（3）了解对方是否对你所谈论的话题感兴趣。

6. 当我们和别人谈话时，我们可以假定的是：
（1）对方在听我们所说的话。
（2）对我们来说重要的事情不一定对他也重要。
（3）他了解我们没有说出来的感受并且跟我们有同感。

7. 有三个因素影响到我们日常的相互倾听，其中哪一个最重要：
（1）假设。
（2）观点。
（3）情感。

正确答案：1.（1） 2.（1） 3.（1） 4.（2） 5.（1） 6.（2） 7.（3）

三、练习：提升倾听技能

目标：提高您积极倾听、反应、总结、检查和鼓励的技能。

程序：3人一组来练习，15分钟后互换角色重复进行。

甲：谈论自己亲身经历过的一个实际问题。

乙：倾听甲的叙述，并提出有关建议。

丙：观察甲乙的对话，为乙提供指导和为双方提供反馈信息。

注意事项：

甲：谈论一个实际问题，即使不重要也无妨；不要期待问题的解决方法。

乙：倾听关键性的句子；使用短句插话或保持沉默；使用甲说过的术语；不提出劝告，既不表示同意，也不表示反对；倾听甲说话需要动情的语言。

丙：说明哪些是切实可行的；陈述的哪些要点和行为举止需要纠正。例如：
（1）乙使用了长句，应尽量使用短句。
（2）甲表达不太明确，乙应该深入追问。
（3）乙应总结听到的内容，以便继续倾听下去。

第二节 反　映

一、反映的含义与类型

反映（reflection），是指领导者以重复方式来传递对团体成员说话内容和情绪体验的了解。反映可分为内容反映和情感反映类型。内容反映要求领导者将与成员谈话的主要言谈、思想加以整理后，再反馈给当事人，以使其有机会再次剖析自己的困扰，重新组合那些零散的事件和关系，深化谈话的内容。情感反映则要求领导者将谈话成员的语言和非语言行为中所包含的情绪、情感内容整理后反馈给当事人，以协助其觉察和接纳自己的此时此刻的感受。反映有助于良好咨询关系的建立和发展。

二、反映的功能

反映具有如下功能：一是协助说话的成员对自己所表达的想法和感受有更深入的觉察；二是让说话者感觉到领导者愿意了解的态度和能够了解他的感受。

三、示例：恋爱困惑团体

阿强：我和女朋友已经相爱多半年了，可我父母就是不同意，反对我大学谈恋爱。我很苦恼，真不知道该怎么办才好？

领导者1：你认为你和女朋友彼此相爱，可父母认为大学谈恋爱不好，反对你们，是这样吗？

领导者2：你父母不同意你在大学期间谈恋爱，你很痛苦，也很茫然，是这样吗？

四、示例：求职遇挫团体

阿雄：找工作对我而言很困难！我讨厌走进一个会让自己感觉像在乞求别人施舍的地方。

阿霞：对！我也这么觉得！有时我宁可呆在家里，我一想到要面对那些傲慢的接待人员，我就害怕。

领导者：你们两位似乎谈到找工作最辛苦的事情，就是必须面对那种在人之下的卑微的感觉。

第三节 澄　清

一、澄清的含义

澄清（clarification），是指领导者协助成员清楚觉察自己的叙述。领导者可以借助发问、复述和运用其他成员来实现澄清的目的。

二、澄清的功能

领导者运用澄清技术的意义和功能在于：
（1）协助成员搞清楚自我表达的目标所在。
（2）使团体成员积极参与团体讨论，对团体产生兴趣和活力。
（3）有利于确定团体内成员的有效沟通。
（4）有效避免团体成员产生挫折感。

三、示例：初中生认知偏差团体

阿华：我想要一只宠物狗，但我妈妈就是不同意！我知道那是为我好，她说我不会好好照顾它，就像我以前照顾那只可爱的小猫一样！可是那时候我只有七岁呀，现在我已经十三岁了。如果我现在拥有一只宠物狗的话，我肯定在学校的表现会更优秀。我真的希望妈妈对我不要这么的吝啬。

领导者：有没有人能了解阿华要求妈妈给她宠物狗这件事的感觉？

阿真：我可以！阿华有时会感到孤单，她觉得有个宠物狗做朋友能帮助她；若有一只可爱的小狗，她就有谈话和游玩的好伙伴，能使她在学校的表现更好些。她认为妈妈吝啬，但是我认为她其实知道妈妈不是吝啬，她妈妈只是不想照顾这条狗，她妈妈可能觉得照顾小孩就已经足够了。

领导者：阿真，听起来好像是这样的！阿华，你觉得如何？

四、示例：异性交往团体

阿娟：我不知道要不要与他继续交往，我觉得他有点怪怪的，与他交往心里觉得有些不舒服。

阿燕：听起来，他愿意和阿娟交往，我也觉得怪怪的。

领导者：阿燕，我感觉到你很关心阿娟，那么，阿娟，你说他怪怪的，你愿意指出是那些方面吗？个性、价值观、交往动机还是其他……

第四节 面 质

一、面质的含义

面质（confrontation），又称对峙、质询、正视现实，它是指领导者指出成员存在的各种态度、思想、行为之间的矛盾。面质的意义不是要告诉成员他做错了什么事情，也不是领导者向成员表达自己不同的观点的机会，而是向成员直接指出其存在的混乱不清、自相矛盾的观点、态度或言行。

二、面质的类型

S. Murgatroyd 将面质分为三种类型：①成员的现实自我与理想自我的差异；②成员的思维、情感与实际行动之间的差异；③成员自己的体验与领导者对其体验印象的差异。

Egan（1977）认为，面质就是检核自己的人际关系，鞭策自己从更深的层次和更有力的觉察来自我审视，以促进人们采取行动来改变生活，如果缺乏这种挑战，将会导致自满和不愿意与他人进行充分的交往。领导者在带领团体的过程中，要给予成员一种建设性的面质，以协助成员培养起自我面质的能力。领导者在使用面质技术之前，最好花些时间帮助团体成员澄清他们对面质的错误概念、学习面质的内容，以及以一种建设性的方式进行面质。教导有建设性的关怀式面质的有效方法就是领导者还可在团体互动中做出示范性的面质，以便使成员掌握面质技术。

三、面质的原则

面质必须遵循一些重要原则：

（1）以正确理解的态度进行面质。
（2）采取尝试性的态度而不是教条主义的方式，要有意识地避免辩解。
（3）经由描述特定的行为而做到具体化，避免对成员进行批判和分类。
（4）只针对那些你所关心并愿意与其达成更深层次亲密关系的人面质。
（5）只有当你已经获得了这样做的资格时才可以做面质。
（6）面质以对成员的尊重态度为前提，要保护被面质者的尊严，目的在于鞭策成员去考察自身尚未认识与探索的各种心理层面。
（7）只有当你想要接近一个成员，并且只有当你愿意在面质之后仍与这个人共处时，才对他面质。
（8）学习鉴别哪些可能会是一种审判式的攻击，哪些是关心式的鞭策。
（9）当你对一个人面质时，最好着眼于他的那些影响团体中其他人的特殊行为，并准确地说明这种影响是什么。
（10）对你的行为承担责任，而不是使其他人对你的反应负责任。

四、面质的六种情况

美国资深心理咨询家 S. Commrier 和 B. Commier 认为，在团体焦点成员出现六种信息混乱或矛盾时，领导者应给予面质：一是言语和非言语行为；二是言语信息和行为；三是两个言语信息；四是两个非言语信息；五是领导者与一个成员或两个成员之间；六是言语信息和情景。

五、示例：信息混乱或矛盾的面质

领导者：你说你感到很舒服，可是你同时又在不安地摆动手臂。
领导者：你说你要打电话给他，可到目前为止，你并没有这样做。

领导者：开始你说你感到他的行为没有什么，现在你又觉得难过，因为你们的关系对他来说不像对你认为那么重要。

领导者：在你谈到这些事的时候，你能直视我，同时又与我保持距离。

领导者：我认为使用药物治疗对你来说是很有帮助的，这对我们来说很重要。但是你好像不愿意接受药物，那么我们应该怎样做呢？

领导者：在辅导过程中，你们曾经分居两次。现在你们说想通过孩子来改善你们的关系。许多夫妻说孩子只会增加压力而不会减轻压力。你们怎样处理这两种关系呢？

六、示例：面质沉默的成员

领导者1：你总是想从团体中索取，却从未付出你自己的任何东西。（批评消极性面质）

领导者2：我观察到你很少在团体中发言，我很想听听你发言。我想知道是否你的沉默对你来说很合适，或者是否你很愿意再说点什么。你是否觉得有什么东西妨碍着你表达自己的感受和想法。（建设性面质）

七、示例：面质漫谈者

领导者1：当你东拉西扯一些题外话时，你的这种行为的确让我很生气。（推卸责任的面质）

领导者2：当你的谈话偏离我们的主题时，我变得不够耐心，而且有点生气。（承担责任的积极面质）

领导者3：我意识到当你发言时，我不太舒服，我发现我自己有些厌倦。（建设性面质）

第五节 摘 论

一、摘论的含义

摘论（summarizing），是指领导者将团体成员的口语叙述、情绪感受和行为进行分析综合，以提纲挈领的形式表述给成员。摘论可以看作一个谈话主题或一次团体活动的总结。

布拉默认为领导者使用摘论技术时需要注意四个问题：一是领导者要留心成员谈话时所涉及的各种主题和情绪性的流露；二是将关键性的观念、情感的基本意思加以综合，用概括的语句表达出来；三是防止增添新的东西；四是确定是否需要做出摘论，或请团体成员来做摘论，明确做摘论的动机和欲实现的意图。

二、摘论的功能

（1）给成员一种运动感，感到在探索思想、情感以及问题原因方面正取得进展。

（2）给成员或领导者对前一段会谈内容有一个重新审视的机会，成员通过这次自我审视也许能更好地认识自己，或得到补充的资料，或得到反馈以确定领导者是否准确理解自己。

（3）摘论往往构成团体会谈的一次单元式结束，给予成员和领导者一个喘息的机会。

（4）聚焦团体讨论的焦点，使主题更加突出，防止团体讨论的观点过于宽泛和重复。

摘论可以用于团体活动的开始，尤其是当上次团体活动尚有未完成的任务，或部分成员有强烈的兴趣持续这个主题时，也可以用在某次团体活动结束阶段。

三、示例：阶段式摘论

领导者：到目前为止，我们谈到一些有关我们想要在生活中所做的改变：阿雄和阿文都谈到工作的改变；阿蓝说想在某些方面改进与丈夫的关系；另外，有些伙伴说他们想回学校，阿丽，我想那是你；其他的一些人则希望能更快乐。现在我希望你们每一个人都花5分钟时间仔细想一想自己所盼望的改变是什么？为了达自己的目的，你现在必须放弃些什么？

四、示例：信息核实式摘论

领导者：让我们看看我是否理解了你前面谈的一些意思。你对你的女朋友到底是否爱你没有把握；你非常关心自己在别人心目中的形象；另外，你认为你现在这种糟糕的心情正在损害你的学业。我的理解对吗？

五、示例：团体活动临近结束时的摘论

领导者：今天团体活动的目标是爱，总共进行了三个活动：优点列车、情绪气象台和把爱找回来。刚才大家分享了本次团体活动的感受，小李等三人分享了团体内的收获，其他的人也都清楚地呈现了自己的感想。对此我也有很深的体会。

第六节 解　释

一、解释的含义

解释（interpreting），是指领导者对自己、成员或团体提出补充性的说明，或者针对成员的看法、情感和行为提供可能性的叙述。

二、解释的功能

解释具有如下功能：一是有助于团体动力的发展；二是有助于化解团体僵局；三是可以刺激团体成员进行自我探索以及导引出新的观点。

三、解释的原则

领导者在使用解释时要注意以下三点：一是时机选择要合适，通常是在团体动力已经形成和领导关系已经建立时；二是获取了对问题的足够信息后再解释；三是避免领导者自我的价值观、态度和感受影响焦点成员或团体。

四、示例：成员无故缺席

领导者：今天有三位成员无故缺席，可能和上次团体讨论时，他们的意见没有被采纳。大家的看法如何？

第七节 催 化

一、催化的含义

催化（facilitating），是指领导者运用各种手段，协助团体热场和成员暖身，以促成团体发展的动力。

二、催化团体的方法

催化团体的方法有：①协助成员克服恐惧、忧虑等负面情绪；②营造安全、信任和接纳性的团体气氛；③邀请成员参加团体活动；④减少成员对领导者的心理依赖感，鼓励其自我开放；⑤支持成员分享其他成员的经验；⑥鼓励焦点成员公开对话；⑦适时、适当开展团体活动。

三、示例：音乐冥想

领导者借由磁性的声音、音乐引导成员冥想进入"生命时光隧道"及进行"生命低潮事件"的分享。（注意音乐的选择、音量的控制、辅导室灯光、噪音等物理环境的布置）

第八节 即 刻 化

一、即刻化的含义

即刻化（immediateness）也称即时性，是指领导者借助此时此地的反应，来表达其感觉、想法和行为。即刻化技术鼓励成员做更多的自我暴露和自我探索，以促成真诚的团体气氛。

二、即刻化的原则

即刻化技术使用的原则包括：①领导者要即时描述他所知道的正在发生的团体事件；②用现在时态的语句来表达；③用"我"来表达此时此地的感受；④把握好即刻化反应的时机，通常在团体活动中后期使用较多。

三、示例

领导者：现在大家的沉默是在等待我的答案吗？我想这个团体是我们大家的，我也想在团体中和各位一起成长，我们是共同的伙伴。对于这个主题此刻有谁想说些什么？

领导者：此刻你似乎正非常强烈地体会着这种失落感。

领导者：现在我感到你谈起这件事是非常痛苦的。

领导者：每次当我提及学习成绩时，你似乎都要回避这个话题。

领导者：你现在似乎正在询问我怎样为你提供有效的帮助。

领导者：我注意到现在我的神情很紧张，你看上去也很紧张。

领导者：我感到我们彼此还不太习惯，我们似乎正以一种非常戒备的方式相处。

领导者：我知道我们相处得很融洽，因为我们有很多共同之处。我们现在一起共享生活经历，这是多么轻松的事情。

第九节　自我开放

一、自我开放的含义

自我开放（self-disclosure）也称自我接露，是指领导者将自己过去的或现在的经验、体会、感受与团体成员进行分享的技术。

二、自我开放的功能

自我开放的主要功能是：①有助于个人或团体经验的分享；②有助于建立和发展信任的、坦率开放的团体气氛和咨询关系；③给成员一种示范作用，领导者向成员示范在团体中可以分享的深度，来促进当事人或团体成员进行自我剖析和自我开放；④营造团体基调的重要方法。

三、自我开放的类型

领导者的自我开放可根据所涉及内容的时间和性质来划分。从时间纬度来看，领导者可以表达会谈当时的个人感受，也可以谈自己过去的经验或经历。从性质纬度来看，自我开放的内容有正负之分，即积极的、肯定性的经验和消极的、否定性的经验。故此，自我开放包括了四种形式：现在积极的、现在消极的、过去积极的、过去消极的。需要指出的是，领导者的自我开放不宜过度强烈而成为团体的焦点。

四、示例：示范性自我开放

领导者：现在，你们想一想在你们的生命中对你影响最大的三个人，然后，我们才开始分享。不过，我先示范如何做这种分享。在我生命中最重要的人是我母亲，她之所以重要，是因为她总是支持我，并保护我免受我父亲的伤害。我父亲是一个酒鬼；我的哥哥……

五、示例：过去积极经验的自我开放

领导者：阿华，我能体会你当时的那种感觉，我接到高考录取通知书时也是充满了高兴、自豪的感觉，恨不得告诉每一个人：我考上了！

六、示例：过去消极经验的自我开放

领导者：阿燕，我想我明白你此刻的感受，其实呢，我第一次失恋时也是很痛苦的，那时我对什么都好像失去了兴趣。

七、示例：现在消极经验的自我开放

领导者：阿真，我现在的确感到有些失望，你将我们上次谈话时制定的学习方案完全丢在一边没有付诸实施，不过我想你也许有自己的想法或原因。

八、示例：现在积极经验的自我开放

领导者：阿文，你把这些你认为很幸福的事情告诉我，我很高兴，我也很感激你对我的信任。

第十节 微型演说

一、微型演说的含义

微型演说（minilecturing），是指在带领团体的过程中，领导者需要针对某些主题做3—5分钟的演说，来帮助团体活动深入进行。

二、微型演说的原则

成功的微型演说的原则是简洁明了地提供新的和有趣的信息。一个有经验的领导者的微型演说往往会做到言之有物、生动有趣、切题和具有很强的针对性，而且要充分考虑团体的性质。例如，在教育团体、讨论团体和任务团体活动中，领导者需要对相关主题有充足的了解；在自我成长团体和咨询团体中，领导者需要了解各种不同方面的主题。

三、示例：婚姻辅导团体

这是一个为婚龄不足两年的年轻夫妇所开设的心理咨询团体，其目标是使其婚姻更加美满和谐。在团体活动中，某成员问了如下问题。

阿秀：婚姻能不能不用这么努力就可以一帆风顺？什么时候可以这样？

领导者：请让我针对这个问题来表达一下我的意见。大多数婚姻都需要努力，尤其是在婚姻的头几年，夫妇以一种不同的方式去了解彼此，当然，差异还会持续浮现，使得彼此必须讨论。头两年必须辛苦地维护婚姻，并不意味着那就不是好的婚姻。现在让我告诉大家三种有利于维持美满婚姻的方法：……（领导者演说了约5分钟）

第十一节　提 供 信 息

一、提供信息的含义

提供信息（giving information），是指领导者针对团体成员所关心的问题提出建议，给予指导性或参考性的信息，协助成员思考其问题和做出决策。信息提供技术旨在使成员从领导者那里以及团体讨论中学习资讯和经验，领导者可以将适宜的信息或忠告提供给成员。

二、提供信息的原则

领导者提供信息时，需要遵循如下原则：
（1）过多的提供信息将会阻碍成员自我独立性的发展。
（2）选择合适的时机，最好是在成员有一定的接受意愿时及时提供。
（3）确定是否按照一定顺序来提供信息。
（4）考虑成员接受信息的能力和文化背景。

三、示例：亲子教育团体

阿莲：我感觉自己很难拒绝孩子提出的要求，很难对他说"不"。即使当我明白他所提出的要求是无理的，我也很难拒绝。

领导者：我想我们可以讨论两个可能会影响你处理这种状况的情形。一是我们可以谈谈如果你说"不"，你感觉会发生什么后果。二是你小时候，父母是怎样对待你所提出的要求的，在家里你的要求如何被父母处理？父母怎样对待我们，我们也会如何对待自己的孩子，这种处理方式很自然，效果也不错。

第十二节 鼓励与支持

一、鼓励与支持的含义

鼓励（encouraging）与支持（supporting），是指领导者对团体成员的一种接纳态度和能力。这种态度和能力对于协助成员处理面对新情境的焦虑以及成员间真诚分享个人想法或感受时，很有价值和意义。因为，成员经常会担心在别人面前的表现很糟糕，有时会害怕自己在团体中说错话，有经验的领导者需要鼓励和支持成员释放不必要的焦虑和担忧。

二、鼓励与支持的途径

领导者传递鼓励和支持途径有：①语言通道的鼓励和支持。例如，领导者说，人们在团体中可能会有些紧张，不过当我们彼此有更多的了解或更清楚团体是什么时，这种感觉将会慢慢地消失。②非语言通道的鼓励和支持。例如，温和的声音、点头、微笑、愉悦的面部表情、开放接纳的身体姿势等。

三、示例：支持性团体

领导者：阿昌，你开始告诉我们你在性方面的问题，我看到你与我们在分享这么私人性的问题时，觉得有些困扰、害怕，我想你应该注意到我们大家都在认真地听，并没有批评的意思，我们不是在这里对你或任何人做批评的，我们是要进行彼此帮助和支持。

第十三节 设定团体基调

一、设定团体基调的含义

设定团体基调（group tone setting），是指领导者为所带领的团体设定一种性质和团体气氛。Trotzer（1989）认为，领导者必须考虑为团体设定什么性质的基调，这对整个团体的气氛来说是很微妙且很重要的。

二、设定团体基调的原则

领导者要认识到团体基调是透过自己的行动、语言以及允许团体发生何种事情而设定的。例如，攻击性的领导者会不自觉地营造出一种抗拒、紧张的团体基调；鼓励分享的领导者则会建立起正向、积极的团体气氛。

在建立何种基调的团体时，领导者必须思考如下问题：①这个团体是严肃性的，还是轻松性的？②这个团体是面质性的，还是支持性的？③这个团体是正式的，还是非正式的？④这个团体是任务取向的，还是社交取向的？

三、示例：严肃基调的团体

领导者：让我们开始吧！我希望大家能坐得靠拢些，也希望你们现在最好放下手中的书本或饮料。好！让我们开始自我介绍，并告诉大家你为什么参加这个团体。

四、示例：社交基调的团体

领导者：让我们开始吧！（成员仍散坐各处）我希望一开始你们能简单地谈谈自己，可以说任何你认为重要的或你想说的事情。

五、示例：面质基调的团体

这是一个药物滥用的团体，在第一次团体聚会中，阿华谈到她并不认为使用药物有任何问题。

领导者：阿华，我认为你有严重的问题！在团体中我们彼此帮助，每个人对自己要诚实，你们有多少人觉得阿华滥用药物是有问题的？……

六、示例：支持基调的团体

领导者：我希望这个团体能有互助价值，即使你们不觉得自己有问题，不过我相信有些人已经发现自己是有问题的。团体的主要目的是要你们彼此帮助，对你们一部分人而言，承认自己有问题可能暂时有些困难。

七、示例：正式基调的团体

领导者：大家晚上好！我是王强，来自心理健康中心。今天将担任这个团体的领导者。在我们，会议开始之前，我想说一下我们这个团体应遵循的基本规则。首先，我希望你们做自我介绍，说出你的名字、职业，以及为什么想来参加这个团体。

第十四节　非语言反应技术

非语言反应技术，是指透过表情、眼睛、声调、语速、动作、距离、姿势和手势等实现的信息交流，以引导成员有效参与团体。非语言反应技术在传递比较微妙的感受、情绪和情感上，往往比语言方式更真切、可靠和有效。

一、眼睛的运用

眼睛的运用作为非语言性活动中交换信息和表达情感的重要手段。领导者在带领团体的过程中，需要了解如何运用眼睛来收集有价值的资料、邀请和鼓励成员向团体发言、制止成员谈话。

领导者可以通过环视团体来收集成员有意义的信息。有经验的领导者不仅会倾听和注视正在发言的成员，而且善于将眼光平均分配给其他团体成员，与整个团体保持着一种视线的移动和交流，以留意其他团体成员对谈话者所说的非语言反应的线索，例如，点头、摇头、面部表情、肢体变换或移动、流泪等。团体成员的不同非语言反应传递着不同的认知或情感信息。一般来说，点头表示赞同；摇头表示不赞成；面部表情可显示出成员有类似的经验，或在某方面与该话题有正面或负面的关联，也可能指出不赞成、心理困惑或其他领导者也许希望澄清的反应。

成员流泪对领导者来说是非常重要的线索，当成员谈话或倾听其他成员说话时，有时可能会泪水在眼眶里打转或突然哭起来，这往往意味着成员有强烈的痛苦感受。领导者要直接处理，或选择只认知这种情形，或决定予以忽视，都需要根据团体活动的目标、剩余时间、谁流泪、流泪的可能原因等因素来综合判定。团体成员经常会透过他们的坐姿或肢体移动的方式来表达自己，肢体移动经常意味着成员的心理困惑、无聊或不开心，成员身体前倾暗示着可能想要发言。

如果领导者忽视团体成员的非语言反应所传递的信息，可能会造成一些困难或问题：

（1）因为领导者从未关注暂时没有讲话的其他成员，而使其可能感觉受到排斥。
（2）领导者无法知道大多数成员对刚刚所说的会如何反应。
（3）领导者不知道谁想接着说。
（4）其他一些成员可能对团体失去兴趣，因为那位成员仅仅是对着领导者一个人在说话。

领导者忽视可能引起成员对团体失去兴趣案例

阿真：他真的认为我下班后5点钟就应该回家，6点钟他的晚餐就应上桌。我不认为我有义务做晚餐。

阿芬：我同意你的话。

阿妮：妻子并无任何应有的责任呀！

领导者：（注意到阿平的表情）阿平，从你的表情来看，我推想你对阿真、阿芬和阿妮的话和看法可能有些惊讶。

阿平：对！我的确是有些迷惑。我很想相信你们刚刚所说的，但是，我成长的情况很不一样，而且妻子的角色中有些事情是我很喜欢做的。

阿美：阿平，我和你感觉一样。

阿平：你也是？我还以为在这里只有我这么传统呢！

领导者要善于鼓励和提醒发言的成员面对整个团体来说话，这有利于建立成员的参与兴趣和团体凝聚感，以避免形成"领导者—成员—领导者—成员"的互动模式，给带领团体造成困难。可以使用如下方法：

（1）明示法。告诉成员希望他们发言时能看着每一个人，而不只是看着领导者。
（2）解释法。对成员解释你不会在他们发言时一直注视他们，因为你需要不时环顾整个团体。

（3）示范法。发言成员能够跟随领导者的眼睛来环顾整个团体，因为发言的成员倾向于能与人目光接触，如果领导者扫视整个团体，发言的成员也往往会看向团体。

（4）动作暗示法。领导者借着挥手的动作告示成员面向团体说话，这个挥手的动作包括将你的右手带向你的左肩，然后再慢慢地、或多或少地将手带向你的右边。

领导者利用眼睛来邀请成员发言一般有两种常用的方法：一是通过目光接触来鼓励成员参与和分享；二是领导者在对整个团体演说的同时，有意识地注视某些成员一段时间。

领导者利用眼睛邀请成员发言案例

团体活动进行了40分钟，领导者注意到王瑞很少发言。目前讨论的主题是关于成员不同的价值观，领导者决定转移焦点，并设法邀请王瑞参与讨论。

领导者：好！我们已经产生了一系列不同的价值观，我们再谈谈你们的这些价值观是来自何处（此时环顾团体，并有意地与王瑞维持较长时间的目光接触）？想想不同人或机构，例如教堂、童军等制度对你的影响（领导者注意到当提到"教堂"时，阿瑞在点头，因此他决定谈更多有关宗教的事情，同时注视王瑞的次数也增多）；对某些人来说，宗教可能是你的价值系统的主要来源，可能你们之中有些人很虔诚（王瑞点头，领导者也回点），在团体里分享这些对你们将会有帮助的。谁愿意谈谈自己价值观的来源？让我们先谈谈宗教对你价值观的影响（领导者在注视王瑞的同时结束了谈话）。

阿瑞：我的家人很虔诚，事实上……

领导者可以故意避免目光接触来截断某些成员的发言。在带领团体过程中，领导者会发现有些成员无论谈论什么主题或问题都倾向于第一个发言，而且该成员的谈话相当冗长。面对这种状况，领导者可以运用目光来控制多话的成员：开始提出问题时，目光在多话的成员身上，以后缓缓地转移目光到其他成员，当问题说完时，目光全部脱离开多话的成员。

领导者截断成员漫谈行为案例

阿强又在大谈他的酗酒史，之前他已经说过两遍了。领导者环视团体成员后发现，多数成员并没有在听，脸上一副厌烦的表情，且开始乱动。领导者决定截断阿强的谈话。

领导者：（目光注视阿强，以温和、关怀的语调）阿强，你有没有发现没有人在听你说话？我猜是因为你以前已经说过两遍了，而我们并不知道怎样做才能对你有所帮助。（领导者的目光缓慢地离开阿强，并和其他成员接触）

二、声音的形态

声音的形态包括声调、音高、音速和音量，声音对发挥团体效能起着重要而微妙的媒介作用。领导者要善于运用声音的技术来设定团体的基调、气氛和内容，以及邀请成员发言或切断成员的谈话。

运用声音设定团体的基调。领导者主要依靠自己谈话的内容和语调来传递其带领团体的方式。一般来说，有力、控制的声音意味着领导者将执行每一件事的决心；坚定、关怀的声音则表现出负责的领导者角色。领导者需要训练自己发展出多种的声音形态，并根据团体成员的特征、讨论主题、团体类型和团体进程有针对性地选择使用。例如，严肃或轻松的声音适用于任务团体、教育团体和讨论团体，关怀和鼓励的语调适用于支持、分享团体，不肯定的声音可能会导致成员不尊重或不信任领导者，温暖、激励的语调则能帮助害怕的、困扰的或退缩的成员。

运用声音激发团体活力。领导者的活力、真诚和热情能帮助成员产生能量，对成员产生积极的、正面的影响。尤其是在新团体或每次团体开始时，领导者的声调更是激发团体兴趣和活力的关键因素。

运用声音调整团体步调。领导者需要掌握用控制说话速度的方法来调整团体成员的步调，在带领团体时，练习控制说话速度并及时评估其效能。通常，说话速度慢的领导者会影响成员放慢语调，乃至会使团体进程缓慢；说话速度快的领导者会影响成员也提高语速，甚至加快团体进程。

领导者运用声调协助成员思考案例

这是一个由大学生所组成的职业选择团体。领导者运用声调协助成员思考。

领导者：（轻柔、缓慢的声调说）现在你们手上都有一张人们为什么工作的原因表格。我要你们想想下列与工作需求有关的问题（停顿后很慢的声调），你们认为你们最大的需求时什么？

三、沉默的技术

当成员沉默或产生过分依赖时，领导者可以运用沉默技术控制自己的语言行为，以专注的态度来运作团体活动。沉默技术（silence）的功能表现为：一是有利于促发成员的自我觉察，二是给团体成员提供反映领导者状态的信息，三是固定团体活动焦点，四是协助成员说话并讲出自己想法，五是促进情绪性紧张信息的团体整合。

四、非语言反应的训练方法

领导者需要学习和掌握正确的非语言反应技术，尽量避免因不当的非语言反应给带领团体造成的困难。领导者可通过三种途径训练自己的非语言反应：

（1）从非语言行为的线索中识别所传递的信息，增加对非语言行为线索反应的觉察能力（见表6-1）。

表6-1 非语言行为的线索与反应

非语言行为线索	非语言行为线索反应
1. 身体姿势	紧张，放松，前倾，后仰，肩部下垂，架腿或平放
2. 肢体运动	手脚姿势，抖腿，抱臂，摇头，点头，手指屈伸，手触、拍成员，玩弄小物件
3. 眼睛	含泪，流泪，睁眼，闭眼，转动眼球
4. 目光接触	稳定的接触，目光闪避，目光游移
5. 嘴部	笑，嘴角上翘，嘴角下拉，咬嘴唇，嘴巴紧闭，放松
6. 面部表情	生动，呆滞，皱眉，怪相
7. 皮肤	脸红，出汗，苍白
8. 声音	快，慢，颤抖，刺耳，低语

（2）自我检核法。领导者要从自己的经验着手，了解哪些非语言反应是有帮助的，哪些是没有帮助的，评估自己的非语言反应习惯，从而有意识地注意控制自己不适宜的反应方式，增进适宜的反应方式。领导者可以使用非语言反应习惯来自我检核对照（见表6-2）。

表6-2 领导者非语言反应习惯的自我检核

有帮助的反应	个人反应习惯		没有帮助的反应	个人反应习惯	
用相近的声调说话	是	否	不看团体成员或发言者	是	否
保持善意的目光接触	是	否	远离或不面对当事人	是	否
不时点头	是	否	嘲讽或轻蔑的表情	是	否
表情生动	是	否	皱眉、闭眼	是	否
时有微笑	是	否	阴沉着脸	是	否
不时做出辅助手势	是	否	嘴长时间的紧闭	是	否
适中的语速	是	否	手指对成员指指戳戳	是	否
身体稍微向当事人前倾	是	否	心不在焉的身体姿态	是	否
偶尔轻拍或抚摸当事人	是	否	打哈欠	是	否
常有"唔唔""嗯嗯"等支持性语气词	是	否	令人不快的声调	是	否
	是	否	语速过快或过慢	是	否

（3）配对练习法。辅导者与一个要辅导者结成对子来进行练习，双方轮换担任辅导者和受辅者的角色。一个轮次结束后，受辅者与辅导者交流：当对方做出什么样的非语言反应时，自己感到轻松，并愿意继续深谈；对方的哪些反应使自己感觉不舒服或反感。

非语言反应技能训练案例

(1) 您会怎样表露友好、信任、恐惧、焦虑、愿望、厌烦、热情、高兴、愤怒和失望。

(2) 您曾经见过您的朋友或家人流露出这些情绪吗？

(3) 他们的姿态和表情是否与您的相同，为什么？

(4) 您从中学到些什么？

领导者还要客观观察和准确觉察成员的非语言行为所代表的意义与感受，并在领导团体活动过程中做好信息观察记录（见表6-3）。

表6-3 成员非语言行为信息观察记录

		发生频率	感 受
眼神	1. 自然的眼神接触 2. 向下注视 3. 向上注视 4. 看别的地方 5. 毫无表情的注视 6. 闭眼 7. 其他		
表情及头部动作	1. 安详的表情 2. 适当的微笑 3. 配合说话内容的表情 4. 严肃的脸部表情 5. 无关的脸部表情 6. 不停微笑 7. 很少笑 8. 表情冷漠 9. 皱眉头 10. 适度情绪反应 11. 肯定点头 12. 不停点头注视 13. 其他		

续表 6-3

		发生频率	感 受
躯体姿势	1. 稍微点头 2. 身体面向说话者 3. 放松的姿势 4. 触摸说话者 5. 抖腿 6. 舒适地往后靠 7. 僵硬的姿势 8. 离说话者很远 9. 离说话者很近 10. 频繁变换姿势 11. 手势放松 12. 手势夸张 13. 双手交叉胸前 14. 其他		
声调表情	1. 愉快的语调 2. 适中说话速度 3. 声音单调 4. 装腔作势 5. 太高声 6. 太小声 7. 语速太快 8. 语速太慢 9. 口头禅 10. 结巴 11. 声音颤抖 12. 其他		
分心行为	1. 玩头发 2. 玩笔 3. 嚼东西 4. 拉扯衣服 5. 喝饮料 6. 敲手指 7. 拍腿 8. 其他		

第十五节　关联技术

一、关联技术的含义

关联（linking）技术也称联结技术，是指领导者运用敏锐的洞察力和反应力，将成员之间所表达的内容及相关的题材、人物、事件、情景等和团体聚会的目标做出一种有效的联结。

二、关联技术的功能

关联技术的功能表现为：①确认共同的问题和线索；②提升团体的凝聚力；③有助于成员重新检查个人看法和经验；④使团体成员互动更有意义。

三、示例：两性关系发展团体

阿磊：除非对方是较完美的，否则我不会轻易和他相爱。

阿珊：我交男朋友是很慎重的，除非对他有了足够的了解，否则我会选择宁缺勿滥。

领导者：各位，刚才阿磊和阿珊好像对两性关系的看法较相似，你们两位愿意继续说说自己的心里话吗？

第十六节　截断技术

一、截断技术的含义

截断（cutting off）技术，是指领导者以非惩罚性的方式来终止团体成员非活动主题的谈话，以使团体活动朝预定方向进行的技巧。截断技术适用以下情况：

（1）当成员漫谈时。
（2）当成员意见和团体目标有冲突时。
（3）当成员的谈话内容不正确时。
（4）当领导者想转移话题焦点时。
（5）当团体活动临近结束时。
（6）当成员之间发生争吵时。
（7）当成员试图做其他事情时。

二、针对漫谈者的截断技术

在团体活动中有时会出现这样的现象，团体焦点集中在一个议题时，而这个成员或在漫谈,或离题太远,或避免做更深层次的自我探索。这种状况明显影响了其他成员,领导者如果不予阻止,将会影响其他成员的正常活动。对此,领导者要根据团体活动计划可选择三种可能策略。

(一) 以漫谈者为焦点截断谈话

以漫谈者为焦点截断谈话的具体方法包括:

(1) 领导者可以提出一些问题,请漫谈者予以澄清。例如,"团体要怎样才能帮助你?""如果再给你5分钟来谈论这个话题,将会对你有什么帮助吗?""看起来你说话有点跑题了,你的观点是什么?""你只是想告诉我们这些内容,还是想向寻求某种帮助?"

(2) 邀请漫谈者做深入的自我探索活动,如空椅子法、心理剧法等体验性的活动。

(3) 从漫谈者开始做团体的绕圈发言,或请漫谈者走到其他成员面前说一些话。

(4) 请其他成员给予漫谈者反馈性建议。

(5) 邀请成员扮演漫谈者。

以漫谈者为焦点截断谈话案例

【案例1】

阿静:(她已经说了很长时间的故事来描述父亲酗酒的情况,但仍未表达自己的真正感受,而且,她还继续说着)……

领导者:在这儿停一下!我希望大家都思考,有什么问题能帮助阿静探索对目前处境的感受?我想问的是:你觉得你该为父亲的酗酒行为负担什么责任。

【案例2】

领导者:阿静,请先停一下。让我们问你一些有关你和你父亲的问题。我要求你们每个人都想一些问题去问阿静,这样可以使她更深入地探索在这种情景下的情感。谁想问阿静问题?

阿建:我有问题要问。我们怎样才能帮到你呢?你所做的就是来这儿,给我们讲故事。你真的需要获得帮助吗?

阿静:我想得到团体的帮助。但我将要说的是……

领导者:等等,阿静。谁还有问题要问?

阿虎:我们有什么办法能让你停止描述你父亲是个酗酒者吗?

阿静:(泪流满面)我不想让父亲成为一个酗酒的人,我确实需要帮助。

【案例3】

领导者:阿静,我要你转向阿丽,完成这个句子:当父亲喝酒时,我觉得……

阿静:(看着坐在旁边的阿丽)父亲喝酒时,我觉得那全是我的错。

领导者:阿静,现在请您看着阿莲,完成同样的句子。

阿静:当父亲喝酒时,我很害怕会有人受到伤害(开始哭泣)。

领导者:阿静,请在这种感觉上停留,我相信我们能够帮助你的。

【案例4】

领导者：阿静，打断一下，我希望我们这个团体能给你提供一些回馈，大家认为阿静想真正表达的内容或感受是什么？或者你们认为阿静想要探索却又回避的问题是什么？

【案例5】

领导者：我希望你们来扮演阿静，模仿她的声音以及肢体动作，即"我是阿静，我想说的是……"谁想先来？

阿虎：我想我能做。（低下头，用很小的声音说）昨天我爸爸回到家，又开始喝酒了。

阿静：刚才我真的看上去是这样吗？难怪我感觉如此糟糕和心烦意乱。

（二）以漫谈者话题为焦点截断漫谈

截断漫谈并以漫谈者原来的话题为焦点。领导者有时需要将焦点集中在漫谈者所描述的话题上，以避免使成员出现被阻断的感觉。

以漫谈者话题为焦点截断谈话案例

【案例1】

领导者：阿静，我们来听听其他人谈谈他们和父母的关系。有没有人和阿静有类似的问题？

【案例2】

这是一个由退学的大学生所组成的咨询团体。阿林谈及母亲的反应已经5分钟了，并重复提到自己与母亲的问题。

阿林：（颤抖的声音）然后，母亲对我说："你为什么不出去找工作？"我要她出去，因为没有人像她那样说我！后来，她开始哭，好像要让我觉得对不起她一样。不过，我是不会低头的！她不能再把我当小孩子了，应该让我自己来决定这件事。只要一提到工作的事，她就会哭，她说："如果你不去上学，我就出去找工作。"我要她最好闭嘴，因为我很讨厌别人干预自己的事情。

领导者：阿林，请停一下！因为我发现你在试图寻求帮助，但你已经不知道该如何说了。你是不是能用一两句话告诉我们，你真正需要帮助的是什么？我想，如果你能将问题的重点确实点出来的话，我们就能帮助你的。

（三）截断漫谈并换人换话题

如果漫谈者所述主题与团体活动目标相冲突，或团体活动临近结束时，领导者就需要换人与换话题来切断漫谈，并重新引导团体的进行。

换人换话题截断案例

领导者：阿静，请停一下。我想我们必须转向别的话题，请大家把注意力转移到你们会感兴趣的话题上。

三、针对团体目标的截断技术

当成员所谈意见和团体活动目标有冲突时，或者团体成员正在讨论一个没有实质性意义或无关话题时，领导者需要利用截断技术来重新聚焦团体成员讨论的话题。

重新聚焦团体主题案例

领导者：请允许我打断一下，我想我们已经离开今天团体活动要讨论的主题了。我想我们应该重新回到主题上，那就是……

四、针对主题内容的截断技术

领导者如果感觉到成员的谈话内容失当，也需要使用截断技术。例如，教育团体中某些成员可能说出某些不正确或误导性的话；治疗团体、成长团体中的成员说出的具伤害性的语言，或不当的建议和评论，或对他人的行为所做保证的言辞，或有些成员习惯代替他人说话。重要的是，领导者不要让任何人预言他人的想法、感受与行为。

领导者如感觉成员谈话失当而使用截断技术案例

【案例1】
这是一个有关生育的教育团体，一个成员在夸大药物的副作用。
成员：我认为不要使用这种药物，因为那已经证实会导致癌症。我有两个朋友就是苦于这种药的副作用。让我告诉大家有关她们的事情。

【案例2】
这是一个由父母离异的高中生所组成的支持治疗团体。团体目标在于鼓励成员分享对家庭的感受。
阿玲：我一直很希望父母能够重新合好！妈妈的新男朋友叫阿虎，他经常亲我，让我觉得很恶心！有时阿虎在我家的时候，我就在自己的房间里偷偷地哭。我好希望爸爸再回来。
阿雄：（对着阿玲扮演哭脸）哈哈！阿玲哭着要爸爸呢！我压根儿就不希望我爸爸再回来。即使有时会想，但我绝对不会因为他而哭的。我……
领导者：阿雄，请停下来让我说些话。这个团体的目的是想给大家公开分享自己所遇到问题以及心理挫折的机会。因此，必须每个人都能感受到他所说的话会被人认真、确实地倾听。阿玲，我认为你刚说的状况蛮严重的，现在你感觉如何？

【案例3】
为其他成员的行为做保证或许诺。
成员甲：如果你发几次脾气，她就会改变。你需要让她知道谁才是真正的老板。
成员乙：回家去，就你的行为向你妈妈道歉，她肯定会原谅你的！一切也会慢慢过去的。

【案例4】

这是一个由继父母组成的分享与支持团体。成员对于自己的特殊环境有相似的感受和经历，并希望找出新的应对策略。

阿平：我太太的儿子小雄好像在逃避跟我亲近，因为他觉得应该忠于自己的亲生父亲。

阿辉：如果你限制小雄和生父在一起的时间，并花更多的时间来陪他，他会越来越爱你的。我就是这样和我的继子相处的，而且从来没有出现过问题！只要你再多做一点，我保证他会尊敬你的。

领导者：阿辉，我必须打断你刚才说的。我知道你想帮助阿平，也很高兴与你的继子相处得很好，但是我不确定你的方法是否适用于阿平与小雄的关系的处理。小雄的感受很正常，很多小孩子都曾经历这种冲突——不知道应忠于亲生父母还是继父母？或许你们可以想想这种情形发生在自己孩子身上……

【案例5】

这是一个婚前辅导团体，目标在于协助伴侣更好地沟通。

领导者：阿雪，你怎么了？你是不是对即将结婚以及和阿键共同生活有些害怕？

阿雪：是呀，真有点担心。

阿键：阿雪认为我们将会有非常好的婚姻，她相信如果任何两人可完全匹配，那就是我们俩。

领导者：阿雪，他说的对吗？

阿雪：嗯……

阿键：还有一件令我俩高兴的事就是：我们并没有其他已婚朋友所遇到的类似问题。

领导者：阿键，请允许我打断你的话。你是否发现你经常在代替阿雪说话？这会不会让她感觉到有些受挫折？

五、针对活动焦点转换的截断技术

团体活动中，领导者经常会决定要转移团体活动焦点，尤其是一个已经跑题的话题。有时团体互动中会出现自然的停顿，这很方便领导者改变活动焦点，而其他时候领导者就需要利用截断技术来变换活动焦点。如果团体中有一个成员正在说话，而领导者观察到其他成员的表情与身体姿势，发现有些成员想发言却没有机会，就可以切断目前的谈话，并引出想发言的成员。

<h3 style="text-align:center">领导者引出想发言成员而使用截断技术案例</h3>

【案例1】

这是一个由大学女生组成的成长团体。成员正在讨论有关爱情的主题。

阿爱：我实在没有办法理解。阿真与阿虎开始时相处得很好。我认为这会继续下去。但三个月后,他俩的关系变差了。我觉得他们之所以还要维持关系,只是因为他们仍然希望重拾过去的美好回忆。我可以给大家举个例子,他们……(领导者注意到阿桃很专心地在听,并不断地点头)

领导者:阿爱,请你把话题先停一下,除非你还有要补充新的情节(阿爱摇头)。阿桃似乎对你所说的很感兴趣,我想给她一个发言的机会,(眼睛友好地注视着阿桃)阿桃,你需不需要谈谈你的想法?

阿桃:好的。阿爱所说的事情也曾经发生在我身上。我和男朋友刚刚在10天前结束了6个月的关系。那种感觉就像突然间什么共同的东西都没有了。我……

在上述话题中,领导者决定截断阿爱谈话的原因:一是在阿爱谈这个吸引人的故事时,她并未表现出个人情感的投入;二是阿桃表现出对这个话题的兴趣,且好像涉及个人问题。在成长团体中,讨论个人问题将会比谈论他人的事情对成员更有意义。

截断成员发言而转移至更具结构性的活动,有利于团体活动深入焦点和帮助团体成员从会话式讨论进入洞察性的活动。

【案例2】

成员已经围绕家庭结构讨论了10分钟,却仍无法深入。领导者决定用"家庭塑造"活动来引导成员聚焦于家庭环境的影响。

领导者:让我们跳开这个话题,我希望使我们的讨论更有意义。有一个我们曾经使用过的练习:家庭塑造活动,能帮助大家了解早期家庭经验的影响。各位必须在团体中挑选出一些成员来代表你小时候的家庭成员结构。

六、团体聚会结束时的截断技术

团体聚会临近结束时,领导者利用的截断技术有两种:①预留总结此次团体聚会的时间而必须切断成员谈话,这通常是领导者的责任,保证聚会按时结束;②团体剩余时间有限,而成员带出了一个情绪性的主题,领导者需要尽快在成员过度涉入之前来截断。例如:这是一个自幼被领养的正在寻找父母的成人所组成的团体的首次聚会。离聚会结束还有8分钟。

阿美:(用一种很伤感的语调说)我很害怕我的调查到最后一无所获。我感觉异常焦虑。我现在有两种选择,我……

领导者:阿美,可以请你将现在所谈的保留在下次聚会再说吗?我觉得这个主题和我们每个人都有关系,但是今天没有足够的时间来解决了,只剩8分钟了。我希望大家一起来回顾一下今天的团体聚会,并分享你们对这次聚会的感受是什么。

七、针对成员间争执的截断技术

团体成员之间陷于争执状态时,领导者必须立即切断这种团体冲突,并重新回到原来的主题上。一般来说,成员会被动地等待领导者出面终止这种争端。领导者可以采取的方法有:

(1) 邀请一些没有参与的沉静成员讨论这个主题。

(2) 明示情绪激动的成员继续讨论,但必须放慢语调。

(3) 领导者以平静的态度讨论这个话题。

(4) 改变焦点到新主题上。

当团体成员发生争执状态时领导者使用截断技术案例

【案例1】

这是一个由心理卫生中心的患者所组成的咨询团体的第三次聚会。成员正在讨论不同的生活安排方式。

阿凤：我生活在一个三女两男的集体中。

阿林：（笔直地坐着）我觉得那很恶心。

阿凤：你这是什么意思呀？

阿林：我的意思是那根本就不对。我们是不能这样生活。

阿凤：谁说那就是罪恶呀！

领导者：（平静的）等一等！我有话要说！我们坐在这里的目的并不是去随意地评价行为或信念的对错，而是倾听不同的想法，而且学习不同的生活方式。人际关系中需要的是倾听而不是批判。我希望在这个团体中，大家都可以学习到和不同意见的人友好相处。

【案例2】

这是一个由减少夫妻间冲突的夫妇所组成的成长团体。成员在分享各自的爱好以及假期的安排，其中一对夫妇在争论他们要如何安排假期活动，领导者巧妙地利用角色扮演活动切断了这种争吵。

阿冬：为什么我们对如何安排假期总是存在着如此大的分歧？你老是要求我去看你的父母！

阿芸：那是因为我们一年才看我父母一次。平时却和你父母生活在一起。除此之外，每次假期你都只想着钓鱼和旅游，你很清楚我很讨厌这些！你不关心我。你为什么一点都不在乎我呢！

领导者：我希望你们停止争吵好吗？因为你们没有彼此倾听对方的心声。我想尝试一个活动，或许可以帮助你们看看彼此做了些什么。我需要两个人来扮演阿冬与阿芸，并将刚刚的争吵表演出来。阿冬和阿芸你们仔细观察。我想你们将会学到一些减少冲突的东西。谁愿意扮演他们呢？

八、针对拯救者成员的截断技术

在团体治疗中，有些成员就会扮演出一种"拯救者"的姿态，试图安慰、救援这些自怜者，说一些非建设性的话语。例如：不会有问题的，所有的事情都可以处理的；别哭了，你肯定能应付的。拯救者的这种行为往往会进一步强化自怜者相信自己不能做任何努力的想法与体验。对此，领导者需要截断这种拯救行为。

截断拯救行为案例

这是一个由最近离婚的妇女所组成的治疗团体。

阿华：（边哭边说）我觉得自己真是很没用，不会给任何人带来益处。我不漂亮，离婚完全是我自己的错误造成的。我想日后再没有人愿意主动约我了。

阿美：（以支持的语调，并轻拍阿华的肩膀）阿华呀，别这样，一切都会慢慢好转的，有很多男人等着你呢！

领导者：等等，阿美。（面对整个团体成员）我觉得阿华需要的并不是立刻快乐起来，帮助人并不一定意味着让对方立即觉得好些。阿华，我不清楚你是在寻求帮助，还是在诉说你此刻的感受。

九、截断技术的使用原则

领导者在使用截断技术时需要遵循如下原则：
（1）把握好截断的时机。
（2）用温和友好的语调，避免严厉、粗暴或愤怒的语调。
（3）简要地解释截断团体活动或成员行为的理由。
（4）运用眼神，有意识地避开目光接触，以此作为终止其行为的信号。
（5）截断之前要明确团体新焦点的内容和方向。

第十七节 引 导 技 术

一、引导技术的含义及其使用目的

引导技术，是指领导者引导团体成员发言的方法。领导者使用引导技术的目的在于：①促使成员更好更多地参与到团体活动之中；②协助那些在团体活动中分享、表达有困难的成员，使其从交谈中获益并提升自信心；③领导者希望团体活动进行更深层次的自我探索；④团体活动焦点转移、保持的一种有效途径。

二、成员沉默的原因

对于在团体活动中保持沉默的成员，领导者最好先分析其沉默的原因，以后决定是否进行引导，以及如何引导。

（一）恐惧心理

即使成员很想发言，但出于担心、害怕其他成员的看法或评价而表现出沉默行为。引导这些成员发言是很有必要的。

了解成员沉默原因案例

【案例1】

这是一个治疗团体的第一次聚会。领导者在团体组建前的会谈中了解到阿虎的动机，知道他很害怕在众人面前说话。

领导者：阿虎，你还没有说参加这个团体的动机呢？我觉得你在害怕其他人会怎样看你。我想说的是，我们来这里的目的不是为了评判或其他任何人，相反，我们是彼此帮助。你们同意我的话吗？（成员们点头）阿虎，帮助你的最好方法就是你敢于说出自己的问题。

阿虎：面对人说话真是很困难的。我也不知道我为什么会这个样子。

领导者：勇敢些，清楚说出你的感受。

阿虎：（看看地板）好吧！我会试试看的！我知道你们可能都会认为那很恐怖，但是上个月我已经在一群十几岁的女孩面前揭露过自己。

领导者：（很快地扫描一下成员的面部表情，看到他们都很关注）阿虎，如果你抬起头来看看，你会发现团体成员并没有人像你所想象的那样糟糕，认为你是人渣。

（二）正在思考与体验

这种情形是指在团体活动进行过程中成员在思考或体验团体的互动。这种沉默其实是一种正面的和有意义的，成员需要反应与思考的时间，但要防止拖延的时间太长。领导者可通过成员的面部表情来判定，并可借助于点头、手势、口语的陈述来鼓励成员发言，如："请说吧！""你好像在想什么，要不要分享出来？""你似乎对某些事有些感受，有没有任何你愿意分享的？""好像我们的讨论与你有些关系，说说看。"

（三）天性文静

团体中有些成员天性文静，不喜欢说话，即使面对家人或朋友也是听多于说。领导者需要认真评估，如果多说话使这些成员感到不舒服，则不需要尝试引导其发言，否则可能会使他们更加沉默。

【案例2】

这是一个有关大学生人际沟通的教育团体的第二次聚会。在前面的聚会中，阿莲很少开口说话，领导者决定引导她发言。

领导者：在做这个联系之前，我想知道你们对团体这种沟通模式的看法。（用一种温和的语调）阿莲，我发现你很文静，而且很少发言。

阿莲：我真的很文静，在家里我是最安静的人。能到一个允许人沉默的团体去参加活动，我很感兴趣，我相信当我有话要说时，我肯定会说出来的。在这个团体中，我比平时更沉默些，但我确实是不想说太多的东西，我……

（四）心不在焉

在团体活动进行过程中，有些成员的心思会放在团体之外的某些事情上。领导者邀请这些成员谈谈他们正在想的事情，会有助于他们将注意力重新转回到团体活动之中。

【案例3】

领导者发现阿林在团体活动的时间都很沉默。

领导者：阿林，你一直都很沉默，你在想些什么？说说好吗？

阿林：可以呀！我想我今天的心思没有放在这里。我妈妈现在住院了，因为她的肺部检查出来了一个阴影。

领导者：虽然这个话题与我们的团体活动目标不相符合，但你如果愿意花3分钟的时间谈谈，我们将很乐意听的，毕竟这是你此刻的心事呀！

阿林：但我们这是关于生涯计划与求职面谈的团体呀！

领导者：我知道！但我们给你一些时间谈完心事后，或许你能更专心于我们所谈的话题上。

（五）缺乏心理准备

成员的沉默行为可能是因为缺乏心理准备，尤其是在教育团体、讨论团体和任务团体中。这些团体往往会有指定的作业必须在下次聚会前完成，假如作业没有完成，可能就无法参加团体聚会。对此，领导者与其引导成员发言，不如引发成员完成作业的动机。

（六）厌倦或困惑

当团体活动的焦点没有趣味，或已经停留在某个成员、主题上太久时，成员将会感觉到厌烦而表现出沉默。面对这种情况，领导者要及时调整团体活动焦点来打破沉默。成员不确定团体正在进行的状况，又不说出来或要求澄清，则会表现出沉默。成员感到困惑时，可能会对领导者产生不满情绪。领导者需要洞察这种沉默加以改变。

（七）对团体不投入或缺乏信任感

成员参与团体的动机匮乏，或对团体活动不投入，或不信任领导者以及某些成员，往往会以沉默行为来对抗团体。这种状况在非自愿性团体中很常见。

三、引导沉默成员发言的方法

引导沉默成员发言是一种艺术，这种艺术性体现为：允许沉默成员发言的同时，大部分成员是参与分享的，避免沉默的成员成为团体关注的焦点。有技巧的领导者经常可以巧妙地不使成员感受到明显的强迫或压力，而能够自在轻松地说话、分享或表达自己。

一般来说，引导沉默成员发言的方法有：①直接询问法。领导者直接的询问成员是否有话要说。②活动导入法。运用配对、绕圈发言、书写活动引导。③肢体语言导引法。领导者借由简短的目光接触邀请沉默成员谈话。例如，领导者同时邀请二三位成员发言，然后注视其中一位似乎愿意谈话的沉默的成员。

引导沉默成员发言案例

【案例1】

这是一个由艾滋病患者组成的治疗团体。阿量的一个病友刚去世了,他在聚会中一直很沉默。

领导者:(以平静与支持的语调)阿量,今天你在团体中一直都很安静,我猜这可能和你的好友死亡有关。有什么我们可以帮助你的吗?

阿量:唉!我很想念他。我……

【案例2】

这是一个由5个单身母亲组成的治疗团体。领导者决定转移团体活动焦点,并促使阿莲参与进来。领导者选择绕圈发言活动聚焦在阿莲身上。

领导者:好了。如果我们已经讨论完这个主题,我想我们该换个话题了。请大家用简单的一句话,谈谈作为一个单身母亲遇到的最大困难是什么?想想看,每个人最好都要分享。(20秒钟之后)阿芬,请你用一句话说说对你而言最困难的事(阿莲就坐在阿芬的旁边)。

阿芬:为自己找时间。

阿丽:同时扮演双亲。

阿茵:钱,挣足够的钱。

阿玲:约会而不感到内疚。

阿莲:不被人了解。

领导者:你的意思是什么?

阿莲:我12岁的女儿不了解我所做的任何牺牲和努力,她还责怪我离婚。

领导者:你可以多说一些你和女儿的感受吗?

阿莲:好吧!我女儿……

【案例3】

这是一个由6位成员组成的自杀危机干预的教育团体。本此聚会的主题是"自杀"。成员们在犹豫,领导者觉得团体需要更多人参与讨论,从而提出要成员回答三个问题。

领导者:我希望每个人都书写这三个问题,将答案写在纸上。①列出你想自杀的原因;②列出你在处理自杀问题时所持有的恐惧;③你认为人为什么要自杀?

当成员完成任务后,领导者有两种选择:一是请成员分别大声地念出第一个问题的个人答案;二是为了团体更多地参与和分享,可以从第二或第三个问题开始。

【案例4】

这是由一个大学生组成的生涯规划的讨论团体。聚会即将结束,阿龙还没发过言。

领导者:(试探性的语调)阿龙,我注意到这次聚会你一直都很沉默。我不知道你是否愿意说点什么?如果你觉得可以,我们也很想听听你的想法。(转移目光环视团体成员)谁想谈谈自己的想法?(领导者留意阿龙是否想发言)

第七章 团体计划

第一节 团体形成之前的任务

一、团体领导者的任务

心理学家 Corey（1990）曾说："如果领导者希望能成功地带领一个团体，就需要花一定的时间来计划它，做好充分与必要的准备工作。依我的看法，计划应该始于团体草案的撰写。"

在一个团体形成之前，团体领导者需要完成的主要任务包括：

（1）制定一个明确的书面计划，以建构一个有目的性的团体。
（2）向有关权威人士提交这份计划，得到认可与支持。
（3）公告这个团体，以便向团体成员提供较多的信息。
（4）团体活动前完成筛选和准备的工作。
（5）针对团体成员的选择做出决定。
（6）认真思考团体活动所必需的实务细节。
（7）如果有必要，必须征求当事人双亲的同意。
（8）为团体领导工作做好心理准备，并会晤协同领导者。
（9）安排一次预备性团体活动，说明团体的基本规则，使成员为参加这个团体做好准备。
（10）为做好万全准备，与团体成员讨论团体活动可能的风险。

二、团体成员的任务

在加入一个团体之前，团体成员需要具备必要的知识，判断这个团体是否适合自己，最终决定是否要参与这个团体。成员在团体形成之前经常要面临的问题有：

（1）团体成员要了解一个团体可能对他们产生的影响。
（2）团体成员要了解团体领导者，确定这个团体领导者所领导的团体在此时此刻是否适合于自己。
（3）团体成员需要作出是否参与该团体的决定。
（4）团体成员要思考他们想要从团体中获得什么，怎样在团体中才能达成他们的目标，从而使自己为未来的团体做好准备。

如果团体成员出现这种情况，很可能会产生各种问题。这些状况包括：①被迫加入一个团体；②没有获得关于该团体性质的必要信息；③对他们希望从这个团体中所得到的东西没有什么期待。

第二节　团体形成之前的计划拟订

领导者在组建一个团体之前需要认真思考如下问题：
（1）谁带领这个团体。
（2）团体规模的大小。
（3）团体是封闭式的，还是开放式的。
（4）每次团体聚会的时间是多长。
（5）团体活动的场所选在哪里。
（6）团体要招募哪些成员。
（7）招募成员的方法有哪些。
（8）团体聚会的次数是多少。
（9）团体聚会的具体时间安排如何。

一、谁带领团体

扮演助人、教学、督导角色的人可能会希望带领团体。精神科医生、心理学家、社工员、咨询员、管理者和教师都可以在其工作中带领团体。对于这些专业人士来说，学习如何带领团体是很有价值的。

二、团体规模

团体规模会直接影响到团体动力，领导者要谨慎地选择团体规模。通常决定团体规模的因素包括：团体性质、团体目标、每次团聚会时间、团体活动场所和领导者的经验。一般来说，教育团体为4—15人；讨论团体为5—8人；自我成长团体和支持团体为3—12人。

三、开放式或封闭式团体

领导者在团体组成时需要考虑团体是开放式的还是封闭式的。所谓封闭式团体，是指团体开始后不再接受新成员的团体，这种团体有时间限制和以目标为导向；开放式团体则是可以周期性的允许新成员不断加入和成员自愿离开团体。领导者可以根据团体目标、团体性质以及成员特点来决定。一般来说，封闭式团体是比较有利的，尤其是支持性和治疗性团体更是如此。

四、每次团体聚会时间

每次团体聚会的时间要足够，以使成员感到能投入团体之中。如果团体聚会时间过短，会让成员感到没有时间和机会学到更多知识。一般而言，教育团体或任务团体每次聚会时间为60—120分钟；治疗团体、支持团体或自我成长团体每次聚会时间为90—180分钟；儿童团体每次聚会的最佳时间为30—40分钟。

五、聚会场所的选择与布置

领导者必须考虑团体聚会场地的适切性。这包括：①场所的便利性，最好做到方便成员聚焦且交通便利。②聚会房间的隐秘性，尽力保证这个场所在团体聚会时无关人等不能随便入内。③聚会场地的舒适性，领导者要注意房间是否舒适，装饰、灯光、椅子的安排是否合理。一般来说，椅子的大小、高度要相近；尽量不使用沙发；最好不用到桌子，以避免造成成员之间的障碍，但教育团体和任务团体可以例外。④依据团体规模和团体目标来布置座位安排。小团体通常选择钻石型、圆形、U型、八角型或枫叶型；大团体可采用扇型、小半圆型、大半圆型或圆形剧场。总之，座位安排要尽量考虑到便于成员愿意分享以及增加团体的亲密性。

六、招募与筛选成员

Corey（1990）认为，任何形式的团体在组建之前，都需要考虑如下问题：

（1）明确团体服务的对象，是为一般人而设立的，还是为有特殊需要的人而设立的，即成员从哪里来；他们是医院的病人、监狱的犯人、学校的学生、心理卫生中心的个案、社区中对团体感兴趣的人；等等。

（2）将所有报名者都纳入团体，还是要经过某种筛选。这往往取决于团体的目标、性质、时间限制和场所等因素。

（3）同质性团体还是非同质性团体，即是否将年龄与背景不同的人员放在同一个团体中？例如，如果将大学程度和中学退学的人共同放在一个失业者团体中进行带领，可能是不好的；婚姻问题团体中包括不同年龄和教育程度的人可能是合适的。

领导者可选择三种途径来招募和成员：①建议法。咨询师根据日常咨询状况，选择有共同问题人，建议他们报名参加团体辅导。②转介法。借由其他渠道，如班主任介绍或其他咨询师转介。③公告宣传法。利用口头、文字、海报、通知、广告、小册子、电视广播、互联网等方法吸引人们自愿报名参加。这种方法特别适用于发展性咨询团体的成员招募。

一个团体的书面公告应该包含的要素有：①团体的类型；②团体的宗旨；③聚会时间和地点；④参加办法；⑤有关团体成员可期望于团体领导者的内容的说明；⑥有关团体领导者的资格与背景的说明；⑦有关确定何种成员适合于该团体的准则；⑧要收取的相关费用。

报名自愿参加团体的申请者不一定都适合成为团体成员。从团体咨询的特点来看，参加团体的成员最好具备三个条件：①自愿报名参加团体，并有改变自我和发展自我的强烈动机；②具备与人交流的能力和愿意；③能坚持参加团体活动的全过程，且能遵守团体规则。因此，领导者需要考虑是否有必要对申请者进行筛选，例如，教育团体、讨论团体或任务团体组建前筛选成员可能是不必要的。

一般而言，当条件允许而且对团体有益时，领导者才需要对成员进行筛选。常用的筛选成员的方法有：

（1）个别面谈法。这是最佳的也是最费时间的筛选成员的方法。面谈法的重要价值表现在三个方面：①使领导者比较容易与有效地评估成员是否适合参加团体咨询；②提供领导者与可能进入团体的成员进行接触的一次机会，以增加彼此的了解和建立信任感，以及缓解或消除申请者的害怕、担忧的心理；③领导者有机会预先告诉准成员团体的规则、内容、目标、运作过程、成员组成等信息，使准成员事先了解团体的潜在价值，以便成员自主选择是否继续准备参加此团体。

（2）心理测试法。Schutz（1958）针对团体工作制定了一个基本人际关系指标的心理测试，协助领导者预知个别成员在团体中可能出现的性格或行为。这些指标主要测试三个层面：①成员与他人能否建立深入而良好的关系。包括他是否有被接纳的倾向，自己喜欢人或关心朋友与否等。②个人对权力的态度。包括自己如何接受权力或使用权力，对领袖的看法和服从的程度。③个人坚持自己原则的程度。包括在公开场合如团体聚会时能否坚持自己的意见等。

（3）书面报告法。领导者通过申请者回答的一些书面问题的结果来判定该人是否适合这个团体。通常除了所需要的背景资料，例如，年龄、性别、教育程度、婚姻状况、疾病诊断、患病时间、生活状况等，还需要了解其他一些关键性问题：①你为什么希望参加这个团体？②你对这个团体抱有什么期待？③你希望从这个团体中得到什么协助？④你有什么忧虑是希望在团体中得到帮助的？⑤你认为你对这个团体能有什么贡献？⑥你参与每次团体活动的可能性有多大？⑦请写一篇简短的自转，描述你生活中重要的人和事。

七、团体聚会次数

许多团体的设立需要有一定长度的时间。例如，亲职团体、分娩团体、自信心团体、自我成长团体、治疗团体和多数的教育团体通常都有固定的聚会次数。确定团体聚会次数时，需要考虑的因素包括：成员的需要、领导者的时间、学校学期的长度、团体目标、团体性质以及团体所要涵盖的教育资讯的多少等。

八、选择团体聚会的频率与时间段

领导者需要考虑团体在一天中的哪个时间段聚会以及聚会的频率。一般来说，团体聚会的时间选择要考虑成员的日程表，最好不与成员的其他活动相冲突。如果团体聚会场所安排在学校或医院等组织内，领导者在安排团体聚会时间时必须将团体活动对成员每天作息的干扰减少到最小。例如，学校中的团体聚会时间安排，领导者要考虑同一班级的学生不至于每次都无法上同一特定的课程，此时领导者解决问题的最佳做法是使团体每次机会的时间都不一样；白天有工作的成员构成的团体可安排傍晚来聚会。领导者的时间表也影响着团体聚会的时间选择，因为领导者还有其他的日常工作需要处理。

领导者要确定团体聚会的频率，保证团体聚会的间隔时间的适当性，避免因聚会太频繁或聚会太少而影响团体目标的达成。一般来说，要综合考虑团体的性质、目标、领导者与成员的时间等因素来确定。例如，有些团体活动是每周一次或两次，有些团体活动是双周一次，而有些团体则是每月一次活动。

九、对非自愿成员所组成的团体应对策略

领导者如果必须要带领一个由非自愿成员所组成的团体，就需要有计划去应对、调适这些成员的负面态度。正如 Corey（1990）指出："成员对参加团体所抱持的消极态度经常会被解释成领导者没有能力使这些成员投入团体，当领导者在带领非志愿的成员所组成的团体时，在团体进行过程中必须先假设成员会产生负面的态度，第一次团体活动如果进行的很好，一些非自愿的成员将会改变其负向的态度。"因此，在团体活动计划中，领导者需要事先设计好可用的应对策略。

领导者在首次团体聚会时面对非自愿成员的说明案例

（1）我知道你们当中有许多人并不希望参加这个团体，你们可能会认为来这里是在浪费自己的时间。而我想告诉大家的是，我有许多计划是你们可能会喜欢的。

（2）因为你们并不是自愿来参加这个团体的，我想你们对于来这里一定会感到不舒服。等一下有时间可以让你们谈谈这些感受，但在此之前，我要先告诉大家一些我们在团体内要做什么，你们将会发现这个团体可能是很有趣的，而且对你是很有帮助的。

（3）每一次我带领这样的团体时，总有一些成员在开始时非常抗拒。但到最后他们会感谢我提供一个可以供他们分享想法和感受的地方。我知道你们当中有些人对于强迫来这里感到愤怒，而我想说的是，这个团体真的能帮助一些人。如果你愿意的话，它也可以帮助你。如果你愿意给团体一些机会，我将尽力使它成为你美好的经验。

十、团体契约的签订

团体契约，是指经过友好协商而在团体领导者与成员之间所达成的心理和行为的约定。签订契约的目的在于更有效地实现团体目标。团体契约明确了团体成员的权利和责任，以及在团体之中要遵守的规则。

Brown（1984）认为，团体契约的内容应该包括：

（1）清楚说明团体目的以及团体是因何而设的。

（2）个别成员的目标和希望在团体中获得的一些东西，这些都要与团体的整体目标相配合。

（3）团体运作的方法。

（4）团体聚会的时间、地点、次数。

（5）有关团体守则、奖励与惩罚细则。

（6）要求成员对团体有投入感，包括准时到会、不能无故缺席、帮助其他成员等。

（7）保密性原则与措施。

（8）个别成员若有需要时能否独自约见团体领导者。

（9）清楚说明团体与机构的关系（如学校、社区服务机构等）、团体成员的参与和活动的范围等。

为了使读者了解团体契约签订的具体问题，下面是一个团体契约书的案例。

团体契约书签订案例

团体契约书

1. 理念

本团体的目的是希望你能表现真正的自我。经过练习和鼓励,任何人都能学会以更令人满意的方式表达自己,本团体强调以"角色扮演"为训练自我肯定及接受反馈的方式。

2. 目标

本团体的整体目标是:①能区辨自我肯定和非自我肯定的行为;②把自己的需要、希望、感觉和意见以诚实而有效的方式表达出来。

3. 出席

请务必每次都出席,团体需要你提供意见和技巧示范。而且每位成员都参与,团体才能有效地进行。如果你不能参加,请和指导者联系。任何成员都有权利在任何时刻退出该团体。但是,如果你考虑退出,请事先和指导者沟通,这样做对你绝对是有帮助的。

4. 准时

请务必准时参加,避免错过聚会中发生的重要事件,同时也让团体能因你的参与而获益。如果你预计会迟到,请先通知指导者。本团体将于_____年____月____日开始,_____年_____月____日结束。

5. 作业

每位成员在下次聚会前,均须在团体以外的时间练习某些作业,你可以不同意指导者建议的作业。但是,一旦同意,请务必完成。

6. 保密

任何一位成员在团体中所说的话都是绝对保密的,也就是说,在团体中呈现的任何资料都不能在外面讨论。每个人都有隐私权,你可以不透露任何你不想和别人分享的事。如果团体进行时有录音,这份合约即是你允许录音带仅能做训练用的书面同意书。如果另有用途,我们会再征求你的书面同意。

7. 研究

每位成员都要参加团体前及团体后的自我肯定练习,这些练习可用来帮助指导者为成员设计个别训练计划,同时也可以评估本训练的成果。成员都要填写自我肯定量表和作角色扮演测验。同时,会有观察者在督导下记录团体的互动。团体结束后,所有资料都会和每位参与的成员分享。

8. 聚会时间

每个星期聚会1次,时间是_____

本人已经仔细阅读并充分了解本合约的内容。本合约在指导者和本人彼此同意下也可修订。

成员签名:_____ 日期:_____ 电话:_____

指导者签名:_____ 日期:_____ 电话:_____

第三节 每次团体聚会计划的拟订

一、领导者要明确的问题

领导者能否计划有效的团体聚会，将直接影响团体带领的效率。一般来说，领导者在计划每次团体聚会时最好慎重考虑这些问题：

（1）这个团体的性质是什么？
（2）这次团体聚会欲实现的目标是什么？
（3）这次团体聚会将选择什么主题？
（4）这次聚会将安排哪些活动？
（5）这次聚会的每个团体活动所占用的时间是多少？
（6）这次聚会是第几次？
（7）这次聚会将使用什么形式？
（8）这次团体聚会中将会出现哪些可能的问题？
（9）应对这些可能问题的备选策略有哪些？
（10）这个计划具有变通性吗？

二、设计团体活动的原则

（1）充分考虑到成员的特性，如年龄、性别、表达能力、职业背景等因素。一般而言，成员年龄低的倾向于动态性活动设计，成员年龄高的倾向于静态性活动设计；同性别团体倾向于肢体性活动，两性团体倾向于分享性活动；异质性团体倾向于多元化活动设计，同质性团体倾向于情感性、支持性活动设计；学历高者倾向于认知性活动和学习性活动设计，学历低者倾向于技能性活动和训练性活动设计；内向性者倾向于催化性活动设计，外向性者倾向于多元化活动设计。
（2）选择的团体活动要基于成员的需要、团体目标和预期结果。
（3）选择的团体活动应该是领导者能力范围所及的。
（4）非语言活动必须配合语言的分享和讨论。
（5）领导者选择、介绍和讨论活动时不一定要强调活动的名称。
（6）选择的团体活动要顾及成员的具体情况。
（7）选择的团体活动要兼顾场地的适合性。
（8）选择的团体活动应保证全体成员有参与机会。
（9）选择的团体活动要容许成员能够决定他们的参与度。
（10）选择的团体活动要考虑到团体的时间限制。

三、示例：团体聚会计划

下面是四个不同性质的单次团体聚会计划示例（详见表 7-1、表 7-2、表 7-3、

表7-4)：

表7-1是一个亲职教育团体的次聚会，有10个成员，包括两对夫妇、三个妈妈、两个单亲妈妈和一个单亲爸爸。

表7-1　亲职教育团体的聚会计划

时间分配	活　动
5分钟	1. 介绍：用绕圈发言的方式请成员介绍姓名、小孩年龄、参加团体的原因和动机
7分钟	2. 解说团体：形式和目的（强调这是一个教育性团体）；使成员分享他们的需求或任何对团体的担心和疑虑（讨论一些基本的规范：保密、准时出席、不攻击其他成员）
3分钟	3. 配对：分享作为一个父母所遇到的问题和感受
5分钟	4. 回到大团体中分享（在以下的讨论中运用他们所提到的例子）
5分钟	5. 简单介绍阿德勒式儿童行为理论（图表、文字资料方式呈现）： （1）所有的行为都是有目的性的 （2）小孩是不坏的，他们是受到挫折的和未被鼓励的 （3）不良行为的四个动机
5分钟	6. 三人一组分享对阿德勒式理论的想法
10分钟	7. 回到大团体中讨论，然后继续复习理论： （1）父母对这些不同动机的反思 （2）自然与逻辑的结果
5分钟	8. 三人一组讨论：讨论他们依据阿德勒式理论所表现的养育方式
5分钟	9. 回到大团体，讨论刚才三人小组的看法
10分钟	10. 焦点放在小孩第一个偏差行为的动机——寻求注意力 （1）用角色扮演来示范 （2）讨论处理这些情境的方法
5分钟	11. 配对讨论：讨论寻求注意力的行为动机与他们孩子的关系，以及父母如何处理该孩子的情况
15分钟	12. 到大团体，整理整合配对讨论时的感受和想法
10分钟	13. 总结： （1）特殊的体会、对团体的感受、一件他们计划尝试的新行为 （2）下发阅读资料 （3）提醒下次聚会的时间

表7-2是一个支持团体，由15名小学六年级感到交友困难的同学组成，其中8名男生和7名女生，并有一名新成员加入团体。

表7-2　小学生交友困难支持团体的聚会计划

时间分配	活　　动
5 分钟	1. 介绍新成员给大家认识： （1）请每个成员讲一下自己的名字，并谈谈他们上次团体活动的内容 （2）领导者再简单介绍团体和团体目标 （3）提醒成员讲话时要针对整个团体，而不是只对着领导者
2 分钟	2. 请成员写下他们交朋友的方法
3 分钟	3. 配对讨论成员所写下的交友方法
15 分钟	4. 在大团体中报告小组所讨论的： （1）在黑板上列出这些方法 （2）讨论这些方法 （3）针对某些方法进行角色扮演 （4）请每个成员都练习这些方法
3 分钟	5. 请每个成员说说在这个星期中想要尝试做的事情
7 分钟	6. 总结： 请成员完成语句：我今天学到的一件事是

表7-3 是一个为期六周的肯定性训练团体的聚会计划，由 8 名大学生组成，其中男女各半。

表7-3　大学生肯定性训练团体的聚会计划

时间分配	活　　动
10 分钟	1. 报告进展、这周的观察、发问
15 分钟	2. 用本周的一些情境来做自我肯定的角色扮演
5 分钟	3. 配对分享刚才角色扮演的感受
15 分钟	4. 提出"破唱片法"的肯定技巧： （1）示范 （2）演练
10 分钟	5. 角色扮演、回馈和发问
1 分钟	6. 自我评估和绕圈发言： 请用 1—10 表示感受的强烈程度（10 表示很强烈）：当你表现出自我肯定行为时，心理罪恶感的程度是几？
15 分钟	7. 讨论成员刚才所说的数字与怎样才没有罪恶感： （1）教导理性情绪理论的 ABC 模式 （2）在黑板上写下成员的非理性的自我对话 （3）写下成员的理性的自我对话

续表 7-3

时间分配	活　动
5 分钟	8. 配对讨论：如何将 RET 应用于自我肯定行为上
10 分钟	9. 主题讨论：请成员讨论"我计划在本周中尝试与自我肯定有关的行为"
5 分钟	10. 总结： （1）在团体活动中，今天印象最深刻的东西 （2）对团体中其他成员的祝福

表 7-4 是一个心理健康中心的门诊病人所组成的治疗团体的聚会，包括 6 名成员，其中男 4 人和女 2 人。

表 7-4　治疗团体的聚会计划

时间分配	活　动
5 分钟	1. 进展报告：询问阿强的妈妈来访的情形，阿彪的练习课程，阿虎的承诺状况——每天与两个人交谈
5 分钟	2. 分享本周的想法、意见和反应
10 分钟	3. 复习理性情绪疗法的 ABC 模式：请成员运用本周所发生的例子说明之
60 分钟	4. 处理个人问题——做"是与否"的绕圈发言，看是否有成员希望在团体中分享一些事情。如果全为否，则采用备案将焦点放在恋爱的关系上：用 1—10 来评量恋爱关系（10 代表最棒的），领导者问成员是什么原因使他们的分数不是 10（可由此点开始讨论。个人的问题处理也可从此展开）
20 分钟	5. 如果没有人要处理个人的问题，则介绍 TA 的理论。如果有，则继续个人问题的处理
10 分钟	6. 三人一组分享对 TA 理论的看法
5 分钟	7. 总结
5 分钟	8. 写日志

四、拟订团体聚会计划的误区

领导者在做团体聚会计划过程中，要有意识地克服一些常见错误。这些误区包括：

（1）缺乏计划。领导者要明确有一份完整的团体计划来引领团体活动的方向，是团体对成员的价值的重要保证。

（2）计划中的无意义活动。有时领导者所安排的团体活动、讨论话题是多数成员所不感兴趣的，这将不利于整个团体气氛的建立。领导者最好遵循这样的原则：务必使团体计划与每个成员都有所关系，而且对每个成员都具有一定的价值和意义。

（3）不适当的、太多的团体活动。团体活动是实现团体目标的重要手段，而非为活动而活动。领导者在一次有限时间的聚会中，如果安排太多的活动，将会使成员没有充分的时间和机会来整理这些活动所带来自己的感受、体验和想法，从而降低了团体活动的价值，团体也将变成活动的场所，而非交换感受、想法和经验的场合。

（4）时间分配和活动顺序不当。例如，领导者占用太多时间进行介绍活动或暖身活动。每次团体聚会的目标实现是领导者要着重考虑的，并且要安排足够的时间进行最重要的团体主题。一个良好的团体计划要有合理的顺序，防止安排一些缺乏内在关联性的主题和活动。例如，领导者在计划了一个回馈活动后，再进行成员如何评价自己的讨论。

（5）聚会之初安排负向性的活动。这种安排是不利于团体气氛建立的。通常的做法是，聚会开始时安排一些有趣的活动，聚会临近结束之前给成员几分钟时间来表达自己的负面体验。

（6）聚会之初的暖身时间太长或太短。团体聚会开始时，进行适当的暖身活动是必要的。因为暖身活动不仅可以调动成员的参与兴趣，而且可以协助成员做好聚会之间的必要衔接。一般来说，领导者要安排足够的时间来暖身，且保证暖身活动的趣味性，而不是让成员感到无聊。例如，领导者如果安排15—20分钟时间，请成员分享上次聚会的感受，将是不恰当的。

（7）匆忙结束团体聚会。每次团体聚会结束之前，请成员分享所学的知识和做出一些承诺是很重要的。领导者要尽力避免到了团体活动时间就匆忙结束。

（8）模糊的、缺乏弹性的计划。缺乏具体性的计划对团体的带领是没有帮助的。领导者需要详细制定每次团体聚会的活动内容和时间分配。领导者更需要清楚事先策划是具有弹性和挑战性的，领导者最好能根据带领团体的实际过程中及时做出动态的和适宜性的修正。

第四节　团体辅导计划的设计

Harvey（1986）认为，计划设计（program planning）是活动时的一种有组织的行动计划，以保证团体活动有效进行。团体辅导计划的设计是运用团体辅导等相关专业知识，有系统地将一系列的团体活动加以组织、规划，便于领导者带领成员在团体内活动，以最大限度地达成团体辅导的功能和目标。

一、团体辅导计划设计的项目

通常，一个完整的团体辅导计划设计至少要包括如下项目：①计划名称；②活动地点；③活动时间；④参加对象；⑤参加人数；⑥活动方式；⑦理论依据；⑧设计目标，即活动目标、团体目标和阶段目标；⑨活动资源，即人力资源、物力资源和财力资源；⑩活动内容；⑪时间配置；⑫计划评价。

香港中文大学林孟平提出，团体辅导计划在设计时应包含六个项目：①团体目标；②团体成员的特征；③团体领导者的责任；④团体成员的责任；⑤团体活动；⑥过程和预期成果。表7-5是一个团体辅导计划设计的范例。

表7-5 大学生适应团体活动书面计划

1. 团体目标
　　计划组织团体的理由在于：
　　（1）希望在处理团体咨询方面获得更多的实际经验
　　（2）因为我校学生面对很多问题，所以我希望通过团体参与，协助大学生处理这些问题
　　（3）与大学生相处的经验，有助于我对香港大学生全面发展的研究
2. 团体成员特征
　　本团体大学生7—8人。他们没有特别的个人困难，只是在大学的环境里，免不了遇到一连串的困难。在确定参加团体前，每一个成员都会接受一个初步的面谈
3. 团体领导者的责任
　　虽然我是团体的领导者，但我并非权威。我希望我是团体的促进者，努力营造一个适当的气氛和环境，以使成员感到安全、自在和温暖。我会设法安排一个方便大家的时间、地点的聚会。我不希望成员觉得我是领导。我会尽力使团体维持非审判及非检讨的性质
4. 团体成员的责任
　　我会让团体成员自行计划参加团体的活动；团体本身没有特定的目标，成员如有任何期望或建议，欢迎他们在团体聚会时提出。在成为团体成员后，他们应对自己以及所有其他成员负责，非必要时不可缺席团体活动；另外，他们在团体内应坦诚、真挚，而且应确保团体内一切谈话皆绝对保密
5. 团体活动与过程
　　在这阶段，我不打算给团体内的活动定下一个模式或结构，但若团体在进行中有此需要，我便会考虑。由于"团体"这个词对这些学生来说是一个比较新的概念，所以我在处理"团体"时将会按成员的需要来弹性处理
6. 预期成果
　　我想他们会珍惜在团体所感受到的经验，我期望看见他们有所进步，享受在他人面前坦白及真诚的新感受；我希望看见他们更了解自己，清楚自己的特质；同时，学习欣赏自己和爱自己

二、示例：团体咨询计划

一些研究者在设计团体活动计划和方案时，一般从团体类型、团体目标、理论依据、活动方式、规章、指导者、效果评价等方面来构思一项团体咨询计划，现示例如下。

（一）北京师范大学心理学系付建斌等人为了研究团体咨询过程而制定的计划

付建斌等人制定的团体咨询计划见表7-6：

表7-6 帮助大学生克服焦虑情绪的团体咨询计划

1. 团体类型
　　本团体是帮助大学生克服焦虑情绪而设置的，它并不针对有严重的精神病患者，而只是用理性情绪治疗的思想解决大学生一般生活适应及情绪困扰问题
　　在团体活动开始时，组织者会给成员一些建议，以使他们能从团体活动中获得最大收获，帮助成员们建立起互相尊敬、互相信任的团体气氛；与成员们一起讨论活动的具体内容以及活动方式。这里

续表 7-6

制定的计划只是一个粗略的方案,成员们经协商可以做任何修改
 （1）活动时间：每周 1 次,共 13 次,每次 90 分钟
 （2）活动地点：待定
 （3）活动收费：25 元/次
2. 团体目标
 （1）对团体成员有信任感,愿意诉说自己的认识与情感
 （2）掌握理性情绪疗法的基本思想,能用来解决自己日常生活中的情绪困扰
 （3）能够接纳自我,容忍他人,获得自尊和自信
 （4）学习自我决断能力,并愿意承担后果
 （5）能够逐渐发展出自己明确的人生哲学
 （6）通过与团体中和自己有相同问题的人交往,来摆脱生活的困扰与孤独感
 （7）善于把团体活动获得的新体会与经验,在具体生活情境中运用
3. 理论依据
 理性情绪疗法注重人的理性思维对情绪的控制,认为人只要控制住自己的思维,就能够成为情绪的主人。大学生具有足够的抽象思维能力,在开放的团体气氛下,应用理性情绪疗法对其不合理的思维进行改造,从而控制焦虑情绪的发生,是可以收到效果的
4. 活动方式
 以理性情绪疗法基本思想为依据,进行自我分析,专题讨论。其中可插入心理剧表演、角色扮演、放松训练、系统脱敏等心理辅导方式。活动之外,有家庭作业要做,包括阅读、写读后感、写日记以及实践演练等。确有需要者,可做一定的个别咨询
5. 基本规章
 （1）成员必须参加团体所有活动
 （2）成员必须保持对其他成员的信任,愿意与他们分享自己的内心世界。成员必须对他人表露的认识和情感提供反馈信息
 （3）团体活动时,严禁对他人进行人身攻击
 （4）团体成员在活动中的所言所为绝对保密。团体活动外,不做任何有损团体成员利益的事
 （5）成员应认真完成家庭作业
 （6）在整个团体活动期间,禁止与其他成员进行有关性的接触
 （7）活动中严禁吸烟、吃零食以及从事其他与活动无关的事
6. 指导者
 张吉连副教授——活动指导者
 付建斌研究生——活动组织者
 邓从真研究生——活动协助者
 王伟红研究生——活动协助者
7. 讨论的主题

8. 效果评价
 （1）量表评定：田内西自我概念量表、精神卫生自评量表、交往焦虑量表、目标和方式价值观调查表
 （2）主观评定：个人状况自述

（二）台湾辅仁大学心理卫生中心的李黛蒂女士制定的团体研习会计划

李黛蒂制定的团体研习会计划见表7-7：

表7-7　自我肯定团体研习会计划

1. 研习会的目标
   （1）使成员了解自我肯定的基本概念，以及自我肯定和生涯发展的关系
   （2）协助成员探索个人的行为模式，并从日常生活中找出无法自我肯定的原因
   （3）设计安全的情景，帮助成员学习新知识
2. 活动设计
   时间：4—6小时
   地点：本次研习会借学校柔道室进行。柔道室为一宽大铺满蹋蹋米的房间，十分适合团体活动的实施
   参加人数：20—25人
   领导者：本次研习会由2位领导者（一男一女）搭配进行
3. 团体设计方案

团体发展阶段	预期目标	团体活动	时间
（1）导向与暖身阶段	内容目标： 了解自我肯定的意义，自我肯定与生涯发展的关系	简短演讲： 举例说明"自我肯定与否对工作机会取舍的影响"	10—15分钟
（2）引发参与和自我探索阶段	内容目标： 帮助成员了解一般行为反应模式 过程目标： 设计一个自我探索的情景，并与团体分享，产生角色扮演的材料。使成员从真实情景中分辨各种行为反应的模式	团体活动： 了解自己在日常生活中的行为（活动A） 团体活动： 角色扮演（活动B） 简短演议： 说明4种行为反应模式	20—40分钟 15—20分钟
（3）继续自我探索与团体分享阶段	内容目标：协助成员分析个人的反应模式。帮助成员找出无法自我肯定的障碍 过程目标：设计活动，引导成员分析、探索自己并和团体分享	团体活动： 探索行为模式（活动C） 团体活动： 脑力激荡（活动D）	50—60分钟 20—25分钟
（4）尝试新行为阶段	内容目标：说明自我肯定行为概念性架构，协助成员学习新行为。利用海报、流程图来加深成员对自我肯定行为的了解 过程目标：创造安全情景，使成员尝试练习新行为	团体活动： 角色扮演	40分钟

续表 7-7

4. 活动说明

活动 A：了解自己日常生活的行为

目的：提供有限的范围，协助成员了解自己的行为

方法：

(1) 请成员在白报纸上画一个大圆圈，并分为三部分：家庭、学校、朋友。让成员以 2—3 个例子，写出自己在这三个方面中较难自我肯定的情境

(2) 自由选择 3 人，进行小组分享

(3) 集合各小组，进行大团体的分享

活动 B：角色扮演

目的：通过角色扮演，清楚了解他人的感受，同时也可练习新行为

方法：

(1) 领导者归纳前阶段大团体分享的内容，由成员选择其中一个主题，进行角色扮演

(2) 经过决定，成员们选择师生关系作为材料。由自愿的成员出来扮演

(3) 在角色扮演过程中，领导者适当地予以中断，再邀请自愿的成员出来扮演相似的角色，领导者在适当的阶段仍再予以中断

(4) 和成员一起比较，并分析两组相差异的地方

活动 C：探索行为模式

目的：以事先设计的分析表，帮助成员以有系统的方式分析自己。

方法：

(1) 发下行为模式分析表，请成员开始填写

(2) 利用游戏方式分组，进行小组讨论。请成员将自己的类型写在白纸上，贴在胸前，绕场一周，了解彼此，并自由选择 4 人一组，分享彼此的异同

(3) 聚集各小组，进行大团体分享

(4) 邀请数位成员在大团体中呈现自己的模式，并请其他成员试着分辨

活动 D：脑力激荡

目的：在自由、安全的情境中，使成员针对某一主题，得到各方面的见解，搜集丰富的资料

方法：领导者以团体决定的主题，邀请大家自由发言，并说明不允许批判或制止他人发表意见

（三）日本筑波大学学生保健管理中心松原达哉教授所制定的计划

该计划见表 7-8：

表 7-8　日本筑波大学第 14 期大学生自我开发集训活动营计划

	3月1日	3月2日	3月3日
上午	9：00 集合 去茨城县立中央青年之家 10：30—12：00 活动说明 (1) 自我介绍 (2) 他者介绍	7：00—9：00 扫除，早操，早餐 9：00—12：00 生存选择活动	7：00—9：00 扫除，早操，早餐 9：00—12：00 热座活动

续表 7-8

	3月1日	3月2日	3月3日
中午	12：00—13：00 午饭，自由活动	12：00—13：00 午饭，自由活动	12：00—13：00 午饭，自由活动
下午	13：00—15：00 盲人体验活动 生命线 生活计划	13：00—17：00 参观幽默村	13：00—15：00 脑力激荡 15：00—16：00 总结会 团体合影
傍晚	17：00—19：00 晚饭，洗澡	17：00—19：00 晚饭，洗澡	16：30 集合坐车返校
晚上	19：00—21：00 绘画活动 21：00—20：00 自由交往	19：00—21：00 联欢会 20：00—21：00 自由讨论	

三、团体辅导计划设计案例

下面这个心动：两性关系成长团体辅导计划案例来自台湾彰化师范学院心理学系，供读者学习借鉴（有删减）。

心动：两性关系成长团体辅导计划案例

一、团体名称

心动：两性关系成长团体。

二、团体目标

（1）澄清成员对爱情的迷思。

（2）增加成员对两性交往的了解。

（3）协助成员以健康、理性的态度面对异性交往。

三、团体性质

固定成员，结构团体，成长团体，发展团体。

四、领导者及训练背景

（略）

五、团体对象

由某初中三年级学生组成。

六、招募方式

针对某初中三年级学生采取自由招募形式，共8人，纯为男生，对两性关系与爱情关系有兴趣探讨者为佳，有恋爱经验者可优先考虑。

七、团体时间
星期四下午15：00～16：00，每次进行40分钟，为期8周。

八、团体地点
某初中团体辅导活动室。

九、理论依据
（一）基本理论

性是人类基本需求。关于专家对性教育的理论有如下方面：

（1）赫尔（G. S. Hall.）是第一位发表青少年理论的心理学家，他视青少年时期为充满强烈、不定情绪的时期，但青少年会从中变得更坚强。他主张青少年时期重大的身体变化也会导致心理上的变化。

（2）玛格莉特·米德（Magre Mead）强调文化因素在青少年过渡期的重要性，米德并未看到所谓的"风暴与压力"，而是相当平静地由儿童期转至成人的阶段。

（3）弗洛伊德认为，青春期生理的变化唤起了原欲，而原欲是点燃性欲的基本能量来源。如同Hall的看法，弗洛伊德也将冲突视为青春期身体变化的结果之一。

（4）安娜·弗洛伊德认为，原欲的复苏威胁到潜伏期所维持的自我与本我之间的平衡，结果焦虑引发了知性化（将性冲动转化为抽象思考）和禁欲（自我否定）两种自卫机制。

（5）艾里克森认为，青春期的主要性教育在于解决对性的认识与认识混淆的冲突，才能成为一个对性有独立认知的成年人。性在生活中扮演了重要的角色。为对性有个正确的认识，性教育显得十分重要。

（二）成员需求的理论

青春期男女由于生理方面的成熟，心理产生变化，加上内分泌作用，第二性征出现，于是开始对异性感到好奇，进入所谓的异性期。一般说来，结交异性朋友有以下五个阶段：①性别意识淡薄期；②团体活动群友期；③数对异性群友期；④非固定对象期；⑤固定对象交往期。不管在哪一个阶段，与异性交往应该要有以下的态度：①坦承、不欺骗；②采用比较轻松自然的态度；③诚恳，不要有"养鱼"心态；④学习沟通；⑤情感与理性并重。

（三）活动设计理论

1. 性别角色

性别角色源自男女不同地位的行为所表现的社会期待，它包含文化建构和人格成分。Broverman和Rosenberg认为：就人格层面而言，性别角色是涉及男女性别刻板印象的一般行为、气质特性的不同期待。D. B Lynn认为，性别角色偏爱是社会对某一性别较偏好、认可的行为，其中包括有关的人格特质、兴趣与行为。人类学家较偏重于描述不同文化的团体中，男女分工的情形；而心理学家则多研究一些能区分男女差异的特征，如人格特质的差异、能力上的差异、兴趣上的差异。不少学者研究，虽然社会文化间有差异存在，但一般而言，男孩子被鼓励追求成就、多独立、富竞争性工作，属工具取向；女孩子比男孩子被动、多依赖性、温驯整洁，属人际取向。虽然男女两性之根本差异源自生理结构的不同，但表现适当的性别角色行为，则要归结于社会文化之赋予，所以性别角色之分化是社会文化之产物，是人格发展认同的结果。

2. 人际吸引的原因

促使两人形成最初吸引力的变量：①时空接近性；②相似性。这是造成喜欢与否的重要因素，不论其范围是在态度、价值观、人格特质或地理因素皆然。吸引力的许多因素，都可以用社会交换理论来加以解释，亦即人们对于关系的评价，会受到自己知觉对该关系付出多少和收获多少程度的影响，而人们对于关系产生的结果之最低期望，以及是否其他关系会比较快乐，则会影响人们是否继续维持该关系。在长程关系和短程的关系中，对于酬赏和成本的公平性的看法是不同的：短期关系属于交换关系，人们很在意欣赏和成本分配的情形；而长程关系属于共有关系。

3. 喜欢和爱情量表理论

心理学家鲁宾在所做的"喜欢量表"与"爱情量表"的分析中，将爱与喜欢分为两种不同的性质和情绪状态，这两种有许多共同处；爱情具依附感、关怀感和亲密感三个要素，而喜欢只是正面的感受和好感、喜欢和崇拜，没有牵扯到自己为他做什么和独占的感觉。该理论可帮助男女在交往中衡量自己和对方情绪状态是喜欢还是爱，也许有助于日后获得更完满的结果，避免将友谊视同爱情。

4. 价值观的理论

每个人的价值观并非与生俱来的。阿德勒曾将价值的概念归纳为四种形式：一是价值是永恒的真理，是不带验证而自明之永恒理念；二是价值是内涵于事物之中，为该事物满足人类需求的潜能；三是价值为个人或团体所具有，系源自生理或心理需求之偏向；四是价值即行动。

现象学派认为，价值形成乃取决于个体对实体的一种内在知觉，个人的价值观是受他人独有的知、情、意、经验之影响，亦即不为外在环境所支配。行为学派的社会学习论者强调个体对模范的模仿作用，即受到增强而定型，显示它们格外重视客观环境对人的的价值形成之强势影响。

5. 爱情三角理论

Sternberg 提出爱情分别为亲密、激情和承诺：一是浪漫之爱，亲密与激情所组成的爱；二是同伴之爱，亲密与承诺所组成的爱；三是昏庸之爱，激情与承诺所组成的爱；四是完美之爱，亲密激情与承诺的交互作用，意味真爱的本质。

6. 恋爱的分类

Huston 将恋爱分为四类：①加速 – 停止型。起初进展极快，然后逐渐缓慢，无法走入婚姻。②加速型。速度不若加速 – 停止型快，走得顺畅，感情有增无减。③中度型。速度较前两型慢。④延长型。步调慢，长路多年，也许有结果，也许说分手。

7. 性行为

社会心理学家 Zick Rubin 将性行为的观点分为三种：①传统式观点。婚姻、承诺是性的必备先决条件，禁绝性交是爱与尊重的表征。②温和式观点。爱是性的先决条件，且性表达情感上的亲密。③开放式观点。为爱而性是理所当然，但纯粹为性而性也可以接受。

十、参考书目
（略）

十一、单元设计大纲
单元设计大纲见表1。

表1 单元设计大纲

单元名称	单元目标	活动流程	时间（分钟）
一、你准备好了吗	1. 帮助成员彼此熟识 2. 了解成员参加团体的动机以及期望 3. 帮助成员了解团体进行的方式、目标以及制定团体规范	1. 开场白 2. 姓名拼盘。让成员彼此熟识，并借由活动很快记下对方名字 3. 听你听我。将事先准备好的倾诉纪录表发给成员，请成员两两一组在有限时间内完成。主要在了解成员参加团体的动机以及从活动中了解成员参与与否 4. 江湖术规。请成员一起就成员们所分享担心的部分讨论团体规范 5. 下次见。让成员借由短文去思考参与团体的意义、发表看法并预告下一次的团体	5 10 15 5 5
二、谁是"万人迷"	1. 协助成员了解受异性欢迎的特质 2. 协助成员检视自己所具备与未具备的特质，并且反思是否有需改进或加强的部分，以增加受异性欢迎的特质	1. 暖身。检视成员此时此刻的参与状况 2. 非常男女。以布偶为媒介的方式让成员了解受异性欢迎的特质有哪些 3. 最佳男女主角。发下工作单说明填写规则后，让成员带家当作家庭作业并于下次团体务必带来	5 20 15
三、碰碰看爱情	1. 协助成员了解成员自己的爱情价值观 2. 协助成员了解价值观在两性交往上的影响 3. 澄清成员对爱情的迷思	1. 检视团体。将软垫置于团体中央，邀请成员以距离垫子的远近代表与团体的关系 2. 众志成城。Leader将准备好的报纸铺在地上，成员要想办法全部站上报纸不掉落至少停留5分钟 3. 碰碰看爱情。每个人都用固定的金额来竞标爱情价值观 4. 讨论。分享每人竞标获得的爱情价值观，并讨论对爱情的迷思	5 10 10 15

续表1

单元名称	单元目标	活动流程	时间（分钟）
四、月光爱人	增进成员在两性互动关系中的技巧	1. 暖身一下。Leader 与成员聊聊这一周时间所发生的事情，谈谈他们所关切的话题并试探成员进入团体的准备度如何 2. 阿花与阿呆。leader 设计 2～3 个两性关系情境，例如表白、拒绝。先由成员讨论，再以角色扮演的方式将讨论剧情呈现 3. 讨论并结束团体活动	5 20 15
五、第一次的亲密接触	帮助成员学习保护、珍惜自己的身体，并建立两性互相尊重与平等的观念	1. 身体密码。leader 发下人形图给成员，以不同颜色区分出自己身体的界限，并两两配对讨论，之后回到大团体做讨论 2. 团体停看听。让成员填写团体检核表及成员团体经验回忆表 3. 轻松一下。Leader 让成员决定今天所要谈论的主题，可不与两性有关 4. 总结。Leader 提醒下次团体时间及预告下次团体	10 10 15 5
六、第二次的亲密接触	协助成员探讨亲密关系，建立负责任的性态度	1. 心情温度。回顾上次团体并引入主题 2. 她该怎么办？以一个曾发生婚前性行为的初二女生为例，引入今天的主题 3. 总结。Leader 肯定成员的进步及以自己的看法作为本次团体的统整	5 30 5
七、为什么你背着我爱别人	协助成员能妥善处理爱情中的冲突	1. 爱你。利用音乐催化成员进入情境 2. 龙卷风。让成员讨论与异性交往的冲突，予以面对与解决 3. 结束。Leader 以自己的经验作为结束并总结本次团体。提醒成员下一次是最后一次团体活动	5 20 15
八、我要的幸福	1. 针对前七次的团体活动进行的历程做回顾 2. 引导团体成员借由自我觉察以及他人的回馈当中，发现自我的成长 3. 结束和展望——心得之分享与祝福的给予	1. 心的礼物。拿出前七次团体活动的各项作业单，邀请成员回忆之前的团体活动。讨论印象最深刻的事及学习到什么。之后进行分享与讨论 2. 爱相随。邀请每位成员用一句话祝福团体。填写回馈单	30 10

十二、分次单元方案设计

分次单元方案设计分别见表2至表9。

表2　第一次团体聚会

单元名称：你准备好了吗	活动地点：团体辅导室	所需时间：40分钟

单元目标：1. 帮助成员彼此熟识
　　　　　2. 了解成员参加团体的动机以及期望
　　　　　3. 帮助成员了解团体进行的方式、目标以及制定团体规范

活动名称	活动流程	注意事项	时间（分钟）
一、开场白	1-1 Leader先介绍自己并将团体目标及进行方式大致介绍给成员了解 1-2 Leader说明以下将进行的活动、听你听我，并说明活动用意以及进行方式、规则		5
二、姓名拼盘	2-1 以绕圈的方式，将每个成员的名字记起来 2-2 Leader发下扑克牌，当看到与自己同一点数的牌，则要赶快说出对方的名字	扑克牌一副	10
三、听你听我	3-1 Leader将事先准备好的倾诉单发给成员，请成员两两一组彼此分享倾诉单上的题目并在分享完之后请成员在单子空白处签名 3-2 待成员们完成后回到大团体，Leader视时间状况让成员讨论与分享。主要了解成员们参加团体的动机以及从活动中了解其他成员与否	附录一　倾诉单：认识自己也认识别人 笔 录音机 CD	10 5
三、江湖术规	3-1 Leader将事先准备好的海报纸拿出，请成员们讨论与分享在团体中担心的部分，例如保密、发言等问题 3-2 Leader请成员们一起就成员们所分享的部分讨论团体规范	报纸一张 彩色笔数支	5
四、下次见	4-1 Leader预告下一次的团体活动时间以及内容；让成员自由发表第一次团体活动的想法		5

表3 第二次团体聚会

| 单元名称：谁是"万人迷" | 活动地点：团体辅导室 | 所需时间：40分钟 |

单元目标：1. 协助成员了解受异性欢迎的特质
2. 协助成员检视自己所具备与未具备的特质
3. 反思是否有需改进或加强的部分，以增加受异性欢迎的特质

活动名称	活动流程	注意事项	时间（分钟）
一、暖身	1-1 Leader重申团体总目标，以及再次说明团体规范，将团规海报再次拿出来说明一遍，询问成员有哪些要再增减的部分 1-2 绕圈发言以检视成员现在的感受：成员以数字1~10来说明现在自己的状况（可以是目前的精神状况或是自己目前的心情、想法）	拿出团体规定，提醒成员规定的重点及补充不足的部分	5
二、非常男女	2-1 Leader说明活动：利用2个布偶当成活动媒介作为引言，代表一男一女，主要是想了解成员们觉得哪些特质是受异性欢迎或欣赏。Leader以自愿发言的方式邀请成员发表自己心目中认为男性与女性分别受到异性欢迎的特质，Leader也事实加入自己的想法，以作为男女性的相互对照 2-2 Leader拿出示范海报，简述海报上所列举的受异性欢迎、欣赏的特质。若成员觉得有不足的地方再加以补上或删除 2-3 Leader和成员一起讨论海报上所写的各项特质，询问是何种原因让他们如此认为？以及拥有这样的特质会让个人散发出什么样的感觉？这些特质拥有哪些吸引人的地方？成员们是否都具备了这样的特质	布偶×2 附件二 示范海报：受异性欢迎的特质	20
三、最佳男女主角	3-1 下发工作单，先由Leader说明此工作单的作用及步骤 3-2 发给成员带回家当作家庭作业，约定下次团体要带来		10
四、结束	4-1 借由绕圈发言的方式了解成员对于此次团体的感想：用1~10来评估此次的团体，是否符合自己的期待及有何收获，若是要让自己的分数达到10，则必须要做需什么事情（包括Leader及成员的行为）才能达成 4-2 Leader总结此次团体，成员手牵手绕圈发言说出对此次团体的感想		5

表4 第三次团体聚会

| 单元名称：碰碰看爱情 | 活动地点：团体辅导室 | 所需时间：40分钟 |

单元目标：1. 协助成员了解自己的爱情价值观
2. 协助成员了解价值观在两性交往上的影响
3. 澄清成员对爱情的迷思

活动名称	活动流程	注意事项	时间（分钟）
一、检视团体	1-1 Leader使用软垫置于团体中间代表团体，让成员自由选择与团体的远近来表示在团体中的感觉 1-2 成员站定后，邀请成员说出自己选择此位置及在团体中的感觉		5
二、众志成城	2-1 Leader将报纸摊开铺在地上，让成员想办法通通站在报纸上停留约5秒钟 2-2 Leader强调安全问题，要求成员彼此协助帮忙，并一次次把报纸对折成1/2、1/4，强调要成员彼此互助合作，想办法互相帮忙让所有成员都站到报纸上	强调安全第一，让成员想办法互助合作完成任务	10
三、碰碰看爱情	2-1 拿出事先准备好的爱情价值大甩卖的清单，并发给每人100元，让成员思考怎么分配比重去得到所要的价值观 2-2 依项去喊价，依照自己对该项价值观的重视程度去竞标，由价高者得标 2-3 竞标结束后，请成员去看一看自己是否买到自己想要的？剩下多少个生命单位？是否还有自己重视的价值观并未列在价值清单中？去思考有些价值观是有所冲突的，当冲突时，自己是如何抉择？分享与体会成员中每个人对爱情价值观有不同的重视程度 2-4 回顾今天我们所做过的，并请成员分享今天最深刻的感想	爱情价值观海报 1. 多激发成员间的不同观点，以便澄清对爱情的迷思 2. 可分组进行	10 15

表5　第四次团体聚会

单元名称：月光爱人		活动地点：团体辅导室	所需时间：40分钟
单元目标：增进成员熟悉两性关系中的应对技巧			

活动名称	活动流程	注意事项	时间（分钟）
一、暖身一下	Leader与成员聊聊这个礼拜的所发生的事情，和他们谈所关心的话题，并检视成员准备进入团体的程度是否充足		5
二、阿呆与阿花	2－1 Leader以实际的情况设计三种两性交往可能发生的情况： (1) 阿呆暗恋阿花，想要邀请阿花与他约会。【邀约技巧】 (2) 阿呆终于鼓起了勇气，决定向阿花表白。【表白技巧】 (3) 原来阿花并不喜欢阿呆，可是却不知该如何拒绝阿呆才不会伤害他。【拒绝技巧】 2－2 将成员两两一组分为三组，由每一组派人抽签决定之后所要讨论的情境。成员先在小组内相互讨论因应之道后，再以角色扮演的方式共同将之呈现，Leader也加入角色扮演的行列，与成员一起对话	每种状况都给成员一些时间讨论与准备	20
三、讨论并结束	3－1 由成员自由发表对刚才三种情境演出的看法，以及是否有需补充之处 3－2 Leader鼓励及肯定成员刚刚的表现及对两性交往技巧看法，并提出自己的看法和成员一起讨论，以及纠正其偏差的想法 3－3 以绕圈发言方式结束本次团体聚会		15

表6 第五次团体聚会

单元名称：第一次亲密接触		活动地点：团体辅导室	所需时间：40分钟
单元目标：帮助成员学习保护、珍惜自己的身体，并建立两性相互尊重与平等的观念			
活动名称	活动流程	注意事项	时间（分钟）
一、身体密码	1-1 Leader 拿出画有人形图示范海报，对成员做说明，示范用不同的颜色画出自己的身体界线。（黄色：代表普通朋友可以碰触的地方；蓝色：表示亲密朋友可碰触的地方；红色：除非经由自己的同意，否则其他人皆不得侵犯的部分） 1-2 Leader 发人形图给每位成员，请成员画出自己的身体界线，之后两两配对分享，最后回到大团体做讨论	附件三 人形图示范海报 附件四 人形图	10
二、成员填写	2-1 Leader 说明几次团体下来所看到的种种情形，以及对于成员的整体表现的感想 2-2 下发团体活动检核单让成员填写 2-3 下发成员团体活动回忆单让成员填写	团体活动检核单如附件五 成员团体活动回忆单如附件六	10
三、轻松一下	3-1 Leader 让成员决定今天所想要谈论的主题，可以不一定跟爱情有关 3-2 适逢成员们刚刚考完学历测验，因此接下来在团体中讨论考完试后的感想及心得		10
四、总结	Leader 提醒下次团体的时间及预告下次团体主题		10

表7 第六次团体聚会

单元名称：第二次亲密接触		活动地点：团体辅导室	所需时间：40分钟
单元目标：协助成员探讨亲密关系，建立负责任的性态度			
活动名称	活动流程	注意事项	时间（分钟）
一、心情温度	1-1 Leader 带领成员回顾上次团体主题及活动，询问成员目前的状况，是否准备加入团体		5
二、她该怎么办	2-1 Leader 故意布置一个悬疑的气氛，让成员对 Leader 接下来所要谈的事情感兴趣。Leader 使用一个"假设的例子"作为开场，说明该例的主人公是一位初二的女生，因为和男朋友发生性关系而不知道该怎么办并前来求助，Leader 将此例子提出来和团体成员讨论，并寻求成员们的协助，请问成员们这位初中女生可以怎么做 2-2 发下作业单，请成员分别写下对作业单上问题的看法 2-3 邀请成员分享刚刚所写的看法，规定每位成员都要发言，与成员共同讨论对婚前性行为、什么是健康的爱、避孕等的看法，并与成员一起讨论对于性的种种问题与疑问	附件七　性其实很健康	5 10 15
三、回馈与总结	Leader 对于今天所讨论的主题做一总结发言，并赞赏成员们在性态度及观念上拥有正确的观念，以及在本次团体中成员的表现良好，在讨论及活动的配合度上都比之前几次都有所进步，鼓励大家继续保持		5

表8　第七次团体聚会

| 单元名称：为什么你背着我爱别人 | | 活动地点：团体辅导室 | 所需时间：40分钟 |

单元目标：协助成员能够妥善处理爱情的中的冲突

活动名称	活动流程	注意事项	时间（分钟）
一、爱你爱到老	1-1 Leader 发下一张歌词讲义，并告诉成员注意歌词的内容，请成员进入歌词所描述的情境，让成员找出个几首歌所要表达的意涵，其共通处为何	附件八　歌词讲义	5
二、龙卷风	2-1 由成员讨论与异性交往过程中曾遇到的最大的瓶颈或是冲突，给自己或是关系人的伤害又是什么 2-2 发下空白纸张，让成员去想象当自己面临分手或冲突的情况时，其心情会是怎样的？将其心情画下来 2-3 Leader 引导成员轮流分享自己的图画及心情故事，以及讨论在关系中如何更为彼此着想的方法，该用什么态度去增进双方的关系	歌词讲义 录音机 CD	20
三、Ending	3-1 Leader 以自己的经验结合之前成员所分享的故事及看法做总结，说明在两性关系中，冲突或是分离是每个人都可能会面临的课题，然而要如何将整件事情处理得好，可以不伤害到自己及对方却是更应该学习的。鼓励成员能使用更适当的方法增进两性关系，但也能更豁达地看待感情之间的分离，能够处理好分手或冲突的情况，才是上上之策 3-2 下发下次团体会使用的"心的礼物"，交代成员如何填写作业单并在下次团体聚会时务必带过来 3-3 Leader 提醒成员下一次是最后的团体聚会		15

表9　第八次团体聚会

| 单元名称：我要的幸福 | 活动地点：团体辅导室 | 所需时间：40分钟 |

单元目标：1. 针对前七次团体进行的历程做回顾
　　　　　2. 引导团体成员从自我觉察以及他人的回馈当中，发现自我的成长
　　　　　3. 结束和展望——心得之分享与祝福

活动名称	活动流程	注意事项	时间（分钟）
一、心的礼物	1-1 Leader拿出前七次团体的各项作业单、团体规范等，从第一次团体所进行的活动开始，邀请成员回忆前七次团体的种种活动及内容 1-2 Leader邀请成员将上星期所发回的"心的礼物"作业单用剪刀裁开，分别放入每个人的信封袋中		30
二、爱相随	3-1 绕圈发言——邀请每位成员用一句话祝福团体，并祝福自己有勇气为自己开创一个美好的未来 3-2 填写团体聚会总回馈量单	附件九　团体聚会总回馈量单	5 5

十三、附件

附件一　倾诉单：认识自己也认识别人

1. 收到最特别或最喜欢的礼物是……
2. 在拥有的东西中，我最喜欢……
3. 我的优点是……
4. 我的缺点是……
5. 我参加团体是因为……
6. 我在家中的排行是……
7. 我最喜欢的运动是……
8. 休闲时，我常做的活动有……
9. 我最得意的一件事……
10. 我的专长是……
11. 我最崇拜的偶像是……

附件二　示范海报：受异性欢迎的特质

男　生	女　生
勇敢	温柔
大方	大方
负责	负责
有风度	有耐心
有才华	长得美
作风稳健	很会运动
很会运动	认真
认真	可爱
成熟	活泼
稳重	
体贴	

附件三　人形图示范海报

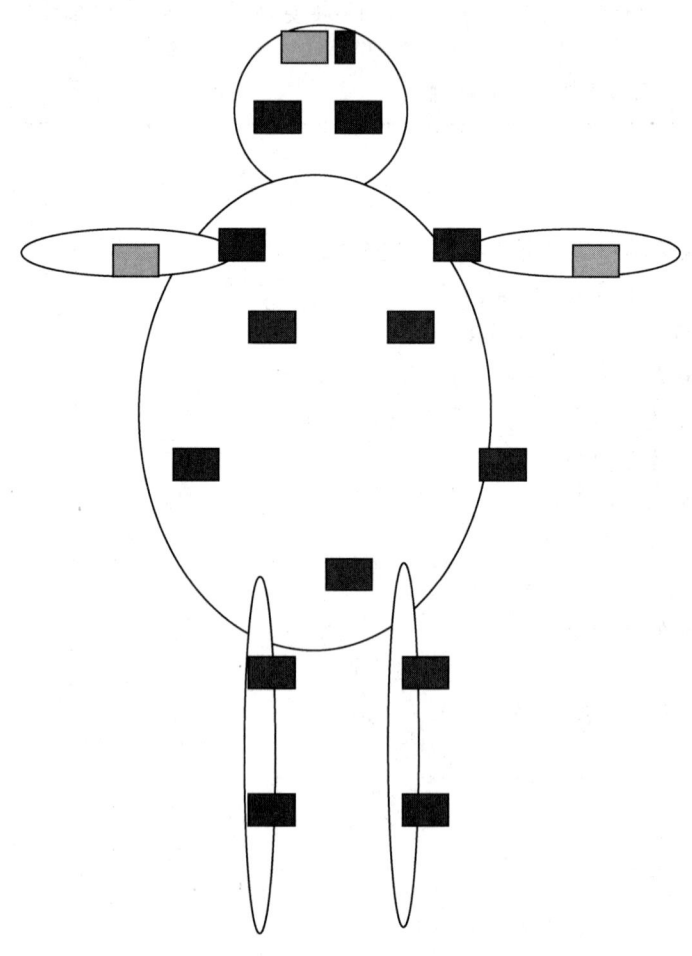

附件四　人形图

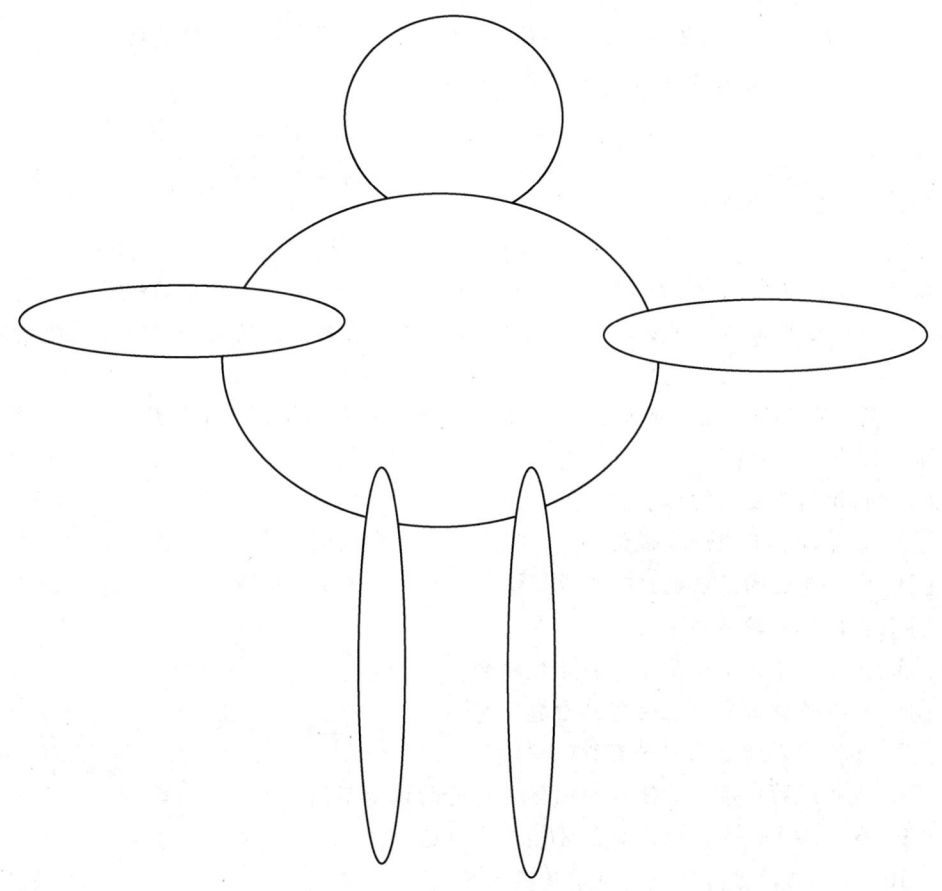

附件五　团体活动检核单

各位亲爱的伙伴们，从首次团体聚会开始到今天，我们的团体聚会已经进行一半了。还记得第一次见面的名字拼盘吗？随后的第二次团体聚会我们探讨了受异性欢迎的特质；第三次团体聚会我们试图去了解自己在爱情中的价值观；第四次聚会我们热烈讨论在两性交往中所遭遇的情况以及不同的应对之道；今天的第五次聚会，我们学习如何保护及尊重自己与别人的身体。相信每一次的团体聚会都让你或多或少留下了一些深刻印象。

以下问题希望你能依照事实以及你自己的想法打√或打×：

（　　）1. 这五次团体聚会，我感觉与团体距离更接近了。
（　　）2. 经过了五次的团体聚会，我已经很信任团体了。
（　　）3. 我感觉自己越来越喜欢这个团体了。
主要的原因是：
（　　）4. 经由这五次团体聚会，我更加了解在和谐的两性交往中的不同要素。
（　　）5. 五次团体聚会下来，我能勇于表达自己的想法及看法。
（　　）6. 我喜欢整个团体的气氛。

(　　) 7. 对于每次团体的聚会及内容我都认真参与。
(　　) 8. 往后的三次团体聚会，我会更认真参与。
(　　) 9. 我最喜欢团体的：A. 气氛　B 活动　C 成员分享　D 其他
(　　) 10. 我觉得团体可以再改进的地方是：
　　　　　A. _____
　　　　　B. _____

附件六　团体活动回忆单

姓名：　　　　　聚会日期：2001 年　　月　　日　　编号：

填表说明：这是一份了解团体活动的调查，不会影响你在团体中的权益，但是对于团体领导者今后的工作很重要。因此请你务必根据自己的实际情况详细回答，谢谢您的合作。

本次聚会有想说而未说的话：　　□否　□是（请勾选未说出来的原因，可以复选）
未说出来的原因：
□1. 怕说出不妥当的话。
□2. 领导者没有邀请我说话。
□3. 觉得自己的想法也许不重要。
□4. 在团体中我感到不自在。
□5. 他人抢先说话以至于使我错失机会说话。
□6. 担心多说话其他人会怎么看我。
□7. 其他人说到自己似乎有所保留。
□8. 我想说的事情与其他人在团体中讨论的议题不同。
□9. 我需要多认识其他成员，才能谈我自己。
□10. 团体活动进行很快，我常插不上嘴。
□11. 正好领导者问我别的事情。
□12. 我觉得自己和其他成员很不同。
□13. 我需要再多观察其他人怎么谈论他们自己。
□14. 我感到大家好像还在彼此观望中。
□15. 担心自己想说的事情被传出去。
□16. 担心当我说出自己的事情，不知道领导者会怎么想。
□17. 觉得说出来会使自己尴尬。
□18. 团体中有的人让我不信任。
□19. 想说的事情不知道领导者能否了解。
□20. 等到有人说出与我相似的问题或困境，我才要跟进。
□21. 团体中的人可能不会了解我想说的部分。
□22. 我还不确定领导者是否有能力协助我要处理的事情。
□23. 我担心说出自己的事情后，不知道其他成员会有什么反应。
□24. 我想得到支持，但不知道其他成员会有怎么样的反应。
□25. 其他原因_____

本次团体聚会有谈到自己的事情：☐否　　☐是（请勾选原因，可以复选）
本次在团体聚会中会谈到关于自己事情的原因：

☐1. 领导者口头邀请我。
☐2. 领导者看着我。
☐3. 领导者用肢体动作邀请我说话。
☐4. 团体中有成员要我说话。
☐5. 当时大家都在看我使我感到有需要讲话的压力。
☐6. 我想尽早处理自己的问题或困境。
☐7. 我认为团体中的人能体会我的遭遇。
☐8. 我认为说出来可以得到其他人的支持。
☐9. 我想说出来领导者会协助我厘清问题。
☐10. 因为前一个人说出来的经验与我相似，所以我就跟进。
☐11. 有人谈他自己的困境或问题的时候，团体中会有人表示关心。
☐12. 团体成员沉默的时候我觉得应该要有人出来讲讲话。
☐13. 团体中的成员谈自己事情时大家反应热烈，对我决定去谈自己有鼓舞作用。
☐14. 领导者邀请大家发言却没有人出来说话。
☐15. 我认为团体中的成员会协助我厘清问题。
☐16. 我想团体中的人不会将我的事情说出去。
☐17. 我只是希望别人可以多认识我。
☐18. 我觉得可以略为谈论一下自己，以便了解别人的反应。
☐19. 我认为团体中的人能了解我。
☐20. 因为当时团体成员发言很热烈，大家都在谈论自己的事情。
☐21. 当时用轮流发言的方式发言。
☐22. 我觉得大家感情很好。
☐23. 目前谈到自己的部分还未涉及我真正想处理的问题。
☐24. 我当时期望领导者给我意见。
☐25. 我当时期望团体成员给我意见。
☐26. 其他原因：

附件七　性其实很健康

1. 你认为性是什么？
2. 你觉得什么才是健康的性？
3. 什么是你认为不健康的性？
4. 你赞成婚前性行为的原因是……
5. 你反对婚前性行为的原因又是……
6. 发生婚前性行为有什么后遗症？

附件八　歌词讲义

可爱女人
作词：徐若瑄　作曲：周杰伦
想要有直升机　想要和你飞到宇宙去
想要和你融化在一起　融化在银河里
我每天在想着你
这样的甜蜜　让我开始相信命运
感谢地心引力　让我碰到你
漂亮的让我面红的可爱女人
温柔的让我心疼的可爱女人
聪明的让我感动的可爱女人
坏坏的让我疯狂的可爱女人
世界这样大而我只是只小小的蚂蚁
但我要尽全力保护你

完美主义
作词：方文山　作曲：周杰伦
如果说怀疑　可以造句
如果说分离　能够翻译
如果这一切　真的可以
我想要将我的寂寞封闭
然后在这里　不限日期
然后将过去　慢慢温习
让我爱上你　那场悲剧
是你完美演出的一场戏
宁愿心碎哭泣　再狠狠忘记
你爱过我的证据
让晶莹的泪滴　闪烁成回忆
伤人的美丽
你的完美主义　太彻底
让我连恨都难以下笔
将真心抽离写成日记
像是一场哑剧
你的完美主义　太彻底
分手的话像语言暴力
我已无能为力再提起
决定中断熟悉

龙卷风
作词：徐若瑄　作曲：周杰伦
爱像一阵风　吹完它就走
这样的节奏　谁都无可奈何
没有你以后　我灵魂失控
黑云在降落　我被它拖着走
静静悄悄默默离开
陷入了危险边缘 Baby
我的世界已狂风暴雨
爱情来得太快　就像龙卷风
离不开暴风圈　来不及逃
我不能再想　我不能再想
我不　我不　我不能
爱情走得太快　就像龙卷风
不能承受　我已无处可躲
我不要再想　我不要再想
我不　我不　我不要再想你
不知不觉　你已经离开我
不知不觉　我跟了这节奏
后知后觉　又过了一个秋
后知后觉　我该好好生活

孟婆汤
作词：林利南　作曲：游鸿明　演唱：游鸿明
如果真的有一种水　可以让你让我喝了不会醉
那么也许有一种泪　可以让你让我流了不伤悲
总是把爱看得太完美　那种豪赌一场的感觉
今生输了前世的诺言　才发现水已悄悄泛成了泪
虽然看不到听不到　可是逃不掉忘不了
就连枕边的你的发梢　都变成了煎熬
虽然你知道我知道　可是泪在漂心在掏
过了这一秒这一个笑　喝下这碗解药
忘了所有的好　所有的寂寥

到不了
作词：范玮琪　作曲：张洪量
你眼睛会笑　弯成一条桥　终点却是我　永远到不了
感觉你来到　是风的呼啸　思念像苦药　竟如此难熬　每分每秒

我找不到　我到不了　你所谓的将来的美好
我什么都不要　（你）知不知道　若你懂我　这一秒
我想看到　我在寻找　那所谓的爱情的美好
我紧紧的依靠　紧紧守牢　不敢漏掉　一丝一毫
愿你看到
你眼睛会笑　弯成一条桥　终点却是我　永远到不了
感觉你来到　是风的呼啸　思念像苦药　竟如此难熬　每分每秒
我找不到　我到不了　你所谓的将来的美好
我什么都不要　（你）知不知道　若你懂我　这一秒
我想看到　我在寻找　那所谓的爱情的美好
我紧紧的依靠　紧紧守牢　不敢漏掉　一丝一毫
愿你看到

不要哭
作词：范玮琪/左安安　作曲：左安安
不要哭　你好傻　为了他不值得吧　不是说好要勇敢坚强
不要哭　我知道　你爱的和我一样　陷得太深而无法自拔
不要哭　你应该忘了他　别一再而再想着他说过就忘的话
不要哭　世界如此的大　不要因为一次的失败不敢再出发
不要哭　你不要哭
不要哭　你不要哭
不要哭　不要哭　不要哭
No more tears　No more tears
No more tears　No more tears　No more tears
那爱情让你无法分辨伪善和真假
但为他受过的伤　是成长的代价
不要哭　别再傻　为他这样值得吗
不是说好永远 No more tears

忘　我没有很努力要自己去遗忘
那些和日记一起收藏的过往
孤单在思绪之中变得很漫长
想　我没有很刻意让自己不去想
那些和照片一起静止的模样
我学着坚强
坚强到不用学着不想
学着遗忘
还是害怕夜深人静时总想起你

还是害怕不经意听见你的消息
然而当爱已经沉淀得太清晰
当拥有已经是失去　就勇敢放弃
还是会害怕一个人时就很难忘记
还是害怕突然宁愿当初没有决定
然而当爱最后的出口是分离
我会这么相信　走下去
还是害怕夜深人静时总想起你
还是害怕不经意听见你的消息
然而当爱已经沉淀得太清晰
当拥有已经是失去　就勇敢放弃
还是会害怕一个人时就很难忘记
还是害怕突然宁愿当初没有决定
然而当爱最后的出口是分离
我会这么相信　走下去
我没有很努力要自己去遗忘

开始懂了
我竟然没有调头　最残忍那一刻
静静看你走　一点都不像我
原来人会变得温柔　是透澈的懂了
爱情是流动的　不由人的
何必激动着要理由
相信你只是怕伤害我　不是骗我
很爱过谁会舍得
把我的梦摇醒了　宣布幸福不会来了
用心酸微笑去原谅了　也翻越了
有昨天还是好的
但明天是自己的
开始懂了　快乐是选择

附件九　团体聚会总回馈量单
　　亲爱的帅哥……还停留在回忆中吗？振作！振作！……今日我们有缘相聚，但是来日方长呢？团体的成长、永续也需要你的一份心力。以下是我们拟出的几个问题，希望您能提供我们宝贵的讯息，以供团体改进的参考……
　　在括号内请填上阿拉伯数字，由1/不满意—10/满意。
　　1. 对团体活动气氛的满意度（　）
　　2. 对团体活动内容的满意度（　）

3. 对场地安排的满意度（ ）
4. 对领导者带领团体方式的满意度（ ）
5. 对领导者时间控制的满意度（ ）
6. 对第一次至第七次团体聚会的整体满意度（ ）
7. 我最喜欢哪次团体聚会（ ）

第八章 团体焦点

团体焦点（group focus），是指团体活动正在进行的内容，包括建立焦点、保持焦点、转移焦点和深化焦点。焦点存在于团体活动进程的此时此地，可能是一个主题、一项活动或一个成员的问题、想法等。

第一节 建立团体焦点的方法

领导者必须担负起建立团体焦点的重要责任。一般来说，建立团体焦点的方法有四种。

一、叙述明示法

领导者直接向成员叙述团体接下来将要进行的主题或活动来建立团体焦点。领导者可以这样说明：

（1）接下来的 30 分钟，我们要把注意力放在罪恶感的主题上。

（2）下面 20 分钟，我们将焦点放在阿虎身上，试着帮助他走出目前的困境。

（3）我想让我们来摘要前面 30 分钟所进行的内容有什么意义。

（4）让我们真正地将焦点集中在其中的一个主题上，不论是哪一个主题，我们要选择其中的一个而不要同时讨论三个主题。

（5）今天聚会的主题是如何进行自我时间管理。谁想先分享做时间管理的家庭作业的心得？

（6）离这次聚会结束还有 5 分钟，请允许我来总结一下本次聚会。

（7）请大家注意，还有 3 分钟，请让我布置一下这次聚会结束后的家庭作业。

二、活动聚焦法

有许多直接而且具有创造性的活动技巧用来集中团体的焦点。领导者可以根据不同情景的需要，选择性地使用这些技术。领导者要善于运用视觉辅助手段或工具，请成员写一些或画一些东西，以集中成员的注意力。可供选择的活动包括：

（1）运用与团体目标或主题相关的海报、招贴、图表以及示意图。这些经过认真制作的视觉辅助工具能很好地吸引成员的注意力，增加其参与团体的兴趣。

（2）利用黑板、白板或大张海报列出团体讨论的项目或特质。例如，如果团体成员讨论的是关于药物的主题，领导者可以走到白板前说："让我们来列举一下使用药物的优缺点有哪些？"如果带领的是一个大学生交友团体，领导者可以说："让我们列出好朋友的特质。"白板上的所写出的文字信息将会引发成员更多的想法，而集中其注意力于这个活动上。

（3）利用黑板描绘图形或用以比喻的图案。例如，关于心理压力源的主题讨论，领导者可以在黑板、白板上绘出一个大热气球，其四周悬挂着不同质量、体积的砝码。每个砝码上标示着质量（200，150，100，50，25），并在每个砝码下面标示出其代表的压力源。这种图像法可以使成员专注于自己所承受的压力以及程度。

（4）请成员列表或书写。邀请成员书面回答语句完成表，或请成员用文字回答指定的题目。

【示例】

团体要讨论关于父母的主题，领导者编写了7个未完成语句，请成员作答。

a. 当我想起妈妈时，我_____。
b. 当我想起爸爸时，我_____。
c. 我希望妈妈_____。
d. 我希望爸爸_____。
e. 我和爸妈之间最大的问题是_____。
f. 爸妈认为我是_____。
g. 爸妈希望我_____。

（5）请成员用绘画来表示团体讨论的主题。例如，"我的家庭像什么"的主题，领导者请成员描绘成长的居所；"童年时代对现在生活的冲突"的主题，领导者请成员描绘早年的记忆。

（6）放一张面积很大的硬纸在团体中央的地板上，上面写出一些具有震撼性的字眼或短句。这种活动能够使成员集中注意力在单一概念的讨论或想象上。例如，"爸爸""妈妈""同学""朋友""自尊""工作""责任""忠诚""我所害怕的""令我快乐的事情""在我生活中所能做的"等。

（7）领导者事先制做好有实用性的提纲或讲义，并发放给成员。这些资料可以便于成员浏览、参考与保存，以及提醒成员需要注意的相关信息。

（8）在房间中央放置一个空椅子。空椅子可以代表任何人。领导者如果想以父母为团体讨论的焦点，空椅子就可代表父母；如果以愤怒为团体焦点，这个空椅子就能代表那个令某位成员感到愤怒的对象之一。

（9）在房间中央放置一个儿童用的小椅子。小椅子可以指代多种对象或情景，如自由的小朋友、内向的小孩、受伤的小孩、活泼的小孩、自卑的小女孩、漂亮的小女孩等。这种方法相对于单纯要求想象成为一个孩子的方式，儿童椅子的存在更能促使成员集中注意力在其自我的问题层面。

（10）领导者或成员站在椅子上。这种方式可以促使成员集中焦点在诸如被赞许或认可需求、心目中高于自己的人、相互依赖等主题上。

三、绕圈发言法

绕圈发言作为一种建立团体焦点的有效方法，是指领导者邀请每一位成员对同一个刺激作简短的回答。绕圈发言的聚焦作用体现为：①促使成员们必须思考自己将要公开表达的内容；②便于成员们有机会知晓与分享其他人针对同一主题的看法或感受。

【示例】

领导者可以这样启用绕圈发言活动来进行团体的聚焦。

a. 请大家想想看自从那次意外事件发生后,你最大的改变是什么?1分钟之后,我要你们每个人都简要地说一说。

b. 请大家想一想,你的家人对目前的你究竟有多大影响?很多?一点点?或一点也没有?然后我们轮流谈谈。

c. 现在,我想请你们每个人用简短的一句话,概括一下今天的团体聚会对你的最大意义在哪里?

四、两两配对活动法

两两配对活动法是指领导者要求成员自由组合成两人小组,来讨论团体的主题或作出反应的方法。

【示例】

领导者可以这样启用配对活动来进行团体聚焦。

a. 现在,请大家两人一组,来谈谈什么方法能使你们从这个团体中获得最大收获。

b. 请大家自由结合成两人一组,来分享对这次聚会的感受。

c. 好的!让我们两人一组,谈谈你们一组对问题解决的想法。

第二节　团体焦点的维持

团体焦点建立之后,领导者的重要任务就在于:需要时刻关注团体活动进行之中焦点的变化,不断地判定是否焦点跳跃得太快而需带回并保持在某个主题或个人上,或者需要将焦点转移至其他人、话题或活动上。

一、保持团体焦点的时机

什么时候保持团体焦点?这个问题对领导者来说是一个很大的挑战。因为团体目标的不同以及成员需求的差异性,直接影响着领导者准确判断保持焦点的时机。领导者需要先判别目前团体焦点是什么,据此采用不同的策略。

当以某个话题为团体焦点时,如父母、虚荣心、时间管理、价值观等,领导者最好需要评估如下问题:

(1) 这个话题与团体目标的相关度有多大?

(2) 这个话题在团体中持续了多少时间?

(3) 成员对这个话题的兴趣度有多大?

(4) 团体焦点在这个话题上是否时间太长了?这取决于本次团体聚会将要展开的内容的多少。

(5) 在此之前,团体曾经讨论过这个话题吗?有时会重复讨论同一主题。

(6) 领导者利用5点评量法,请成员打分评价某个主题是否继续。依据成员的评分来做出选择。领导者说:"我希望能很快地从你们身上了解我们是否应该继续讨论_____主题。在1—5的量表上,1代表完全没有兴趣,5代表很有兴趣。你们认为哪一个数字最能描述你的态度?"

当团体以个人为焦点,即焦点集中在某个成员身上时,领导者需要评估这些问题:

(1) 这个发言的成员是谁?
(2) 这个成员是否借助于发言来吸引团体成员的注意?
(3) 这个成员发言的时间有多长?
(4) 这个成员是否很少发言?
(5) 团体焦点集中在这个成员身上是否符合团体活动目标?
(6) 成员们是否因焦点在这个成员身上而受益?

二、团体焦点维持的时间

团体焦点在某个话题上或成员身上究竟应该停留多少时间,应根据团体性质、团体目标、发展阶段、团体聚会剩余时间等因素来综合判定。一般来说,当团体焦点固定在某个成员身上时,对于治疗性团体、成长与支持性团体,其焦点持续时间的上限为30分钟,而教育团体、讨论团体和分享团体,则最好不超过5分钟。当团体焦点固定在某个话题上时,一些诸如性、死亡等沉重的话题,也许在团体早期阶段长时间停留是不合适的;如果这种沉重话题在团体结束前30分钟被提出,最好也不能作为团体焦点。面对这种状况,领导者可以说:"因为我们没有足够的时间讨论,我又不希望因为讨论不完而让你们心里悬着未完成的事情,所以,我们下次再讨论关于死亡的话题。"

三、团体焦点维持的方法

领导者如果觉得团体焦点要继续固定在某个主题或个人身上的话,就需要及早识别焦点的变化过程,采取果断措施来予以引领或提醒。常用方法有:①使用截断技术,直接告知成员;②利用团体活动或运用辅助工具来集中团体焦点。

【示例】

领导者直接提醒成员团体焦点应该在哪里?

a. 让我们将话题停留在阿虎身上。
b. 我想回到阿梅刚才所说的。阿梅,你什么时候开始有这种感觉的?
c. 我们能否将注意力仍放在阿丽身上,直到她完成这个列表?
d. 我认为我们已偏离了阿华所说的事情了,阿华,你能否将你的事情再详细说明一下?
e. 在我们开始新的主题之前,我们先将这个话题讨论完。
f. 我想如果我们不谨慎些,我们可能会在同一时段触及太多的话题,让我们重新回到主题上,好吗?
g. 我们用30分钟的时间,来讨论一下如何做时间规划。
h. 请大家继续谈一谈家庭是如何影响自己目前生活方式的?
i. (成员在讨论对于恶性肿瘤的心理恐惧,领导者发现焦点又转移到财务问题上)

我在黑板上列出了你们所说的恐惧，财务的担忧是一个方面，还有没有其他方面的担心呢？

j. 我希望你们两人一组，继续讨论提高学习效率的策略这个话题，并将可能的方法写在纸上。

第三节　团体焦点的转换

一、团体焦点转换的时机

领导者在认定团体内需要有变化时，可以有意识地转换团体的焦点。一般来说，领导者遇到下面这些状况时需要自觉转换团体焦点：

（1）团体焦点在某个成员身上停留了太长时间。
（2）团体焦点在某个主题上停留了太长时间。
（3）焦点与团体目标有一定的偏差。
（4）团体聚会剩余时间客观上不再允许继续保持某个团体焦点。
（5）领导者认为成员需要改变，以使团体再度注入新的活力与能量。
（6）领导者希望吸引另一个成员投入团体。
（7）领导者想介绍一个新的主题或活动。

二、团体焦点转换的方向

团体焦点的转移具有多方向性，这包括：①从话题转向个人；②从一个话题转向另一个话题；③从话题转向活动；④从一个成员转向另一个成员；⑤从一个成员转向一个话题；⑥从一个成员转向一个活动；⑦从活动到主题；⑧从活动到个人。

三、团体焦点转换的方法

转换团体焦点的常用方法有：①告知成员预定的团体计划或议程；②绕圈发言；③配对活动；④截断技术；⑤引导技术。以上方法详见以下案例。

团体焦点转换方法案例

【案例1】

领导者引导团体焦点从主题转向个人的可选策略：常见于治疗团体、成长团体。

a. 阿芸，你似乎深为妒忌所苦，如果你愿意进一步探索你的妒忌，我想更好！我相信你很希望自己能控制它。

b. 有谁想花些时间谈谈自己的妒忌？我觉得许多人都很关心这个话题，阿萍、阿虎他们都已经谈过了。

c. 我希望每个人都想想前几分钟我们所谈的，有没有谁想针对这个主题进行探索？

d. 谁想进一步探索？似乎有一些可以探索、努力的。

　　e. 这样的讨论很好！然而我感觉到你们之中有些人想讨论一些个人的事情，有谁想先提出来呢？

【案例2】

　　领导者引导团体焦点从主题转向主题的可选策略：常见于讨论团体、教育团体和任务团体。

　　a. 让我们再花2分钟时间来结束这个话题，因为我们还要讨论其他方面的主题。

　　b. 我们似乎需要结束这个主题了。谁还有其他的意见想分享？

　　c. 今天我们要讨论的内容很多，让我们继续进行其他主题。

　　d. 我想改变目前的讨论，将焦点转移到阿虎所说的。他提到决定的后果，大家也说说看自己认为会有什么结果？

　　e. 今天我们将谈谈与压力有关的饮食与运动，我们预计每一个主题花30分钟的时间来讨论。

　　f. 首先我们需要决定要接受哪一个建议，然后我们再来分派工作，谁做什么，并讨论预定时间表所需做的变更。我们只有90分钟，所以大家需要注意时间。

　　g. 今天聚会的内容很多，所以我们接下来开始下一个主题。

　　h. 让我们来谈谈另一个与我们目前讨论的同样重要的主题。

　　i. 今天我们需要讨论两个以上的主题，我先告诉你们，然后请大家决定接下来我们先讨论哪一个主题。

【案例3】

　　领导者引导团体焦点从主题转向活动的可选策略。

　　a. 我希望停留在目前所讨论的主题上，不过，我认为活动对这个讨论会更有帮助。这个活动是……

　　b. 我想稍微改变我们的计划，有一个团体活动很适合我们目前的话题。

　　c. 我们已经就某某主题讨论了20分钟，现在请你们每一个人用一句话来说说自己此刻的想法，采用绕圈发言的方式。

　　d. 我们已经就某某主题讨论了10分钟了，现在请大家俩俩组合成一组，彼此分享一下各自的看法或感受。2分钟以后，请大家在大团体中分享。

【案例4】

　　领导者引导团体焦点从一个成员转向另一个成员的可选策略。

　　a. 阿虎，我认为你最好再考虑一下刚刚所说过的话，或许我们等会儿再回到你这里谈。有没有其他人想谈些什么？谁想探讨自己对情感的反应？

　　b. 阿风，我想将焦点转移到阿芸身上。（领导者转向阿芸说到）我们刚才讨论的，似乎与你的经验有关，我注意到你有两次欲言又止，你想现在与我们分享吗？

　　c. 有谁想对阿峰刚才的看法给点反馈吗？

　　d. 我们不再以阿霞为焦点了，而以你们自己为焦点。

　　e. 阿军，你觉得如何？你似乎想得有点深了！

　　f. 谁有和阿雄所说的类似的经验呢？

【案例5】

领导者引导团体焦点从个人转向主题的可选策略。

a. 阿龙,我想继续讨论你刚才所谈到的话题,我认为这是一个很好的主题,也想听听别人的想法和感觉。大家认为怎么样?你们将会如何处理这种情景?会有什么样的反应?

b. 阿丽,你所提到的许多关切的事情与其他人有关联。我想将余下的时间拿来讨论其中一些议题。让我们先谈谈你最先提出的主题。

c. 阿娟,你的想法很有意思。不过,我感觉我们用了很多时间,而我们还有更重要的项目要讨论,你何不简短地说说你的意见,然后我们再讨论别的主题?

d. 既然我们想听到更多的意见和观点,那么就大家一起来讨论,其他人觉得怎么样?

【案例6】

领导者引导团体焦点从成员个人转向活动的可选策略。

a. 我希望你们都能思考一下你们刚才所说的。请大家都拿出一张纸来记录,我要你们做的是……

b. 阿月,我们都感受到你的活力和热情,我想看看是否每个人都像你那样兴奋。我想请大家都站起来,并走到房间的那一边,现在,请你们立刻行动!

第四节 团体焦点的深化

无论团体焦点在成员身上,还是在某个主题上,领导者都需要决定是否将焦点深化。对于很多团体而言,最关键的是将团体焦点深化到一个能促进成员有所收获和有意义的水平上。

一、团体焦点深度图

团体焦点深度是指团体对成员的影响程度与工作的效果。领导者可以借助深度图来评量团体焦点的深度,以更好地观察与理解团体对成员的意义水平。所谓深度图,是指一种测量团体焦点深度的图形(见图8-1)。

在团体的整个过程中,讨论的深度是不断变化的。在团体的开始阶段,成员倾向于只是讲故事或肤浅的谈及某个话题或问题,其深度只有9或10;团体进行到中间阶段时,深度应该低于8或7。对于大多数团体而言,领导者希望在6或6以下的深度,避免团体内话题的频繁跳跃,例如形成这种模式:话题甲10—9—8;话题乙10—9—8;话题丙10—9—8。如果团体深度停留在8—10的水平,领导者就必须采取不同方法来加深团体的深度。

领导者通过评估团体深度,来保证团体的"漏斗效应"到达一个有意义的深度(见图8-2)。对于教育团体与讨论团体而言,团体深度通过对学习与思想交流的评估来测定;任务团体的深度评估需要考虑团体的建设性与成员的协作度;咨询团体、治疗团体、支持团体与成长团体则通过对生活与归属问题的新视角，以及做个人工作时的共享水平来衡量深度。

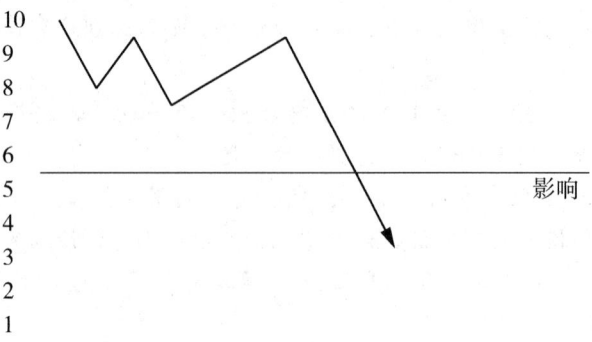

图 8-1 深度图示意

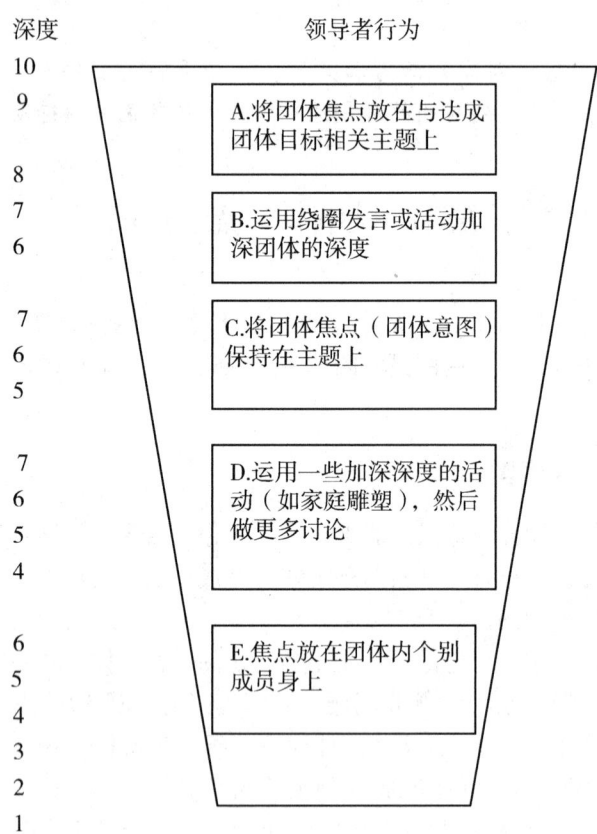

图 8-2 团体深度的"漏斗效应"

二、促进团体焦点深化的策略

（1）以启发性的方式提出一些能引发思考或具有挑战性的问题。

（2）运用诸如绕圈发言、配对活动、书写等密集性活动来触及一些深度、个人化的主题。

（3）明确指出经验分享的价值，并邀请成员做个人的分享。

（4）鼓励成员在一个更具个人化的水平上分享。

（5）以较深入的态度来处理与指导成员的问题。

（6）指导一项与深层次的个人问题相关联的活动。

（7）运用截断技术来终止成员"讲故事"的行为，引导成员做比较有意义的自我探索。

运用截断技术引导成员做有意义的自我探索案例

【案例1】

这是一个由5名女大学生所组成的自我成长团体。成员阿雪含糊地提到不喜欢自己某些方面。领导者利用深度式绕圈发言活动协助阿雪进行更深层面的自我探索。

领导者：阿雪，我要你坐在每个成员面前，并说出：我不喜欢自己，因为……

阿雪：（移到阿娟面前）我不喜欢自己，因为我很太胖了。

阿雪：（移到阿倩面前）我不喜欢自己，因为我的牙齿很黄。

阿雪：（移到阿萍面前）我不喜欢自己，因为我父母从来都不爱我。（开始哭起来，阿萍伸出手拉着阿雪，但领导者摇头示意阿萍终止对阿雪的拯救行为）

阿雪：（移到阿芳面前）我不喜欢自己，哦！我不知道能不能说（哭得更厉害）我不喜欢自己，因为在我成长过程中，我父亲对我做了某些事情。

领导者：是性方面的吗？

阿雪：（低头看着地板，怯怯地说）是的。

领导者：（以一种沉着、稳重、鼓励的声音）阿雪，我要你抬起头看着我们大家。在这里不会有任何人会轻视你的，不要想象自己是一个没有价值的人。（阿雪慢慢抬起头来）

【案例2】

这是一个由4人组成的大学生RET治疗团体。成员阿虎觉得自己很没有价值，因为他5岁时才被人领养。领导者使用绕圈活动向他的非理性信念挑战。

领导者：阿虎，我要你走到每个成员面前，回答"被收养是如何使你成为一个没有价值的人"的问题。团体中的每个成员都要向阿虎提出这个问题。阿娟，从你开始吧！

阿娟：阿虎，被收养这件事如何使你成为一个没有价值的人？

阿虎：哦。假如我父母爱我的话，他们就会留下我。

领导者：阿虎，请走到阿林面前。阿林请你问阿虎相同的问题，假如阿虎没有回答问题，试着问他一些更特定的问题。

阿林：阿虎，被他人领养这件事如何使你成为一个没有价值的人？

阿虎：一旦你父母丢弃你，你就是一个没有价值的人。

阿林：你说他们遗弃你是因为没有办法处理他们的生活，而且他们也没有钱，这如何使你成为一个没有价值的人？

阿虎：我不知道，但是我就是这样觉得的。

领导者：好，下一位。阿芸，说一些能挑战阿虎的问题。

阿芸：我不认为被收养会减低你存在的价值，我有一个好朋友，他也是一个养子，但他并不认为自己是一个没有价值的人，而我也不这样认为。

阿虎：噢！也许我所看到的都不是正确的，我想我了解了。

第九章 团体活动

第一节 团体活动的价值

一、团体活动的含义

所谓团体活动（exercises），是指领导者为了实现团体目标而精心设计的需要成员积极参与的有趣、活泼的体验性学习方式。

Yalom（1985）认为，结构性活动在 20 世纪 50 年代最早被应用于训练团体。研究者们对于团体中是否应用活动的看法是有分歧的。Rogers（1970）强调团体领导者的非结构性角色，无须对所带领团体承担太多责任，他说："我尽量避免使用任何事先计划后的安排与活动，团体领导者仅仅是一个催化员，其扮演的角色与成员相类似。会心团体的领导者对成员的行为指导正巧剥夺了他们形成自己的团体，与经验团体发展典型必经的历程的机会。"与之相反，Yalom（1985）、Corey、Callanan & Rusell（1982）、Trotzer（1977）等研究者认为：团体活动是很有价值的，领导者在协助团体成为一个有意义、有趣的团体上扮演着极其重要的角色。

二、团体活动的意义

Jacobs、Harvill & Masson（1988）列举了团体活动的意义至少表现在以下七个方面：
（1）促进团体讨论和提高成员参与感。
（2）有助于团体聚焦，吸引成员将注意力集中在团体主题或议题上。
（3）团体焦点改变、转换的重要途径。例如，在青少年团体中，领导者想要成员将他们对父母的愤怒的主题讨论转移到他们对自己的感觉时，可以这样说："似乎你们对父母有许多不同的愤怒情绪，我希望在这里我们的讨论能帮助你们以其他的角度来看待你们和父母之间的关系。我们现在要移到另一个主题，那就是你对自己的感觉如何？我要你们想想，对你自己，你比较喜欢的三项特质是什么？以及三项比较不满意的特质又是什么？"
（4）给成员提供体验性学习的机会，借由演出所谈及的事件来深化主题探究。例如团体在讨论关于"不被同辈接纳"的主题，为了避免仅仅在口头上谈论，领导者请所有成员将手搭在一起，围成一个紧密的圆圈，只有一位成员排除在外，这位圈外成员要尽力采取任何可行的手段试图冲破这道人墙，这个活动主要在帮助成员实际去体验寂寞的感觉并寻求获得他人接纳的方法。
（5）为领导者提供有用的信息，如绕圈发言活动。
（6）增加团体的舒适水平。例如团体聚会之初的相识活动、暖身活动、配对活动。

（7）为成员提供乐趣与松弛，促进团体放松，改变团体进行速度的有效方法，如团体按摩、传送面具等。

第二节 团体活动的原则

一、团体活动应遵循的原则

为了有效地运用团体活动促进团体发展，领导者应遵循六个原则：

（1）活动只是一种手段而不是目的，活动的真正意义在于活动结束后的讨论与分享，避免为了活动而活动。

（2）充分考虑所带领团体的目标、阶段、主题、特点、时间、成员、团体气氛等因素，决定是否要运用活动，运用什么类型的活动，运用活动到什么程度。

（3）了解团体活动的可能后果。

（4）最好运用自己熟悉的活动，对于不熟悉的活动最好在带领团体之前预演。

（5）一次团体聚会需要不少于一个活动时，最好考虑不同活动安排的顺序，以及如何衔接和过渡。

（6）团体活动使用的时机要认真选择。一般来说，在团体初期阶段、每一次团体聚会开始或结束以及团体工作阶段是利用团体活动的最佳时刻。

二、示例

（1）我要你们想一个词来形容你们此刻的感觉。（聚会刚开始）

（2）我要你们想想自从上次团体聚会结束到现在，在你们的生活中发生过哪些事情？我想请你们在团体中分享一二件最重要或有意义的事件。（非首次团体聚会开始）

（3）我想你们可以以报告这周来你们进步的情形来作为今天团体的开始，每个人将有1分钟的时间谈谈自己的进步。（非首次聚会的开始）

（4）现在，我们使用名字串联活动来帮助大家相互熟悉一下。（首次团体聚会开始）

（5）请你们用一个字或一句话来描述你们在这次聚会中所学到的东西。（一次团体聚会结束时）

（6）我们还有5分钟的时间，现在请大家两人一组，分享一下各自的收获是什么？以及在这次聚会至下次聚会期间自己计划思考哪些议题。（一次团体聚会结束时）

（7）现在，我请大家以角色扮演方式来显现你们与父母之间的沟通问题。（团体工作阶段）

（8）现在我要求大家完成亲子关系检核表。（团体工作阶段）

（9）现在，我们玩一个团体按摩的游戏。其规则是……（团体工作阶段）

第三节 团体活动的类型

每一种团体活动都有其特定的应用价值。领导者要根据团体的类型、阶段、需要、焦点、主题以及成员特征等因素来综合考虑，并在团体活动中创造性地选择和使用。

团体活动类型有 14 种。

一、书写活动

书写活动（written exercise）也称纸笔活动，是一种结构式的缮写活动，成员列举表格、回答问题、完成语句、记录自己的反应或在检核表上勾选。这种活动的最大优点是成员在完成书写任务的过程中可以集中注意力。下面分别举例说明书写活动的常用形式。

（一）语句完成

语句完成（sentence-completion），是指一个句子中留有部分空白要求成员根据自己实际状补充填写。语句完成活动的价值表现为：①引发成员的信念、感受与想法；②协助成员集中注意力和团体讨论的聚焦；③引发成员的兴趣与活力。

领导者在设计未完成语句时需要注意：①未完成语句的长度、种类要依据团体类型、目标、主题以及所期望回答的深度而定；②未完成语句的数量一般限定在 6 个以内；③领导者要根据成员对这些语句的反应来说明团体以后进行的方向和方式；④语句之间要具有一致性，限定在所期待讨论的范围里。

书写活动案例

【案例 1】
a. 离婚意味着_____。
b. 对于离婚，我感到最困难的一件事是_____。
c. 当我想到我的未来时，我_____。
d. 我最想从团体中获得的协助是_____。

【案例 2】
在团体中了解成员想法与感受：
a. 当我进入一个新团体时，我觉得_____。
b. 当人们第一次看见我，他们_____。
c. 在一个新团体中，我感到最舒服的时候是_____。
d. 当他人保持沉默时，我觉得_____。
e. 当领导者_____，我觉得很懊悔。
f. 在团体中，我最怕的是_____。

g. 真正熟悉我的人认为我是_____。
h. 我相信这些人，他们_____。
i. 我觉得可以很贴近他人，当_____。
j. 当_____时，人们会喜欢我。
k. 我最大的优点是_____。
l. 我是_____。

【案例3】
a. 我最大的财富是_____。
b. 我需要改进_____。
c. 我很遗憾_____。
d. 我最大的成就是_____。
e. 我被他人拒绝是因为_____。
f. 与他人相比较，我认为我是_____。
g. 我要充分利用我的生命去_____。
h. 今后三年，我最想_____。
i. 我最大的恐惧是_____。

【案例4】
a. 我认为性是_____。
b. 我对性的许多感觉是来自_____。
c. 在团体中，讨论性是_____。
d. 我希望每周有_____次性生活。
e. 关于性的话题，我最希望讨论的是_____。

（二）列清单活动

列清单活动（listing exercise），是指领导者邀请成员针对某个讨论议题进行书面文字书写活动。这种书写活动对于成员摘要他们的想法、感受以及保持团体焦点是很有意义的。清单列写完成后，领导者可以各种不同方式来运用所列的内容，如分组配对分享或大团体分享各自的内容。

（三）记录反应活动

记录活动（written-response exercise），是指请成员书面回答领导者所提出的问题。

【案例5】
a. 成员写出他们自己的墓志名。
b. 让成员在看完电影、电视、录像片或阅读完书籍后，在纸上写出自己的感受或看法。
c. 成员完成对不同问题的多次选择、偏好回答或者以一个词作答。

（四）日记

日记（diaries），是指一种纸笔活动方式。团体书写活动是请成员在团体聚会结束之前5～10分钟或回家写出自己的感受、变化、离开团体后发生的所有相关事件。这种方法的优点在于：①便于领导者阅读，获知成员对团体聚会的反馈，以调整下次聚会的内容；②便于领导者有机会给成员写评语、建议；③成员可以记录自己的团体收获，并进行自我反思；④便于成员在下次聚会时分享自己的事情。

【案例6】

领导者：现在离这次聚会结束还有8分钟，请你们在日记上写下今天聚会对你最具有意义的部分，请将你们对这次聚会的任何想法、感觉或反应都记到日记里。

二、肢体活动

肢体活动（body movement），是指成员运用身体做一些活动。这种方式可以是很简单的，如站起来、伸展身体，也可以是复杂的，如信任抬起、冲破封锁等。在团体中运用肢体活动是很有意义的，这表现出：①肢体活动能够给予成员身体伸展、移动的机会，以防止久坐的疲劳；②提供运作团体方式的变化，增加团体的兴趣和活力；③为成员提供一种经验的机会，避免单纯的口头讨论；④具有戏剧性的肢体活动比讨论性的活动将会成员留下深刻的印象；⑤吸纳所有成员的积极参与。

可应用于团体的肢体活动形式有以下几种。

（一）变换座位

变换座位（changing seat）活动就是领导者要求成员离开原来的座位，再找一个不同位置坐下。变换座位的目的是让成员伸展身体、移动位置以及面对不同的面孔。

肢体活动案例

【案例1】

领导者：现在，我想请你们都站起来，用1分钟的时间来伸展一下自己的躯体，然后找一个与刚才不同的位置坐下来，注意请试着坐在不同人的隔壁。

（二）兜圈子

兜圈子（milling around），是指领导者邀请成员转圈走，同时完成一些任务，例如与他人目光接触或目光闪避；彼此轻轻地相互触碰肩膀或手肘。这种活动有利于探索成员个人与他人互动的感觉，时间最好限定在2分钟之内。

【案例2】

领导者：我想请你们都站起来。（成员都已经站好了）我们将做一个非语言的兜圈子练习，首先请你们做的是低着头在房间里随处走，但不要与任何人有目光接触，（成员照此做了1分钟后）现在我要你们还是在房间里到处走，不过，在走的过程中要做到和他人进行目光的交流，至于眼睛接触的时间长短由你来决定。

（三）价值序列

价值序列（values continuum），是指领导者请成员依据各自对某一论题的看法、感觉来选择安置自己的空间位置，以视觉化方式来了解自己或他人的价值取向。领导者指定房间内的某些位置做价值观的象征，一边代表某些观点，另一边代表相反的观点。例如：连续线的两头分别为节俭者和挥金如土者，赢家和输家，幸福的和悲惨的，快乐的人和不快乐的人。领导者先请成员站到房间中央，然后在这连续线上的两点间移动位置。

【案例3】

领导者：我要你们都站到房间的中央来，并依次在阿虎身后排成一行。好！我将让你们对自己认为的所在序列的位置进行定位。这个序列是从你的右手边的墙开始，它代表"高度冒险者"，到你的左手边的墙位置，它代表"安全参与者"。（停顿5秒钟）大家都清楚了吗？好！当我数到3后，你们就要迅速找到各自的位置。准备好了吗？

（四）目标走路

目标走路（goal walk），是指成员们面对面排成两行，其中部分成员将脚或手伸出挡在所形成的路面上。领导者要求每个成员轮流从一端走过这两排人墙所组成的通道，到达通道的另一端。在此过程中成员要克服障碍物达成自我希望的目标。

【案例4】

领导者：我要你们每个人都站起来，并站成两排，其中三人站在这边，另外四个人站在那边。两排之间要留处一个2米宽的通道。然后每个人都要走过这条路。谁想先来呢？（阿龙自愿并走到路前，也就是领导者站的位置）阿龙，我要你想象你现在正要追求你的目标。只要你通过这个通道到达另一端，那你的人生将过得一帆风顺。好，现在我要你告诉大家，你最希望实现的目标是什么，你觉得会有多大困难？如果你觉得这个目标的完成在刚开始时会比较困难，那么，阿虎和阿鹃就需要形成某种障碍使阿龙在走过通道到达目的地时感觉到困难，因为你们的位置在前面。如果是中间部分比较困难，那么，阿雄和阿红就需要使中间路段的通过困难。我知道你们之中有些人正面对艰辛的事情。我们要做的就是让每一个人都能有机会在这一条达成目标的路途上以肢体的方式去经历这种阻力。你们可以形成障碍，或以牵手方式，或任何方法使目标的达成造成困难，但不可使当事人无法实现目标，或发出笑声，因为这会转移当事人的个人经验的体会。好！阿龙，请告诉我们你对你将要走的这条路的感觉与看法。

（五）你的进展如何

这个活动是让成员肩并肩站着，并从其个人目标的达成角度来思考他们在团体中的进展程度，即你已经走了多远。当成员位置站好后，将会有很激烈的互动与讨论。领导者可以请成员将其中一只脚往前摆，来象征追求目标所跨出的第一步，然后再请成员谈谈"这一步踩踏"的情形。

【案例5】

领导者：我想这个活动可以帮助你们看到自己现在在团体中的位置。现在请大家都站起来排成一行。（领导者站在约2米远的地方）我所画的这条想象线如果代表你第一次团体聚会中提到的个人目标，那么，你现在距离此目标的实现还有多远？有的人可能还很远，有些人可能已经不远了。现在，请你们每个人根据自己进步的状况，摆出各自的位置。

（六）塑造对团体的感觉

这种活动是邀请成员站着围成一个圆圈，并用手或躯体塑造出对团体的感觉。

【案例6】

领导者：我要大家都站起来并围成一个大圆圈。一分钟之后，请你们用身体语言与位置来表示出你们对团体的感觉。好，如果你真的觉得你很投入团体，而且也很能自我开放，就请站到圆圈的中心，并将你的手臂张开。如果你对团体有某些意见，就请背对团体，并将双臂合起来抱住自己。听清楚了吗？好！当我数到三时，大家就开始。

（七）家庭雕塑

家庭雕塑（family sculpture），是指领导者请成员根据对自己家庭的认识，雕塑出他们现在的家庭或他们成长过程中的家庭。这种方式具有揭发性，可激发成员关于家庭关系的讨论与探索。领导者通常花2分钟时间讨论每位成员的家庭雕塑，然后就可以展开家庭关系的深入讨论。

【案例7】

领导者：今天我们将焦点集中在家庭关系问题上，在谈论这个主题之前，我们先要进行"家庭塑造"活动。在这个活动中，你们每个人都要雕塑你们自己的家庭。你们可以挑选其他成员扮演你们的父母，或与你们住在一起的成人、兄弟姐妹，以及你家庭中的其他重要他人，并请安置他们的位置，以表明他们之间的关系。例如，你所雕塑的父母可能是手握手的，或者是彼此距离遥远的，而且是拳头举起的姿势。孩子们之间可能是很亲密的，也可能是很有距离的，有些与母亲较接近，而与父亲比较疏远，或者他们可能是背对着他们的父母。有没有谁自愿第一个先开始呢？当你们进行此活动时，我还会再多做一些解释的。

阿军：我先来，那么，我现在要怎么做？

领导者：站到团体的中央，有谁跟你一起住在家里？

阿军：我妈妈、爸爸和妹妹。

领导者：请挑选一些成员扮演这些人，并且挑一位成员扮演你自己。

阿军：阿虎你扮演我父亲，阿龙你扮演我，阿惠当我的母亲，阿鹃你当我妹妹。

领导者：现在根据你对他们的了解为他们摆位置，你父母很亲密吗？

阿军：不，他们似乎不讲话，他们该在这个房间相反的两个端点，我可以把他们摆那儿吗？

领导者：当然可以。你会将你妹妹放在哪呢？

阿军：我妹妹与母亲很亲密，所以我将她与母亲摆在一起。我跟家里的任何人的关系都不亲密，所以我将远离每一个人，到另一个角落。我感到很悲哀！

（八）基点活动

基点活动（home spot exercises），是指领导者请成员手拉手站成一个圆圈，每一个人都要在房间内挑选一个位置点,然后请所有成员试图移动到自己所选定的位置点上。因为成员所选择的位置点有差异,因此在手拉手的情况下移动,将会产生许多不同的动力方向。这种方式可以达成步调的改变,使成员体会他们是如何得到他们个人想要的。他们是如何坚持的,以及他们是如何保护他人的。

【案例8】

领导者:现在请大家完成一个游戏。之前我们已经讨论了你们之中有很多人总是无法追求自己想要的以及需要的东西。我请你们都站起来,并将各自的椅子挪到墙边(成员跟着做了)现在都走到中央来,手牵手围成一个圆圈。现在请你们每个人都仔细看看周围,并在这个房间内选定一个点。1分钟后,我将问你们一些问题。请试着在手牵手的状况下移动到你要的那个位置点上,并请在不与他人交谈以及没有任何笑声的情形下完成这个任务。你们的主要目标是在不放开他人的手的前提下,到达自己的位置点。准备好了吗?好!现在开始。

(九) 个人空间

个人空间(personal space),是指成员站成一个彼此间有一定距离的圆圈,领导者请成员都闭上眼睛去感觉周围的空间,同时试着去探索他们头部的周围、前面、侧面以及后面。40秒后,请成员尽量伸展其手臂去扩展活动空间。这种活动讨论的重点集中在成员对自我空间的舒适度,以及冒险伸展空间的感觉上。

(十) 变成塑像

变成塑像(become a statue)就是让成员站在离彼此一段距离的定点上,领导者数到三以后,成员就依据他们个人在团体内或团体外的情况,以雕像的姿态摆放出各自认为的自己。

(十一) 开放活动

开放活动(opening up exercises),是指领导者请成员两两配对,一位坐在地板上并缩成一个球,另一位则抓住伙伴的手臂,并以轻柔、坚定的态度试着将其打开。这种活动往往会激发成员控制、反抗和害怕被打开的感觉,或被他人揭露的感受。

(十二) 传送面具

传送面具(pass the mask),是指领导者请一位成员面对其邻座的伙伴扮演一个表情,这位伙伴再扮演相同的表情回应给第一位成员,之后再向邻座另一个成员扮演一个新的表情,第三位成员也模仿他的表情回应过去,之后,第三位成员再向第四位成员扮演另一个新的表情,依次类推。这个活动常能给团体带来趣味与欢娱的效果。

(十三) 拖后腿活动

这种活动是将成员分成两人一组,体验当他们想达到自己的目标时,被别人"拖后腿"的感觉。

【案例9】

领导者：这个练习是表现你向目标前进，体验被拖后腿的感觉。我想让你们每个人考虑今后2—5年的目标。现在，你们两人一组，分配一下谁是1号或2号。1号你站在2号前面，背对着同伴，将你的右手向后伸。2号你两只手拉你同伴的手腕。1号你想想你的目标，然后向前走，2号阻止他这样做。这个阻力可以帮助你了解是什么阻止你前进。练习时一定不要笑，这样才能获得真正的领悟。预备开始……

三、配对活动

所谓配对活动，是指将成员两两分组或三人分组，围绕某一团体主题所展开的活动。这种活动的价值在于：①提供成员互动的机会；②让成员演练一些技巧；③进行需要两人成组互动的活动。

配对的方式有两种类型：①非限制性配对组合，即成员自主选择配对伙伴；②限制性配对组合，即领导者根据团体的某种需要而提出配对的明确要求。

配对活动案例

【案例1】

a. 请你们每个人找一位成员组成两人小组。

b. 请你们每个人找一位自己希望认识的伙伴组成一组。

c. 请你们每个人找一个看起来和你不同的成员组成一组。

d. 现在我们需要两人一组来讨论……，阿霞，你来挑选一个伙伴吧。

e. 现在我们需要两人一组来讨论……，请大家以邻座的伙伴为一组。

f. 接下来我们要花5分钟时间谈谈刚才发生的一切，阿文和阿雄一组，阿静阿红一组，阿虎和阿彪一组。

g. 请你们每个人找一位成员组成两人小组，阿楠，我们两个人一组。

配对活动在团体中有很多用途，具体表现为：

（1）发展成员的舒适感。在团体初期阶段或团体第一次聚会中，有些成员不愿意面对团体进行自我表达，或成员将要探索新话题时，或探讨非常个人化的主题时，应用配对活动可以有效降低成员的焦虑感。

【案例2】

a. 你和某些成员谈话时可能会感到舒服些。我希望你们各自找一个不太熟悉的组成一组，简单的分享一下自己为什么决定参加这个团聚会？

b. 我想让你们两两一组交谈2分钟，然后回到大团体中分享你们不同的看法。这个方法能帮助你们彼此熟悉些，而且有机会分享你的想法。

c. 我们都同意"性"是一个值得探讨的话题。现在请你们两人一组，谈谈这方面你想探索的事情，你想谈的任何话题或任何你在讨论时所关心的事提出来都是有意义的。

（2）成员暖身，激发活力。正如体育运动之前活动一下筋骨一样，团体成员需要经历暖化、激发能量的阶段。在团体聚会刚刚开始或要引入一个新话题时，经常需要一个暖化团体的过程。

【案例3】

这是一个高中生组成的生涯探索团体的第二次聚会的开始。

领导者：让我们开始今天的聚会吧！为了使你们迅速地进入状态，我请你们两两一组，并针对上次团体的结果分享一下各自的想法和感受。上次聚会我们讨论了大学与技校的利弊，各位有什么想法？我们用3分钟时间来交流一下。阿虎，你和阿鹃一组……

（3）分享信息和巩固活动效果。成员刚学习了一些资讯，或刚完成了一项活动后，运用配对活动，可以提供成员分享感受、提出看法或问题的机会。

【案例4】

这是一个大学生所组成的自我肯定训练团体。领导者刚教导完关于肯定、不肯定、攻击性的差异。

领导者：为了你们能消化我刚刚所说的内容，我希望你们找一个曾经没有配过对的成员组成两人小组，讨论一下我们刚刚所说的。尽量将这些知识和自己做连结，看看自己的肯定、不肯定、攻击性的部分，我们将在3分钟之后结束小组讨论。

（4）结束话题讨论。如果团体针对某一主题已经讨论了一段时间，领导者感到已经激发出成员们的想法，可使用配对分享活动来切断当前讨论。

【案例5】

这是一个有关亲子关系处理方法的讨论团体。领导者认为这个话题已经有了一个很深入的讨论。

领导者：我想这个讨论能让你们每个人必须去思考一些事情。在休息之前，我希望你们每两人一组，谈谈最后这30分钟的讨论引发了你们什么想法？你将会有什么不同的行动？将焦点放在你和父母的关系上！我们将用5分钟的时间，小组分享完毕后，我们再休息。

此外，配对活动也可用于聚集成员，提供领导者或成员互动机会，改变团体形式以及给领导者提供思考时间的情境下。

【案例6】

领导者请成员列出各自觉得"必须"要做的事件之后，两两配对并轮流大声说出所列出的事件。然后将"我必须"改换成"我选择"，重新在小组内轮流大声说出所列出的事件。这种活动的一个变式是请成员以"我需要"开始，之后再变成"我想要"。这种方式可使成员有机会听到改变自己的要求或需求，比对自己说更具心理冲击力。

【案例7】

领导者请成员两人一组，一人对伙伴说"我应该……"，另一人坚定的回应"不，你不应该"。在这种活动中，每位成员都必须说出自己所列出的"应该"事件，同时经验被他人告知"不"的感觉，以使成员深思他们生活中什么是真实的，什么并非是应该的。

【案例8】

领导者请成员两两配对，彼此试着去扮演自己的父亲或母亲，请这位父亲或母亲谈论他的儿子或女儿。这种活动可协助成员体验他们如何知觉父母对自己的看法。

四、绕圈发言

绕圈发言（rounds），是指每位成员必须针对领导者所给予的刺激做出自我反应的活动。

（一）绕圈发言的形式

绕圈发言有三种形式：①以指定的字词或数字来绕圈发言。这种形式的绕圈发言所需要的时间较短。②以一个词或一句话来绕圈发言。领导者要求成员轮流用一个词或一个短句来做出简洁的反应。③给予说明的绕圈发言。领导者以开放式问句询问，给予成员发表各自意见、看法的机会和权利。当领导者希望成员说得多一点时，就会采用这种形式的绕圈发言活动，一方面领导者认为成员可以从彼此的回馈中获益，另一方面领导者的问题可能无法以一个简短的词或句子完整地回答。

绕圈发言案例

【案例1】 以指定字词绕圈发言

领导者：让我们用"在""努力中""不在"的绕圈发言方式来开始，看看大家是否将自己的注意力放在我们正在进行的活动上，以及你们对这个团体能有什么贡献，你从团体中可以学到什么？还是你的心思在别处？如果你的注意力在团体上就说"在"，如果你的注意力在团体之外的其他事情上，就说"不在"，如果你觉得自己正在尝试专注于团体，可以说"努力中"。现在我们开始。

阿光：在！

阿威：在！

阿鹃：努力中！

阿月：不在！

阿红：在！

阿霞：不在！

领导者：我们可以做些什么来让你们专注于团体？

阿月：我慢慢能进入状态了，下午4点钟我参加了一个求职面试，我现在还有些紧张。

阿霞：我很累。而且还没有吃晚餐。我想我会渐渐上轨道的。

领导者：好！那我们开始吧，我们要谈的是当你错过一餐，你怎么做？以及如何面对假日的大餐？不过，阿月，你愿不愿意在参与这次聚会的主题之前，用3分钟时间来谈谈你今天的求职面试呢？

【案例2】 以数字绕圈发言

领导者：现在，请你们以1—10来评价你在团体中的舒适程度，10代表非常舒服，1代表非常不舒服。大家依次说出你的数字。谁先来？

阿琼：8！

阿龙：5！

阿香：10！

阿彪：2！

阿静：9！

……

【案例3】以词语或短句绕圈发言

a. 请你们以简单的一个词或一句话，说出各自在团体中的感觉。

b. 请你们每一个人用一个词或一句话，来描述各自对自己家庭的感觉和期待。

c. 我希望听到每个人的意见，所以我请你们想想看，以简洁的一个词或一句话来描述你对这个计划的感受。

d. 你们会怎样描述目前的运动习惯？以一个词或一句话来回答：你可以说"没有""天天""不喜欢运动"，或使用其他任何简单的字眼。

【案例4】说明式绕圈发言

a. 让我们进行一个绕圈活动，请你们轮流报告自己进步的状况：本周情形怎样？你尝试过什么努力？

b. 我想简单地了解一下你们每个人的想法：你们认为我们应该如何完成这个团体的目标？

c. 对你而言，今天的团体聚会什么地方最凸显？我们用绕圈轮流发言的方式，听听每个人的看法？

d. 当你决定再婚时，你有什么想法或感觉？花些时间想想看，等会儿我们将绕圈分享。

e. 请大家都谈一下这个问题：当你想到工作时，你觉得什么对你最艰难？

（二）绕圈发言的价值

绕圈发言是一种非常有效的、有力的团体活动方式，其价值表现在：①促使成员聚焦团体主题，必须思考自己准备说什么以及能分享其他成员的意见和评价；②深化成员自我经验的深度；③转移团体焦点的有效工具；④领导者收集资料，激发成员兴趣和能量；⑤建立团体的信任度与舒适气氛，控制团体基调的重要技巧；⑥有利于团体活动之后，成员进行认知、情感层面的整合与分享；⑦引导沉默成员发言的简单方法；⑧成员对团体内容进行摘要的重要方式。

【案例5】

这是由几个12岁的男孩所组成的治疗性团体的第二次聚会。阿虎谈自己糟糕的家庭生活很长时间了。领导者利用绕圈发言活动有效地转移团体焦点到家庭关系上。

阿虎：……那真是不可置信的严厉！

领导者：阿虎，我想让每个人都谈谈。每个人轮流以一个词或一句话来形容你的家庭生活。（停顿20秒后）好！让我们从我左手边的阿翔开始。

阿翔：好的。我爸爸……你们知道他们离婚了；一切都得重新开始。

领导者：阿翔，现在我们改变一下，这样来分享。先告诉我们有哪些人和你生活在一起，然后再用一句最能形容你们家庭生活的话。（领导者稍微改变了绕圈发言的内容，因为他觉得如果能了解成员与谁共同生活，对他和其他人都有帮助）

阿翔：好的。妈妈、祖母还有一个妹妹。至于形容词嘛，很讨厌！每个人都旁边监督我。

领导者：阿龙呢？

阿龙：我和妈妈、继父还有一个两岁的弟弟一起住，其他的兄弟和我爸住在一起。至于在家里如何？不好！我和继父互相讨厌对方！像上个星期……

领导者：停一下！我们先等所有人都分享完后，再回到你和其他人的身上。阿木你说吧。

阿木：我和爸妈住在一起。他们实在是老了，虽然才50多岁，但就是无法明白时代已经变了。

阿成：我和祖父母住在一起，因为我妈妈没有办法同时管我和其他三个小孩，至于我父亲，我不知道他在哪里，听说我2岁时他就离家出走了。和祖父母住在一起还好——不过会很烦，但是他们会让我去做我想做的事情。（领导者让阿成说得久些，因为到目前为止他在团体中很少发言）

阿飞：我和伯父住在一起，我爸爸死于车祸，我妈妈住在医院里，神经质，又常胡言乱语的，很糟！我伯父并不是很喜欢我住在他家。

领导者：好的。大家都说过了。现在我们谈谈家庭生活如何影响我们的行为？就是说，我们所生活的环境可能对我们在学校以及邻里间的问题造成影响。

【案例6】绕圈发言收集信息

领导者：让我们开始吧！我想了解一下你们对治疗性药物的认识程度。请用数字1~10来评定，10代表非常多，1代表几乎没有。各位评量自己目前对药物的认识有多少？

阿真：可能是2。

阿立：1。

阿香：2。

阿晶：大约是8或9吧。

领导者：阿晶，为什么是8或9呢？

阿晶：我曾经选修过"药物学"课程。尽管如此，我还是想多知道一些。

领导者：很好！你们务必不要感觉拘束，你们随时可以发言。现在我们再进行另一个绕圈发言活动，然后我们就开始：你对药物作为一种治疗的方式觉得怎么样？请以"相信""不相信"来反应。

阿真：不相信。

阿立：相信。

阿香：不相信。我哥吃了很多药，但是两年后依然没有任何效果。

阿真：原来我是不相信的。后来学习了"药物学"课程后，我觉得药物在某些情况下还是很有价值的。

五、创造性道具

创造性道具（creative props），是指在咨询与治疗团体中用以增加团体乐趣与运作的很有价值的活动，如橡皮圈、啤酒瓶、小椅子、塑料杯、盾牌、旧录音带。下面描述了一些具有创意性道具的应用。

创造性道具案例

【案例1】橡皮圈

领导者：我要你们每个人来拿一个粗的橡皮圈，然后将橡皮圈拉开到你能感受到橡皮圈的张力为止。请把手举起，去感受这种张力。由于这是一个压力应对团体，因此我想橡皮圈应该可以帮助你了解平时你们是怎样处理压力的。自从上次聚会到现在，你觉得压力变小了，还是变大了。你们想想看是要加强张力呢？还是要放松张力呢？想想看哪些方法可以帮助你减轻压力，同时并注意看你必须做哪些事情，手上橡皮圈的张力才能逐渐减弱。给大家1分钟的思考时间，之后，再请你们分享各自的感受与想法。

领导者：今天是我们婚姻咨询的第三次聚会，我们要看看你们与配偶关系的紧张程度。现在请分别与配偶一组，然后来拿一条橡皮圈。（领导者发现有些成员开玩笑地拿着橡皮圈准备弹向配偶）我发现似乎已经有成员表现出对配偶的态度。我要你们想想看可以用哪些不同的方法，使这个橡皮圈能象征你们之间的互动与关系。你们有2分钟的时间可以谈谈要怎么用这个橡皮圈。

阿鹃：我们俩的动作都是一样的。我们都是将橡皮圈拉到快要断了，然后彼此注视着对方，谁也不先让步。现在我们坐在这里，彼此之间的紧张已经达到最高程度。

阿龙：我们就非常不同了。我们玩着橡皮圈，之后，我们有些恶劣地将橡皮圈弹向对方，这样我们了解到有些时候我们真的彼此在伤害对方。

【案例2】泡沫塑料杯

领导者：每个人都来拿一个杯子和一支笔，想象杯子代表你们个人的价值，然后依据你不喜欢自己事件的多少，在塑料杯上用笔来戳洞。这些洞可能代表你的外表、缺乏朋友、父母对你的看法、你的聪明才能或任何你想得到的。做完后，每个人都有机会和他人交换自己的杯子。也许你们之中有些人不想与团体成员分享某些洞，那你可以说："有两个大洞我还没有准备好与各位分享。"这些洞主要是用来帮助你找出想在团体中解决的问题。

领导者：我请大家看着我手里拿着的杯子，并想象它代表你的自我价值观。（领导者站到椅子上）当我开始挤压这个杯子时，请想想：你们将自己的价值给了谁吗？你让谁站在椅子上，并允许他伤害你或挤压你。（每位成员都抬着头似乎陷入了沉思）有没有任何想法或回应？

【案例3】啤酒瓶

领导者：我请你们每一个人都注视着这个啤酒瓶和这根红绳，想象这根红绳代表你的生命，或控制情绪的能力，或忍受愤怒的能力。现在我要把这根红绳放入酒瓶，你们看看发生了什么?

阿玲:绳子变短了。

阿静:绳子被吞没了。

领导者:好。这对你来说代表着什么意义?(将瓶子放在团体中央,成员都看着这个啤酒瓶)

【案例4】小椅子

领导者:我们一直都在谈生活乐趣。现在,我请你们将思考完全集中在生活乐趣这个主题上。为了帮助大家思考,我要你们注视着这把小椅子,并想着在你面前的那个小男孩或小女孩所拥有的生活乐趣,请想想在他成长过程中,曾经发生过哪些事情?由于我刚刚听到很多成员说他们过得不开心,因此我们需要来听听里面那个小孩的想法。(所有成员都注视着小椅子,有些成员已经开始哭起来了)

阿红:(哭泣)从我5岁,就觉得不快乐了,因为父母开始经常吵架了。

阿霞:我一直都很快乐,但自从父亲生病去世后,我就觉得我需要帮助妈妈,一直到现在还是这样。

六、美术工艺活动

美术工艺活动,是指请成员运用各种不同的材料绘画、剪贴、制陶、切割、创作出一些视觉化产品的过程。美术工艺活动的价值表现为:①有助于激发成员的兴趣与热情;②作为一种投射性手段来活动。

七、幻想活动

所谓幻想活动,是指领导者运用团体成员的想象力以及视觉影像,协助成员清楚地知觉自己的感觉、愿望、怀疑、害怕等情绪的活动。这种练习经常用于支持、成长、咨询治疗团体。常见的幻想练习有一般物体的幻想、残枝幻想、小溪幻想、柜橱幻想、蔷薇灌木幻想、智者幻想等。

<h2 style="text-align:center">幻想活动案例</h2>

【案例1】

领导者:(轻柔的声音)现在我要你们注视着这个手提箱,我要你们将自己想象为这个手提箱,你对生活会是怎样的?你会有什么感觉?(停顿一会)会发生什么事情?(停顿了一会儿)成为一只皮箱会是怎样的情形?(停顿了一会儿)等一会儿,我要你们分享你们成为皮箱的经验。在开始讲话时请先说:"我是一只皮箱,成为皮箱……"

【案例2】

领导者:我要你们都闭上眼睛,并让自己放松感到舒服。(停顿一会儿,用很慢、很抚慰的声音)现在我要你们想象自己是一棵树。(停顿一会儿)想一想你是一棵什么样的树?(停顿一会儿)你的周围是怎样的?(停顿一会儿)如果你是一棵树,生活会是什么样的?(停顿一会儿)会有什么感觉?(停顿一会儿)好,谁愿意先分享他的经验？

八、阅读活动

阅读活动，是指领导者请成员大声读出一段短文、一首诗或一个故事。这种活动的目的在于：活跃成员的思想，激发成员的想法，针对某一团体主题展开深入探索。

阅读活动案例

【案例1】
我做我的事，你做你的事。
我在这个世界上不是为你的愿望而生活，
而你在这个世界上也不是为我的愿望而生活。
你是你，我是我，
如果有缘，我们会发现了彼此，
那将多么美丽；
若非如此，也莫无可奈何。

【案例2】
在这森林中有两条分开的路，而我_____
我选择了这条很少人行走过的路，
这样的选择却造成了日后不同的际遇。

【案例3】 波斯故事《呼喊太阳者》
鸡场上的公鸡病得很厉害，人们不能指望它第二天再啼叫了，母鸡们为此感到忧心忡忡，害怕它们的先生和首领第二天若不啼叫呼喊太阳的话，那么，太阳会升不起来的。母鸡们以为，是公鸡的啼叫才使太阳升起来的。第二天早晨，这些母鸡消除了自己的不安。那只公鸡虽因生病而嗓子哑了不能啼叫，但太阳照样升起。什么也没能影响日出。

九、回馈活动

所谓回馈活动，是指促使领导者与成员分享对彼此的感受和想法的活动。团体中采用回馈活动的前提条件是：成员有足够善意的动机去协助他人，受助者也愿意听取团体建议。

（一）回馈活动的形式

团体中回馈活动的形式包括以下方面。

（1）第一印象（first impressions）。请成员分享彼此的第一印象，经常用于团体的首次聚会。

（2）形容词检核表（adjective checklist）。这是一种结构式的回馈练习，领导者发给成员一张列出15～20个描述人格特质的形容词检核表，请成员依次成为团体焦点，其他成员从检核表上挑选出 3～5 个形容词来描述这位焦点成员。

（3）谈论成员（talk about the members）。成员依次成为焦点人物，或闭上眼睛，或背对团体，或安静地坐着，聆听团体其他成员对自己某些方面的评价。一般来说，这种评价是要促进焦点成员的成长的。

（4）优点轰炸（strength bombardment）。领导者指导团体成员来描述焦点成员的优点或优势。

（5）祝愿（wishes）。运用祝愿给予反馈是一种不具有威胁性的方法，常用于支持团体与成长团体。领导者请成员们依次说出对焦点成员的愿望或祝愿，可采用这样的语句："我对你的祝愿是……"

（6）隐喻性回馈（metaphorical feedback）。领导者请成员根据他们对焦点成员的感觉，以一个动物、一个真实生活中或电影电视中的人物，或无生命的物体，如夕阳、河流、大海等，来象征性描述焦点成员。

（7）书写回馈（written feedback）。领导者邀请成员写出对团体中的每位成员的反馈。通常在两次团体聚会中间让成员完成回馈表，并在下次聚会时分享。

（8）最多—最少回馈（most-least feedback）。又名两极性回馈，是指领导者"最多"或"最少"的指示词，分享成员对其他成员的感觉，来拓展成员间的互动水平。领导者只能选择"最多"或"最少"中的单一项目，不能同时使用两者。

【示例】 领导者请成员据下列问题来选择成员

（1）和谁最相似？和谁最不相似？

（2）与谁在一起最舒服？与谁在一起最不舒服？

（3）最信赖谁？最不信赖谁？

（4）团体中，他觉得谁最努力工作？谁最不努力工作？

（二）回馈的原则

领导者需要让成员明确给予和接受回馈的原则，这些原则包括以下方面。

（1）笼统、含糊的回馈价值不大，对团体中特定行为的反应为被回馈者提供了直接而独立的评价，可与其对自己的看法相比较。

（2）以清晰而直截了当的方式给予精确的回馈，要比修饰性的、解释性的或混合式的回馈更有帮助。

（3）比较严厉的回馈要选择给予的时机，避免采取批评指责性的方式，否则，接受者会加以心理防卫或拒绝。

（4）正面的回馈有较大的影响力，会引致更强的改变的动机。

（5）回馈既要着眼于可能造成困境的行为，也要注重一个人的长处。

（6）负面回馈如果出现在团体的后期阶段，似乎会更可靠、更有帮助。如果在给予负面回馈之前先有正面的回馈，负面回馈往往更易于被接纳。

（7）如果给予负面回馈的人谈及如何被其他团体成员的行为所影响，这种负面回馈会较容易些。这种做法减少了成员被批判的成分，因为那些给予负面回馈的人在对他人谈及自身反应的同时，注意焦点是放在自己身上的。

(8) 立即的回馈比那些储备式的回馈更有效。

(9) 团体领导者的回馈通常比团体成员的回馈具有更高的质量，但并不一定为成员容易接纳。

十、信任活动

信任活动（trust activity），是指领导者为了建立团体信任感而采用的一种练习方式。成员之间的分享是团体进程的重要组成部分，而信任是彼此间真诚分享的基础。在团体中所有信任活动的目的都围绕着成员的信任感而进行。

信任活动的形式有：①信任度绕圈发言。成员聚焦团体信任主题来轮换发言。②信任抬起。成员站成紧密的一圈，将一个闭上眼睛的成员围在圆圈中央，之后成员们扶住这个圈内成员的肩膀，并轻柔的向四周转动1分钟，来制造团体气氛。最后，成员们轻轻地抓住这个成员的脚、腰、肩膀与头部，慢慢地将这个成员抬到头顶上空，再慢慢地摇摆后放下来。根据成员对被抬起的态度可以判定其对团体或他人的信任度大小。一般来说，愿意参与此活动的成员表示他信任团体。而团体合力将某位成员抬起也能增进成员间的连结与信任感。领导者需要将活动的讨论同时集中在被他人抬起与负责抬人的感觉上。③信任跌倒。领导者请成员两人一组，其中一个成员站着，另一个成员站在其身后。然后，要求前面的成员向后倒，后面的成员在离地板一安全距离处将向后倒的伙伴用双手接住。④瞎子信任走路。成员两两配对，其中一人被蒙住眼睛，另一个人引导"瞎子"走路约5分钟，扮演"瞎子"的成员在进行绕圈走路之外，最好还要走有门、椅子、桌子、台阶的地方，以体验探索环境的感觉。

领导者评定成员信任感案例

(1) 在这个1—10的评量表上，10代表你很容易信任他人，1代表你很难信任他人，请给自己打分。

(2) 你觉得这个团体的信任度很强、一般、很弱？我想请你们对这个问题做出自己的选择。

(3) 在你的成长过程中，你会对你成长的环境做出什么样的描述？是非常信任、可信任还是一点都不信任？

十一、经验性活动

经验性活动（experiential exercise），是指借助一些器材促进成员获得一种积极的、富有挑战性的个人或团体体验的活动。最常用的是绳索活动（rope course），这是一组用绳索设计的混合性活动，是一种户外拓展活动，旨在让成员经历超出自我期望尝试的程度。它特别适用于挑战自我和团队合作精神的训练。此外，像破冰活动、蹦极、智力电网、有轨列车、高空断桥也是很好的团体经验性活动。

十二、道德两难活动

道德两难活动（moral dilemma exercise）是指领导者向成员讲述一个故事后，请成员必须决定自己如何处理这种情况。故事的内容可以有偷取食物用以生存，或决定谁应该留在救生艇，或是否决定投案自首，或鳄鱼与女人，等等。道德两难故事特别适用于青少年成长团体，可以促进关于价值观、正义、公平等团体主题的讨论。这种活动可用于团体聚会开始并作为团体焦点，或用作一项活动并花 30 分钟时间来进行讨论和处理成员的感受与想法。

道德两难故事案例

假设你正在一艘遇到海难的船上，有 7 个人都想要乘坐救生艇，但救生艇只能救 5 个人，这里的人有你自己、一位 12 岁的小无赖、一位 69 岁的退休老人、一位 35 岁明星棒球选手、一位 22 岁的汽车修理工、一位 52 岁的老师和一位 35 岁的孕妇，你认为谁不应该在救生艇上？

十三、决策活动

决策活动（group decision exercise），是指团体成员通过非语言途径共同合作解决某些问题。Johnson（1991）描述了不同类型的团体决定活动，如冬天的生还者、资源分享活动、完成拼图等。这种活动可以引发成员对于竞争、分享与合作等问题的讨论。

十四、触摸活动

触摸活动（touching activity），是指伴随其他活动或单独实施的成员身体某些部位之间的相互接触。例如，团体按摩、绕圈子接触、爱抚剥夺、信任活动中的身体接触。在团体进行触摸活动时，领导者需要注意的事项包括：①事先向成员说明在触摸活动中可能出现的情况，避免引起某些成员在身体接触过程中的不舒服感；②允许一些成员自主选择是否参与团体的触摸活动；③尽量避免任何包含性意义的触摸活动。

第四节　团体活动的说明

一、团体活动说明的重要性

为使团体活动达到预期目标，领导者需要使用简洁清楚的语言告知成员如何进行活动，这一点与活动本身同等重要。因此，领导者在团体活动进行之前对活动做必要的说明是很有必要的。

二、注意事项

领导者在介绍团体活动时所做的说明，需要注意的事项包括：

（一）向成员说明活动的目的、过程以及所需要的时间

一般来说，领导者让成员了解活动的目的、过程和时间是必要的，但有些活动在开

始之前，完全告知活动的目的则会干扰活动的效果，面对这种状况，可在活动结束后再解释活动的特殊目的。领导者要采用有效的介绍方式，避免无效的介绍方式。

（二）指导语的内容要符合活动本身，陈述指导语时要明确、简洁

指导语是用来指引成员顺利完成团体活动的工作内容的，要避免因指导语与活动内容之间的偏差，或指导语的模糊、冗长或烦琐而引起成员的困惑。

【示例】

据图片编故事活动。领导者的有效的介绍方式和无效的介绍方式。

领导者甲：今天我要请你们看一些从杂志上剪下来的图片，请你们每个人根据每一张图片的情景来编造出一个故事来。这个活动的目的之一是希望你们能了解我们每个人都有自己看事情或问题的角度和方式，没有所谓的对或错。我想你们将会发现这是一个很有趣的活动。

领导者乙：今天请你们看看这些图片，并用一个编造的故事来告诉我们你看到了什么？谁要先开始？

（三）领导者要适时调整语调来配合活动的气氛

对于具有严肃性、启发性的活动，领导者最好放慢说话语速，使用适时停顿和平稳沉着的语调；如果活动气氛是比较有活力的、有趣的、放松的，领导者最好提高说话速度。

（四）领导者要根据不同类型的活动做针对性的介绍

书写活动、美术工艺活动介绍时，领导者应先分发资料，或要求成员将所需的资料、工具等准备好并回到团体后，才给予指导语。进行肢体移动的活动时，领导者应先请成员移动位置到活动要开始的定点上，之后再说明活动的指导语。介绍阅读活动时，领导者最好先给予指导语，再分发阅读资料，并请成员在阅读资料过程中摘录对他们有价值的句子或段落。介绍幻想活动时，领导者最好放慢语速，以从容的语调来诱发成员的想象与感觉，并告诉成员根据自己的状况自主选择闭上眼睛或睁着眼睛。在进行回馈活动之前，领导者应该给予成员足够的时间思考回馈的内容，还要利用 1—2 分钟时间向成员说明给予有助益回馈的价值和重要性，或示范给成员看什么是有益的回馈、什么是无益的回馈，否则成员在活动中所给出的回馈内容很可能会浮于表面、空洞或无意义。

有关团体活动说明案例

【案例 1】

指导语与活动的不一致。领导者的错误在于：对家庭成员感觉的焦点主题与描绘视觉化的生长房子之间没有什么关联性。

领导者：今天我们要来谈谈你们的家庭成员和你们的家庭生活。我要你们想一下在你们成长的过程中所有的不同感觉：你对母亲、父亲以及兄弟姐妹的感觉。也许你生活

中还有其他的重要他人，如祖父母、邻居或老师。现在请大家在你们面前的这张硬纸上简略地画出小时候居住过的房子，你可以在房子四周任何地方增添任何你想放进去的东西。

【案例2】

团体焦点主题与活动内容在时间上的不一致性。领导者的错误在于：现在与过去的矛盾，以及领导者对"乐趣"来源的狭隘理解。

领导者：今天我们将讨论如何让生活充满乐趣这个主题。我想你们可能很少想过这个问题。现在要你们两两配对，然后与你的伙伴共同讨论在你们年轻时，你与家人是如何度过周末、假期的。

【案例3】

成员共享某些材料合作完成某个活动。领导者的有效的介绍方式和无效的介绍方式。

领导者甲：你们每个人都会拿到一个信封，信封里面会陈述一项你们需要完成的任务，此外还附有一些材料。你们应该尝试在不与他人交谈的情况下完成这个工作。每个人的工作内容都不一样。活动的目标是试着比他人先完成任务。

领导者乙：你们每个人都会拿到一个装有胶带、铅笔或尺子等工具的信封。此外，里面还有一张任务说明的纸条，告诉你们需要完成的工作。工作内容有可能是要求你们制作一张16开大小的红色长方形图案，并将它粘贴在一个白色的圆形图中。为了能顺利完成这个工作，你们可能需要彼此共用一些材料，因为信封里并没有包含所有完成这项工作所需的材料。你们可以互相协调，但是不要交谈。这个活动的目标是试着比其他人先行完成工作。

第五节　团体活动的指导

一、团体活动的指导要点

在成员执行团体活动的过程中，领导者需要给予成员适时、适当和必要的指导。团体活动指导要点包括以下方面。

（1）确定成员是否遵循指导语执行活动。例如，领导者发现成员配对分享一些与焦点主题和活动目的不相关的论题时，需要再次向这些成员澄清活动的内容。

（2）处理成员的情绪反应。团体活动可能会激发某些成员的强烈情绪反应。遇到这种状况，领导者要根据成员情绪反应的强度、活动类型与团体目标，来选择相应的处理策略：停止活动并将焦点集中在这个成员身上，或与这位成员讨论他的情绪反应，或让活动继续进行并允许这位成员安静地在旁边观察与倾听，从其他成员对问题的讨论中学习；如果领导者觉得这位成员的情绪反应过于强烈而无法处理，可请这位成员暂时休息直到活动结束。

（3）改变或终止活动。在团体活动进行过程中，领导者可以改变或停止所进行的活动。如果领导者觉得活动的进行并没有产生他所期望的反应，或有其他更符合成员当前需求的主题出现时，领导者可以选择终止活动或改变活动方向。

（4）提醒成员时间。一般来说，团体活动会有一个限制性的时间。因此，领导者应该及时告知成员完成活动所剩余的时间，以便成员调整自己的步调，并按时结束活动。领导者也需要观察成员对活动的反应，来决定延长或缩短预定的活动时间。

（5）领导者决定是否自己也参与团体活动。领导者可以选择参与或不参与团体活动。领导者不参与活动的好处在于：一是可以密切注意与监督成员所进行的活动是否符合活动目标；二是可以在活动结束后，在大团体中针对性地处理成员谈话的内容或行为，如领导者说："我刚刚听到阿龙与阿虎的谈话，阿龙提出了一个很重要的观点……"；三是有效地避免因领导者的参与而成为团体焦点，尤其是绕圈活动、语句完成活动；四是领导者以观察者身份，可以有效地判定成员的活力是否正在减退，或成员的工作是否已经接近尾声。

有时，领导者参与团体活动也是必要的，其价值表现在：一是利于成员增加对领导者的认识程度；二是利于增加团体活动的效果，如道德两难活动中，领导者扮演魔鬼倡导者角色；治疗团体中领导者与工作成员配对进行个别咨询；三是参与团体活动的成员人数为奇数时，领导者可以参与活动。

（6）领导者要深知成员有不参与团体活动的权利，避免让成员产生被迫参与的感觉。如果成员对分享活动感觉不舒服，或尚未准备好做反应时，领导者可允许成员暂时先跳过不做回答，等到其他成员都做完分享后，领导者可决定是否再将团体焦点带会到这些成员身上。如果有些成员选择不参与活动，领导者必须尽量让这位成员以及其他成员对这样的决定都感到舒服。领导者可以根据活动的性质，决定是否让这位成员观察团体活动的进行，或让他暂时离开团体。

二、团体活动指导案例

【案例1】
回馈活动引发一个成员强烈的情绪反应，领导者要选择及时处理。

领导者：好！下一个该轮到阿虎了。你们每个人都看看这20个形容词，并选择出最能描述阿虎的。

阿惠：安静的、保守的、照顾人的。

阿成：安静的、温暖的、敏感的。

阿君：关怀的、安静的、不错的。

领导者：（注意到阿虎快要哭出来了）阿虎，你愿意说说你的感觉吗？

阿虎：我不喜欢自己是安静的，我多么希望别人说我是"聪明的"或"强壮的"，可是大家总是说我是安静的。我讨厌安静的。

领导者：你愿意多谈谈这个部分吗？（阿虎点头）好，让我们谈谈你可以怎样来改变。由于时间上的限制，在开始这个问题之前，我要先问问阿惠，是否可以把我们对她的回馈延迟到下次聚会再进行？（阿惠点头同意了）好，阿虎，告诉我们你希望有什么样的不同？

【案例2】

领导者决定停止分享活动。这是一个由5个大学生所组成的自我成长团体。领导者请成员列举出他们生命中三个重要他人，已经有两位成员分享了他们所列出的重要他人。

阿家：我的父亲是我生命中最重要的人，上个星期他因癌症住进了医院。

阿娟：（突然地）我母亲也患了癌症，可是我并没有把她当成我生命中最重要的人，但是我真的很害怕她会死去。

领导者：假如阿家和阿娟都认为谈这件事对他们是有帮助的，那么，我想我们可以花几分钟的时间来谈谈这件事。

阿家：我想这对我会有帮助的。

阿娟：这也一定对我会有帮助。

领导者：好！现在我们先把焦点放在他们两人的问题上，等一会儿，再回到团体讨论你们所列举的重要人物。

【案例3】

团体进行绕圈发言，领导者要求成员用一个词或句子来描述各自幼年时的家庭环境。

阿宏：慈爱。

阿忠：混乱的。

阿瑗：好的，稳定的。

阿云：我可以不说吗？我真的不想说。

领导者：可以，下一位先来吧。

阿国：快乐的。

阿秀：与母亲在一起是愉快的，但父亲在家时就好像地狱一般。

领导者：阿云，你觉得要与团体成员分享你的感觉，对你而言是困难的，是因为它引起了你的伤痛吗？

阿云：是的。我现在不想谈这件事，也许以后会说的，可以吗？

领导者：当然可以！好，接着我们要探讨的是你们所受的教育如何影响着今天的你。

第六节 团体活动结束后的处理

一、团体活动结束后处理的含义

团体活动仅仅是一种手段而不是目的，发挥的只是催化剂的功能。团体活动结束后，领导者需要对借由活动所引发的成员的感受与想法做出有效的处理。所谓团体活动结束后处理，是指团体领导者要花些时间思考并处理团体活动完成后所激发出来的想法、感受和意念，以增加团体活动的价值。

二、处理的事项

领导者在团体活动结束后要处理的事项包括以下方面。

（1）选择处理活动的目标。通常有三个可能的目标：①刺激有关话题或问题的分享与讨论。语句完成、书写活动、肢体运动、体验活动、阅读活动以及两难道德活动结束后可做有益的讨论。②刺激成员深入探索思想与情感。领导者可用幻想活动、阅读活动、创造性道具活动来促使成员进行在更深、更具隐私性的水平探索。③刺激有关团体动力与运作方面的分享和讨论。例如，信任活动结束后的团体信任感的讨论；团体决策活动、体验性活动经常会引发讨论在团体内部所发生的状况。

（2）保证处置活动所需要的时间。领导者要安排足够的时间来处理活动所预期达到的深度。对在活动中成员的反应要有充足的时间来讨论，避免活动过程与活动处理之间的时间分配不合理，防止导致成员沮丧、困惑以及肤浅的体验。

<h3 style="text-align:center">有关处理事项案例</h3>

【案例1】

无效的处理：第一个幻想活动完成后，领导者没有引导成员探索自己为什么这样选择，而迅速导入了第二个活动。

领导者：我想让你们想想，如果你们可以是这个世界上的任何一种动物的话，你们愿意选择是哪种动物？（停顿15秒后）谁先说？

阿霞：一只猫。

阿娟：一只大老虎。

阿香：一只大黑熊。

阿龙：一头凶猛的鳄鱼。

阿平：一条狗。

领导者：大家都已经说过了。现在，我请你们再想想看，如果你可以住在任何你想住的地方，你愿意选择住在哪里呢？

（3）选择处理活动的方法。当一个团体活动执行完毕后，领导者可以选择五种方法来处理活动：①配对分享讨论方式；②绕圈发言方式；③书写方式；④大团体讨论方式；⑤综合运用几种方式的组合。

【案例2】

领导者：你们已经花了三分钟时间来描绘自己在家庭中、工作中、生长家庭中的三个自我状态图。大家画好了吗？

成员们：画好了。

领导者：我们刚才所进行的纸笔活动通常会激发很多的想法和感受。现在，我请你们两两配对，彼此分享你们的三种自我状态以及任何想法。给你们4分钟的时间。现在开始吧！

领导者：（4分钟小组分享后）让我们回到大团体，从这个活动中你们学到了什么？

是否有任何想做改变的想法？

（4）提出恰当的想法来处理问题。领导者需要考虑提出什么类型的想法来引导处理问题，使成员聚焦在活动本身、整个团体、议题或主题、个别成员身上，避免所提的想法不适宜协助成员做深度自我探索。

【案例3】

a. 发生了什么事情？

b. 你们写了什么和画了什么？

c. 那种感觉像什么？

d. 文章内容那一部分对你特别有吸引力？

【案例4】

a. 这个活动让你领悟到什么？

b. 这个活动激起你们什么样的感觉？

c. 这个活动给你留下哪些深刻的印象？

d. 你如何使用活动中所学到的在你的生活中帮助你？

e. 我们刚才所进行的活动，对你在团体之外的生活有什么意义吗？

【案例5】

这是一个浪费时间的无效处理方式，导致成员仅停留在表层的分享，没有带来成员任何重要的学习意义。

团体刚结束山上拜访智慧老人的幻想活动。

领导者：我想请你们谈谈，看到山上的智慧老人的感觉是什么样的？

阿文：我看到智慧老人有很长很长的白色的胡子。

阿德：我看到智慧老人身穿一件白色的长袍。手里还拿着一支拐杖。

阿娜：碰面时，我拥抱着智慧老人。

阿真：他没有对我说任何一句话，但我知道他很高兴见到我。

领导者：在看到智慧老人时，还发生了什么事情？

阿玲：我很害怕。因为他看到我时好像心情很沉重。

阿龙：我觉得很好，他好像很高兴见到我，而且我也很想和智慧老人相处时间再长些。

领导者：对于你们的问题，智慧老人有没有给予任何解答？

阿德：有。

阿玲：当我向他提出我的问题时，他只是对我笑，什么都没有说。

领导者：在你离开时，还发生了什么事情？你有什么感觉？

【案例6】

这是一个有意义的处理方式。成员的讨论与个人的经验做了适当的连接。

团体刚结束山上拜访智慧老人的幻想活动。

领导者：你们去见智慧老人时所感受到的任何想法、感觉或意象，有没有与你们个人的日常生活有关联的？

阿娜：有！看到智慧老人就好像看到我的祖父。我一直都很高兴见到祖父，我们经常相互拥抱。

阿玲：当我爬上山时，我真的很害怕，我很怕他不高兴见到我，或者不给我任何时间。在家时，有时我也会有这种感觉，我有三个兄弟姐妹，有时我觉得父母并没有把他们的时间留给我。

领导者：我想等一会儿也许我们可以来谈谈这个问题，这个问题似乎很重要的。

阿德：我觉得智慧老人好像在告诉我不要那么担心学校和家庭的事情。事实上，我非常担心这些事情，有时它还会让我感到很沮丧。

领导者：我不曾想到你会担心你的家庭生活，你愿意谈谈吗？

阿德：好的！我想我会愿意的。

领导者：好，在这次团体聚会结束之前，我们会花些时间讨论这些问题。我还想听听其他人在看到智慧老人时的一些想法。阿真，你来？

阿真：当我问智慧老人问题时，他只是微笑看着我。然后我体认到我自己已经有答案了，我想我不总是依赖他人为自己做选择。

（5）选择团体焦点的维持或转移。一般来说，团体活动结束后最好能确保每一位成员都发言，之后再将团体焦点集中在某一成员或某个主题上，避免在第一位发言成员身上停留太长的时间。领导者要求成员反应时，还需注意第一位发言成员的真正动机，可能是焦虑过度，或引起他人注意，或赢得领导者的赞赏，因此，这类成员对问题的反应很可能只是需求功能的表现，而非是对论题真诚的情感反应。

【案例7】

这是一个离婚咨询团体的语句分享。

领导者：谁愿意与团体分享自己的语句内容？

阿南：（回答时显得有些焦虑）我愿意。关于我对离婚的看法，我一直在想为什么每个人的反应会这样的不同。我伯伯离婚后好几个月都很忧虑，除了上班之外，很少出门。而伯母似乎比较快乐，好像她的生活未曾发生过任何事情一样。你们想想他们之间为什么会有这样大的差异反应？

领导者：对于他们之间的事我并不确定。阿南，假如使你很有兴趣探讨这个问题的话，也许在这次聚会结束之后，我们可以私下交流。现在我希望其他的成员也能与我们分享他们的语句内容。

阿成：好的，对与第一个问题，我的回答是：离婚并不代表失败。

领导者：其他人对于第一个问题，有没有其他的答案？

（6）以此时此地为中心活动之后的分享与讨论。虽然大部分活动是以现在为中心的，但仍有许多活动是用以帮助成员回想他们的过去，如家庭塑型、描绘家庭的住房等。领导者需要注意的是：①活动关注的过去还是现在并没有对错之分；②通过探讨过去的事件、经历、感受来关注现在比单纯地关注过去对成员会有更大的收益；③活动之后的分享与讨论应该建立起过去与现在的连接，即过去是怎样在影响着现在，避免仅仅停留在对过去资料的挖掘，而忽视此时此地协助成员的团体目标。

第十章 团体评估

第一节 团体评估的方法

团体评估是借由不同的方法,评价关于团体目标达成的程度、成员的行为表现、团体特征、成员对团体活动的满意度等,帮助团体领导者以及团体成员了解团体辅导的成效。领导者要根据团体的不同性质、团体目标等因素来选择合适的评估方法。对团体评估常用的方法包括以下三种。

一、行为计量法

行为计量法,是指团体成员自己观察和记录某些行为出现的次数,或者请成员之间以及与成员有重要关系的他人观察和记录成员的行为,以评价成员的行为是否改变。行为计量法可以用来记录外显行为、情绪、思维等。记录的方法可以用表格或图示。行为计量法的优点在于:①具体和可操作性;②记录过程是成员自我监督的过程,有助于非适应性行为的改变。

二、心理测验法

心理测验法,是指一种对人的心理和行为进行标准化测定的技术。心理测验在教育、管理、人才选拔和评价、心理障碍的诊断和治疗等方面都是一种很有效的工具。在团体评价中运用心理测验量表可以反映出团体成员行为和情绪的变化,以评估团体咨询活动的效果。例如,青少年自信心团体,在团体开始时用个人评价问卷(Personal Evaluation Inventory,PEI)来了解团体成员自我评价水平,在团体咨询活动结束后进行重测,比较成员参加团体前后自信水平的变化。

三、问卷调查法

问卷调查法,是指领导者设计一系列有针对性的问题,请成员填写,收集成员对团体咨询过程、内容、成员关系、团体气氛或基调、团体目标达成、领导者的态度以及工作方式等方面的意见的方法。这种调查问卷的形式可以是开放式的、封闭式的或半结构式的。

此外,对团体的评估还可以通过团体成员的日记、自我报告,以及领导者的工作日志、观察记录等方法来评估团体的发展和效果。

第二节 领导者评估团体

一、领导者评估团体的作用

领导者需要定期对团体活动效果做出评估，这种评估可以给予领导者的团体理论方向的价值性回馈，同时知晓何种经验在符合成员的目标上是最有帮助的。领导者可以记录和保存所有的内容、成员探讨了什么问题、重要的团体动力以及自己在团体中的角色等。这样，领导者可以将原本计划要做的和实际完成的进行比较。为此，领导者可以自问如下问题来评估团体的作用：

（1）我遵循计划的程度如何？
（2）当我偏离了计划，是因为我当时想到一个更好的策略或我惘然了或被团体击溃了？
（3）我能满足个别成员需求的程度如何？
（4）团体有发生在我计划或预期之外的事情吗？
（5）我对未来所做的推测，是否经过认真考虑？
（6）这次团体中我学到什么可在下次带领团体时充分借鉴？
（7）在1—10点量表上中，我对这次团体的满意度是几？比上一次怎么样？

二、使用领导过程评估表评估

首先，使用领导过程评估表的姓名栏填写所有成员的姓名。其次，针对每个成员观察其每项行为出现的次数，在表格中进行标记，并计算出总次数，作为团体领导效果的具体依据。再次，在检讨建议栏填写总评注意事项与处理方法，供下次带领团体时参考。最后，填写好团体活动记录。详见表10－1和表10－2。

表10－1 领导过程评估

第_____次团体　　　　_____年___月___日

姓名＼行为		1	2	3	4	5	6	7	8	9	10	总计	检讨建议
抗拒行为	1. 独裁，敌对												
	2. 沉默，退缩												
	3. 缺席												
	4. 自大，自以为是												
	5. 吵闹												
	6. 开玩笑												
	7. 管家婆												

续表 10-1

	行为\姓名	1	2	3	4	5	6	7	8	9	10	总计	检讨建议
个性行为	8. 喜欢漫谈												
	9. 批评指责目标												
	10. 依赖、屈从他人												
	11. 批评、语言攻击												
协助行为	12. 倾听												
	13. 遵照指示活动												
	14. 领导												
	15. 自我开放												
情绪行为	16. 保密												
	17. 发泄否定行为												
	18. 肢体攻击												
	19. 哭泣												
	20. 情绪激动												
	21. 动作化行为												
检讨建议													

表 10-2 团体活动记录

第_____次团体　　　　_____年____月____日

时间	主题内容	成员互动反应	气氛	成员感受	处理	结果

检讨建议

领导者签名：

第三节　成员的自我评估

一、成员自我评估的作用

研究发现，由成员自己来评估团体有许多好处。一个简短的评估可作为团体结束的一部分，例如，领导者说："对你来说，这次团体最有价值的是什么？"正式的评价可在团体进行约 1/3 或 1/2 时来做。一份有效的评估问卷可包括如下问题：①自从参加这个团体以来，我学到的最重要的经验是什么？②我印象最深刻的团体活动、主题讨论是什么？③我最喜欢团体的哪些部分？④对我来说，什么可以使团体更好？⑤对我来说，领导者可以做些什么，使团体更好？

请成员在团体过程的中后期做自我评估，可以使领导者根据成员的回馈做出及时与适当的修正，以及对下一次团体带领有所助益。

二、成员参与评估

表 10-3 是成员用来对于自己参与团体活动的投入程度的书面评估表：1 表示完全同意；2 表示部分同意；3 表示同意与不同意意见相等；4 表示部分不同意；5 表示完全不同意。

表 10-3　成员参与度评估

时间_____　　姓名_____

1. 团体中，我是一个很投入的成员	1 2 3 4 5
2. 我愿意完全地投入团体，和大家分享我目前生活的问题	1 2 3 4 5
3. 我认为自己愿意在团体中尝试新行为	1 2 3 4 5
4. 我愿意尽力表达自己的情感	1 2 3 4 5
5. 在每次团体讨论之前，我总会花些时间来准备，团体活动结束后，我有会花些时间反省自己的收获	1 2 3 4 5
6. 我尽量以真诚的反应来面对团体的其他人	1 2 3 4 5
7. 在团体中，我总是不断地追求澄清我的目标	1 2 3 4 5
8. 我总是注意倾听他人在说什么，也会将我的感受直接地告诉其他人	1 2 3 4 5
9. 我会和他人分享我的看法，将自己如何看他们，以及如何受他们的影响告诉他们	1 2 3 4 5
10. 在团体中，我尽量使自己做别人的模范	1 2 3 4 5
11. 我愿意参加团体的所有活动	1 2 3 4 5

续表 10-3

12. 我经常想参加团体的讲座会	1 2 3 4 5
13. 不需要等他人开口，我就能主动帮助他们	1 2 3 4 5
14. 在团体建立信任感的过程中，我是一个主动者的角色	1 2 3 4 5
15. 我在没有心理防卫的情况下，坦诚接受他人的反馈或建议	1 2 3 4 5
16. 我尽量将从团体中学到的东西，主动应用到我的日常生活领域	1 2 3 4 5
17. 我会注意自己对领导者的反应，并能说出领导者是一个什么样的人	1 2 3 4 5
18. 我会避免标定自己和团体其他的人	1 2 3 4 5
19. 我会避免询问别人问题和给予其建议	1 2 3 4 5
20. 我对自己在团体中的学习负责	1 2 3 4 5

三、成员自我行为改变程度的评估

领导者可以请成员评估自我行为的改变程度。这种问卷的指导语是：这份问卷是希望知道你在参加这几次团体活动后，在行为改变上是不是造成一些改变？这份问卷的结果仅仅是提供给领导者参考，内容绝对保密。请如实回答：1 代表非常符合；2 代表符合；3 代表不确定；4 代表不符合；5 代表非常不符合。表 10-4 是用于学校的学生自评行为改变程度的范例。

表 10-4　成员自我行为改变程度的评估

时间_____　　姓名_____

1. 我能尊重别人的财物	1 2 3 4 5
2. 我能控制自己的行为	1 2 3 4 5
3. 我比较能知道如何与他人相处	1 2 3 4 5
4. 我喜欢了解性知识	1 2 3 4 5
5. 我能适当地运用自己的金钱	1 2 3 4 5
6. 我比较能了解如何与异性相处	1 2 3 4 5
7. 我不会和同学发生肢体上的冲突	1 2 3 4 5
8. 我能耐心聆听他人与自己不同的意见	1 2 3 4 5
9. 朋友邀请我出去时，我比较会考虑这些活动是否适合我	1 2 3 4 5
10. 我不会和家人争吵了	1 2 3 4 5
11. 我知道毕业后，大概要做什么事情了	1 2 3 4 5

续表 10-4

12. 我比较能控制自己的脾气	1 2 3 4 5
13. 我不会和老师顶嘴了	1 2 3 4 5
14. 我增加了以前所不了解的法律知识	1 2 3 4 5
15. 我比较勇于带领全班同学，起到了楷模作用	1 2 3 4 5
16. 我能在每个星期天安排适合的活动	1 2 3 4 5
17. 我和同学相处时，争吵明显减少了	1 2 3 4 5
18. 放学后，不能按时回家，我会事先打电话告诉家人	1 2 3 4 5
19. 假如父母不答应我的要求，我也不会和他们怄气	1 2 3 4 5
20. 我的一些不良习惯已经改掉了	1 2 3 4 5
21. 我比较能够静心读书了	1 2 3 4 5
22. 我会规劝其他同学不要欺负弱小	1 2 3 4 5
23. 在批评别人之前，我会先想想自己的表达方式是否恰当	1 2 3 4 5
24. 我比较能主动地关心他人	1 2 3 4 5
25. 如果有机会，我愿意接受学校专业人员的辅导	1 2 3 4 5

第四节　根据结果来评估

领导者为了解团体经验对成员行为的影响以及在生活领域的改变，可以使用两种方法：一是团体成员的自我报告的信息，这种途径提供的信息有时是不准确的；二是请与成员有重要关系的他人予以客观的评估，如老师、配偶、朋友、家长、缓刑咨询员、重要的看护医疗人员或个别治疗师。

一、获取评估结果的资料

领导者为了更好地获取评价结果的资料，要遵循如下程序：

（1）确定特定团体的结果目标，以及每位成员的个人改变的目标。

（2）收集团体进行之前的资料。

（3）将团体焦点集中在想要的结果目标上，请成员实现其目标。

（4）设计一份适当的表格，请成员依据自己的实际改变状况如实填写。

（5）确认除了成员本身以外，是否有其他重要他人包含在结果的评估上？如果有的话，在征得成员同意的前提下和这些人取得联系。

（6）运用表格定期收集资料。

（7）运用表格在团体结束时收集资料。

（8）在特定时间内将表格邮寄给成员，请他们在指定期限内填好后寄回，进行追踪性评估。

二、评估成员的调查资料

领导者要了解团体成员的情况，可以使用下面的团体成员自我评估表（见表 10 - 5），成员根据自己的实际状况如实填写。

表 10 - 5　团体成员自我评估

1. 团体的经验对你的生活有什么影响
2. 团体咨询活动给你留下的最深刻印象是什么
3. 有什么特别的原因使你对于自己的生活、个人态度和人际关系更为了解
4. 你生活中的哪些改变是来自团体经验
5. 当你想在现实生活中完成你在团体内所做的决定时，你会遇到什么障碍
6. 团体经验对你是否有消极的影响？如果有，它们是什么
7. 你参加这个团体后对你周围的人是否造成了影响？这些影响表现在哪里
8. 如果你没有参加这个团体，你的生活与现在的生活将会存在着哪些差别
9. 如果请你总结这个团体对你个人的意义，你会怎样回答

第五节　团体进程的评估

一、过程性评估

根据团体活动进行的过程可以将团体评价分为过程性评估、总结性评估和追踪性评估三种形式。

过程性评估，是指在团体辅导进行过程中所做的评估，主要是通过观察、问卷等方式，了解成员在团体内的表现和团体特征，以决定团体应该终结还是应该持续。

二、总结性评估

总结性评估，是指在团体活动结束时所做的评估，常采用团体领导者事先设计好的评估表，或事先选定的测验工具，在团体结束时让团体成员填写，然后进行分析，了解团体成员对团体的满意程度、对团体活动的看法、团体感受及行为变化状况，便于领导者客观评定团体心理辅导效果。

表 10 - 6 是日本筑波大学学生咨询室举办的"大学生自我开发研习会"的调查问卷以及结果分析。这是在最后一次聚会结束时，当场请成员完成并由领导者统计分析。

表 10-6 自我开发研习会调查问卷及结果

1. 活动场所（茨城县县立中央青年之家）
  a. 好   b. 一般   c. 不好
  76.5%   23.5%   0
2. 天数（三天两夜集中活动）
  a. 好   b. 4天3夜好   c. 4天以上好
  58.5%   41.2%   0
3. 时间、季节（春天，3月1日—3月3日）
  a. 好   b. 无所谓
  100%   0
4. 活动收费（9800日元）
  a. 便宜   b. 一般   c. 太贵
  52.9%   47.1%   0
5. 团体活动内容
  a. 很好   b. 一般   c. 不好
  活动1：（自我介绍、他者介绍）   70.6%   29.4%   0
  活动2：（盲行）   64.7%   35.3%   0
  活动3：（生命线）   82.4%   11.8%   0
  活动4：（自画像）   70.6%   29.4%   0
  活动5：（生存选择）   70.6%   17.6%   11.8%
  活动6：（参观幽默村）   4.2%   58.8%   0
  活动7：（热座）   76.5%   23.5%   0
  活动8：（脑力激荡）   41.2%   35.3%   23.5%
6. 恳亲会（联欢活动）
  a. 很好   b. 一般   c. 不好
  94.1%   0   0（1人未填）
7. 参加后感想
  a. 太好了   b. 一般   c. 不好
  94.1%   0   0（1人未填）

三、追踪性评估

追踪性评估，是指团体活动结束后三个月至两年内所进行的评估，目的是了解团体效果能否持续，是否对团体成员本人或其社会环境产生有利或不利作用，同时也观察团体成员是否有满意的改变。研究发现，团体成员对团体刚结束时的评价与团体结束后几个月的感受会存在很大的差别，不同时间段的反馈信息都有重要的价值。领导者可以根据需要来选择追踪性的评估方法，例如，问卷法、会谈法、观察法、测验法等。

第六节 团体动力的评估

一、团体动力评估的含义

所谓团体动力评估，是指成员之间以及成员与领导者之间的互动和能量交换的评价。Gladding（1991）指出："团体中的力量不是对团体有害就是对团体有益，领导者要善于洞察和评价这些力量，以体会团体的本质，清楚地知晓成员间、成员与领导者之间的互动状态在怎样的影响着团体发展。"团体动力可能是明显的或是隐藏的，领导者除了注意成员间语言和非语言信息的交换外，更需要仔细观察与判定对成员造成影响的强力团体趋势。这些趋势有时是缺乏信任感、缺乏承诺、玩弄权力、成员间冲突、成员间联盟以及吸引他人注意力的行为等。

二、识别团体负向动力

领导者需要观察互动模式的潜在发展趋势，尽量避免团体负向动力的凝结。常见的七种假互动模式包括：①成员只是对领导者或某些特定的成员讲话，而不是面对整个团体；②某些成员集体对抗一个成员；③成员彼此争论；④成员倾向于贬低彼此的建议；⑤一个成员提出问题后，其他人试图给予拯救；⑥一个成员提出问题，其他成员直接给予建议；⑦领导者在每个成员说话后都立刻给予回应，形成这种模式：甲成员说话—领导者说话—乙成员说话—领导者说话—丙成员说话—领导者说话—丁成员说话等。

假互动模式案例

[案例1]
阿文：我喜欢我妈妈，但我和她一点也不亲。
领导者：我希望这种情况能够尽快好转。
阿强：我妈和我总是吵架，我无法和她谈任何事情。
领导者：所以对你来说和妈妈交谈是有困难的。
阿南：我觉得我妈妈偏袒我的哥哥，但她就是不承认，我们的关系很糟糕。
领导者：所以，由于你妈妈的偏心，让你感到受伤。

[案例2]
阿辉：三天前，我和女朋友吵架了。现在我不知道是否应该给她打电话。
阿强：我认为至少在一个礼拜之内你不能给她打电话。
阿娟：我不知道，但我想你最好等一个礼拜后再给她一张贺卡。
阿蓝：为什么你不寄一张有趣的卡片的呢？
阿龙：我个人认为你应该等她主动采取下一步的行动。

三、领导者对团体动力的评估

领导者可以借由思考这些问题来评估团体的动力,它包括以下方面。
（1）每个成员对参加团体有什么感觉？
（2）成员是否明了团体的期望？
（3）每个成员是否都清楚自己参加这个的团体的动机？
（4）每个成员是怎样来面对团体情境的？
（5）成员是否彼此喜欢？喜欢的程度怎么样？
（6）成员相处时是否感到很舒服？
（7）成员对团体是否有一种归属感？
（8）成员对领导者是否感到舒服？
（9）领导者的角色可运作哪些权力？

领导者需要了解团体治疗性力量。所谓治疗性力量，是指影响团体动力和团体历程的各种因素。根据治疗性力量对团体产生的效果，可以分为正面的、中性的和负面的三种。研究发现，当团体中出现一个或一个以上的负面性的治疗性力量时，团体就可能是不成功的。领导者可通过10-7中所列的17个因素来评估团体治疗性力量。

团体治疗性力量评估因素案例

表10-7 评估团体治疗性力量的17个因素

因 素	效 果		
1. 领导者和成员对团体目标的清晰度	正	中	负
2. 团体目标与成员的相关性	正	中	负
3. 团体规模大小	正	中	负
4. 团体聚会时间的长短	正	中	负
5. 团体聚会的频率	正	中	负
6. 团体聚会的时段对领导者和成员的适合性	正	中	负
7. 聚会场所的适宜性	正	中	负
8. 领导者的态度	正	中	负
9. 团体是开放性或封闭性的	正	中	负
10. 成员参加团体的自愿性	正	中	负
11. 成员参加团体的自愿度	正	中	负
12. 成员的参与心态	正	中	负
13. 成员承诺的程度	正	中	负
14. 成员对领导者的态度	正	中	负
15. 领导者对成员的态度	正	中	负
16. 领导者的经验	正	中	负
17. 领导者带领团体的准备程度	正	中	负

第十一章 首次团体聚会

领导者带领团体首次聚会有很大难度,但很重要,它将关系到未来团体的气氛。领导者要处理团体内的动力现象,以及可能影响团体发展的潜在因素。领导者必须很谨慎地开始团体聚会,向成员介绍团体内容,检查成员对团体的各种反应。领导者在第一次团体聚会的过程中,需要高度注意的重要事项包括:①开始团体聚会;②帮助成员彼此熟悉;③建立正面的团体气氛;④使成员打开话匣子;⑤澄清团体的目的;⑥解释领导者的角色;⑦解释团体带领的方式;⑧协助成员说出对团体的期望;⑨回答问题;⑩解释团体基本规则;⑪解释将会用到的专业名词;⑫检视成员的舒适程度;⑬评估成员的互动模式;⑭介绍并集中焦点在团体内容上。

第一节 首次团体聚会开始的方法与案例

如何开始团体首次聚会,对领导者来说是一个很大的挑战。领导者的态度和语言表达内容将会对团体的发展、团体气氛、成员的舒适度以及自我预期产生巨大的影响。一般来说,无论何种性质的团体,领导者在团体开始时最好传递温暖、信任、真诚、关心、助人、尊重等正面的信息,应尽可能避免自我陶醉式的演讲。

以下介绍领导者常用的开始团体首次聚会的七种方法并附上每种方法的案例。

一、领导者描述团体性质与目标后做自我介绍

这种开始团体聚会的方式比较适合于教育团体、任务团体、治疗团体和成长团体。领导者用5分钟左右的时间描述团体的目标、形式、内容、自己专业背景和以前带领类似团体的经验。

【案例1】

这是一个有关大学教师的职业倦怠的聚会团体。

领导者:我想我们可以开始了。我是华南大学职业指导中心的王盟。我曾经做过很多有关教师职业倦怠方法的研究,而且我发展出一套消除职业倦怠的有效方法。在以后的5个星期中,我会和各位分享这些方法。我想先简要地介绍每次聚会的主要内容。今天我们要……

领导者:希望现在你们对这个团体的运作有了一些认识,也能了解这个团体对大家的帮助。在开始谈职业倦怠的定义之前,我想先用3分钟时间请各位做自我介绍。介绍时请说出自己的名字、从教的时间、教什么专业或学科,以及参加这个团体的动机。

二、领导者简述后请成员做自我介绍

领导者用1—2分钟时间做简要的经过事前设计好的开场白,然后请成员进行自我

介绍。这种方式可以避免成员出现只听而不发言的心态，使成员很快变得主动活跃起来，特别适合于成员彼此不熟悉的第一次聚会场合。

【案例2】

这是一个父母在过去的四个月内离婚或分居的青少年组成的团体。

领导者：很高兴你们能到这里来。如同你们所知道的，这个团体是为分享你们对父母离婚或分居的想法、感受与反应的。我知道你们每一位在过去四个月里都经历了父母离婚或分居，希望经由这个团体活动能让你知道，你的感受并不只是你一个人才会出现的。父母离异带给你们很多不同的感受，这些我们都会在本团体中予以真诚的分享。我想我们先以记名字的活动来开始，因为你们彼此尚不认识。我先说说我的名字，然后李益明说，你要先说出我的名字后，再说出你自己名字的。之后是美玲，你要先说出我和益明的名字后，再说自己的名字。我们绕一个圈做这个活动。

领导者：我是淑芬。

益明：她是淑芬，我是益明。

美玲：她是淑芬，他是益明。我是美玲。

三、领导者长篇讲话后直接进入团体活动的内容

这种开始的方式适合于团体成员已经很熟悉的诸如讨论团体、教育团体、任务团体和分享团体。领导者介绍自己的专业背景和团体内容，以后直接进入团体活动的内容。

【案例3】

这是一个指导下岗人员寻找工作的团体。领导者用5分钟时间做介绍。

领导者：很高兴你们决定参加这个团体。我想你们会获得关于就业市场的一些资讯。这个团体的目标是直接针对怎样发现可能的重新就业的机会、如何撰写个人简历、如何有效应对面试以及如何进行自我形象设计等方面提供重要的信息。在我们开始之前请允许我先做自我介绍，并重点的描述一下这次团体聚会的活动内容……

领导者：现在我们开始今天的课程，我们先来谈谈怎样发现可能的工作机会。现在请每个人先想一想找工作的三种方式……

四、领导者简要讲话后直接进入团体活动的内容

这种方式适合于团体成员之间已经互相熟悉，而且明了了团体目标的诸如教育团体、讨论团体和任务团体，特别适合团体聚会时间比较短如40—60分钟聚会时间的团体。

【案例4】

这个团体的主要目的是制定出一个新成立的青少年管理中心的政策。

领导者：让我们现在开始吧。我们新成立的这个中心需要制定一些管理政策。目前的计划在未来的五个星期中，我们在每星期三上午9：00—9：40这个时间段要聚会，来讨论这些管理措施。如果我们的讨论能够提前完成，聚会就可以结束。现在就开始提出我们认为必须要制定的各种管理措施，你们尽可能提出，我将你们提出的建议写在黑板上。

五、领导者简要介绍团体后成员进行两两配对

这种带领团体开始的方式适合于成员不需要做自我介绍的活动，成员已经清楚了团体的目标，并在团体中感觉很自在的诸如任务团体、教育团体、讨论团体或支持团体。领导者简要的介绍后，请成员两两配对，以讨论团体内容或参加这个团体的动机。

【案例5】

这是一个由获悉自己的孩子在看护中心遭到性虐待的父母所组成的团体。

领导者：我很高兴你们今晚能来到这里。我想你们如果能分享一下彼此的感受将会对你们有所帮助。当类似的事件发生时，团体往往能给予我们一种支持的力量，并针对怎样协助孩子的问题坦诚地进行意见的交流。因为你们已经彼此认识，所以我们两个人自由组成一组，但请不要和你的配偶或是很熟悉的人配对。好，配对好了。我希望你们分享一下孩子的意外发生之后曾经出现过的真实感受，以及你们对这个团体抱有什么样的期望。

六、领导者简要介绍团体后成员借助语句完成活动

这种方式适合于团体成员彼此相互熟悉的诸如任务团体、教育团体、讨论团体、治疗团体和成长团体。借助于语句完成活动可以使成员迅速地将自己的注意力聚焦在团体活动的主题上。

【案例6】

这个团体的目的是密切同事之间的关系。

领导者：你们都知道这个团体是为了密切单位里同事之间的关系。我想我们先来填写几个未完成语句的问题。请各位根据自己的实际状况认真的填写，我将给大家3分钟时间来完成这些问题。

（1）当同事不理解我时，我会感到_____。

（2）我希望同事对待的我的态度是_____。

（3）当我和某个同事发生矛盾时，我将做出的反应是_____。

七、成员借助自我介绍来开始团体活动

这种方式是在成员都很清楚团体目标的前提下，邀请成员借助于自我介绍来开始团体活动。这种方法可以实现两个目的：一是成员介绍了自己；二是可以立刻开始团体的内容。

【案例7】

这是一个单亲妈妈组成的团体。

领导者：请大家以自我介绍的方式来开始今天的团体活动。每个人先自我介绍一下自己的姓名，做单亲妈妈的时间，以及是怎样成为单亲妈妈的。哪位先开始说呢？

第二节　协助成员熟悉的方法

一、成员自我介绍

团体活动开始之后，领导者需要安排一些时间让成员相互认识，以消除成员之间的陌生感和新奇感。而且，成员介绍有助于团体凝聚力与信任感的建立。领导者选择介绍活动时需要考虑的因素有：团体性质、团体规模、聚会时间的长短、团体目标和成员彼此熟悉的程度。

团体性质制约着成员自我介绍的时间。对于治疗团体、自我成长团体和分享团体来说，领导者需要给足够的时间让成员彼此熟悉；而对于教育团体、讨论团体和任务团体，因为成员可能已经彼此认识而且在团体中并不需要涉及个人的问题，只需给予较短的时间让成员做自我介绍。团体的规模、聚会时间的长短也制约着介绍活动的选择。如果成员超过 10 人，领导者安排每位成员花 2~3 分钟做自我介绍将是不合适的。如果团体聚会时间少于 60 分钟的话，领导者最好不安排超过 5 分钟的自我介绍活动。团体目标是决定成员自我介绍活动的最重要因素。如果团体的目的是属于教育的或讨论的，选用能帮助成员记住彼此姓名的介绍活动即可。在治疗团体、任务团体和支持团体中，领导者则可选择一些能够让成员彼此分享个人信息的活动，或直接分享他们参加团体的动机和期望。

二、成员介绍的方法

领导者需要决定所选用的介绍活动是要轻松、有趣或严肃的。常用的成员介绍的方法有以下五种。

（一）报姓名

请成员简单的介绍自己，内容可以是只说出自己的姓名，也可以多分享一些个人信息，如家庭住址、职业、专业、参加团体的原因、兴趣、嗜好、性格等。

（二）名字接龙

这是一个协助成员记他人姓名的游戏。领导者可以指定报名字的顺序，也可以不指定。当第一个成员说出了自己的姓名之后，第二个成员要说出第一个人的名字和自己的姓名，如此类推，直到最后一位成员说完自己的姓名为止。

（三）配对介绍

领导者请成员两两自由配对，并各自与对方分享一些领导者所建议的个人信息内容，然后面向团体介绍各自的伙伴。例如："这是阿强，他喜欢足球和钓鱼，他梦想自己长大后能成为一名科学家。"

（四）重复配对

请成员轮流和每一个成员配对，并用 2—3 分钟的时间分享他参加这个团体的动机和期望。此活动只适用于 7 人以下的小团体，尤其是治疗、成长、分享、支持团体。

（五）兜圈子

此活动适用于 12 人以上的大团体，可以让成员有机会和每一位成员接触，以加快彼此熟悉的程度。领导者安排 5 分钟时间，请成员兜圈子来互相碰面，并做简短的交谈。领导者的指示语为：“为了帮助大家彼此认识，我希望你们站起来，然后在房间里自由走动和每一位伙伴碰面和接触。试着去记忆每个人的名字和他来这里的动机。现在就开始吧！”

第三节 团体气氛的营造

一、建立正面的团体气氛

领导者在第一次团体聚会时，需要有意识的来建立正面的团体气氛，而且要承担起必要的责任。一般来说，领导者与成员的活力和热情、成员之间的信任感和舒适度是影响团体气氛的重要因素。领导者营造团体正面气氛的方法包括：打开成员的话匣子；将话题集中在成员感兴趣的主题上；当话题不相干或只有一两个成员感兴趣时就要转移话题；打断成员负向或是有敌意的互动方式；利用领导者自身的热忱与能量。有时，团体中的一些抱持怀疑、抱怨态度的成员的行为会促成团体的负面气氛。领导者对此需要特别留意，应避免花费大部分时间在这些负面成员或主题上。

二、建立团体信任感

不同性质的团体有不同的建立团体信任感的方法。

下面介绍领导者借助对不同性质的团体成员发表不同的谈话来建立这种信任感。

（一）心理分析式团体

这个团体是一个安全的场所，你们可以在这里研究自己已被压抑的感受、事件和经历。我们将帮助你顺利解决那些在团体互动中暴露出来的、过去的未完成事件。我们的任务是创造一种可接受的、宽容的气氛，以促进你的积极参与。

（二）阿德勒式团体

在这个团体中，你的行为会表现出你的生活型态，因此，我们将着重研究你的生活型态。我们也会关注你的早期回忆，以及在记忆中你在家庭状况和位置如何影响你。团体是社会的缩影，因此，它也是你进行生活改变的理想场所。这里，我们将鼓励你尝试新的行为，经由团体和日常生活的检验，将你的思想投入到实践中。

（三）心理剧团体

在这个团体中，你将表演冲突的情景而不是仅仅谈论你的冲突情况，你将带着情绪色彩重新表演有意义的情景。借由释放被压抑的感觉，你会获得更多的领悟，你会尝试更为自发的行为方式。

（四）存在主义团体

在这里你们每个人都会发现你们是怎样限制了自己的自由。我们的主要任务是，激发你承担起自我选择的责任，促使你探索更加真实的存在。我们希望与你共享这一过程。

（五）人中心式团体

我们的工作是帮助，而不是指导这个团体。这部分意味着帮助形成一个可接受的、互相关心的团体。既然我们假定你们能够知道自己的需要，我们也假定，一旦你们认为这是一个安全的场所，你们就会放下各种借口，表现出真实的自我。我们相信，你们最终将学会相信自己，并信赖自己的判断力。

（六）格式塔团体

现在，我们在此尽力解决阻止你保持现时觉察的所有事情。我们着重于行为的"什么"和"怎样"，而不是"为什么"。这一着重点会帮助你表达出自身已经被否定的事情。基于此，我们希望你最终会更加完整。总之，我们在此将帮助你从阻止当前功能的过去情景中识别出未完成的事情。

（七）沟通分析式团体

在你们自己的治疗过程中，你们每个人都是我们的同事。我们并不是断然认为自己具有有关的特殊知识，而是认为你们将依据自己在这里的工作过程做出决定。借由契约确立你试图改变的目标和改变方法。

（八）行为主义团体

我们认为如果你已经学到了无效行为，你也能够学到新的、建设性的行为。团体将为你提供一个学习的环境，我们的任务是教给你新的因应技巧，你的任务是在团体内外实践这些技巧。为了使你的改变成为自身的完整部分，团体将支持你统整这些变化。

（九）理性情绪团体

尽管别人大量为你灌输自我挫败的信念，我们认为你有责任对这样的自我抱持保留态度。我们让你批判性的评价拥有的自我灌输的思想。团体工作的目标使用一种理性的观念替代当前的非理性观念。

（十）现实团体

既然我们认为你们都在追求成功，我们团体活动的主要目标使帮助你确定当前行为是否有利于成功。如果你发现并非如此，而且决定尝试改变，你就有责任制定出一份旨在推动自我革新的行动计划。团体将为你提供一个实施革新计划的场所，同时，团体外作业会帮助你将这些改变带到你的日常行为中。

第四节　引导成员发言

一、引导成员发言的技巧

领导者需要提供所有成员在团体聚会中发言的机会，以避免成员产生疏远和被忽略的感觉。但这并非意味着领导者强迫成员来发言，而是要让成员感觉到只要自己有话想说，就能随时参与团体之中。尤其对于自我成长、治疗和分享团体而言，领导者更应尽可能地使所有成员自我披露一些个人化信息，来降低成员的团体焦虑。有助于成员发言的领导技巧包括询问、介绍活动、绕圈发言、配对活动等。

二、示例：领导者引导成员发言

（1）对你而言，最突出的一个重点是什么？
（2）你是否与其他成员有相同的感觉？
（3）是否有人愿意对这个观点提出自己的看法？
（4）我想每个人的感受都不同，有没有人还有其他的看法呢？
（5）我们已经谈过很多不同议题，但是没有人提出……，这可能是最重要的观点，也可能是最难说出来的，但是我想说出来是很必要的，你们对……有什么看法呢？
（6）听过几个不同的意见后，我觉得你们多数人都在抑制你们真正的感觉，为了使团体真的能对你们有所帮助，我希望你们将真正的感觉提出来分享（停顿）。对我刚才所说的话有没有什么意见呢？

第五节　讲清团体目标

一、讲清团体目标的作用与案例

领导者需要在首次团体聚会时，向成员讲清团体的目标。团体目标是领导者引导成员所依据的蓝图，领导者和成员必须清楚团体的总目标以及每次团体聚会的特定目标。倘若团体的目标是含糊不清的，或领导者没有按照既定的团体目标来引领团体，则很容易导致团体活动的混乱、枯燥。

【案例】

这是一个旨在摆脱离婚痛苦的治疗性团体的第一次聚会。

成员谈到他们很孤寂、自我怀疑、害怕等感受。此时,阿强突然打断成员的谈话,开始谈起自己的儿女以及在孩子们来看自己时如何照顾他们。领导者便向成员发问:"你们认为阿强与自己的孩子见面应该做些什么准备?"此后的30分钟,成员针对阿强应如何处理这个情景给出了许多建议,并且也对他应为孩子准备的食物提供了许多意见。

分析:本团体领导者所犯的错误是:要求团体成员对阿强所说的给予反馈。团体的目标既然是治疗性的,以渡过离婚的痛苦,领导者就不应该因讨论个人的问题而使团体焦点只集中在某些成员身上,而应中止讨论,将主题引导至成员对离婚的感受上。因为持续的讨论可能使部分成员觉得枯燥或受挫,成员可能因愤怒而离开团体,或者会干扰讨论的进行,并可能会攻击阿强。领导者如果清楚这个团体的目标,可运用截断技巧来引领团体活动。例如,领导者说:"阿强,你说的这些很重要,但不符合我们这个团体的目标,我想等一会再和你谈谈你遇到的问题。"

二、讲清团体目标的步骤与案例

领导者讲清团体目标可遵循四个步骤:①收集资讯与评估成员的需要;②决定团体的性质,界定团体的性质能协助领导者确立团体的目标以及期望的团体行为和动力;③选择可用的主题、话题和活动;④检查团体目标的适合度。

【案例】

这是一个5人组成的少女怀孕的团体,领导者澄清团体目标的思考过程的描述。

领导者被要求带领以怀孕少女为对象的团体。首先,领导者设法去了解这个团体是否已经订好了目标,如提供有关堕胎的知识,或分享共同的经验。当领导者发现并无预定的目标后,领导者开始收集有关成员的年龄、怀孕时间、父母的态度、婚姻状况、堕胎的可能性,以及参加此团体的动机。领导者发现这5个女孩的年龄在14—17岁之间;怀孕时间都超过6周;都希望能生下孩子;自愿参加本团体,希望从团体中得到更多的资讯;都有来自家庭的压力和冲突。另外,领导者也发现成员的需求存在着很大的差异:团体的聚会可能需要包括处理同辈关系、抚养孩子的知识、亲职技巧,以及药物、酒精与吸烟对胎儿的影响等主题。针对成员的这些需求,显示出所需的团体属于教育的和支持的性质;团体总目标是放在教育这些女孩有关怀孕、抚养孩子等各种层面的知识,并促进个人的分享,以期建立成员彼此间的支持。

三、讲清团体目标的原则与案例

领导者在讲清团体目标的过程中需要明确的原则有:

(1)一个团体可以存在不相矛盾的多重目标。例如,提供乐趣与信息的,建立信任感的,增加成员参与度的,刺激成员思考的,让成员有机会彼此熟悉的,完成任务的,等等。

(2)可以根据团体内容或团体用途两种途径来设定团体目标。

（3）团体目标需要具备灵活性与变通性，而且有时是可以更改的。
（4）每次团体聚会最好只有一个特定的团体目标。
（5）领导者清楚团体目标，并不等于成员也清楚团体目标。
（6）为特定性质的团体设定特殊的目标。

【案例1】
（1）协助成员克服各种困难，更加有效地应对生活中的压力。
（2）为成员提供一个社会心理支持网络。
（3）协助成员学习适宜的社交技巧。

【案例2】
（1）协助成员讲述出乱伦事件的经过。
（2）协助成员发现大家共通的感受，如愤怒、羞耻、自责、罪疚感和伤痛感。
（3）对与犯罪者有关联的事项做出有效处理。

【案例3】
（1）提供情绪支持。
（2）增进问题解决能力。
（3）协助成员表达出自己因伤残而产生的愤怒、悲伤和仇恨。
（4）协助成员学习面对因伤残而需保护的隐私权。
（5）协助成员适应因伤残而导致的各种限制和建立一个新的支持系统。
（6）增进成员之间的相互理解和敏感度。

【案例4】
（1）营造支持性团体气氛来降低患者的焦虑。
（2）增进患者的自我接纳感。
（3）重新建构成员的自尊。
（4）协助患者处理因中风而导致的抑郁、恐惧和情绪上对他人的依赖感。

第六节　解释领导者的角色

一、解释领导者角色的目的

领导者需要在团体聚会中解释自己所扮演什么角色和领导行为。这样做的目的在于协助成员对领导者的期望形成正确的图像引导。

二、示例

【示例1】

领导者：我将花1分钟的时间来解释我在团体中的角色。在以后的六个星期中，我们会在每周一晚上的团体聚会中分享你们身为父母的经验。我的角色主要是催化你们彼此的经验并分享这些经验；另外，提供一些资讯，但在某些情况下我会改变催化者的角色，而在团体中一两位成员进行咨询。

【示例2】

领导者：在这个团体中，我主要是协助你们分享刚离婚后的感受与经验，因为相互支持是这个团体的目标。我会试着催化你们彼此之间的讨论。有时我会主动邀请你们加入交谈的行列。请了解我在这个团体中不是一个专家，这个团体是属于你们大家的。

【示例3】

领导者：在这个团体中，我将告诉你们酗酒与吸毒的危险，我会给你们一些资料供你们讨论，并解答你们所提出来的一些问题。

【示例4】

领导者：我在团体中的主要任务是协助你们针对你们提示的资料来做出决定。同时，我会试着让你们在团体中以诚实的态度来对待彼此，并表达出你们对各种主题的看法。我也会控制时间以便我们可以在规定时间内完成工作。

【示例5】

领导者：我在带领这个团体时以下一些事情是经常要做的：当我觉得你偏离主题时，我可能会打断你的话，这是为了让你们每一位都有说话的机会。有时我也会邀请你发表你的看法，但你不必强迫自己一定要说些什么，我只是要试着请你加入讨论。

第七节 解释团体进行方式

一、解释团体进行方式的目的

在第一次团体聚会中，领导者很有必要对成员解释自己带领这个团体的方式，让成员知道团体中所进行的讨论与活动的性质，这些将有助于成员降低心理紧张和提高活动的绩效。对于教育、任务团体而言，领导者向成员解释团体进行的方式是：在日后的团体聚会中每次将先用5分钟时间回顾上次聚会的主题，然后再提出新的主题，最后则是成员分享彼此的看法与反应。在成长、支持、治疗团体中，领导者应事先告知成员，在以后的团体聚会中领导者有时要求他们进行一些特别的团体活动，例如，当团体的进行方式前半段是讨论和分享，后半段为练习和治疗时，领导者可以解释这样安排的理由，以及进行治疗的主要过程和方法。

二、示例

【示例1】

领导者：团体活动将会有不同的内容。有时我会让你们配对讨论，有时我会要求你们写下你们的想法；团体结束前我会回答任何你所提出的问题，最后我会请你们每一位分享一下今天学到了什么。

【示例2】

领导者：在我们的团体中，时常会有人将他非常个人的东西说出来，对此，我们会花些时间把焦点放在这位成员上，试着来帮助他。有时候，我甚至会做一对一的咨询。

如果领导者预计在团体活动中使用一些专门术语，就需要对成员解释这些名词的含义。因为有些名词会造成成员的混淆，如绕圈发言、配对与活动等。如果团体是治疗团体、支持团体或成长团体，领导者就需要解释一些专业名词，如理性情绪治疗、沟通分析、生活脚本、潜意识、心理分析、自我状态等，这样可以使成员不至于担心他们会因为不懂而漏掉一些东西。

第八节　聚焦成员对团体目标的期望

一、增强成员对团体目标的期望

在团体的首次聚会中，领导者要善于协助成员分享各自对团体目标所抱持的期望。这样做的目的在于：①了解成员的个人需要；②针对成员的期望来澄清团体的目标；③进一步强化成员的期望与团体目标的一致性；④协助成员修正自己对团体目标的期望，特别是当成员的期望不符合团体目标或结构时，领导者有必要明确予以指出。

二、示例

【示例1】

这是一个少女妈妈的团体。她们都在过去三个月中有了自己的小宝宝。成员自我介绍完毕后，领导者决定使用绕圈发言活动，请成员说出各自对这个团体的期望。

领导者：好！我们对彼此有些认识了，现在我想请各位来说说你们对团体的期望。我希望你们每一位想一想，你想从团体中得到什么？我们绕一圈，听听你们每个人所说的。

阿欣：我只想和与我年纪相仿而有了孩子的人谈谈，总是和成人谈这些没有什么意思。

领导者：当然，我们团体的一个重要目标是，让你们有机会分享彼此的感受，而你们确实有些事情是相同的，这一点是可以肯定的。

阿真：我几乎快要承受不住了。我要努力照顾孩子还要照顾我的男朋友，我不知我是否能应付得了，我想大家有没有什么好主意能帮助我。

领导者：我想你们都将会发现团体会对你有所帮助，你们每一位都有些点子可以帮助其他人。

阿慧：我来这里是因为想从这里可以学到对我有帮助的知识。

阿秀：我需要有关抚养小孩子方面的协助，我很担心我会把孩子逼得太紧，而我不希望如此。

领导者：我们每个星期会花些时间讨论孩子抚养的问题，因为我想你们都希望知道这件事。我们也会花些时间分享任何你们所想要谈的事情，尤其是关于十几岁就当上妈妈这个问题。

【示例2】

这是一个大学新生组成的学习团体。

领导者：现在，我想请大家谈谈自己对这个团体的期望是什么？

阿明：我希望在团体中能学到如何准备论文式测验。我的高中生活像和风般舒服，所有考试都是填空题和选择题。

阿华：我在数学方面有些问题，需要得到帮助，我不懂方程式。老师说我需要一个家教。所以当我看到学习团体的招募广告后，我就很想来参加一下。

领导者：阿华，让我对你还有你们其他人澄清一些事情，这不是一个家教班，它是学习如何读书的团体。也就是说，我们不教导任何一科目，但我们会讨论到读某些科目时的方法，当然了数学也包含在其中。我的意思是你们任何人如果想得到某一科目的协助，也许家教会更合适。我们将讨论如何做好笔记、如何准备考试，如何选择课外书，以及如何提高读书效率。你现在可以决定要继续留在这个团体，或者去找数学方面的协助。如果你需要家教，我可以帮助你找到一位老师。

领导者常会遇到个别成员的期望偏离团体目标，乃至存在很大冲突。最佳的处理方法是：运用两两配对法做几分钟的小范围讨论，领导者要避免在这些成员身上花费太多的时间，如果个别成员仍然坚持，可以请他退出团体聚会。此外，领导者要有意识地避免两个错误：一是讨论成员对团体期望的时间太长，一般最好不超过10分钟；二是因强迫那些被动参加团体的部分成员一定要表达出他们的期望而引发团体的负面气氛。

【示例3】

这是一个由学生父母组成的讨论团体。团体的主要目标是请家长讨论如何处理学校学生怀孕事件发生的问题。成员正在讨论他们对团体目标的看法。

阿明：我想聚会是很好的，因为我不希望我女儿出现这种事情，但我不知道有什么好方法可以防止它发生。所以，我希望我们组成的这个团体可以产生一些新点子来教孩子正确的性观念。

阿美：这也是我参加这个团体的目标。我们可以想出一些方法，或是学校或是家庭或是社区可以做的，来防止校园中不断发生的这类怀孕事件。

阿强：我可以告诉你们，我们该做的是什么。那就是禁止孩子堕胎。电视上有关十多岁孩子堕胎的统计数字令我觉得太恐怖了。我希望来这里看看学校能为堕胎这个问题做点什么？

领导者：我真的不了解这个团体的焦点怎么会放在堕胎上，这个团体的目的是决定如何防止如此多的少女怀孕。

阿强：我不同意。使孩子们停止堕胎，甚至停止考虑堕胎，这是我们道德上的责任。

领导者：（以平静的语气）这样吧，让我们这样做，你们两两配对，找一个你自己不太熟悉的人讨论一下，将这两个不同的主题放在我们中讨论你的看法如何？阿强，我和你一组。

【示例4】

这是一个青少年劳教中心举办的强制性治疗团体。

领导者：我想听听你们参加这个团体的动机，以及你们希望从团体中得到什么？

阿雄：嘿，我不想得到任何东西，是他们要求我来的。

阿伟：这跟我一点关系都没有，我讨厌团体治疗这种活动。

领导者：团体治疗会对你们有帮助的。

阿国：我想谈谈摇滚乐，我们的管理人员说我们可以在团体中谈任何自己想说的东西。

领导者：好了！请你们正经一点，你们到底要从这个团体中得到什么呀！

第九节 说明团体规则

一、利用合适时机说明团体规则

在第一次团体聚会中，领导者需要利用合适的时机来解释团体的一些基本规则。例如，成员分享内容的保密性，禁止成员之间的相互攻击，禁止强迫成员发言，团体进行之中不能吃东西，禁止吸烟，等等。需要指出的是，这些规则不一定要在团体开始时就予以说明，否则可能会导致成员的不耐烦或者对将来要发生的事情感到焦虑。下面的例子透视出领导者对解释团体规则所把握的时机是很巧妙的。

二、示例

【示例1】

这是一个治疗团体，首次聚会已经进行了20分钟。领导者解释了禁止强迫他人发言的规则。

阿强：我想听一听阿伟的看法，他还没有对这个问题发表他的意见。

领导者：请允许我在此说明一下。我知道你们有些人会想听别人的看法，但我带领的团体有一个基本规则，它就是没有人会被强迫发言。所以，你们可以表达你们对其他人的想法感到好奇，但不能强迫阿伟发表意见，而成为团体的焦点。订立这个规则的理由是，我希望所有成员不必担心自己会在团体中受到攻击或是被强迫发言。对这个规则以及我们刚刚讨论的内容大家有任何意见吗？

【示例2】

这是团体聚会中领导者向成员解释禁止成员之间攻击、嘲笑的规则。

领导者：现在，请大家来完成这个语句的书写：在团体中我最害怕的一件事是＿＿＿＿。写完后，我们做一下分享。阿真，可以吗？

阿真：可以。我写的是：我害怕看起来笨笨的。

领导者：这是很常有的感觉，我想其他人也会有这种感觉。（许多成员听到后再点头）

阿芬：我写的是：我担心我说的话会受到他人的攻击。

领导者：我想对这点提出一些看法。我想要定一个团体规则，即"没有一个人被允许随意地攻击其他成员"。我们在这里是为了聆听别人的意见和相互学习的，而不是去攻击与我们有不同观点的人的。你们对这个规则有什么看法吗?

【示例3】

这是第一次团体聚会的临近结束前15分钟。领导者向团体说明了保密性原则。

阿强:我想要谈一些我从来没有对任何人谈起过的事情。

领导者:阿强,在你说自己的事情之前,我希望提出一个很重要的建议。在聚会开始时,我们曾经简要地提及保密的问题,我再一次强调,因为阿强讲了一些对他而言很重要的私人性问题,如果要建立我们这个团体的信任感,我们就必须要对团体聚会之中所涉及的个人性质的内容保密。这对每个人来说是否能办得到?(领导者环视团体,发现成员在点头)好!阿强,让我们回到你的问题上。请说吧!

【示例4】

领导者:今天我们要讨论提高班会出勤率的问题,请大家踊跃发言。每人有3分钟的时间,请就事论事,不要进行人身攻击或涉及班级之外的任何事情。别人发言时,请认真倾听,不要私下交谈或公开评论。

第十节 评估团体舒适度与团体互动形态

一、评估团体舒适度

在支持、成长、治疗团体的第一次聚会中,许多成员可能会有些担心和感觉不自在。面对这种状况,领导者需要花些时间用来评估成员的团体舒适度。通过询问成员在团体中的舒适程度,可以让成员知道领导者已经觉察到他们的焦虑,而且这些焦虑是在预期之中的。另外,成员通过分享活动,听到他人也感到焦虑往往能降低自己的焦虑水平,并削弱自己的孤单感。如果成员表现出很不舒服的样子,领导者可在聚会的暖身阶段来讨论舒适感的主题。如果没有在聚会一开始涉及此问题,领导者也可在聚会中的任何时刻提出。例如,领导者在成员沉默一段时间后,或想转移讨论的焦点时,将这个主题带入讨论。

【案例】

领导者可以使用下列活动来检查成员的舒适度。

领导者:你会用什么样的字眼来形容自己在团体中的感觉,这种感觉代表的是你现在在团体中的舒适程度。

领导者:我们用1—10的分数来评量你的舒服程度。10代表非常舒服,1代表非常不舒服,你将会用哪个数字来表示你目前在团体之中的感觉。

领导者:我们用1—10的分数来评量你的舒服程度。10代表非常舒服,1代表非常不舒服。在团体活动刚开始时,你会用哪个数字来表示你的感觉?现在你又会用哪个数字来表示你的感觉?

领导者:有没有人愿意谈谈目前他在团体之中的感觉?

领导者:我想要你们找一个你想更了解他的人配对,谈一下你在这个团体内的感觉。讨论一下你舒服的程度，以及为什么有这样的感觉。很自然的你们中有些人会比其他人更感到自在。你们将有3分钟时间来谈，然后再回到大团体讨论。

二、评估团体互动形态

领导者在团体第一次聚会时，要特别留意成员在团体内的不同互动方式。每个成员都有其特殊的互动态度或行为，有些成员很安静，有些会试图支配团体，有些可能会表现出更多的支持，有些则是好批评的。领导者通过观察成员的这些互动形态及时修正团体聚会计划。一般来说，领导者评估成员间的互动模式可以考虑这些变量：①成员说什么；②成员如何说；③成员说话的频率；④成员说话时的表情。

第十一节　聚焦团体的内容与团体活动

一、聚焦团体的内容与方法

团体活动的基本原则是围绕着聚会主题来展开的。任何一个团体聚会都有其特定的内容，内容就是指团体中讨论的话题。如果领导者在第一次聚会中用太多时间解释团体规则与领导者角色、让成员做自我介绍等，都很容易使成员感觉到自己参加团体的需要没有被满足，而丧失参与兴趣。因此，领导者都想在首次团体聚会时能确定将焦点放在团体内容与团体目标上。聚焦团体内容常用的方法有：

（1）运用活动分享成员的参与动机过程中，及时将焦点集中在成员发言内容上并详细地说明，引发成员要讨论的主题。

（2）依据成员的提问、谈话内容发展出团体的相关主题。

（3）直接介绍团体讨论的主题或提供信息。例如，任务团体的领导者说："我们为什么不开始讨论可用的各种方法？然后我们再讨论每个方法的利弊？"教育团体的领导者说："好，我们已经知道彼此的姓名和为什么参加这个团体了，现在我们可以开始观看一个10分钟的录像，我想这个影片将会提供给你们一些很好的资讯。"

【案例1】

这是一个由5名受虐妇女组成的支持团体的第一次聚会。领导者简要介绍了团体目标后，邀请成员做自我介绍和描述自己目前的处境。现在轮到第三位成员了。

阿惠：我是阿惠，结婚有四年了，有两个孩子。我先生曾经打过我5次，而且一次比一次厉害。他说这都是由于我的错，我很疑惑。

阿茹：我是阿茹，我的先生对我进行语言和身体的虐待，我真是没办法再忍受下去了。

领导者：现在，我知道了大家的名字，我想要回到刚才阿惠提到的问题。她很困惑被虐待到底是谁的错？我想讨论错误究竟归因于谁是很重要的，因为许多女人认为她们的先生之所以会如此嚣张都是她们自己所造成的。我想你们每一位如果能分享一下你是否认为是你的错，并说说为什么你会这样认为，对你们会是有帮助的。

【案例2】

这是一个由精神病院出院的患者组成的团体。成员正在讨论对团体的期望。

阿妮：我希望这里的人能帮助我不要再进精神病院，我真的希望能这样。

领导者：我想阿妮所说的可能也是你们每个人所想的，你们都想离开医院，是吗？我来谈谈怎样做才能不回到医院，以及是什么因素使你回到医院？你们需要做什么才能脱离医院？谁想就这些问题谈自己的看法。

阿虎：我先来。我深刻体会到我必须……（接下来的10分钟有许多有价值的讨论，是如何使他们能不回到医院，如工作、朋友、参加团体等）

领导者：我们跳开阿妮的话题再回到团体的期望上来，有没有人对参与我们这个团体的期望还没有被讨论到的？

阿文：我！我希望这个团体使我能学说"不"的地方。我真的需要学习说"不"。

领导者：这是很值得学习的，我想我们可以在这儿来谈谈。在你们中有多少人有说"不"的困难？（环视团体）好像有不少人，我们还有45分钟的时间，我们花些时间来谈谈这个问题。我要你们想想你最难对谁说"不"？我们绕圈子请每个人都谈谈自己的情况，是家人或配偶？还是朋友？

二、开展团体活动

领导者带领团体的第一次聚会时，可以借助一些有意义而无压力的活动增加成员之间的熟悉感和舒适感，或帮助成员更好地将注意力集中在团体内容上。常用到的活动是配对、语句完成、绕圈发言。

配对就是将成员两两一组，讨论各自的反应、感受、想法或其他相关的要点。这种活动可以提供成员之间彼此交谈的机会，催化成员在团体中的舒适自在感。一般来说，第一次团体聚会中使用配对活动的时间最好控制在5分钟之内。

语句完成是催化团体互动的有效方式，属于纸笔练习活动的特殊方式。它可以让成员针对问题发表评论，而且会对其他成员的不同反应产生兴趣，也可以使成员以一种自然的方式来彼此分享。领导者要根据不同团体的需要来编制未完成语句，请成员来填写。

【案例1】

（1）在一个新团体中，最让我感到舒服的时候是_____。

（2）在一个新团体中，我最害怕_____。

（3）在一个新团体中，我通常会_____。

（4）在这次团体聚会中，我印象最深刻的是_____。

（5）这次团体聚会，我的最大收获是_____。

（6）在工作中，我的最大压力是_____。

（7）在家庭中，我的最大压力是_____。

（8）我应对压力的方法是_____。

（9）我对这个团体聚会的期望是_____。

绕圈发言是第一次团体聚会中最有价值的活动。这种活动为每个成员都提供了一个发表意见的机会，尤其是可以激励那些在团体中很少说话的成员来分享自己的内心感受，同时也让领导者能够回应那些需要协助的成员。绕圈发言的形式有：绕圈自我介绍；绕圈谈自我感受或看法；绕圈对主题或议题评分。

【案例2】

领导者：我希望花一点时间来结束今天的团体活动，让我能知道你们的反应。想想你会如何评价这个团体，请用1—10分来表示你的评价，1代表团体与你原来的期望相差很远，10代表团体满足了你的期望。如果你的评分不是10，请想想怎样才能使团体变成10？

阿虎：我给团体8分。我想如果要变成10的话，我们彼此的感觉要更舒服些。

阿翔：我给团体10分。我真的很喜欢这种团体分享的方式，我感觉挺舒服，好像我已经认识你们很久了。我喜欢今天团体开始时所做的游戏活动。

第十二节 结束团体聚会的方法与案例

每一次的团体聚会都有结束阶段，用于团体聚会结束的时间要根据这次聚会的时间长短和团体性质来确定。一般来说，团体会晤的时间越长，所需要的结束时段也就越长，例如，60分钟的聚会，结束时段可能用3—5分钟；120—180分钟的聚会可能需要10—15分钟结束时段。对于任务团体和讨论团体，结束时段所需时间较少，而支持团体和治疗团体则需要足够时间来结束。结束团体有很多方式，领导者最好根据团体目标、团体性质、聚会次数以及当次团体内发生的状况来决定。

常用的结束团体聚会的方式有六种。

一、直接告知法

告知成员本次团体聚会即将结束是很重要的，领导者可以这样说：

（1）团体活动快结束了，希望大家思考一下参加团体对你的意义是什么？

（2）因为只剩下几分钟了，让我们一起来回顾在团体中我们经历了什么？

（3）我想现在该是结束的时候了，接下来让我们花些时间进行总结，同时简要地谈谈下一次的聚会。

（4）让我们进入结束时段吧！因为大约10分钟之后我们必须结束这次团体聚会。

二、提问法

领导者可以在第一次团体聚会结束时段询问成员如下问题：

（1）这次聚会你感觉如何？

（2）现在的感觉和你参加聚会之前的想象有什么不同？

（3）这次聚会中的哪些东西对你的印象最深刻？

（4）在团体中，有什么是你不了解或不喜欢的？

（5）你对团体有没有任何的问题，如团体目的或将来要如何进行团体活动？

（6）今天你从团体中学到些什么？

三、总结法

这是结束团体聚会的最简单而有效的方法。这种方式具体可分为：一是成员总结。请一个或几个成员来摘述聚会团体中发生的事情，其他成员做补充。发言者可以是自愿的，也可以是领导者指定的。二是领导者总结。领导者的摘述可以强调某些特定的观点，或集中焦点于某些成员的意见和感受，其缺点是可能遗漏对某些成员来说很重要的事情，因此，惯常的做法是领导者摘述之后让成员做补充。

【案例】

领导者：今天的团体聚会，我们进行了三个活动，即……我看到各位很用心参与，互相支持，尤其是大家在分享"生命中的心情故事"时，我深切地感受到阿华、阿力的勇气，阿彪、阿康的坚强……我相信大家身上的这些勇气、坚强和智慧一定能够帮助我们将来取得成功。请各位始终记住，在自己的生活中随时都可以发挥你的潜能。

四、绕圈发言法

领导者请成员绕圈发言轮流用一两句话来表达自己的收获，或者是对团体印象最深刻的事情。领导者可以这样说："我们要结束这次团体聚会了。我希望各位花1分钟时间想想看：你学到了些什么？或对什么印象最深刻？当你们准备好了，我们就顺着圈子听听每个人的意见。"

【案例】

这是一个大学生的自我肯定团体。

领导者：请用一两句话来描述今天你在团体中的收获。阿建，你先来说。

阿建：我了解到我对自己的不肯定多于肯定。

阿盅：我看到自我肯定对我来说很困难，我想我很怯懦。

领导者：我不会说"怯懦"，你只不过还没有学到自我肯定罢了。

阿虎：我发现我父母是导致我富有攻击性的重要原因。

领导者：阿虎，让我来为你以及在场的每个人澄清一下。我们从父母的言行中学会一些东西，除非我们注意自己的行为，否则，通常我们的行为像他们一样。（领导者转向并看着阿虎）就你的情况而言，你的父母非常具有攻击性，但这并不代表你一定具有攻击性；不过，如果你没有监督自己行为的话，你可能会富有攻击性，我希望这个团体将对你有极大的帮助。

五、配对讨论分享法

领导者以配对活动结束团体聚会，是提高成员的参与感与活力的有效方式。领导者可以如是说："让我们花几分钟时间结束今天的团体聚会。我要你们两两一组。希望大家做的就是与你的伙伴分享今天团体中对你特别重要的一两件事，待会儿我们将回到大团体，并请你与其他成员分享你的看法和感受。"

【案例】

这是一个由酗酒者的配偶所组成的支持团体。领导者发现阿丽很沉默。

领导者：我们要结束团体活动了。我想花一点时间听听你们每个人对团体有什么感觉？你认为哪些部分对你有所帮助？哪些主题是你们所希望讨论的？所以，我要你们两两配对并做两分钟的讨论，然后再回到大团体来分享你的看法。（领导者将成员两两配对，并将自己与阿丽配在一起。他知道阿丽因为目前还跟酗酒并虐待她的丈夫同住，而很担心其他成员会怎样看自己，领导者向阿丽保证绝不会让其他成员攻击她，而且如果她愿意在团体结束之前分享一些她所在意的事，一定对她很有帮助的。阿丽同意了。领导者结束了配对活动，并将成员带回到大团体之中）我希望每个人都分享一下我们对团体的看法。

阿云：团体对我而言很不错，帮助我抹去了心中的一些想法，我更为了解有一个地方可以让我卸下心理负担。

阿芬：阿香和我讨论到有个酗酒的丈夫是什么样子。得知有人和我一样，让我有一种疏解的感觉。

领导者：阿丽刚刚分享了她对要在团体中谈谈她的家庭感到有些担心，但我们两人都认为在团体活动结束之前谈出来，对她将会有很大帮助。

阿丽：这里真的令我很害怕，我觉得我的极力掩饰助长了我先生的酗酒。

阿云：我不知道你一直是这样想的，我也有相同的感觉，我希望我们能在下次团体聚会时交流一下。

六、书写反应法

在团体聚会的结束时段，领导者可以要求成员写出对这次聚会的看法、感想与期待。领导者如是说："现在是上午九点钟，让我们做个摘述来结束这次聚会。首先我要你们花五分钟时间写出你对这次聚会的任何反应、想法或感受，然后我们将分享其中的一部分，并在九点十五分结束团体。"领导者也可以在团体聚会结束之前的五分钟，请成员将自己的感受、想法写在领导者日志中，等下一次团体聚会时再归还给成员。采用书写日志的方式可以实现两个目的：一是领导者有机会了解成员的反应，便于有针对性地调整以后的团体聚会；二是每次团体聚会结束时书写的日志，提供了整个团体从头至尾的完整记录。

第十二章 团体治疗

第一节 团体治疗概述

一、团体治疗的含义与特征

（一）团体治疗的含义

团体治疗（Group psychotherapy），是指在团体中所进行的心理治疗，是心理治疗的一种团体操作方式。团体治疗的重点在于针对成员的一般或特殊类型的个人问题进行治疗和矫正。通常设立在一些专业机构中，如大学心理健康中心、精神病心理门诊、青少年危机干预中心等。

（二）团体治疗的特征

D. S. Arbuckle 描述的团体治疗的特征包括以下方面：
（1）团体各个成员的个人目的比团体目的更加重要。
（2）讨论通常偏重于情绪的或感情的色彩，所讨论的或感受的问题乃是个人的问题。
（3）首先强调讨论的过程，其次是讨论的内容。
（4）团体只是手段，所注重的是个人。
（5）采取自由、宽容的气氛，因此可以减少焦虑，团体内成员可以自由表达任何情感。
（6）团体成员更能相互支持。
（7）团体成员更能接纳自己、了解自己，因此可以导致变化。
（8）团体治疗较倾向于当事人为中心。
（9）团体治疗具有非正式的或非组织的特征。
（10）团体治疗的规模较小，团体人数较少。

二、团体治疗的目标

研究者区分出两种类型的团体治疗目标：过程性目标和结果性目标。过程性目标是指与团体治疗过程相关的目标，例如，领导者帮助成员增进他们在团体中的舒适感。结果性目标是指特定的团体动力之外所出现的目标，即那些与成员生活有关的行为变化的目标，例如，获取工作、改善人际关系、保持清醒、体验一种高自尊的感受等。

任何带领治疗性团体的领导者必须具备咨询与治疗的专业理论知识和丰富的咨询与

治疗经验。不同团体治疗模式所主张的团体治疗目标侧重点有所不同（见下表）。

不同团体治疗模式所主张的团体治疗目标比较表

团体治疗模式	团体治疗目标
心理分析式团体治疗	1. 提供一种气氛，以帮助成员重新体验早期家庭关系 2. 揭示出那些影响现时行为的过去事件相伴随的、被掩藏的情感 3. 促进对失败之心理发展根源的洞察，激发矫治性的情绪体验
阿德勒式团体治疗	1. 创造一种治疗关系，鼓励团体成员探索自身的基本生活假定，实现对生活型态更广义的理解 2. 协助成员认识自己的优点和做出改变的能力 3. 鼓励成员为自己所选择的生活型态和想要做出的任何改变承担充分的责任
心理剧团体治疗	1. 促进被掩藏情感的释放，提供洞察的机会，帮助成员发展出新的、更有效的行为 2. 开发尚未探索的、解决冲突和体验自我主导的可能性
存在主义团体治疗	1. 提供各种条件以尽可能发展自我意义，减少成长的阻碍 2. 帮助成员发现和运用选择的自由，并为自己所做选择承担责任
个人中心式团体治疗	1. 提供一个安全的环境，成员可以在其中探索所有情感 2. 帮助成员逐渐能开放的接受新的经验，建立对自己以及自己之判断的信心 3. 鼓励成员着眼于现实生活 4. 发展成员的开放性、真诚性、自发性 5. 使成员能够就此时此地的情景与他人交往，并运用团体作为一个克服疏离情感的场所
格式塔团体治疗	1. 使成员能够密切地注意他们随时随地的体验 2. 能够对自身那些被否定的层面，进行认识和整合
沟通分析式团体治疗	1. 帮助成员在互动中逐渐摆脱各种生活脚本的心理游戏 2. 鞭策团体成员重新检查他们的早期选择，并在觉察基础上做出新的选择
行为主义团体治疗	1. 帮助成员排除各种不适应性的行为 2. 学习新的且有效的行为模式 3. 学习将各种远大的目标被分解为具体的次目标
理性情绪团体治疗	1. 教导成员对自己的各种问题负起责任 2. 帮助成员辨别、抛弃那种始终使自己陷于紊乱困境的自我挫败过程 3. 消除成员不合理的和自我妨碍的生活观，代之以更具承受力的、合理的生活观
现实团体治疗	1. 引导团体成员不断学习现实的、负责的行为 2. 建立起一种"成功的认同" 3. 帮助成员对自己的行为做出有价值的判断 4. 学习制订做出自我改变的行动计划

三、团体治疗领导者的任务

团体治疗领导者需要积极投入团体治疗的计划、设立、筛选与执行。一般来说，领导者要承担的主要任务有以下方面。

（1）编制团体治疗的书面计划。
（2）筛选成员，控制团体规模和组建治疗团体，理想的治疗团体规模是 5～10 个成员。
（3）营造一个积极、正面的团体工作气氛。
（4）鼓励成员真诚分享和尝试新行为。
（5）提出与成员生活有关的和有效的讨论主题，并催化团体讨论至一定深度。
（6）注意成员可能提出的议题，运用活动协助成员自我探索。
（7）时刻注意和指引团体焦点，保证成员的积极参与。
（8）随时注意个别成员的状况，展开必要的与有效的个别治疗。
（9）控制团体议题讨论的时间，适当分配焦点成员陈述的时间，避免将过多时间用于少数成员身上。
（10）有意识注意焦点成员的问题与其他成员之间的关联性。
（11）协助成员解决他们的问题。

第二节 团体治疗技术与案例

一、营造团体治疗气氛与案例

团体治疗的有效性在很大程度上取决于领导者能否提供给成员一个愿意分享自我经验的安全与信任的团体治疗气氛。因此，领导者应该承担起治疗性团体正面气氛营造的主要责任，需要适时切断负面的、有敌意或具有取笑意味的任何言论，能够运用咨询与治疗的理论、特殊技术以及带领团体的基本技巧，艺术性的使用语言提醒或活动体验来促成团体内的有效互动。

下面是一些有效引发成员自我探索与团体分享的语句：

【案例】
a. 你有什么想法可以对团体有帮助？
b. 你可以说些什么？
c. 你认为其他人是否也有相同或类似的想法、感觉？
d. 我们在团体中彼此帮助与支持，不知道你们有没有人有任何对团体有益的建议、想法或回应？

二、治疗性讨论、引导与案例

领导者引导成员围绕团体或个人主题展开有意义的讨论是创造治疗性价值的重要途

径。治疗性团体领导者有责任确定团体焦点，提出恰当的问题，组织活动来引发成员有意义的经验分享和自我探索。

[案例]

这是一个由心理健康中心患者所组成的治疗性团体。团体讨论主题是自责、内疚。领导者感觉成员的发言停留在表层，决定深入讨论。

领导者：我想你们之中可能有人因心理埋藏有罪恶感而觉得日子难过。也就是你们对自己目前或曾经做过的事情感到不舒服，因而觉得自己是一个没有价值的人。罪恶感的产生通常是因为我们所做的事情违背了我们所持有的价值观或期待。我想问问你们，你们是否曾经对某些难以启齿的事情感到罪恶？我只要你们回答"有"还是"没有"，但是不需要分享其内容。

阿丽：没有。

阿芬：有。

阿鹃：有。

阿霞：没有。

阿芳：有。

阿娇：有。

领导者：是什么让你们觉得难以启齿呢？

阿雪：我很担心别人对我的看法。

领导者：我想对许多人来说这是真的。虽然如此，更重要的是你对自己过去曾经做过的事情，或者现在正在做的事情有什么感觉？你们之中有多少人因为最近所做的事情而回答有？（阿芬、阿鹃、阿芳、阿娇都回答有）一个人能如何驱除罪恶感呢？

阿娇：我不知道我可以怎么样不让自己感到罪恶，这是不对的。我从未想过罪恶感会消退。

领导者：阿娇，也许谈一谈之后，你就会有不同的看法。我鼓励你们每一个人都在团体中谈谈让你们感到罪恶感的事情。因为事实上有很多可以消除罪恶感的方法。你们不需要不断地打击自己，我不知道你们还想惩罚自己多久。

阿娇：说到惩罚，我很赞成你的说法。我也很讨厌这样，可是我自己却又是这样的颓废。

领导者：阿娇，从你早先说过的话，我的直觉告诉我，你的罪恶感与你的婚姻有关，也许是外遇。也许你们之中有人对于自己的婚姻或过去的性经验感到罪恶。

阿娇：那是……噢，你知道的。

三、达成治疗契约与案例

如果领导者准备将团体焦点集中在某个成员身上，就必须事先与这位成员达成一种心理契约。所谓契约（contract），是指成员要同意成为团体注意的焦点，并愿意尝试性地洞察和解决自己所关心的事件、问题。领导者容易犯这样的错误：当某个成员成为团体注意中心时，而其尚未有充足的心理准备或不愿意发言。在有些情况下，某些成员将自己的问题描述得很严重，似乎需要得到团体协助。面对这种状况，领导者在没有得到成员认可之前就给予帮助，往往导致成员的"是的……，但是……"模式的回应。这样的结果造成了团体时间的浪费。

在治疗性团体中，成员愿意陈述自己的问题，但不愿意接受外界帮助的可能原因有：

（1）有些成员会在团体中陈述一连串责难他人的故事，或将他们的问题归因于外在因素，这些人通常很少愿意为自己的生活承担责任。

（2）有些成员会恐惧团体的努力，害怕在团体面前来承诺许多行动改变计划。

（3）有些成员在团体中陈述个人故事只是为了获取他人的同情，或博取他人对自我立场的支持。因此，领导者需要识别成员陈述自我经验的真正目的所在，是为了获取团体协助，还是单纯地分享或其他。

如果领导者意识到某些成员成为团体焦点，并能从团体受益的话，可以提出如下问题来达成心理契约：①你愿意处理自己遇到的问题吗？②你愿不愿意让我们花些时间来深入讨论这个问题？③你愿不愿意对这个问题有更清楚的了解？④你认为我们团体可以怎样帮助你？⑤假如我们花15分钟时间来处理这个议题，你希望获得什么样的协助？

【案例】

阿伟：我再也无法忍受父母之间的争吵了。我被夹在中间，我想他们如果离婚的话，我会好过些。而现在我必须很辛苦地维持他们之间的和平。真是很可怕！他们为什么不停止这种争吵呢？

领导者：让我们来帮助阿伟。不知道你们对阿伟所说的话有什么想法？

阿恒：你为什么觉得需要去阻止他们？何不忽略它呢？我父母也经常吵架，但我已经从团体中学习到这不是我的问题。我不喜欢他们争吵，现在我都避开不去理会这件事。

阿伟：但是他们会把我拖进去，然后要我决定愿意站在谁那边。我父亲用了约1个小时的时间来询问我关于我母亲说了那些有关他的话，以及做了些什么？

阿曼：我以前也一直都是处在这种情景中，但是最后我终于跟他们说："我已忍受不了你们这样互相说对方的不是了。"这句话非常有效，尽管以后他们有时还是会吵架，但是已经不那样频繁了。

阿伟：我没有办法这样做，我认为我应该有能力帮助他们。

阿恒：嘿！你才16岁，你还不是一个成年人。

领导者：让我插进来一下。（以关怀的语调）阿伟，你真的希望得到我们的帮助吗？还是你只为了谈谈这件事，玩"是的……但是……"的游戏？

阿伟：是没错，但是我只是觉得……

领导者：你们有没有听到阿伟说"是的……，但是……"这样的反应？面对问题时，很多人都喜欢玩这种游戏。你们每一个人都可以想一想是不是也在跟自己玩"是的……，可是……"的游戏。阿伟，我再问你一次，你是否真的很想获得帮助？

阿伟：（眼睛中充满了泪水）是的，我想得到帮助，但是我不知道如何做？

领导者：我很高兴你愿意团体来协助你。对于阿伟的处境，你们认为他可以做些什么，来让自己觉得好受些？

阿安：我认为阿伟应该要放弃他有能力处理父母之间争吵的想法。他们是成人。我们未成年人从根本上是管不了的。

阿伟：但是他们毕竟是我的父母呀。我无法忍受看到他们哭泣。

领导者：（知道要帮助阿伟做更深的自我探索，必须亲自运用治疗理论来协助，因为成员并不知道该如何做）阿伟，我想大家刚刚所说的话对你一定有些帮助。你不该对父母的问题钻牛角尖，而且你也没有能力处理他们的问题。还记得 TA 理论关于父母自我、成人自我与儿童自我的解释吗？我想从你所发生的这些事都是来自儿童自我状态，也就是里面那个小男孩想取悦讨好父母。（转向面对其他成员）我想你们都很清楚地看到阿伟受到他的儿童自我状态的污染。你也许需要想想自己，并看看你的那个小孩子是如何给你带来困扰的。

阿曼：我的儿童自我状态阻碍了我愉快的时间，尤其是当它触及我弟弟时。我可以告诉你是怎么一回事吗？

领导者：让我们暂时先停留在阿伟的问题上！之后，阿曼你和其他人可以发表你们的看法。让我用两把椅子来代表成人自我状态和儿童自我状态。

四、成员参与技术与案例

当团体焦点集中在某一个成员身上时，领导者需要定时的将该成员的问题扩展，以使其他成员积极参与其中。成员参与技术常用方法包括以下几种。

（1）成员提问法。当焦点成员陈述完其话题后，领导者邀请其他成员向焦点成员提问。这种技巧的优点有：①可以协助其他成员参与团体，避免产生无聊或无趣的感觉；②成员协助提出该问的问题；③成员可提出领导者未想到的问题；④所提出的问题可以帮助焦点成员进一步思考；⑤领导者利用成员提问的时间段，考虑团体治疗的走向。

【案例1】

领导者：我要你们每个人都想一个能帮助阿虎回答他个人问题的句子。

阿鹃：假如你老婆变瘦了，是否对你会比较具有吸引力？（阿虎回答）

阿红：为什么你无法跟另一个女人发展长期的关系。（阿虎回答）

阿云：如果排除离婚是不对的这个观念，是否对你做决定会有帮助？（阿虎回答）

（2）成员澄清问题症结。当焦点成员感到犹豫或迷惑时，领导者可以邀请其他成员猜测、澄清其问题的症结。这种方式的好处在于：①可以激发其他成员参与团体讨论；②可截断成员在团体中的漫谈行为；③可以让焦点成员聆听他人的意见，并思考他人给予的建议；④促使焦点成员考虑自己在说什么以及说了些什么；⑤也许某些成员确实辨认出问题症结。

【案例2】

领导者：我要你们每一个人都试着猜猜阿虎的问题症结可能是什么。我和阿虎都不很确定到底问题症结所在。也许我们的猜测对阿虎将会有帮助。

阿圆：我认为阿虎很想离婚，但是又担心父母来反对。

阿鹃：我觉得阿虎不敢离婚，因为他会害怕最后会一无所有。

阿龙：我认为阿虎对于离开自己的小孩及一起生活了10年的妻子有罪恶感。

（3）扮演工作成员的角色。这是吸引成员参与团体的有效方法。所谓扮演工作成员的角色，是指团体中的成员演出焦点成员的问题，就如同自己就是当事人一样。这种扮演的方式具有如下优点：①工作成员有机会听到他人的想法，了解其他人在同样情景里的感受；②工作成员可以听到自己可能会有的感觉，尤其是这些角色扮演的成员能指出工作成员的感觉时；③如果团体成员能瞄准目标，工作成员会有被理解的感觉。

【案例3】

领导者：我要你们每个人都将自己置身于阿虎的角色，并试着去连结他特别关切的是什么？请务必使用第一人称单数，就好像你就是阿虎本人。请根据你看到与听到的所有阿虎所表达的为基础，试着体会他的感受。大家准备1分钟后将会开始。

阿鹃：我先来吧。我想阿虎可能是……

领导者：阿鹃，请试着你就是阿虎本人来说话。

阿鹃：好吧！对于我该怎样做我真的感到很困惑，有一种被撕裂的感觉。每当我想起来我将离开我的家人，我就会感到有一种罪恶感，但我不知道这种离婚的愿望是否会消除。

阿云：我觉得自己真是个大坏蛋。我老婆对我很好的，但我却玩弄了她的感情。

阿圆：我在想一旦我做了决定，我不知道会有什么感觉。假如我和老婆离婚了，我是否会想念她？假如我要留下来陪我老婆，我是不是也会想念那个女人？

（4）望空表达法。领导者请成员站在焦点成员面前，并请工作成员坐在地板上看着这些扮演者。这种活动特别适合于那些自我价值感低的焦点成员，经由视觉化方式经验到自己所表达的内容，以深化团体的讨论。

（5）自我对话扮演法。领导者请1—2名团体成员站在工作成员旁边的椅子上，分别代表父母自我或儿童自我，这种活动特别适合于那些被父母自我、儿童自我或两者状态所困扰的成员。

【案例4】

这是一个由尚未走出离婚阴影的女性组成的治疗团体的第三次聚会。在前两次聚会中，领导者已经讲授了TA理论。领导者决定聚焦在成员阿娜身上。

阿娜：我很害怕去赴约。我觉得自己到时候不知道说什么、做什么。如果他想要吻我我该怎么办？有一个男人请我出去玩，但我跟他说我很忙就直接逃上车跑掉了。那个男人挺好的，但是他贸然的相约的确让我很担心。

领导者：（拉出儿童椅，代表不恰当的儿童自我状态）阿娜，你必须决定你想坐在这把椅子上生活，还是另一把椅子。（拉出一个普通椅子，环顾四周发现成员都在注视着这两把椅子）

阿娜：在过去15年中我没有跟别的人约会过。

领导者：阿娜，坐在这把小椅子上好吗？（阿娜坐下）你觉得怎么样？

阿娜：太小了，而且我觉得自己像一个小孩子。

领导者：你已经32岁了，你面对的是丰富多彩的世界。请坐在大椅子上。

阿娜：我觉我不知道在那个位子上我该怎么做。

领导者：（面对团体）有人愿意坐在这把大椅子上扮演阿娜吗？她现在有些担心。

阿鹃：我想我可以。（走到大椅子前坐下）先生，想到出去约会让我有些心里不安，但同时也有些兴奋。我当然已经不是18岁时不谙世事的小姑娘了。如果他喜欢我那我也不担心，我只是想找到一个我喜欢的这样的人：一个喜欢运动、不抽烟喝酒并理解我的人。（阿鹃对阿娜很了解）

领导者：有没有人扮演阿娜的"儿童自我"部分，这样阿娜就可以在旁边观看。

阿丽：我来吧。因为我就是这样，我非常害怕，我想我只能扮演这个角色。

（6）聆听活动法。领导者请团体成员以温暖、关怀的方式讨论焦点成员的问题，而要求工作成员聆听，或闭上眼睛，或转身背对团体。这种活动为焦点成员提供了一个倾听他人如何看待自己问题的机会。

（7）触摸支持法。领导者请团体成员围着工作成员，并以关怀的方式触摸他，以体验被团体支持的感觉。领导者可以这样说："阿龙，我要你走到房间中央，其他成员请你们以阿龙为中心围成一个圆圈，并依次分别伸出手轻揉的抚摸阿龙，来传递你们对他的关怀之情。"

（8）领导者请成员分别拉着焦点成员的两个胳膊，象征其被拉向两种方向的感受。

【案例5】

阿虎：我觉得心里很矛盾，一方面我想结婚，因为……（陈述理由），另一方面我又不想结婚，因为……（陈述理由）。所以，我一直以来很难做出决定。

领导者：阿虎请站到团体中央。阿龙，阿雄你们也过来，请分别站在阿虎的左右两边，并分别牵住阿虎的左手与右手，1分钟后，请你们用力拉着他的手臂，同时说出阿虎想结婚的理由和不想结婚的理由。说话时的神态、语调好像你们就是阿虎一样。好！让我们开始吧！

（9）心理剧法。请其他团体成员来表现焦点成员生活中的重要他人。心理剧不仅探究过去发生的事情，更重要的是探索心理方面的变化。

五、领导者介入技术与案例

当焦点成员愿意作为团体焦点时，领导者可以考虑展开团体内一对一的个别治疗。领导者可以利用自己丰富的专业经验更准确地扮演成员的各个不同层面的角色，而不需要其他成员去扮演；常用的介入技巧有：

（1）与工作成员相对而坐，在焦点成员扮演健康的自我部分时，领导者就扮演自我破裂的部分。这种方式有利于协助成员演练和发展出健康的自我状态。

（2）与工作成员相对而坐，当焦点成员扮演自我破裂的自我部分时，领导者通过扮演健康的自我部分，来示范健康的反应。

（3）领导者可与团体其他成员联合演出焦点成员所描述的对话情况，请焦点成员在旁边观看与反思。

（4）领导者针对焦点成员进行一段时间的心理治疗，同时注意其他成员的反应。最好能同时采用一些治疗策略，如应用行为改变、沟通分析、完形治疗、理性情绪治疗等理论来联系其他成员，参与团体治疗。

(5) 领导者导演心理剧，协助焦点成员重新演出他的生活形态。

【案例1】

这是一个自我价值感提升的治疗团体。领导者利用理性情绪治疗策略针对阿成进行个别咨询，并借由问讯其他成员的看法，巧妙吸引其他成员融入团体治疗过程，学习识别非理性信念的方法，以理性地处理各自相关问题。

阿成：我不相信我一个有价值的人，因为我没有工作。

领导者：让我们来检查这个问题，没错，你没有工作是一个事实，但是这件事如何使你成为一个没有价值的人的呢？

阿成：我真的就是一个没有价值的人。你看，假如一个人没有能力养家，他就是一个没价值的人。我从16岁就开始工作了，现在我已经25岁了，却失去了工作。

领导者：让我来问问团体中的其他成员，你们认为阿成没有了工作就是一个没价值的人吗？（成员摇头说不）阿成，这里没有一个人认为你没有价值。你是一个没有价值的人真的是一个事实吗？

阿成：我还是觉得自己是一个没价值的人。

领导者：我了解你的感受。但是你必须仔细想想到底你是一个没有价值的人，还是你只是一个没有工作的人？我要你们每个人想想阿成的情况，阿成你自己也想想看（停顿30秒）到底哪一个才是对的呢？是阿成没有工作呢？还是他是一个没有价值的人？

阿雄：在这个世界上，他绝对不是一个没有价值的人。

领导者：不知道你们是否了解，事实上，阿成以及多数的你们常对自己讲一些自我破坏的话，而你们却一直深信不疑。

阿成：我可以告诉自己什么呢？

领导者：这是个很好的问题。让我们想想阿成经常对他自己说些什么？

阿刚：我想阿成必须了解无论如何，他都是一个有价值的人。

[案例2]

这是一个中学女生组成的自尊治疗团体的第四次聚会。之前，领导者已经教授了REBT模式和TA理论。

阿丽：（哭着）我不知道怎样才能渡过难关。我妈妈扔下我跟那个男人私奔了。如果我连妈妈都留不住，我想我也肯定留不住我的男朋友！如果我没有男朋友，那我就一文不值。

领导者：让我们用上次学习过的REBT模式看一下阿丽的问题。她对自己所说的是事实吗？或者她使用了不真实的自我对话？

阿娜：她所说的根本与她无关。她认为是自己做错了事情，所以她妈妈才跟人私奔了，这不是你的错，阿丽。

阿鹃：阿娜说得有道理。阿丽你对自己所说的并不是事实，那才是使你难过的原因，问题不是你妈妈私奔或你没有男朋友，而是你对自己所说的话，我们能像上次聚会那样把它们写在黑板上吗？阿丽，我现在也没有男朋友，而我一点也不觉得自己没有价值，所以我知道你所说的并非事实。

领导者：继续说——你可以在黑板写。

阿红：我能说说看法吗？

领导者：当然可以。

阿红：我和阿丽有同感，因为我父亲也离家出走了，学习了这种自我交谈的模式后，才使我真正地解除了疑虑。我曾经用各种各样的消极的自我对话来折磨自己。阿丽，我猜你仍然相信萦绕在你心中的那些话，（拿出一盒作为治疗记录的录音带）你能试着重新编辑一下你的录音吗？我们会帮助你的，大家也曾经帮助过我（阿丽停止了哭泣，听大家说，并盯着那盒录音带）。

阿鹃：我想要做提示板练习。我想写在事实一边的第一件事情是"我是聪明的，有吸引力和风趣的"。因为你的确如此（阿丽全神贯注地听着并陷入了沉思）

领导者：等一下，不要写那条。因为我们要驳斥阿丽自我交谈的方式，而不是要找出她积极的方面。阿鹃，你所说的都是事实，但是阿丽是要找出驳倒"妈妈出走了，自己没有男朋友，所以她是毫无价值的"的证据。

阿鹃：（兴奋的）啊，对呀！有男朋友跟我有没有价值是不相干的，我们把它作为一条怎么样？

阿霞：在事实一边可以写成："我想要有个男朋友，但如果我没有，我仍然是有价值的。"我认为这是正确的。

六、治疗性绕圈发言与案例

治疗性绕圈发言是领导者请焦点成员所完成的绕圈发言活动。这种活动具体可以分为固定式绕圈发言和移动式绕圈发言。所谓固定式绕圈发言，是指请焦点成员停留在原地，并依次向团体其他成员分别发言，可使用相同的或不同的发言语句。具体包括四种形式：

（1）焦点成员在成员面前依次大声重复相同的语句，来倾听自己的声音，以获得一定的领悟。其他成员只是聆听者，不需要解答。

【案例1】

领导者：阿文，我想请你依次向每一位成员说："我害怕离婚，因为我不知道父母会有什么看法。"请先从你左边的阿强开始吧！

阿文：（对着阿强说）我害怕离婚，因为我不知道父母会有什么看法。

阿文：（对着阿虎说）我害怕离婚，因为我不知道父母会有什么看法。

阿文：（处于思考状态，对着阿鹃说）我害怕离婚，因为我不知道父母会有什么看法。

（2）焦点成员依次在其他成员面前重复使用相同的句子主干，并补充完整的话语来发言，以理解自己的感受和自毁的观念。其他成员只是聆听者，不需要解答。

【案例2】

领导者：阿文，我请你依次看着每一位成员说："假如我离婚，那将表示……"请先从你左边的阿强开始吧！

阿文：（看着阿强说）假如我离婚了，那将表示我是一个很可怜的失败者。

阿文：（看着阿虎说）假如我离婚了，那将表示我让父母失望了。

阿文：（看着阿鹃说）假如我离婚了，那将表示我的女儿要受到伤害。

(3) 团体成员向焦点成员提出同样的问题，让其回答。

【案例3】

领导者：我想请你们每一个人依次都问阿辉这样的问题："阿辉，作为一个同性恋者，你觉得自己是一个卑贱的人吗？"阿辉，你要依次看着问你问题的伙伴，并做出回应。先从阿龙开始吧！

阿龙：阿辉，作为一个同性恋者，你觉得自己是一个卑贱的人吗？

阿辉：（面对阿龙）我的家人都是这样认为的。

阿雄：阿辉，作为一个同性恋者，你觉得自己是一个卑贱的人吗？

阿辉：（面对阿雄）我不想说我是卑贱的。

领导者：该阿风了。

阿风：阿辉，作为一个同性恋者，你觉得自己是一个卑贱的人吗？

阿辉：（面对阿风，慎重地说）我觉得我已经解决了这个问题，但现在看并不是那样。我要弄清楚我究竟相信什么！

(4) 团体其他成员依次向焦点成员提出不同的问题。请焦点成员回答。

【案例4】

领导者：我想让你们每个人想一个问题来向阿虎发问。这个问题是关于阿虎所说的罪恶感的，试着使你的问题能促进阿虎仔细考虑他的情感和所说的话。阿虎，你要尽量简要地回答。好！先从阿雄开始吧？

阿雄：阿虎，你是否认为由于你所说的那件事，你是不可能被饶恕的？

阿虎：是的！一想到因为我喝醉酒而使三个人死于非命，我就觉得自己永远不配再拥有幸福。

阿龙：那么你认为你的内疚会对谁有帮助呢？

阿虎：是的，不过，我不明白你的意思？

阿龙：我的意思是……

领导者：阿龙，等一下再说，让我们继续好吗？

阿强：阿虎，如果你认为你不可能摆脱内疚，那么你为什么还呆在这儿，为什么一直不去教堂忏悔呢？

阿虎：（低下头，怯怯的）我真的很想摆脱这种痛苦。

阿鹃：（关心但恼怒）你为什么认为自己是唯一做了坏事的人呢？我们这里的每一个人都有足够的理由为自己曾经做过的某些事情感到内疚，所以为什么你觉得自己如此的与众不同呢？

阿虎：（有些震惊，声音颤抖地说）我从来没有想过你们所说的那些，我真的不认为自己很特殊，我的确想得到你们的帮助。（痛哭）

移动式绕圈发言是一种深度的绕圈活动，要求焦点成员将自己的椅子依次移动到或走到每一个其他成员面前后，再发言以强化感受而获得内省的一种渐进、深度探索的有效技术。

【案例5】

领导者：阿名，我要你移动你的椅子，坐到每一个人面前，并说："如果我离婚了，就代表我是一个失败者。"先从阿忠那里开始。

阿名：（将椅子移到阿忠面前）如果我离婚了，就代表我是一个失败者。

阿名：（将椅子移到阿琼面前）如果我离婚了，就真的代表我是一个失败者，但我不清楚为什么？

阿名：（将椅子移到阿谦面前）。如果我离婚了，就代表我是……对不起，先等一等，我想在我的生活中应该可以有其他选择的。

第十三章 家庭治疗

第一节 家庭治疗的含义与发展

一、家庭治疗的含义

家庭治疗（family therapy），是指将家庭作为一个整体系统，而不是将其单个家庭成员作为直接的干预目标所进行的团体心理治疗。家庭治疗者认为，家庭是一个动力结构，每个家庭成员之间形成了相对稳定的互动方式，以此维持着家庭的存在。家庭某个成员所出现心理问题，必然与其他家庭成员相关联，是家庭成员间交互作用的结果。因此，对于个体心理障碍的诊断与治疗，需要放在家庭系统中进行，治疗应针对家庭结构和成员互动关系的重新调整，个人的心理问题才能得到最终解决。

家庭治疗的目标是协助一个家庭消除异常或病态的状况，以便能执行健全的家庭功能。健全的家庭功能表现为：①有健全的家庭结构，适当的领导、组织与权威分配，没有散漫或独权的现象；②家庭成员间的角色清楚且适当，没有畸形的联盟关系；③健康的家庭有良好的沟通，能维护交流功效；④家庭成员间有情感交流，相互提供感情上的支持，能团结一致对付困难；⑤对内有共同的家庭认同感，对外有适当的家庭界限；⑥一个健康的家庭在其生活中能有适当的家庭仪式与规矩，也有家人共同生活的重心与方向。

二、家庭治疗的发展

心理学家和精神病学家阿德勒（Alfred Adler），最早开展以家庭为治疗对象。早在20世纪30年代，阿德勒就在英国伦敦的儿童治疗中心治疗患有精神疾病的儿童，他与儿童的家庭成员一起座谈，并施加一定的教育。20世纪40年代后期，尤其是第二次世界大战以后，团体心理治疗迅速发展，学术界对社会变迁、工业化、婚姻与家庭、个人与社会的关系问题日渐感兴趣，家庭医疗中心的兴起和迅速普及，使得人们越来越关注精神病人的家庭状况，以及家庭对精神疾病的影响等问题。50年代，阿克曼（Nathan Ackerman）作为比较正规的家庭治疗的代表，在美国纽约的一个儿童指导机构工作，运用精神分析方法了解家庭内部的过程与关系。在大量的临床实践中，他发现异常的人来自于具有异常症状的家庭，与其说病人需要帮助，不如说整个家庭需要帮助，并据此规划治疗的方法，形成家庭治疗的精神动力模式。阿克曼对家庭的理论思考以及独到的治疗方法，影响了整整一代家庭治疗学家。

20世纪50年代，Murray Bowen、Lyman Wynne、Gregory Bateson、Theodore Lidz等人开展了一系列关于家庭环境对精神分裂症的影响的大型研究，发现不良的家庭关系对精神分裂症的病程及结果有不利的影响。著名的人类学家 Gregory Bateson（1956）提出了双重约束的观念：即精神分裂症的父母，特别是母亲，常向病人提出两种相反约束的要求，使病人无所适从而产生心理矛盾，表现出奇异的反应。例如，父亲告诉儿子"要永远维护你的权利"，同时在家里又说"父亲有绝对的权威"；母亲告诉儿子"你要独立"，同时在行动上又表现出不希望儿子独立；等等。这样使儿童在与父母的交流中感到无论怎么做都是不对的，处于左右为难的尴尬境地，因为他无论如何反应都受到拒绝和否认。父亲的失败就是他允许自相矛盾存在，为精神分裂症的发生提供了适宜的土壤。

20 世纪 60 年代，家庭治疗的对象不再局限于精神分裂症，其研究和实践的范围扩大到神经症家庭、违法者家庭、行为问题家庭以及正常家庭，涌现出一些对家庭行为问题的新观点。如 Don Jackson（1960）提出"内稳态机制"的观点，认为家庭的心理与人际关系中，有相互牵制与影响的机制，任何个人或家庭局部的变化都会影响全体的家庭关系；而且家庭系统往往倾向于保持在某一动态平衡范围内。家中成员患病，会给这个内稳态带来一些搅动，经历一定时间后，家庭内部又建立起某种新的平衡。Salvador Minuehin 根据结构理论，也提出了结构性家庭治疗模式。1962 年，学术界正式接纳了家庭治疗，第一份家庭治疗的学术刊物《家庭进程》诞生。

20 世纪七八十年代，欧美分别成立了许多以"家庭治疗"为主的专业机构，一方面大力推行家庭治疗，另一方面不断地修正相关理论。例如，过去的观点认为子女的心理异常与幼时的情绪发展有关，是早期父母养育不适的结果。现在这种观点已被家庭治疗研究者修正为：子女与父母"相互"反应与影响，形成亲子间的家庭病理，而不是单方面的因素。再者，父母对子女的特殊交流或养育，其本身可能就是潜伏性精神病理的表现，与子女的精神异常是同一根源，是"同病性"的现象。

20 世纪 90 年代以来，家庭治疗蓬勃发展，在北美、欧洲和拉丁美洲各国都颇具规模，从业人员众多，理论和临床研究也很活跃，围绕这一领域的专业杂志已达 80 多种。学术界多方面的研究揭示了家庭与精神疾病患者症状消失及复发的某些关系。当代的家庭治疗已经不再强调对全家实施家庭会诊，强调以"家庭系统"观点来了解家庭与个人的心理与治疗，在家庭治疗技巧上，可能只看个人或家庭的部分成员，但其治疗的重点在于如何运用家庭结构，交流角色扮演等观念来改善人际关系。

第二节　家庭治疗的理论模式

家庭治疗实际是一种治疗形式，是一种以家庭为单位所进行心理干预的方式。家庭治疗自身并不是一个独立的治疗学派，而是一个兼容并蓄的体系。根据家庭治疗的理论取向和治疗技术，其主要理论模式包括以下方面。

一、系统式家庭治疗

系统式家庭治疗（systematic family therapy），是指综合运用系统论、控制论、信息论、对策论等理论观点来解析家庭结构与规则的治疗技术。系统论将家庭视为一个系统，家庭成员是系统的重要组成部分，家庭中每个成员都有被称为"内在解释"的独特的认知模式。自我的这种内在解释决（inner construction）决定着一个人的行为模式，反过来又受行为效果的作用和影响，也就是说一个人的内在解释和他的外在行为是互相作用的，它们的关系不是单向性的因果关系，而是反馈式的循环关系。每个家庭成员的内在解释与外在行为又会在接受家庭其他成员的影响的同时，反过来也影响其他家庭成员，这种关系同样是反馈循环式的。系统式家庭治疗学家认为，无论正常行为或病态行为都是这种连环套式的循环反馈关系层层作用的结果。家庭治疗的重要意义在于通过引入新的观点和做法来改变与病态反馈关系相连的反馈环，治疗对象不是单一的就诊者，而是整个家庭，治疗重心不是着眼于挖掘个人的内在心理冲突，而是强调分析家庭内部的相互格局，并通过对整个家庭的干预来改变与个人精神症状同时存在的家庭关系格局。

Bowen认为，家庭中父母与子女之间常常存在着一种妨碍交流的"三角关系"。这种三角关系可以追溯到祖父母一代，据此可勾画出家庭关系的"代际图谱"，治疗的关键是破除这种不良的三角关系，促进和提高个体的分化与发展。

二、结构式家庭治疗

结构式家庭治疗（structure family therapy）强调家庭系统积极而有组织的整体性，重点放在家庭组织、关系、角色与权力的执行等结构方面。最早是由S.米纽钦提出的一种模式。S.米纽钦认为家庭并非是它的各个成员处于一种个体的生物心理动态的关系之中。家庭各成员通常以某种虽没有明确表现，甚至难以辨别的安排方式相连在一起，构成一个整体，而这种安排方式就是家庭结构。家庭系统的结构为个人活动提供了基本的社会背景。个人影响其社会环境，同时又受该社会环境的影响。因此，家庭结构的变化有助于该家庭系统中成员的行为和心理的改变。

家庭系统由家庭成员构成亚系统，并通过这些亚系统而发挥作用。这些亚系统可以包括两个人，如父子或父母，也可按辈份、性别、兴趣或活动组成。每个亚系统与不同的能力水平、不同类型的相互作用方式相联系。如果亚系统之间的界限不够分明或过分僵死，则可导致两种异常：当这种界限变得模糊不清时，如孩子被允许进入父母亚系统，家庭系统就开始陷入困境，缺乏有效发挥作用的动力；当界限太僵化时，各亚系统之间的交流产生困难，家庭就趋于分解。解体的家庭成员缺乏归属感与忠诚感，在需要帮助时缺乏寻求支持的能力。因此，结构家庭治疗使用各种具体方法来纠正家庭结构上的问题，促进家庭功能。例如，家庭成员之间的自我界限划分模糊，成员缺乏各自的独立角色，可用"家庭雕塑"技术协助成员了解和建立家庭成员间适宜的界限。例如，家庭成员之间的角色扮演不当，或父母和子女之间产生三角冲突时，可用角色扮演的办法来干预。

结构式家庭治疗分为三个步骤：

（1）治疗者进入家庭，成为不同亚系统中的一分子，并使自己适应于这个家庭的处世方式、风格、情感和语言。

（2）治疗者观察和评价这个家庭的结构，这是一种对家庭结构的诊断过程，应贯穿于家庭治疗的全过程，伴随着家庭的重新组织而不断修正评价。

（3）创造一种能够改变这种家庭结构的环境。治疗者在家庭系统中扮演着领导者角色，借助于重新疏导相互作用、明确分界、指定任务、控制情绪、提供支持、教导等技术来实现家庭结构的改善。

三、交流式家庭治疗

交流式家庭治疗模式的基本假设是：理解家庭系统的最佳方法是研究家庭成员之间的交流方式。家庭行为都代表着某种交流，交流有两个层次：第一层次是信息的内容或实际所表达出来的东西；第二层次是信息内容所表达的意义，即元交流。当这种元交流不清楚或与第一层次的信息内容相矛盾时，家庭就会出现交流障碍。此时，信息接受者因不清楚自己应对哪个层次的信息做出反应，而处于一种冲突情境。

杰克逊认为，家庭是一个互相作用的交流网络，信息交流应遵循对等性或互补性原则。在对等性的交流中，两个人的关系是平等的，都可以充当主角；而在互补性的交流中，一个人充当主角，另一个人则扮演配角。家庭的交流模式通过自动平衡机制来维持。因此，家庭某个成员的行为变化都会导致家庭系统的不平衡，从而影响到其他家庭成员的行为。在家庭系统暂时失去平衡的状态下，积极的做法是对有病的成员进行干预，消极的做法则是让其他家庭成员继续发展他们的异常行为。

黑利认为，权力与控制是更好地理解家庭系统中交流的关键。治疗目标体现在协助家庭更有效地交流，充分认识到家庭成员实际上正在进行一场交流关系上的权力争斗。因此，改变权力关系的症状是取得家庭系统控制的重要途径。治疗者通过对家庭发出自相矛盾的指令，或者鼓励患者表达机能障碍性行为，实现促进家庭行为改善的目标。萨蒂尔强调家庭交流中的情感因素的重要性，治疗过程重在帮助家庭成员清晰地表达情感，找出进行交流的规则。

萨蒂尔记录的交流式家庭治疗案例

治疗者：（面对丈夫）拉尔夫，我看到你正在皱着眉头，这会儿你心里有什么不痛快吗？

丈夫：我没有感到我正皱着眉头。

治疗者：有时一个人会以他意识不到的方式感知这个世界。你尽量说说，此时你正在想什么？感觉到什么？

丈夫：我正在想她（妻子）刚才说过的话。

治疗者：你正想她说过的什么话？

丈夫：她说她要是再大声说话，让我提醒她一下。

治疗者：你对此怎么想的？

丈夫：我从未想过要提醒她，我想如果我那样做的话，她会很生气的。

治疗者：哦，你皱眉头也许表明你迷惑不解，因为你妻子希望你做一些事情，而你不知道她有这个希望。你能想象到吗？皱着眉头是你表达迷惑的一个信号！

丈夫：是的，我想是这样的。

治疗者：你想想，以前曾有过类似的情况吗？也就是说，你对爱丽斯的所作所为感到过疑虑吗？

丈夫：有的，经常如此。

治疗者：当你疑虑时，你告诉过爱丽斯吗？

妻子：他从来就没说过什么！

治疗者：（笑着对爱丽斯）请等一下，爱丽斯。让我们听听拉尔夫对他自己行为的想法。拉尔夫，你是怎样让爱丽斯知道你的想法的？

丈夫：我想她应该知道的。

治疗者：好。如果她知道，你去问问她好吗？

丈夫：这有点太傻了。

治疗者：（笑）在这种情景下是有点傻，因为爱丽斯在这儿自己听到了你的话。但我仍怀疑，你知道爱丽斯都没能确切地了解对方的期望是什么，而且你也没有努力找到一种能够互相交流的途径。我们还是回到拉尔夫皱眉头的问题上，你也注意到了吗？爱丽斯。

妻子：（抱怨的语气）是的，他总是那副样子。

治疗者：从皱眉中你得到了什么信息？

妻子：他不想来这儿，也不想接受治疗。他从不说话，在家只是看电视，要么就出去。

治疗者：我想知道，你的意思是不是当拉尔夫皱眉时，你把这视为他不爱你的象征？就好像他对你说："我不爱你，爱丽斯，我根本就不把你放在心上。"

妻子：（含着泪，愤怒的表情）我不知道。

治疗者：或许你们俩还没有找到一种简明的彼此交流爱和其他感情信息的方式。任何人都需要一种明确的表现其价值的方式。（转向儿子）你知道不，吉姆，你是怎样向你的父母表达他们的价值的呢？

儿子：我不明白你的意思。

治疗者：比如，当你感到你喜欢你母亲的时候，你怎么让她知道呢？每个人在不同的时间，有不同的感觉。当你母亲在你身边你感到高兴时，你是怎样让她知道的？

儿子：她让我干什么我就干什么，干活或做作业。

治疗者：当你在家干活时，就意味着向你母亲表达，她在身边你很高兴，是吗？

儿子：不一定。

治疗者：你的意思是你给出不同的信息。爱丽斯，你能吉姆的这一行为中得到他爱你的信息吗？（对吉姆）当你喜欢父亲时，你怎样表示的？

儿子：（犹豫了一下）想不起来了。

治疗者：换句话说，你怎么做能使你的父亲高兴呢？

儿子：我在学校中取得了好成绩。

治疗者：让我们来对证一下。看你们是否明确地感受到了。爱丽斯，当吉姆干活时，你是否从他那儿接收到爱的信息？

妻子：我想——他很少干活。

治疗者：这么说，从你的角度讲，你从吉姆那儿没有获得许多爱的信息。爱丽斯，吉姆时否有其他的，他现在没想到的方式，向你传达由于你在身边他感到高兴的信息呢？

妻子：（温柔的）有一天，他告诉我，我很漂亮。

治疗者：你怎么样，拉尔夫，如果吉姆得到好成绩，你会高兴吗？

丈夫：我想象不出我会高兴。

治疗者：据我所知，你认为吉姆取得不了好成绩，但是，如果他取得了，你会高兴吗？

丈夫：是的，我会高兴。

治疗者：正如你所想的那样，你会怎样来表达高兴。

妻子：即使你让他满意了，他也不会对你有所表示的。

治疗者：我们已经发现你和拉尔夫之间没有达成一种彼此表达情感的方式。爱丽斯，也许你已经观察到吉姆和拉尔夫之间的同样情形。拉尔夫，你怎么想？你是否认为吉姆要你高兴太难了。

四、行为式家庭治疗

行为式家庭治疗（behavioral family therapy），是指以家庭为单位开展行为治疗，其理论基础是从社会学习理论中引申出来的经验主义方法论和一些特定的原理。这种治疗模式运用行为矫正的方法改善家庭成员间的异常行为及他们之间不良的人际交往模式。行为家庭治疗家把家庭视为两个或两个以上的相互影响的人，单个家庭成员的行为是由环境中的事件塑造的，家庭成员彼此奖励惩罚对方的偶发行为。行为矫正是该疗法所依据的最主要的理论原则。此外还吸收了现代关于人类社会行为学习的三种理论观点：强化；中介及焦虑线索；社会学习理论。不同行为治疗家所使用的技术的差异，大多来自他们对上述某一理论的偏好。但他们都承认自己的治疗属于行为治疗。其基本点都遵循"假设—检验"和"行为的实验分析"原则。

行为式家庭治疗方法的主流是运用操作性条件反射原理，改变家庭成员间的外显行为。治疗者对家庭问题进行行为分析，找出目前存在的有碍家庭关系的关键行为，确定哪种行为应该消除或减少，哪种行为应该增加。治疗过程引导家庭成员彼此对他们期望的行为进行强化。例如，一位一贯冷淡的丈夫，对妻子偶然有次温情的表示，他就可以从妻子那里得到两枚代币。当然事前要让双方知道，这些代币以后能换什么东西。被家庭视为有问题的人通常是孩子。治疗者可与父母建立一种联盟，共同解决孩子的不良行为。首先是记录不良行为发生的频率，这时治疗者并不介入，以保持家庭原有的自然状态，此时记录的行为频率作为基线，表示问题的严重程度，作为日后评定疗效的标准。如果问题是一种过度性行为，如大发脾气，则对那些可接受的行为使用鉴别强化。同时让父母减少对孩子极端行为的注意。因为父母的行为过分注意就是一种强化。如果问题是一种缺陷行为，可给予正强比，即可引发出最终要求的行为。通过多次的强化即可使这一行为巩固下来。

如果以认知—行为的观点来看待家庭问题，往往采用经典性条件反射技术。把人际关系障碍看作由焦虑、错误观念、自卑等中介因素造成的。通常针对个体进行治疗。如果一个家庭成员的行为在短期内迅速改变了，其他家庭成员的行为也一定会发生相应的改变。治疗技术有系统脱敏、内部条件化和认知重建。治疗的另一途径是运用观察学习理论。在治疗中使用榜样、行为示范及社会技巧的训练。这些技术可以单独使用，也可以和操作条件反射或认知行为技术一起使用。

行为式家庭治疗可应用于矫正各种行为问题：①儿童的多种行为问题，如发脾气、违拗、反社会行为等，作为治疗的合作者，父母必须愿意参与治疗训练项目；②婚姻困难，如家庭成员不能协商解决问题，不恰当的相互强化过程；③家庭成员间的不适应性行为，如厌食症、肥胖症、学校恐惧或其他恐惧症；④由不正确的态度或观念导致的行为适应不良，以及非精神障碍引起的行为异常。

五、分析式家庭治疗

分析式家庭治疗（analytic family therapy），是指以心理分析的理论与技术为基础，来解决家庭成员的深层心理与行为动机。最早应用心理分析理论来研究家庭系统的是 N. 阿克曼和 M. 鲍恩。阿克曼认为，单个家庭成员内部的无意识冲突会相互影响，而产生成员之间紊乱的关系方式，导致很多成员的异常行为。健康的家庭系统需具备适应变化的能力，家庭中的角色关系要灵活与明确。为了改善家庭中的异常行为，必须将内部的心理冲突提升到人际关系层面来公开化。家庭治疗的目标是协助家庭适应新经验，开拓家庭角色关系中互补性的新水平，寻找解决冲突的途径，建立良好的自我意象，提倡防止焦虑的关键形式，为创造性提供支持。

鲍恩将家庭视为一个感情关系系统。家庭如果能在感情上非常亲密的"粘在一起"，家庭的需要与成员自我的需要就很难区分。当每个人的感情需要太含糊，以致很少有个人同一性时，就可能在一个或更多的家庭成员身上出现异常。因此，治疗的目标就是帮助每个家庭成员从家庭的感情系统中更多地分化出来，家庭成员必须学会用有意义的方式与家庭系统发生联系，而不在感情上与家庭融为一体。鲍恩用"感情三角形"概念来描述家庭对紧张和焦虑的反应。当家庭中两个人的关系变得紧张时，家庭中第三个人很可能在努力扩散或减少在这种紧张关系时牵进该情景之中，成为其中的第三者。最有可能成为第三者的是家庭系统中最脆弱的人。通常的感情三角形关系由母亲、父亲、孩子三人组成，其中婚姻关系的压力使孩子成为夫妻间紧张关系的焦点。如果反复将孩子牵进这种三角关系中，不但父母难以解决他们之间的冲突，而且会促成孩子异常行为的出现。因此，治疗方法是通过帮助家庭成员直接解决互相间的冲突，借此矫正家庭中的三角关系，避免将第三人牵进冲突关系中。

六、策略式家庭治疗

策略式家庭治疗（strategetic family therapy），是指以系统论为指导的一种治疗方法，它的特点是针对家庭问题的本质有动态了解，并建立一套有程序的治疗策略，着手改变认知上的基本问题，以求有层次地改变家庭问题。例如，年龄已长大的孩子仍然依赖父母，还无法独立自主地向外去找朋友和社会化，治疗的策略首先把重心放在帮助母亲去"放走"自己的孩子，可能把治疗的重点投到父母角色，甚至是父母的夫妻感情问题，以解决妻子得不到的温暖而把感情重点放在孩子身上，不放走孩子，潜意识地不让孩子长大，弥补自己内心的空虚的问题。策略性式庭治疗首先要分析问题的原因，然后策略性地计划治疗的程序。

社交恐惧症的家庭治疗案例

案例描述：一个19岁的男青年患社交恐惧症。父亲脾气暴躁，整天忙于自己的工作，从不管家。对儿子要么不管，要么管的时候态度就很严厉。患者母亲对儿子过分呵护，每天穿什么衣服都给准备好，吃饭时不停地给儿子加菜。患者从小跟母亲睡觉一直到13岁，17岁患病后又回到母亲房间。

治疗策略：①自信心训练，鼓励患者增加自信，与同龄人交往；②家庭治疗，让母亲放开儿子，鼓励父亲与儿子平等性对话，使其调整与父母关系。

七、社会网络式家庭治疗

社会网络式家庭治疗的基本假设是：功能失调的家庭关系源于在适应剧烈的社会变化过程因缺乏必要的社会支持而产生的问题。这种模式的治疗强调建立一种广泛支持性的社会网络，使家庭能更好地处理危机。它要求家庭成员、朋友、邻居、学校、工作单位和其他机构种的重要人物聚集在一起，共同帮助家庭学会更有效地解决自身的问题。治疗小组通过加强社会联系，并通过这个大的社会单位内的新的交流渠道，来动员这个社会网络中的支持和辅助力量。在长达几个月的团体聚会中，由家庭向来自这个社会网络的团体介绍自己的问题，讨论这些问题的可能解决策略。治疗小组协助这个团体成员实施解决家庭问题的特定方法，并帮助社会网络制定一个继续介入该家庭的计划，以保证对这个家庭的现行支持网络。

第三节 家庭治疗的程序

家庭治疗的程序分为两个步骤：第一步是对家庭进行诊断性评价，了解家庭当前的关键问题是什么，个人与家之间的各种病理关系是什么，即那个人的症状和家庭心理问题的各种相互关系，并规划治疗干预的具体计划与方法。第二步是针对性治疗，包括定期与家庭所有成员的访谈，以及两次访谈之间布置相应的治疗性家庭作业。

一、诊断与评价

无论何种模式的家庭治疗，在治疗的开始阶段，治疗者须邀请全家人一起座谈，确定家庭的构成、特点、成员之间的交流模式、行为互动模式、家庭事件等，以做出相应的诊断与评价。此过程一般需要1—2次，每次1—2小时。

家庭的诊断与评价包括六个方面：

（1）家庭的社会背景。包括经济情况、社会阶层、父母受教育程度、家庭所遵循的某些风格习惯和伦理道德观念。

（2）家庭在生活周期中的位置。在人的生命周期中，如出生、上学、成年、就业、婚丧等生活事件，都会给家庭带来一些影响，需要家庭成员做出调整与适应。了解此时此地家庭所处生活周期中的位置，有助于针对性地进行干预。

（3）家庭的交互作用模式。成员间相互交流的方式和倾向，等级结构（父子、母子）以及由此产生的代际界限的状况；是否存在系统的联盟关系；家庭与外界的关系等。

（4）代际间的一般结构。父母各自家庭的结构状况，父母在原生家庭的地位与个人经验，目前家庭的结构与交流状态往往受到父母亲原生家庭中代际的影响。

（5）家庭对于患者症状的作用。患者的疾病诊断情况，家庭与患者症状的减轻或加重的关系。

（6）家庭当前解决问题的技术和方法如何。家庭成员针对患者的疾病，或其他矛盾冲突时采取过什么方法、策略，效果怎样；是否存在不适当防御或投射过程。

二、治疗室内座位的选择

家庭治疗室应有足够的空间，使成员自由挪动，光线柔和、舒适。当家庭成员进入治疗室时，椅子能随意移动，让他们自己选择自己的座位，治疗者先让家庭成员自己找地方坐好，经常是被家庭认为是患者的座位最突出，与其他家庭成员的距离较远。淘气、能量大的孩子经常坐在墙角处玩椅子。在家庭中受宠的孩子则紧挨着他们的保护者。比较理智的成员坐在圈外，以一种客观的姿态观察其他家庭成员。治疗者通过观察成员的坐座位，来初步判定家庭的内在动态状况。当出现紧张和冲突时，成员之间的位置安排使家庭能最有效地发挥它的功能以进行防御。当家庭成员坐好后，治疗者从座位方式上能够在自己头脑中描绘出一幅该家庭成员之间的图画。如果一个孩子来回乱动、不耐烦，治疗者只要观察谁来管他，是母亲、父亲还是年长的孩子，如果没有人出来制止和约束孩子的淘气行为，或者有人管教，又有人出来保护，这都具有不同的意义。治疗者通过这些事情，观察家庭选择何种方式来处理他们出现的问题。

三、心理干预

这是家庭治疗的关键环节。不同理论倾向的家庭治疗者会采取不同的方法对家庭进行干预。在此仅介绍意大利学者 M. S. Palalazzoli 提出的循环性询问法：当着全家人的面依次询问每个家庭成员，问他们对另外成员之间关系的看法。这样做，一方面可以从答话中了解信息；另一方面，信息当面传递给被议论者及其他家人了，并观察这些在场者的言语和非言语的反应，可获得重要信息。有些家庭比较保守，认为"家丑不可外扬"，不轻易在外人面前谈论家庭里的困难和问题。治疗者可利用家中比较天真年幼的子女，让他们谈论对家人的看法，从侧面了解家里比较隐蔽的问题。

幼儿对狗恐惧的心理干预案例

案例描述：一对夫妻带着 5 岁的幼儿来心理门诊，男孩对狗患恐惧症，因惧怕狗而不敢出门。他们进入门诊室后，治疗者观察到男孩紧挨着母亲而坐，而远离父亲，表情上好像很害怕父亲。

诊断分析：男孩在性蕾期（4—6 岁）与母亲接近时担心父亲会不高兴而处罚自己，造成在潜意识里惧怕父亲，后来惧怕对象转移至小狗。

治疗程序：

（1）全面了解男孩的病理后，治疗者故意让母亲暂时离开，以让父子重新建立关系。

（2）系统脱敏方法，消除男孩对狗的恐惧，以改善父子关系。让父亲选择一只小狗，并示范如何与小狗玩，使男孩模仿与小狗一起玩耍，使患者怕狗的行为逐渐消退。

（3）改善家庭的夫妻关系，进行婚姻治疗。

第四节　健康家庭的标准

家庭既是社会的细胞，更是每个人必须赖以生存的重要环境。现代心理学在描述和分析的基础上，提出健康家庭的八条标准。

一、感情的交融

在健康的家庭中，家庭成员之间能够自然地交流各自的消极或积极的感受、想法与情绪。这种感情的沟通是开放、真诚和坦然的，不需要任何形式的隐藏与心理戒备。

二、感情的理解

在健康的家庭中，每个成员都能够理解和接受其他成员的感情。这种理解表现为耐心地倾听其他成员的看法与心声，即使彼此间出现分歧；宽容地对待其他成员的行为，即使是过分的行为。

三、接纳成员的差异性

在健康的家庭中，是允许和支持家庭成员各自的特点和差异的。每个家庭成员都具有按照自己的方式来表达自己独特行为的权利。家庭成员的个性和积极的自我认识都是会受到尊重和鼓励的。

四、体贴与关心

在健康的家庭中，每个家庭成员之间都有着相互的体贴与关心，这种体贴与关心并不一定要表达出来，而是一种每个成员都具有的内在态度，一种表现出来的最基本的家庭氛围。

五、互助与合作

在健康的家庭中，每个家庭成员都能够认识到自己对家庭应该承担的责任；不管是平时的家务，还是大的家庭活动以及家庭决策，都能够积极而自觉地投入和参与；同时，又能心甘情愿地帮助其他成员。

六、幽默的家庭气氛

在健康的家庭中，成员之间是开怀的和开心的，他们能够尽情地笑，轻松地对待家庭中所发生的一切事情，表现出一种和谐而幽默的气氛；即使是发生暂时的某种争吵时，也倾向于用这种幽默的方式来化解。

七、有基本的生活保障

健康家庭在一些基本的生活需要，例如食物、住房、衣物、教育费用以及其他生活开支等，都是能够得到保障的，至少不会让家庭成员每天都为家庭的基本生活需要而忧心忡忡。

八、有自己的生活原则

健康的家庭是有着自己的生活原则与价值标准的，这种原则与标准可能来自成员共同接受的某种信仰或某种哲学，而每个家庭成员又都能够自觉地遵守这种生活原则。

第十四章 婚姻治疗

第一节 婚姻治疗的含义与模式

一、婚姻治疗的含义

婚姻治疗（marital therapy），是指一对夫妻的关系、感情和婚姻问题为主要焦点而进行的治疗和辅导模式，属于特殊的人际关系治疗。婚姻辅导是由婚姻咨询家、社会工作者、心理学家和精神病学家共同参与的工作。

二、婚姻治疗的模式

目前有以下三种类型的婚姻治疗模式。

（1）心理动力学婚姻治疗。这种取向的治疗目标是帮助夫妇从理智与情感上理解和接受各自的童年期经验，尤其是他们早年的家庭生活对其经验、行为及其交往方式的影响。

（2）系统婚姻治疗。这种模式的重点在于婚姻关系中的权利分配，影响夫妇间沟通方式的家庭规则，旨在改善夫妻的现实问题。

（3）行为婚姻治疗。这种治疗模式主要是寻找夫妻双方对在彼此交往中，希望对方做出什么样的改变，并采用教育的手段，协助夫妇确定在其关系中导致满意或不满意的根源，建立有效的交流方式，掌握解决冲突、协商解决问题的技巧。

婚姻治疗源于家庭治疗。一般来说，婚姻治疗是针对那些尚可正常运转的家庭关系问题，如依赖性和自主性的冲突、夫妻间亲密情感交流的建立与和谐的性生活的调适、配偶各自的自由活动空间、家庭决策和角色分工的灵活变通态度的训练、夫妻生活独立地位的确定。此外，还经常用于家庭中明显的关系障碍的辅导，如交流缺乏、婚姻危机、性生活障碍、夫妻经常性的争吵、亲密感情的缺乏、对待亲友的态度不一致等，同时也用于解决诸如酒精依赖、抑郁、赌博等明显的个体问题。

婚姻问题主要是源于配偶间的关系不当，问题不仅仅存在于某一个体身上，而是彼此在家庭中不良的交往方式的结果，夫妻双方均要承担一定的责任。因而，改善和提高婚姻质量的关键是对夫妻双方同时进行辅导和治疗。从人际关系的角度来了解夫妻间的心理和行为，解释婚姻问题，并协助改善不良的夫妻关系和适应方式。对婚姻问题的实质和原因，按照系统论的观点运用行为治疗、认知治疗和分析治疗的知识，建立一套以人际关系为着眼点，以夫妻为对象的治疗原则和技巧。

第二节　婚姻治疗的内容与目标

一、婚姻治疗的内容

（一）婚姻心理障碍

(1) 担心婚恋对象另有所爱。
(2) 担心能否生下孩子。
(3) 惧怕婚后生活不能美满。
(4) 不能摆脱初次同房所形成的恐惧感。
(5) 对怀孕有罪恶感。
(6) 对夫妻性生活有厌恶感。
(7) 无法摆脱第三者爱恋所造成的自我迷惘。
(8) 对配偶的婚外恋有一种难言的痛苦或怨恨。
(9) 离婚后不能摆脱抑郁和焦虑的缠绕。
(10) 夫妻关系紧张。

（二）婚姻性行为障碍

(1) 性交困难、性交错位、性交恐惧。
(2) 阴道痉挛、阳痿、早泄。
(3) 性虐待。
(4) 其他性行为障碍。

（三）婚姻中的其他问题

(1) 有关性和生殖器的疾患问题。
(2) 遗传和婚恋的关系问题。
(3) 年龄、教育、经济和社会地位与婚姻问题。
(4) 兴趣、爱好、能力及个性差异和婚姻关系。
(5) 为逃避现实而结婚。
(6) 丈夫或妻子不幸死亡或伤残而引起的悲伤。
(7) 为避压力而逃婚或准备殉情问题。

二、婚姻治疗的目标

尽管在婚姻治疗或辅导中，治疗家所持的理论倾向有所不同，但在婚姻辅导的目标上是共同的，即增进夫妻间的沟通和交流，改善配偶之间的人际关系状况。具体地说，婚姻治疗主要包括如下子目标：

（1）矫正夫妻的角色关系，调整职责分配。
（2）促进建立夫妻认同感和夫妻联盟。
（3）协助夫妻顺利面临、度过婚姻发展各阶段。
（4）鼓励夫妻相互培养感情。
（5）改进夫妻适应问题的模式，解决所面临的问题。
（6）帮助夫妻建立适当的生活方式。

第三节 婚姻关系发展阶段

夫妻关系并不是静止不变的，而是随着时间而处于动态发展之中。一对夫妻从结婚成家，建立婚姻关系，生儿育女到子女成长与分离，夫妻关系逐渐演变，从形式到本质均在发展和变化。

一、婚前阶段

婚前阶段也就是恋爱交往阶段，经过认识、交往产生感情，进入恋爱期，决定彼此是否愿意缔结姻缘。此阶段的主要任务是试探、观察彼此的感情反应，研究彼此的性格是否相配，是否是理想的婚姻对象。

二、初婚阶段

婚姻关系开始，过共同的夫妻生活。此阶段的心理课题包括：开始建立夫妻亲密的情感关系，性关系确立开始，建立夫妻新角色，逐渐与原来的家庭脱离，建立自己的新家庭。此期最主要问题是婚姻适应，夫妻角色混乱，需要经过相当时期的尝试，建立彼此认可接受的夫妻之间适宜的关系和角色。另一个主要问题是如何逐步且适当地和自己原生家庭分离，保持合适的心理距离，维持自己新家庭的界限与整体性。

三、生产与养育子女阶段

妻子怀孕生孩子，家庭增加新成员，夫妻需要学习容纳家庭新成员、养育婴儿，由原来的单纯夫妻角色又增加了父母角色。此阶段的主要课题是夫妻在实际生活和心理上如何做好为人父母的心理准备。孩子的出生不应改变夫妻生活的重心，如果一方过分关注孩子，甚至把注意力全部转移，有意或无意地忽略对方的婚姻地位的存在，使对方感到被冷落，将不利于夫妻关系的和谐发展，更不利于彼此的心理健康发展。

此阶段是夫妻生活发展经历中时间较长，富于变化的阶段。随着孩子的成长，夫妻需要不断学习如何适当的养育和管教子女，夫妻如何沟通、协调彼此的养教方法或态度，尽量避免因管教子女的分歧而导致夫妻关系的紧张或矛盾。

四、子女分离及婚姻后期阶段

子女长大，离开父母，家庭进入子女分离阶段。此时，夫妻又开始了夫妻两人世界的生活。

这是婚姻的空巢期。虽然还是夫妻两人，但已经不同于子女未出生前的两人世界。进入中老年的夫妻彼此陪伴了大半生，性格已经定型，感情显得很平静，此时所面临的重要课题是夫妻如何在子女离家后，重新组织家庭生活。一般而言，如果夫妻有共同的乐趣，可以很好地享受志同道合的相伴生活，尤其是双方事业有所成就，经济比较宽裕，减除了养育子女的负担，对很多夫妻来说可称为"黄金阶段"。

五、婚姻结尾阶段

步入老年期的白发夫妻，如何适应人生和家庭的结尾期，调节老年期的生活方式，安度晚年，继续享受生活，是这个阶段重要的心理课题。尤其是当配偶仙逝后，如何进行心理调节以适应独自一人的生活、度过余生。

第四节　婚姻治疗的技术

婚姻治疗的常用技术有：夫妻彼此阐明各自的感情；确定夫妻关系症结的性质和意义；对夫妇的决策、交流和解决冲突给予重点的帮助，提供技巧；检查并改进夫妻双方对其关系不切实际的愿望；让夫妇对影响其婚姻关系的有关因素进行反省和认识；处理在治疗中夫妇的防御行为。

一、转负为正，更改气氛

（一）夸奖法

让夫妻彼此有机会开口赞美对方的优点，将当事人此刻的负面情感转化为正面积极的情感。辅导人员通过"提问法"，协助当事人回忆并述说自己曾经和对方友好相处的情景和感受。例如，"当初你为什么选中了他（她）？""她（他）曾经给你带来的最大的快乐是什么？"

（二）改观重解法

改观重解是指善于从多个角度认识同一个事件，尤其是认识到事件的正面纬度，以替代单一的消极的感受或体验。例如，妻子抱怨丈夫只顾工作而不管家，辅导人员可改意解释为"丈夫对家庭很负责任，辛勤工作是为了尽可能改善家庭的经济状况"；丈夫怨恨妻子的唠叨，辅导者可解释为"妻子对丈夫很关心，时刻都想着丈夫和丈夫的事"；"他（她）不关心我"改观为"我需要她（他）更多、更好的关心"。可见，改观重解法实质上是协助当事人换一种眼光了解、评价对方，使自己尽可能地理解对方，将负面的责备变换为正面的期望，而易于为对方所接受并适当改进。

(三) 现场演示法

辅导者询问夫妻亲热时是如何表达的，请其现场演示亲热状况。例如，两人握手、将手有意识地放在配偶的肩上、相互拥抱等。辅导者可以从中真实地观察与了解哪一方比较主动，对方又是如何反应和接受的，以确认夫妻彼此的单方面主述的客观性。此外，夫妻之间的肌肤接触或亲密动作，可以重新唤起往日的温馨和友好相处的情境，这实际上是借助行动来表达正面的夫妻关系。

二、提出改善的具体目标

辅导者鼓励夫妻双方提出合理的、可行的和具体的期望或条件，强调以"自己"的主动改变，替代只要求"对方"改变的原有习惯。辅导者要和当事人进行商讨，让其明确夫妻关系的改善，首先是从自身主动做出调整开始的。夫妻之间都要积极地改变自己，遵循双赢策略，认真思考自己最好先做什么改变；其次才是明确提出配偶变化的方向，并期望对方做出什么样的配合，共同向希望达到的目标努力和迈进。

三、促进夫妻协调

两人来自不同的家庭，文化背景、社会环境、生活习惯等不同，因此对待同样一件事情也许存在不同的看法、态度和价值观。辅导者要帮助其了解彼此间的差异，协商共同解决的途径，避免因坚持己见而争执不休，造成婚姻紧张。

四、稳定"婚姻认同"形式

当辅导者发现夫妻间缺少"婚姻认同"时，其婚姻辅导的重点应放在促使这方面的改善。所谓"婚姻认同"，是指心理上建立一种观念和态度，稳定"婚姻认同"的取向，生活以婚姻为主，不会只顾"自己"，以"我"或"你"的个体取向来经营两人的婚姻。可以通过观察夫妻间的对话，来了解一对夫妻是否缺乏"婚姻认同"形式。一般而言，缺乏婚姻认同的夫妻，往往在交谈时缺少"我们"的称呼，而经常使用"你（家）……""我（家）……"，很少关心两人共同的生活。

第五节　夫妻关系的心理辅导

一、夫妻沟通不良的心理分析

巴斯克里在《爱与被爱》中说："沟通就是彼此交谈的艺术，明白地说出自己的感受和想法，并认真倾听对方的话，这是建立和维持互爱关系的最基本技巧。"夫妻之间的沟通不当经常会引发各种矛盾和冲突，导致家庭不断爆发"冷战"或"激战"，严重的还会出现婚姻的解体。

（一）认知层面的误区

在认识、观念上的一些误区经常会造成夫妻间的心理隔阂，阻碍良好的沟通。研究发现：很多夫妻经过一段时间的婚姻生活后，对自己的婚姻不满意，感到失望、烦恼。这种感受往往来自于夫妻对婚姻的误解，或者说对美满婚姻的错误认识，也可以说来自对婚姻不切实际的苛求。常见的误区有：夫妻之间不需要过多的解释说明，对方自然会知道自己的意思或心思；既然是夫妻，无须像恋爱期间那样相互赞美，或表达爱意；夫妻之间可以毫无隐瞒地表露自己的弱点，可以任性和放纵；好夫妻是不吵架的；好夫妻之间是没有矛盾的。

（二）沟通技巧不当

沟通是一切人际关系的基础，沟通是一门艺术，人际沟通是需要讲究技巧的。夫妻关系紧张的一个重要原因是沟通策略不当。夫妻间的良好沟通和交流是建立夫妻联盟的关键。有效的沟通策略有以下方面：

（1）向对方坦然、主动地表达自己。要让对方了解自己，必须通过有效的表达和袒露自己。纠正"一切尽在不言中"的观念误区。夫妻间表达的内容是多纬度的，但最重要的是表达对配偶的感受，尤其是对对方的美好感受。例如，"我喜欢你的……""我希望你能……""我不太赞成你的……""我是这样想的，不知你是怎样看待……"当表达对配偶的不满时，要注意选择表达的方式和所使用的语言，避免随意的述及对方人格层面上的指责或攻击，应本着双方有可能解决问题的态度进行。

（2）经常性地鼓励和赞扬配偶。夫妻间的相互赞美可以增强彼此的自信，加深夫妻感情，营造融洽的沟通氛围，让配偶感觉到对方很在乎自己。

（3）积极地倾听。在夫妻交流过程中，积极的倾听和给予及时的反馈是很重要的。这不仅有助于了解对方，而且体现了对对方的尊重。曾文星、徐静在《心理治疗：理论和分析》一书中提供了这样一个夫妻间沟通的案例：一对夫妻来求助心理咨询，丈夫的主述是妻子不善于讲话，抱怨夫妻间沟通太少。实际上，在心理辅导中，咨询人员很快发现一个很有趣的现象，丈夫总是先开口说，并滔滔不绝，很少给予妻子说话的机会。一旦妻子说话时，丈夫很快接过话茬，且批评妻子说的话不对，导致妻子又保持沉默状态。

（4）选择良好沟通的时机和情景。善于营造夫妻间单独交谈的机会，同时要注意配偶的情绪背景，选择合适的话题来讨论和分享。

（三）夫妻间心理相容性差

托尔斯泰说："幸福的婚姻是一样的，不幸的婚姻都是不同的。"几乎所有的夫妻都追求幸福的婚姻，可事实上，并不是所有的夫妻都能获得幸福的婚姻，为什么事与愿违呢？据了解，很多不幸的婚姻问题出在夫妻双方心理差异上。婚姻幸福的心理基础究竟是什么呢？

社会心理学的研究发现：夫妻良好相处的艺术，主要是由双方心理上协调的建立日常生活关系的本领、协调的相互交往的本领以及摆脱相互冲突的本领所组成的。可见，幸福夫妻生活的基础是夫妻之间的相容性。夫妻之间的相容，既是一个操作性问题，同时也是一个心理问题。如果夫妻之间在心理上不能接纳对方、善待对方、体谅对方，那是很难在行为上和睦相处的。夫妻间的裂痕，往往先从心理上萌生，继而扩展到行为以至生活上。

有人说："爱一个人，应该是全部，包括他的缺点。"现实中很多夫妻间的争吵，往往发生在不能原谅对方的缺点、弱点上。其实，夫妻间的相容不仅包括一致性，也包括矛盾性。夫妻间产生矛盾，这是夫妻生活中极其普遍的现象。有矛盾是正常的，没有矛盾才是不正常的。关键问题在于有了矛盾后如何化解，而化解矛盾的基础恰恰需要夫妻之间的相容。

让我们从以下四对夫妻生活的两个例子，看看夫妻之间心理基础对其爱情生活的影响。

【示例1】

有两对夫妻性格特征一样，一方外向开朗，另一方内向喜静。有一对能互相理解、尊重对方：外向开朗的妻子，喜好交际，爱好跳舞，热心社会活动；内向喜静的丈夫，很尊重妻子的爱好和个性，对她的社交活动从不阻拦，并给予积极的支持，为此，赢得了妻子的敬重，俩人感情笃深。另一对则不然：内向喜静的丈夫，希望妻子同自己一样，多呆在家里，没事听听音乐、聊聊家常。而妻子喜欢跳舞，丈夫对此不满意，如果妻子跳舞回家晚了，丈夫就生气或盘问。妻子对此很不高兴，生气地质问丈夫为什么不信任我？为什么不尊重我的爱好？不让我跳舞，我偏要跳！这样一来，丈夫更不满意了。于是，夫妻间争吵不断，并且逐渐升级，以至于闹到感情破裂、将要离异的地步。

【示例2】

还有两对夫妻，都是事业型的，都热爱自己的事业。其中有一对夫妻，他们互相理解，在事业上互相支持，家务上共同分担，谁先回家谁做饭，做得好坏互不挑剔，常常边做家务边交谈，十分和谐，双方在事业上都取得了一定成就。另一对夫妻的情况是，他们曾经是同学，在班上都是优等生，毕业以后又都分在科研部门，很快都成了骨干。对事业没说的，俩人都注入了极大的热情，而且都取得了成果。可家庭生活却是另一番景象：夫妻双双吃食堂，晚上回到家常常连开水都没得喝。渐渐地丈夫身体差了，妻子说咱们这样下去不行，晚饭都回家吃，做点好吃的改善改善，丈夫对此当然很高兴。妻子每天下班回来买菜、做饭，没有多久就感到很疲惫，建议丈夫也帮忙做些家务，丈夫推辞说不会干，拒绝干家务。妻子开始不满了，时常唠叨、抱怨。对此，丈夫不满意，嫌妻子唠叨。于是乎两人之间时常产生摩擦、争吵，渐渐感情受到影响，双方的情绪也受到影响。随着时间的流逝，两人的感情裂痕越来越大，最后不得不离婚。

从以上的例子中我们可以看到，是否掌握夫妻相处的规律将会产生不同的结果。其实两种结果归结到一点，就是夫妻间能否和睦相处，夫妻间能否相互、理解互相支持。

第一对夫妻，尽管两人性格不同，但他们能互相尊重对方的性格，理解对方的需要及爱好，并给予对方积极的支持。夫妻间良好的心理基础，使他们缩短了性格差异带来的距离，夫妻间的和谐相容，使他们共同谱写了婚姻美满的乐章。

第二对夫妻则不同。丈夫不尊重妻子的性格，也不理解妻子的需要和爱好，只是要求妻子服从自己的需要，不良的心理基础扩大了他们彼此的距离，因而酿成了婚姻的不幸。

第三对夫妻，在事业上和生活中都互相理解、互相支持，把对方的困难当成自己的困难，尽自己的努力为对方着想，为对方奉献。他们彼此奉献了真诚，也彼此获得了深情。

第四对夫妻，两人在事业上都是强者，可处理夫妻生活就不行了。他们的问题也是出在缺乏夫妻间相处的良好心理基础上，遇到困难不是齐心协力去解决，而是把困难都推给对方，而不关心对方。丈夫拒绝承担家庭的责任与义务，伤害了妻子的感情与自尊。由于感情的涣散，导致一个家庭分成两半，各人带走一份痛苦。

可见，掌握夫妻间良好相处的心理规律，是夫妻获得婚姻幸福的基础。在一个人的生活里，缺少理解，只有一份痛苦；在两人共同的生活里，缺少宽容与理解，则是双倍的痛苦。对于爱情来说，结婚不是终点也不是目的，它追求的应该是夫妻之间的和谐与婚姻的幸福，保持爱的永久。而要获得婚姻的这一美妙境界，只能靠夫妻间的相容、互相理解和相互支持。夫妻间彼此理解得越深入，支持得越无私，夫妻就越亲密，感情就越深刻，婚姻也就越幸福。

（四）情感的障碍

夫妻之间的最大情感障碍是双方或一方缺乏爱情，没有爱情的婚姻是不稳定的，也是很难进行沟通的。怨恨、委屈、忧伤等负面情绪背景往往也很容易造成夫妻间沟通不良。

（五）性格的缺陷

夫妻双方的性格，和沟通关系密切。有些性格是不利于良好沟通的，例如，过于内向、沉默寡言，过于唠叨，以自我为中心、控制欲强烈，心胸狭窄、固执己见，喜欢吹毛求疵，等等。

二、夫妻沟通障碍的心理辅导原则

（一）保持中性的立场

婚姻心理辅导的目的在于协助当事人共同解决所面临的婚姻问题。这需要夫妻双方共同做出必要的调整，辅导者要善于占到"旁观者"的位置来观察和分析他们的婚姻问题，遵循双赢原则，避免随意卷入夫妻的关系中，使一方满意、另一方不满意。

（二）当事人自主决断

在婚姻心理辅导中，有些当事人会很主动地邀请辅导者替自己拿主意，例如，是否离婚、是否分居等。辅导者需要清楚自己的职能范围，只能协助当事人分析各种情况的利弊和得失，最终要当事人自己做出选择，防止越俎代庖。

三、夫妻沟通障碍的心理辅导程序

（一）问题的具体化

在婚姻辅导的开始，当事人经常以一种含混模糊的描述方式来抱怨和配偶的婚姻关系，主述明显带有概括化和情绪化的倾向。例如，他（她）总是反对我的意见。心理辅导者的首要任务就是澄清当事人所表达的这种模糊不清的观念和问题，必须让当事人谈出所述情况的一些特殊例子，找出问题的具体性，作为进一步共同讨论的基础。

【示例】

当事人：我老公什么事都不和我商量，真令人气愤！（含混不清）

辅导者：你老公是在所有的事情上不和你商量，还是只在某些事情上？（封闭性询问）

当事人：在某些事情上。（含混不清）

辅导者：你可否举例说明你老公自作主张的事情。（具体化）

当事人：他瞒着我给别人钱。（含混不清）

辅导者：别人是指谁？（具体化）

当事人：是他妈妈呀。（具体化）

（二）问题原因的分析

辅导者要和当事人共同分析问题的潜在原因，找寻出问题的症结。这种原因的讨论要从夫妻双方的自身去找，而不能只针对某一个人。一般来说，辅导者应帮助寻求心理协助的夫妻回答以下问题：

（1）夫妻在抱怨什么？

（2）抱怨的背后是什么核心问题？

（3）配偶一方要求对方真正改变的行为是什么？

（4）在什么样的情况下需要这样的改变？

（5）对夫妻来说，这样的改变将会带来什么样的结果？

（三）沟通策略的讨论和预演

辅导者可以提供一些良好的沟通策略和建设性指导，并协助其进行实际演练，增加当事人的亲身体验，便于迁移到他们的日后生活中。

四、夫妻的性生活心理辅导

（一）性生活和谐是良好夫妻关系的重要内容

婚姻是两性交往、结合的最高形式，是两性关系的全面扩展与深化。性生活的和谐美满是婚姻关系稳固的重要标志之一。夫妻性心理保健有利于双方心身的健康发展，有利于提高性生活质量，有利于巩固和加深夫妻情感，有利于家庭的稳定和社会的安定。Sagar（1976）指出，性功能障碍夫妇中 3/4 存在婚姻不和，而婚姻不和夫妇中 3/4 有不同程度的性问题。钟友彬（1988）对因患神经症前来咨询与治疗的当事人的调查表明，因性生活不和谐为最主要离婚原因的人至少在 40% 以上，其中男性占离婚男性总数的 63.6%，女性占离婚女性总数的 27.9%。

现代性科学理论揭示了夫妻性生活的特点：①夫妻的性欲及行为是生理与心理现象的表现；②夫妻性生活是夫妻生活的一部分，但并非全部，夫妻关系主要依赖于美满的感情，但性生活的满足能促进夫妻的感情；③夫妻双方对性有不同的欲望、需要和行为方式，夫妻关系是一种合作性的技巧与生活艺术；④一般而言，夫妻性生活问题经常是夫妻感情问题的表现，除性生理障碍之外，只要夫妻关系及情感改善，其性问题也会随之改进，夫妻的性生活应该用心维护，否则会逐渐倦怠，导致性生活问题。

（二）夫妻性生活心理调适

（1）树立夫妻性生活心理平等的观念。夫妻的性生活主要表现为双方人格的全面交互作用。性关系既具有生儿育女、传宗接代的功能，又能带来性的满足、爱的幸福以及促进彼此人格的发展。由于受社会习俗及传统观念的影响，使得女性在性生活中经常处于被动、消极的状态。这必然不同程度地妨碍了女性的性唤起和愉悦的性心理体验，同时也影响了男性的性享受。因而，要抛弃陈旧观念对女性性心理的压抑，提倡夫妻性生活心理的平等性，即平等的性欲要求、表达方式和主动权。夫妻都有权利主动提出或拒绝性生活，强迫发生性行为或消极忍受性生活，都是不利于其心理保健的，往往会引起对性生活的反感、厌恶、冷淡，乃至造成性功能障碍或其他方面的心理卫生问题。

（2）重视日常的夫妻良好感情的建立。良好的夫妻感情是性生活和谐的基础。除了有生理疾病的人，不和谐的性生活往往基于夫妻情感不和、动作配合不协调、容忍力不高等心理因素。感情和睦的夫妻在性生活中更倾向于使用接吻、拥抱与爱抚等边缘性性接触方式提高彼此的性唤起，容易坦诚地交流彼此的性需求与性感受，经过协力配合在同步兴奋的过程中共享性高潮体验。感情存有隔阂、不信任与积怨的夫妻之间，会降低彼此相互的性吸引力，只顾自身的感受，将对方视为性欲满足的工具，缺乏性交前的性刺激，这很容易伴随着性欲缺乏、性感受度降低、性冷漠等有碍于高质量性生活消极心理体验。

（3）适宜的性生活期望值。研究发现，夫妻对性生活所带来的性快感的期望值不宜过高，否则失落感会越强。有些夫妻过分追求每次性生活中的性高潮体验，同时又担心达不到，造成心理紧张、害怕、担忧、焦虑等，这对性生活是极为有害的，甚至诱发性功能障碍。期望值过高容易导致三种消极后果：一是会人为增加夫妻双方的心理压力，进而诱发性功能障碍；二是即使性生活获得成功，但夫妻产生的心理满意感会减弱；三是如果性生活不顺利或发生问题时，夫妻的失望情绪体验会很强烈，甚至给日后发生的心因性性功能障碍埋下隐患。夫妻性生活和谐的心理期望值究竟怎样算是适度，并没有固定的统一标准，要因人而宜，需要夫妻在自己的性生活实践中逐步探索和领悟。

（4）以正确态度看待性生活中出现的问题。对于夫妻性生活中出现的不顺利状况要以正确的态度来认识。性生活不是夫妻单方面的事情，而是彼此共同参与的性行为过程，避免埋怨与指责、推卸责任，相互的不体谅、不安慰反而会进一步加剧这种问题的严重性，降低彼此性生活兴趣，以至于影响夫妻感情。最好做到主动调整自己，达到相互适应，共同面对现实，探讨问题发生的各种原因，积极耐心地寻求问题解决的办法，必要时求助于性学专家和心理医生，接受性咨询与性治疗会在某种程度上得到改善。

（5）营造温馨适宜的性生活气氛。温馨浪漫的性生活环境与氛围有利于提高性生活的质量，避免造成性心理障碍。不同的夫妻对于性生活环境的要求和心理适应存在差异性。一般来说，可以从如下方面营造适宜的性生活环境：房间不宜过大，卧具要洁净，并选择彼此共通喜爱的颜色与款式，窗帘能挡住强烈光线；环境要安静，封闭构成两人世界，排除外界干扰，保持室内光线柔和，充分利用视觉刺激的性唤起，避免注意力的分散，以提高彼此的性感受。

（6）学习性生理与性心理知识，克服性观念障碍。学习和掌握有关自身及对方的性生理、性心理特点是获得和谐美满性生活的前提条件之一，是夫妻性心理保健的重要途径。这包括对异性的性生理结构、性敏感部位的知晓，性交前的心理准备、性交过程的心理体验、性高潮知识、性交障碍的知识、性交操作知识与技巧、如何触摸与调情等。另外，夫妻双方对性生活要持有正确的观念，努力克服一些不利于夫妻性生活和谐的消极或非理性思想，例如对性生活的畏惧感，对性生活的罪恶感，为对方单纯付出的牺牲感，性生活中的受控、被动感，等等。

（7）适度的性生活频率。性生活是夫妻双方的生理与感情需求的满足。性生活的频率要因人而定，只要彼此不感到影响身心健康和日常生活和工作，而且心满意足，就是正常的和适度的。

第十五章 团体心理训练

第一节 心理训练概述

一、心理训练的含义

心理训练，是指通过教育、指导、辩论、演讲、情景模拟、郊游、社会调查等形式，运用放松、暗示、表象、心理剧、角色扮演、空椅子等心理学技术和方法，组合其他的辅助手段和设施，设计特定的情景以使参加者在其中积极活动，改善心理品质，形成预期的行为、习惯和技能，提高人的心理素质和培养健康完善人格的活动。

在具体实践中，心理训练可以分为四个层次：①生理水平的训练，如生物反馈训练、放松训练、气功和瑜珈的身心调整等；②心理机能的训练，如观察力训练、记忆力训练、思维训练、创造力训练、自信训练等；③人格训练，这种训练强调个体的全面发展，中心是人格教育与训练；④社会群体心理训练，这种训练着重于群体心理与群体行为的教育与训练，具体表现为大众心理训练等。

二、心理训练的分类与特点

（一）心理训练的种类

心理训练按照对象可以分为青少年心理训练、中年人心理训练和老年人心理训练，依据参加训练的人数可以分为个体心理训练和团体心理训练，依据心理训练的内容或主题可以分为自信训练、自我认知训练、表达能力训练、社交技能训练、耐挫能力训练等，还可按其系统性划分为单项心理训练和综合心理训练。

（二）心理训练的特点

（1）针对性。有些心理训练重在养成某种良好的习惯、技能与行为，如角色训练可以培养人们的交往技能和演说能力；有些心理训练旨在改变人们原有的心理面貌，养成良好的心理品质，如自信训练协助克服自卑心理。

（2）短期与高效性。与引起心理变化的社会适应的长期性相比，心理训练的时间一般比较短，如几天或几周，最长的也只有一至两年。时间通常都比较集中，其目的性、计划性较强，预期在短期内改变原有的心理面貌，具有高效率和高强化的特点。

（3）科学性。科学性主要是指心理训练的设计程序和实施方法合乎心理科学的规律。这体现在：训练形式得当；活动组织紧凑严密；方法科学；技术具有可行性；操作程序规范化；训练效果显著。

（4）系统性。单项训练的心理操作对心理可能产生一定的影响，但这种心理训练通常比较零散，对心理的影响缺乏持续性，根据心理学的反复或重复原理，要实现心理训练的预期目的与效果是比较困难的。如仅仅进行放松训练而不与其他训练结合起来，心理训练的效果就不明显。综合心理训练把相互联系的多项心理训练结合起来，有步骤、分阶段地组织实施，在内容、形式、方法上可以相互交叉、补充和得到不同程度的扩展，有助于心理训练的进一步深化和效果的巩固。如将放松训练与自信训练结合起来，就可能会收到良好的效果。

三、心理训练的源泉

心理训练可追溯到古代中国的气功和印度的瑜珈，传统心理科学特别是实验心理学原理与方法、精神病学以及心理咨询和治疗则为心理训练的发展提供了永不枯竭的源泉。

以中国气功为例，气功的形体功是采用肌肉和骨骼的活动和放松两种方法来调节人的整体姿势，可分为坐、卧、站、走四种姿势。它与以肌肉动作放松为主的放松训练有类似之处，具有恢复体力、消除身心疲劳和训练个性的作用。气功的调息功与心理训练中的呼吸调节在基本要领和训练手段方面大体相同，只是目的不同而已，前者为健身和驱病服务，后者主要在于用呼吸调节作为调节和控制心理状态的手段。气功的意守功主要是锻炼人的自我意识的控制与导引，通过意守丹田、经络、外景、病穴等穴位来实现调身养性的目的。集中注意心理训练则利用注意外物、动作与语言等方法，达到恢复体力、脑力与调节心理状态的作用。气功的内观功，采用入静内观、反听、凝神等方法，达到净化思想、观自在的目的，而表象心理训练则采用回忆动作、想象和思维训练等方法，达到提高信心、提高动作水平、调节情绪的目的。可见，心理训练与气功具有许多共通之处。

在心理训练中，运用心理科学的成果和实验方法主要表现为：

（1）应用心理科学的方法观察、鉴定人的心理特征和过程，为心理训练提供科学的依据，例如，运用观察和问卷调查人格特征，为个性心理训练提供参考。

（2）根据感知能力的形成规律，进行感受性和专门化知觉的心理训练，例如，在专项运用中训练运动员的特殊肌肉感能力和专门化知觉。

（3）根据表象的特点进行人物或动作形象的心理训练，例如，利用默念回忆动作形象进行技术动作或人物举止行为的表象训练。

（4）通过语言的指示进行思维和想象进程的训练，例如，关于比赛战术或技术动作回忆的思维和想象的训练。

（5）根据注意规律和记忆规律进行的注意分配、转移和记忆效果的心理训练。

（6）关于情绪变化和调节的心理训练。

（7）关于意志品质的心理训练等。

四、国外心理训练状况

(一) 卡耐基的成功学训练

在现代心理训练领域比较成功的要首推20世纪初的美国卡耐基成人教育。戴尔·卡耐基运用心理学原理与方法对人类共同的心理特点进行探索与分析,开创和发展了一种融演讲术、推销术、为人处事术、智力开发为一体的独特成人教育方式。迄今为止,戴尔·卡耐基训练共有90多年的历史,是世界上最大的训练组织,500多万的毕业生遍布全球79个国家。卡耐基成功训练中心主要提供如下训练:①卡耐基课程。参加者通过学习和运用成功理念,来提高自信心、沟通水平和领导技能。②管理能力训练。③领导才能训练。旨在训练人们更为清晰地认识他们的领导方式,更有效地进行团体工作以及领导他人。④员工发展训练。通过发展和完成团体工作技能,学员学会如何增强反应性、责任感以及资源性。通过30多种不同的训练模式以及高度商业化的训练,来改善公司内部的人际关系状况。⑤职业发展训练。⑥有效演示工作坊。这是一个富有喜剧性的、以大量录像为基础的训练计划,旨在帮助学员消除进行演示时产生混乱的坏习惯。通过教员在课堂上评论录像资料,学员将有效地发展他们自身的交际和说服能力。⑦销售优势训练。训练销售人员如何建立与维持顾客关系,以提高销售业绩。

(二) 戴尼提技术

戴尼提技术由美国L.罗恩·贺伯特于20世纪50年代创立。他的著作《戴尼提——现代心理健康科学》是一本全球畅销书,目前已销售7000万本以上,被译成28种文字,在100多个国家和地区发行的现代科学。160多个训练机构遍布世界70多个国家和地区。彻底了解人的本质以及人与生活的关系是贺伯特毕生奋斗的目标。他理想中的社会是"没有犯罪,没有战争,没有疯狂,能力得到发挥,诚实得到确立,人类能够更大限度地提高自己的文明"。为此,贺伯特对人类哲学、心理学、教育学、医学、心理治疗、犯罪、交际、商业、宗教等许多领域都做了深入研究,取得了一系列成果。其组织机构现提供有戴尼提听析辅导(初级、中级、高级)、学习西明纳、家庭生活、交际工作坊、戒毒指导等课程,提供心理测验、心理仪、戴尼提听析等服务,主要从事教育、心理治疗、戒毒、商业、宗教等活动。

(三) 里程碑教育训练

里程碑教育训练是由若干名医生、律师、教师等不同职业的人联合创立的。目前,里程碑训练机构有50多个,遍布美国、加拿大、拉丁美洲、中东、澳大利亚、印度、欧洲等国家和地区。里程碑教育训练旨在使人们获得对支配和决定其生活的根本前提的认识,这些前提决定着人们的思维、行动、价值、人未来走向和现状,通过改变原有认识并在生活上产生突破。通过里程碑论坛,你将深入地认识"你是谁"——检查你的存在基础、你的人格、生活、关系以及取得成功的公式。基于其基本理论和思维模式,里程碑论坛向传统的假设挑战,使用新的工具处理对于我们每个人而言是最为基本和紧迫的问题，由此引起我们的生活朝着可能发展的方向产生根本变化。

里程碑教育训练的价值在于：①提高生活效率和满意度；②突破有时甚至是最好的常规思维、观点和理论的局限；③创造冒险与改变并存的机遇，以取代现成的问题，获得体面、机智和轻松地处理问题的方法；④给日常生活与工作注入新的活力，赋予新的热情和尝试，以便减少困难，增加快乐；⑤显著提高生产力和工作质量；⑥清晰地认识你的事务优先顺序和价值，以及采取决定你的生活历程的行动能力。

从20世纪50年代开始，国外的高等院校也普遍开展团体心理训练。例如，美国一些大学所开展的交朋友小组、敏感性训练小组、情感适应训练、基本生存技能训练等；香港高校的"领袖才能训练计划""大哥大（大姐大）计划"、模拟面试；日本高校的"合宿"计划。

五、国内心理训练状况

（一）JS训练

在社会方面开展心理训练富有成效的是《中国青年报》培训中心主办的JS训练。JS训练中心为学员编写了《开发你的能力：自我训练方案》教材与两盒录音磁带。JS训练以自学为主的一种函授方式进行，重视学员的体会，认识以及师生和学员之间的交流。在JS训练中，放松、肯定和形象被称为心理训练的三大要素。心理训练的内容包括：成功心理素质训练、自我革新能力训练、学习工作能力训练、交际公关能力训练、潜在智慧开发训练、口语表达能力训练、个人组织能力训练、创业经营能力训练等方面。全国有两三万人参加了JS训练，一些学员在其汇报中明显地谈到自己参加JS训练之后所产生的积极变化。

（二）体育心理训练

体育心理训练是指对运动员的心理进行有意识的专门训练，使其发生变化以适应运动比赛的要求。现代体育运动认为运动技术、身体素质和心理素质是决定运动成绩的三个基本因素。从某种意义上说，竞技比赛就是运动员心理状态的竞争。在运动训练的概念中，在技术动作训练和身体训练的同时增加了心理训练的内容，其中心任务是训练运动员参加比赛的心理品质和参加专项技术训练的特有心理素质。根据我国体育运动心理的研究，对运动员进行心理辅导和体育心理训练的主要方法有：①谈话诱导，解剖事因，对症下药；②语言暗示诱导，进行催眠状态进行心理训练；③动作表象和比赛情景模拟表象训练；④用语词控制运动员的思维定向，结合念动训练等方法，使运动员在比赛中能坚持正确的心理定向并贯彻于比赛动作中。

第二节 职业心理训练

一、职业心理训练的类型

职业心理训练,是指通过会谈、心理测验、情景模拟、社会实践、角色扮演等方法,协助当事人自我认识、寻找问题解决的方法和技术,提高自我决策能力而实现问题解决的职业指导方式。当事人的职业问题往往具有不同性质和根源,职业指导师需要针对不同性质的职业问题,采取相应的职业训练模式。

常用的职业心理训练包括如下类型。

(一) 问题解决式训练

这种训练模式通过提供有关信息和澄清问题,协助当事人处理特定的职业问题或做出职业选择。它可以迅速解决问题,适用于处理当事人因缺乏有关个人的或环境的信息而产生的职业问题。

(二) 能力培养式训练

这种模式的重点不是解决当事人所遇到的具体性的职业问题,而是培养其职业自我决策能力或职业适应能力,学习到解决问题方法,为自行解决将来可能出现的职业挫折做好心理准备。

(三) 职业发展式训练

这种训练模式视职业发展为一个长期连续的过程,而非局部的单一目标导向的职业选择。训练重点以一系列的决策、适应为主。除了注重各种职业决策技巧或职业适应能力的培养外,还强调增进当事人的自我了解,将职业选择与个人发展相结合,综合考虑各种可能的选择机会和发展途径。

(四) 自我发展式训练

这种训练模式充分重视个人内在品质的发展和完善,强调通过发展个人完整职业自我概念来达到个人主动的开创自我发展的前景。其特点在于不是简单地告诉当事人"怎样做",而是在充分尊重当事人的内在品质的前提下,培养其能动的自我价值观,主动承担个人职业生涯发展的责任。

二、职业心理训练的内容与方法

(一) 职业决策能力训练

所谓职业决策能力,是指个体掌握的用以顺利完成职业选择活动所需要的知识、技能和个性品质。一般来说,职业决策能力包括:①善于收集、分析和正确评价各种相关的职业信息和个人资料;②自觉承担并独立完成个人的职业决策活动;③能适时和果断地做出实际的职业决策;④能有效地实施职业决策计划,以实现职业决策目标。

有效的决策技术是职业决策能力的基础,职业决策的过程实质上是在主观愿望与客观可能性之间综合平衡的过程。当事人决策技术的提高和其职业决策能力的培养,可以通过决策方案和谋职方案来进行训练。

决策方案(career decision-making program)是由 Krumboltz 和 Hamel(1980)根据理性决策过程设计的。决策方案的目标包括:①了解决策过程的各项步骤;②探讨个人的问题和价值观,学习正确处理问题的方法;③应用决策技术协助他人解决问题。

职业决策能力训练分为七个步骤:

(1) 成立训练小组,训练者分发有关资料并举例说明决策过程的主要程序:界定问题;建立行动计划;价值观澄清;思考可能的选择途径;了解各种途径可能的后果;有系统地删除不合适的途径;开始行动。训练者要求小组成员思考目前自己所面临的问题,作为个人在小组中准备处理的资料,并布置成员思考个人问题情景的家庭作业。

(2) 训练者以到银行开账户的问题情景为例,让当事人练习根据各个银行的特色、优点及个人需要做出适当的选择,以学习在决策过程中准确地陈述问题。

(3) 每两人为一组共同研究训练者所提供的样例,训练者指导成员制定初步的行动计划和计划完成的时间。

(4) 训练者先与成员共同讨论工作价值的意义,尔后分组进行模拟游戏,以澄清个人的工作价值观。

(5) 让成员熟悉资料来了解各种可能的选择途径,并针对个人的问题列出可能的选择方法。

(6) 成员学习分析价值观与各种途径间的关系。

(7) 成员通过样例来练习剔除与自己价值观相矛盾的选择途径,从而做出决策并计划具体的行动。

谋职方案(job-hunting program)是 Hamilton 等人(1984)针对求职困难情景设计的。其目标在于:①建立当事人对未来发展的信心和勇气;②培养正确求职的概念和方法;③鼓励当事人运用所学习的技术扩大生活层面积极参与人生。

谋职方案的实施往往以10—12人的小团体为宜,进行历时两周的四个阶段的训练。第一阶段是准备阶段,主要任务是成立训练小组,增进成员间的相互了解,收集基本资料,利用测验与问卷等工具建立个人档案。第二阶段是概念阶段,主要是协助成员重新建构有效求职的概念和学习求职的方法。具体程序为:①训练者说明就业市场的状况、求职过程、个人求职资料的撰写方法,并具体分析可能发生的特殊情况;②在彼此观摩比较情景下,成员练习撰写能够突出个人特色的自传与履历;③成员共同讨论求职面谈过程中可能遇到的问题,并思考有效的应对方法;④每位成员轮流练习拜访招聘者的方法,鼓励其他成员积极提出具体的建议,以改进求职技术;⑤指导成员收集就业市场资料,并结合个人特长选择合适的就业机会;⑥根据以上模拟经验来制定个人求职计划。第三阶段是应用阶段,将所学的求职方法具体应用到实际的求职。第四阶段是总结阶段，在训练结束前两天，训练者和全体成员共同检查、分享、总结其各自的实际求职经验，并以成员的个人未来发展为着眼点分别制定具体的谋职方案。

（二）职业价值观形成训练

职业价值观是个体对职业所持有的相对稳定的个性倾向。职业价值观的形成和发展是个人长期生活经验积淀的结果。许多择业与职业适应问题往往和个人的职业价值观矛盾有关。Raths 提出的价值澄清方案（value clarification program）的训练目标包括：①协助当事人了解自己的价值观与行为的关系；②通过成员间彼此经验与感受的交流，增进当事人接纳他人和了解自我的能力；③澄清个人对生活与工作的价值观念。价值澄清方案的具体实施步骤包括：①训练者首先说明价值观对个人行为的影响，价值观的澄清与确定对个人职业发展的重要性，然后让成员各自陈述自己的职业价值观，完成"价值分析表"；②分析自己的工作价值观；③自我评估与讨论；④价值拍卖；⑤分享经验与感受。

（三）职业角色形象塑造训练

职业训练的一个重要目标是个体能在其职业生活领域展现出一个良好的职业角色形象。角色扮演法是促进职业角色形象的重要方法。角色扮演法是通过设计或模拟企业界、社会和政府组织等各种真实情境中的职业角色，由两个或两个以上的当事人扮演，并实际去学习各行业职位及其人际关系，以寻找出具体的有关工作问题的解决方法。角色扮演法的实施程序是：①确定目标。角色扮演法的学习目标必须配合整体的训练目标，根据训练内容的重点合理地开展学习的主题，训练者要积极鼓励当事人提出自己的职业问题。②构思问题情境。情境的描述应尽可能符合实际的职业生活，且简练。③确定所扮演的角色。所扮演角色应充分考虑其教育性，且配合具体的问题情境。④选择扮演者。当事人选择自己有兴趣或是对自己职业发展有帮助的角色，训练者需要提供必要建议和指导。⑤准备演出。⑥布置表演场所。表演场所的布置要考虑到空间适宜、环境舒适等因素。⑦进行演出活动。⑧讨论与评价。角色扮演结束后，先让当事人描述自己对职业角色行为的体验以及对其他扮演者的观感，以扩展当事人对职业层面的认识。可从问题情境描述的程度，扮演过程中所表达出的思想和感受，角色扮演的经验是否为当事人提供了真实职业生活的练习机会等进行评价。

三、职业心理训练的理论

目前存在多种职业指导理论，根据职业指导模式的理论取向不同，职业心理训练理论可以分为三大类：一是个人取向的理论模式，这种理论取向重视从个体的角度探讨职业行为，注重个体的需要、能力、兴趣、人格等内在要素对职业选择和职业发展的影响；二是社会取向的理论模式，它倾向于研究作用于个体职业选择和职业发展的家庭、社会环境因素的影响；三是综合取向的理论模式，强调个体职业选择与职业发展是个人因素和家庭、社会环境因素相互作用的产物，两类因素共同决定个体的职业行为。

（一）人格类型论

美国心理学家 Holland 于 20 世纪 60 年代在特性—因素论的基础上提出人格类型论

(personality typology theory)，认为职业选择是个体人格的反映和延伸。他在《职业决策》(1973)著作中描述了现实型、研究型、企业型、社会型、艺术型、传统型六种人格类型的相应职业，提出最为理想的职业选择是个体能找到与之人格类型相适应的职业环境，这样个体才能从工作中获得乐趣和满足，以充分发挥自己的才能。人格类型论的基本指导策略是人格类型的评定和分析，可采用定性法、定量法、一致性分析、人格组合的评定、区分性分析和和谐性分析等方法完成。

现实型的人习惯于寻求现实的奋斗目标，喜欢有规则的具体劳动和需要基本技能的工作。通常要运用手工工具或机器进行劳动。现实型的人适宜于木匠、农民、技师、工程师、机械师、鱼类和野生动物专家、车工、钳工、电工、报务员、火车司机、机械制图员、电器师、机器修理工、长途汽车司机。

研究型的人习惯于利用智慧、词、符号和观念等进行工作，适合于智力的、抽象的、分析的推理的、独立的任务，这种性格的人好奇心强，重视分析，不断反省自己，行动较谨慎，在面临紧张的情境时，能够保持清醒的头脑，并进行冷静的分析，做出合理的解释。研究型的人适合于做生物学者、天文学者、气象学者、药剂师、动物学者、化学家、科学报刊编辑、植物学者、地质学者、物理学者、数学家、实验员等，但这些人往往缺乏领导能力。

企业型的人习惯于选择那些具有开拓性、冒险性的工作任务，性格外向，喜欢担任领导角色，通常有敏捷的头脑，渴望用自己的观点说服别人，具有支配、劝说和语言技能。但这类人往往缺乏研究能力。企业型的人比较适宜从事政治、外交、企业管理等方面的工作，例如，推销员、商品批发员、进货员、福利机构工作者、旅馆经理、广告宣传员、调度员、律师、政治家、零售商等。

社会型的人对社会现象、人际关系感兴趣，喜欢社会交际，乐于社会活动，交际广，社交能力强，关心社会问题，愿为别人服务，对教育活动感兴趣，而且他们乐于助人，重视朋友之间的友情。在一般的紧张情境中，经他们的调节会使气氛变得很融洽，他们自己也有很强的应付应激情境的能力，能合理地处理紧张情境带来的不良反应。社会型的人适宜于从事社会工作，例如，公关、咨询、调解、社会福利、教育和组织管理等方面的工作。这种类型的人适合做导游、福利机构工作者、咨询人员、社会工作者、学校教师、精神卫生工作者、公共保健护士。

艺术型的人喜欢通过艺术作品来达到自我表现的目的，这类人爱想象、感情丰富、不顺从、有创造性、能反省。艺术型的人虽然缺乏像办事员那样的工作能力，但是，这一类人有自己的特点。比较适合的工作主要有：室内装饰、摄影、作家、音乐教育、表演等，以及记者、作曲家、诗人、编辑、漫画家、雕刻家。

传统型的人习惯于选择那些传统的社会承认的工作目标及任务，通常适合于对许多信息、问题进行综合处理，喜欢系统的、有条理的工作任务，具有实际、自控、友善、保守的特点，但往往缺乏交际能力。这类型的人适合于作记账员、银行出纳、成本估算员、核对员、打字员、办公室职员、统计员、计算机操作员、秘书、法庭速记员等。

(二) 职业选择理论

美国职业指导家金兹伯格(E. Ginzberg)认为，职业选择是一个长期的过程，要充分考虑个体的兴趣、能力、价值观等个人因素,并和社会需要保持动态平衡,职业发展过程是个人与社会环境间、自我与现实之间的一种调和过程,社会环境、个人能力、人格特征和机遇因素决定个体职业形态的性质。职业选择分为三个阶段:①幻想期(11岁前),个体会想象自己从事各种工作和职业的可能性,但没有考虑到个人和社会的特征;②暂定期(11—18岁),个体对特定职业感兴趣,意识到自己的能力状况,开始思考价值问题,并尝试将自己的兴趣、能力统一到价值体系中,将暂定的职业理想转变为现实选择的过渡;③实现期(18岁后),个体历经探索阶段、结晶化阶段和特定化阶段,逐渐将职业理想转化为现实的一种选择。

(三) 职业发展理论

萨珀(D. E. Super)认为自我意识是职业发展的核心,个体的成长反映了其职业发展的成熟度,职业成熟包括职业选择取向、资料与计划能力、职业选择的一致性、人格特征的定型和选择职业的明智五方面内容。他认为职业指导要涉及当事人的理性和情绪,通过重述、反映、澄清、摘要、解释、面质等咨询技术给予指导性和非指导性的协助。职业发展要经历五个阶段:

(1) 成长阶段(14岁前)。随着自我意识的不断发展和社会认识的逐步扩大,个体的职业理想从起初的幻想、欲求起主导作用,到开始也考虑兴趣与能力因素。可以分为空想期(4—10岁)、兴趣期(11—12岁)和能力期(13—14岁)。

(2) 探索阶段(15—24岁)。可分为三个时期,一是暂定期(15—18岁),个体开始全面思考需要、兴趣、能力、价值观和就业机会等问题,对职业做出暂时性选择;二是过渡期(18—21岁),个体开始考虑从事某些职业的现实性和可能性;三是试行期(22—24岁),初步确定适合自己的某种职业。

(3) 确立阶段(25—44岁)。个体试图将自己已经找到的合适职业作为永久性职业,此阶段初期也会出现经过实际尝试并转换职业。

(4) 维持阶段(45—64岁)。个体关心的是如何维持某种工作,因而大多数人会按既定方向而安心工作。

(5) 衰退阶段(65岁后)。随着个体生理、心理机能逐渐衰退,工作活动范围开始缩小一致停止。

四、中学生职业生涯团体训练方案

这是一个协助中学生进行生涯探索的团体训练计划,计划的名称为:希望之鸽——生涯试探。具体训练方案如下。

(一) 适用对象

缺乏自我了解、无法掌握目前环境或未能期望未来生活型态的中学生。

(二) 设计宗旨

根据心理学家舒伯的生涯发展阶段理论,中学生正处于成长阶段的能力期(13—14

岁）及探索阶段的试探期（15—17岁）。此期的主要发展任务为：在发展正确的自我形象后，能了解个人能力与个人抱负的关系，并能考虑工作所需要的教育、训练等条件。而在职业选择方面，会考虑到自己的需要、兴趣、能力与机会，产生暂时性的决定，并将决定付诸某种程度的尝试。也就是说，中学阶段是人生生涯发展历程的重要基础阶段，此时期的辅导重点是培养学生对工作世界的正确态度，了解工作的意义，以及协助学生将职业偏好逐渐具体化为生涯要务。此阶段的中学生经常会表现出外向性问题行为或严重违规犯过行为，其课业、家庭、人际、品行等表现，常常无法达到学生本身及重要他人的满意程度，致使此类学生常发展出不当的自我概念，对于生活的安排与适应、未来的抱负与发展，多难有效的设定与行动。所以，生涯辅导与训练对他们而言，是很必要的。

本团体根据生涯发展阶段的理念，结合关系、认知、制约、模仿等策略，设计了十个活动单元，希望团体成员通过参加团体活动，建立良好人际关系、增进自我认识与自我肯定，进而从兴趣、人格特质、工作价值、社会需求、决策能力等向度，帮助成员尝试探险目前生涯发展上的认知、情感、态度与行为等方面的成长与发展。

（三）目标

（1）从团体互动中，统整成员的情感与思想，增进自我了解，加强自我肯定，促使其发展良好的自我概念。

（2）使成员从同伴的经验分享与互动中得到温暖与支持，能学习了解别人、欣赏别人，进而能探索人我的关系，发展出良好、有效的社会行为。

（3）从团体的活动中有效地促进成员在生涯发展上的认知、情感、态度及行为等方面的成长与发展。

（四）实施方式

团体以8—12人的小团体方式进行。聚会时间以每周一次，每次一个小时，共十周。活动地点最好是团体训练室。

（五）实施程序

本方案包括依次序进行的十个单元。各单元活动内容如下。

第一单元：相见欢

1. 目标

（1）引发个人参与团体的兴趣。

（2）认识并接纳团体的伙伴。

（3）了解团体的目的、内容及进行方式。

2. 策略

关注策略、回馈策略、认知策略。

3. 准备材料

色纸、保丽板、胶水、海报纸、笔等。

4. 活动程序

(1) 领导者发言，致欢迎词。

(2) 最佳拍档活动。

a. 将色纸裁成正方形、三角形或圆形等形，再将其各截成两半。

b. 让成员自由抽取已截好的色纸，并找到拿着与自己同一形状色纸另一半的成员。

c. 完成组合后，将色纸贴在保丽板上，并在纸上写上两个人名字。

d. 两个人任意交谈五分钟，互相认识对方，并交换对方重要的个人资料。

e. 每一配对，轮流在团体中互相介绍对方，使团体中每一个人皆能互相认识。

(3) 领导者说明团体的目的、内容及进行方式，并回答成员对团体的疑问。

(4) 建立团体规范。领导者请成员谈谈今天团体中有哪些行为会阻碍团体的进行，如发呆、与人聊天、打断别人的话、不理别人等等。对此应该有何规定使这些行为不会再犯？团体要如何才能进行得更顺利？领导者就成员所提意见综合归纳，请成员写在海报纸上。

(5) 请成员分享第一次参加团体与认识新朋友的感受。

(6) 领导者整理今日团体内容，并宣布下次团体活动重点。

5. 备注

团体规则可以呈现的方式有：①亲切式。我们喜欢你的幽默，但请不要嘲笑我们，否则我们会很害怕、难过的。②明确式。请不要恶意批评别人。③附带处罚式。迟到者罚 10 个俯卧撑。

团体过程中，可运用行为改变技术的代币制度：①将成员的出席状况用大张海报纸绘制图表记录，在每次团体中，给予出席者代币（如贴纸），在团体结束时，颁发奖品给前三名。②在每次团体结束时，由成员互评今日团体表现最好者，给予代币鼓励，并于最后一次团体，予以统计和奖赏。

第二单元：爱的路上我和你

1. 目标

(1) 增进成员对人际关系合作、信任、领导与被领导等方面的了解。

(2) 促进成员的互动与信任感。

(3) 加强团体的凝聚力与信任感。

2. 策略

关注策略、回馈策略。

3. 准备材料

报纸、手帕、两种花色的扑克牌。

4. 活动程序

(1) 汪洋中的一条船。

a. 领导者在地上放一张全开的报纸，并说明此报纸代表的是汪洋中的一条船，而成员是船上的人，无论用什么方式，每个人皆应站在报纸上，否则算溺死。

b. 由成员合作完成任务后，再将报纸对折，要求成员再站在报纸上。

c. 之后，再将报纸对折，下达同样命令，如此反复下去，直至领导者认为成员通过考验为止。

d. 分享团体过程的感受，并邀请"生还者"及"溺死者"分述心得。

（2）瞎子走路游戏。

a. 成员抽取一张扑克牌，并找到同号码者成为一组。

b. 领导者说明规则：两组中的一组，先用布条蒙上眼睛，由另一组同学自选取对象，一对一带领。两个人不可说话，也不能让蒙上眼睛者去经历周围环境，可离开训练室，但必须注意安全，注意在整个过程中彼此体会带领别人与被人带领的方式与感受。

c. 一组成员蒙上眼睛，一组成员选取择同伴。

d. 开始活动，限时五分钟。

e. 五分钟后，全体回来，两人一组互相分享感受。

f. 小组回到团体和团体分享。

g. 两组角色互换，重复进行上述活动。

（3）领导者整理今日团体活动所得。

（4）进行活动时必须注意安全。

第三单元：魔镜

1. 目标

（1）从观察别人中了解自己。

（2）从别人的回馈中肯定自我。

2. 策略

关注策略、回馈策略、同伴辅导策略。

3. 准备材料

纸、笔。

4. 活动程序

（1）镜中人活动：成员两人一组，对坐或对站，一为主，二为影。影模拟主；之后，角色互换。

（2）分享"镜中人"活动心得。

（3）优点轰炸活动。

a. 请每位成员先用纸笔写出自己所认为的三项优点。

b. 再请一位成员至团体中央，其他成员轮流说出在中央成员的三项优点。

c. 每位成员轮流被"轰炸"。

d. 每位成员比较自己与别人的回馈，并分享心得。

（4）领导者引导成员了解自我肯定的重要性，说明自我肯定的方法。

第四单元：福尔摩斯

1. 目标

（1）了解自己的兴趣及喜欢的休闲活动。

（2）了解自己有兴趣的职业。

（3）了解兴趣与未来职业选择的关系。

2. 策略

关注策略、回馈策略、认知策略。

3. 准备材料

"我喜欢的休闲活动""职业兴趣"问卷表格、纸和笔。

4. 活动程序

(1) 将成员分成三组或四组。

(2) 请成员填写"我喜欢的休闲活动"问卷(见表15-1),并与组内同伴分享自己感兴趣和不感兴趣的事物与休闲活动。

(3) 组内成员分配工作,分派访问其他组组员,了解其有兴趣与没兴趣的事物;再召集全组,交换所搜索到的资料。

(4) 每组派出一位"福尔摩斯"到室外去,室内成员指定一人为谜底。"福尔摩斯"们进来后,只可询问有关谜底人选的兴趣方面的问题,成员只能回答"是"或"不是",并要在十个问题内猜出,看哪组的"福尔摩斯"先猜到。领导者分别计分。

(5) 请每位成员分享他最重要的兴趣,其他成员给予回馈。

(6) 领导者归纳:每个人的兴趣都有所不同,我们要学会去尊重别人的兴趣。

(7) 给予各组两分钟时间,讨论兴趣与职业的问题。例如,喜欢运动的人,可发展哪些职业?

(8) 成员绕圈自我报告,计算得分。

(9) 领导者计算这次团体得分最高的组别,并给予鼓励。

(10) 请成员从自己有兴趣的事,联想自己可能从事的职业,完成"职业兴趣"问卷(见表15-2)。

(11) 领导者说明兴趣与职业的关系,并鼓励成员深入了解自己的兴趣,并从方向来培养各种兴趣。

表15-1 "我喜欢的休闲活动"问卷

请就下列的休闲活动项目加以选择。喜欢的打"√",不喜欢的打"×",无所谓喜欢或不喜欢的就不做任何记号。例如:

(√) 例1 电视

(×) 例2 打篮球

( ) 滑草	( ) 射箭	( ) 跳伞	( ) 飙车
( ) 打扮	( ) 跳绳	( ) 溜冰	( ) 跳伞
( ) 慢跑	( ) 游泳	( ) 骑马	( ) 国术
( ) 登山	( ) 烹饪	( ) 绘画	( ) 唱歌
( ) 写作	( ) 摄影	( ) 集邮	( ) 聊天
( ) 散步	( ) 旅游	( ) 钓鱼	( ) 跳舞
( ) 泡茶	( ) 打牌	( ) 做实验	( ) 做家事
( ) 学乐器	( ) 学术学	( ) 学书法	( ) 做木工
( ) 赏花鸟	( ) 上馆子	( ) 养动物	( ) 看电影

续表 15-1

( ) 放风筝	( ) 看电影	( ) 猜谜语	( ) 打撞球
( ) 打弹珠	( ) 玩碟仙	( ) 森林浴	( ) 日光浴
( ) 打电话	( ) 溜滑板	( ) 滑翔翼	( ) 做体操
( ) 比臂力	( ) 踢毽子	( ) 玩飞盘	( ) 做陶艺
( ) 水上运动	( ) 球类运动	( ) 田径运动	( ) 整理庭园
( ) 做电子工	( ) 到啤酒屋	( ) 卡拉OK	( ) 宗教活动
( ) 郊游烤肉	( ) 拜访亲友	( ) 到游乐场	( ) 看MTV
( ) 骑脚踏车	( ) 棋类活动	( ) 艺文活动	( ) 民俗技艺
( ) 学手工艺品	( ) 养小动物	( ) 园艺活动	( ) 找明星签名
( ) 玩遥控飞机	( ) 打电动玩具	( ) 参加戏剧活动	
( ) 阅读课外读物	( ) 参观展览	( ) 其他（请注明）_____	

请在打（√）的项目中，再选出五项你最喜欢的活动，依次将题号填写在下面的格子中：
□ □ □ □ □

表 15-2 "职业兴趣"问卷

R	I	A	S	E	C

姓名_____ 性别_____ 年龄_____ 学校_____ 班级_____

说明：

一、这个测验的目的在了解你的兴趣，以便帮助你将来选择适当的职业。

二、作答的方法很简单，只要在题后"是"或"否"的方格里，划上"√"的记号即可。每一项问题都要作答。

例如：

                                      是 否

1. 赛车专家（开摩托车或汽车与人竞赛）   □ □

如果你喜欢这个职业，就在"是"的方格内打上√

图书馆管理员（在图书馆管理图书）   □ □

2. 如果你不喜欢这个职业，就在"否"的方格内打上×

三、这个测验与你的学业成绩或品格毫无关系，请你按照你真正的意思作答。

                                      是 否

1. 飞行员（驾驶飞机）   □ □
2. 秘书（在办公室中替人整理信件或打字） □ □
3. 侦探（侦察犯罪的人）   □ □
4. 邮政人员（在邮局工作）   □ □
5. 电子技师（做电子技术工作）   □ □
6. 摄影师（做拍照工作）   □ □

续表 15-2

7. 飞机修护员（修理飞机）	□	□
8. 气象学家（研究气候）	□	□
9. 神职人员（在教会工作，如牧师、神父等）	□	□
10. 簿记员（在机关里记账）	□	□
11. 诗人（写诗歌）	□	□
12. 报社编辑（编印报纸）	□	□
13. 托儿所保姆（在托儿所照顾三四岁的小孩）	□	□
14. 律师（在法院审判案件时，替人辩护）	□	□
15. 生物学家（研究动物和植物）	□	□
16. 中学教师（在中学教导学生）	□	□
17. 品质管制专家（管制货物的品质）	□	□
18. 采货员（采购公司货物）	□	□
19. 交响乐队指挥（指挥管弦交响乐队）	□	□
20. 建筑物拆除业者（拆掉古老破旧的建筑物）	□	□
21. 医生（替人治病）	□	□
22. 小学教师（在小学教导学生）	□	□
23. 校长（当学校的校长）	□	□
24. 发电厂操作员（在发电厂工作）	□	□
25. 天文学家（研究星星、月亮、太阳等天上的物体）	□	□
26. 预算审核员（核对预备开支的账目）	□	□
27. 音乐家（从事音乐工作）	□	□
28. 起重机操作员（筑路或造房子时，操作起重机）	□	□
29. 铅管工（装修下水槽、浴缸及其他铅管设备）	□	□
30. 航空设计工程师（从事飞行设计工作）	□	□
31. 语言矫治专家（矫治说话有困难的人）	□	□
32. 交通业经理（经营交通业务）	□	□
33. 制造商代理（代理出售产品）	□	□
34. 作家（写作文章或著书）	□	□
35. 救火员（失火时，参加救火工作）	□	□
36. 军官（在军队带领士兵）	□	□
37. 室内装潢师（帮助人们设计家具或房屋）	□	□
38. 小说家（写小说）	□	□
39. 人类学家（从事人类研究）	□	□
40. 婚姻辅导员（帮助人们解决婚姻问题）	□	□
41. 统计人员（统计数字）	□	□
42. 电视机制造商（制造电视）	□	□
43. 商业性艺术家（设计广告、招牌等）	□	□
44. 外交官（出使外国的代表）	□	□
45. 政府官员（在政府机构工作）	□	□

续表 15-2

46. 雕刻家（刻雕像） □ □
47. 汽车技工（修理汽车） □ □
48. 测量员（测量土地） □ □
49. 动物学家（从事动物研究） □ □
50. 体育教师（教导人们运动技能） □ □
51. 速记员（迅速记事） □ □
52. 旅馆经理（经营旅馆） □ □
53. 运动选手（参加运动竞赛） □ □
54. 木匠（用木头制造器具） □ □
55. 建筑监工（监督房屋的建造工作） □ □
56. 化学家（做化学实验） □ □
57. 游乐场指导员（在游乐场所指导人们做游戏） □ □
58. 出纳员（在公司或机关计算薪水并发放薪水） □ □
59. 商业经理（商业主管） □ □
60. 银行职员（在银行工作） □ □
61. 电台播报员（在电台广播新闻） □ □
62. 科学家（从事科学研究） □ □
63. 心理学家（帮助人们了解他们的能力与兴趣） □ □
64. 税赋专家（从事税赋的研究） □ □
65. 餐馆服务人员（在餐馆工作） □ □
66. 艺术品商人（贩卖艺术品） □ □
67. 裁判员（执行运动规则，以裁定胜负） □ □
68. 加油站服务员（在加油站工作） □ □
69. 社会科学教师（在社会学科中任教的老师） □ □
70. 司仪（报道典礼仪式的程序） □ □
71. 爆破员（使用炸药炸开山洞或挖坑） □ □
72. 英语老师（教英语） □ □
73. 销售经理（推销货品） □ □
74. 树木修剪员（修剪树枝的工人） □ □
75. 科学杂志编辑（编科学性的刊物） □ □
76. 福利机构主任（福利事业的主管） □ □
77. 电脑设备操作员（操作电脑） □ □
78. 旅游推销员（到各地推销旅游路线） □ □
79. 音乐会歌星（在音乐会里歌唱的演员） □ □
80. 检察官（处理犯法案件） □ □
81. 大学教授（在大学教书） □ □
82. 工厂领导（领导工厂里的工人） □ □
83. 工具设计师（设计工具） □ □
84. 地质学家（研究岩石和化石以探测石油和矿物质） □ □

续表15-2

85. 督学（监督学校的教学与行政工作）	□	□
86. 经济分析学家（分析经济情况）	□	□
87. 不动产经纪人（做房屋土地买卖的生意）	□	□
88. 作曲家（创作乐曲）	□	□
89. 人像艺术家（描绘人像）	□	□
90. 机械师（制造机械的技师）	□	□
91. 火车工程师（设计或制造火车）	□	□
92. 植物学家（研究植物）	□	□
93. 生活辅导员（帮助人们解决困难）	□	□
94. 物价估计员（估计物品价格）	□	□
95. 工商关系顾问（提供意见给工商界的专家）	□	□
96. 戏剧指导（指导演员演戏）	□	□
97. 制图员（绘制工作）	□	□
98. 法官（在法庭上做审判官）	□	□
99. 精神病患个案工作员（帮助精神病患解决问题）	□	□
100. 职业拳师（参加拳击或摔跤以赚奖金）	□	□
101. 剧本作家（写剧本）	□	□
102. 儿童服装设计师（设计儿童服装的式样）	□	□
103. 货车司机（开货车）	□	□
104. 电器技工（修理电器）	□	□
105. 物理学家（研究物理学）	□	□
106. 职业辅导员（帮助人们选择适当的工作）	□	□
107. 银行审计员（审查银行的各种收支记录）	□	□
108. 漫画家（画卡通图片）	□	□
109. 社会工作者（从事服务社会的工作）	□	□
110. 锁匠（制造铁锁）	□	□
111. 殡仪师（在殡仪馆做事）	□	□
112. 运货及收货员（从事送货、收货工作）	□	□
113. 保险经纪人（做推销保险的生意）	□	□
114. 理发师（替人理发）	□	□
115. 收账员（从事收款工作）	□	□
116. 探险家（到没有人去过的地方探险）	□	□
117. 火车司机（开火车）	□	□
118. 乐谱改编者（改编乐曲）	□	□

职业兴趣类型及题次如下：

R（Realistic）：现实型

3，7，20，24，28，29，35，42，47，48，54，55，68，71，74，81，90，97，103，104，114，117

续表 15-2

I（Investigative）：研究型
1，5，8，15，17，25，30，39，49，51，56，62，83，84，91，92，105，116

A（Artistic）：艺术型
6，11，12，19，27，34，37，38，43，46，72，75，79，88，89，96，101，102，108，118

S（Social）：社会型
9，13，16，22，23，31，40，50，53，57，63，67，69，76，82，85，93，106，114

E（Enterprising）：企业型
14，18，33，36，42，44，45，52，59，60，65，66，70，73，78，80，87，95，98，99，113

C（Conventional）：传统型
2，4，10，26，32，41，51，58，61，64，77，86，94，107，111，112，115

第五单元：珍珠项链

1. 目标

（1）了解自己的人格特质，并改善缺点。

（2）了解适合自己人格特质的职业。

（3）了解人格特质对未来职业适应的影响。

2. 策略

关注策略、回馈策略。

3. 准备材料

一串珍珠（见图 15-1）。

人格形容词检核表（见表 15-3）。

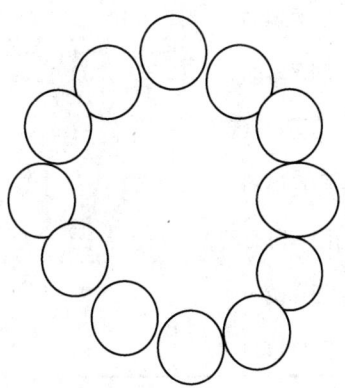

姓名：_____
建议的职业：1._____ 2._____ 3._____ 4._____ 5._____

图 15-1　一串珍珠

表15-3 人格形容词检核表

我是……

☐ 有恒心的	☐ 顺从的	☐ 冲动的
☐ 有谋略的	☐ 爱争辩的	☐ 冷漠的
☐ 害羞的	☐ 有主见的	☐ 理性的
☐ 缺乏想象的	☐ 文静的	☐ 富想象力的
☐ 有条理的	☐ 被动的	☐ 善解人意的
☐ 直觉的	☐ 追根究底的	☐ 活跃的
☐ 有责任感的	☐ 乐观的	☐ 顺从的
☐ 好交际的	☐ 友善的	☐ 擅言词的
☐ 好奇的	☐ 助人的	☐ 慌乱的
☐ 固执的	☐ 独立的	☐ 刚毅的
☐ 具体的	☐ 富创意的	☐ 合作的
☐ 爱冒险的	☐ 实际的	☐ 保守的
☐ 情绪化的	☐ 防御的	☐ 有自信的
☐ 爱动脑的	☐ 天真的	☐ 颖悟的
☐ 慷慨的	☐ 浮躁的	☐ 坦率的
☐ 有说服力的	☐ 柔婉的	☐ 有同情心
☐ 周到的	☐ 含蓄的	☐ 不重实际的
☐ 内省的	☐ 喜欢表现的	☐ 有效率的
☐ 精确的	☐ 拘谨的	☐ 沉着的
☐ 节俭的	☐ 有野心的	☐ 悲观的
☐ 依赖的	☐ 真诚的	☐ 细心的
☐ 理想主义的	☐ 机智的	

4. 活动程序

（1）突围闯关活动。

a. 突围：由一位成员自动站在团体中间，其他成员站立，用手臂互相联结形成圆圈。站在中间的成员可用钻、跳、推、拉、诱骗等任何方式，力求突围，而在外围的成员各尽心力，不让中间者突围。一段时间后，换其他成员试之，最后分享突围之感受。

b. 闯关：活动规则和突围游戏一样，请成员从外围欲冲入圈内，而围圈成员脸朝外。

c. 分享活动过程的感受与所观察到的现象。

（2）珍珠项链活动。

a. 发给每个成员一张人格特质形容词检核表，四张"一串珍珠"图。

b. 请成员根据形容词检核表，在一张珍珠项链的每一颗珍珠上写下自己五项好的人格特质形容词及五项尚需改善的人格特质形容词。

c. 请成员自由邀请三位同伴，分别填写剩下的三张珍珠图。

d. 请成员比较自填与别人填的人格特质形容词，了解其差异状况。

e. 领导者说明人格特质与职业的关系，并请成员思考人格特质对职业的影响。

f. 成员要据自我的认识，在自填的表格下方，写下五项自己可胜任的工作。

g. 请刚刚为自己填写的三位伙伴，在其所填图的下方，写下五项所建议的工作名称。

h. 成员再次比较所得工作名称的差异。

i. 领导者总结今天团体聚会。

第六单元：大拍卖

1. 目标

（1）了解自己所重视的价值。

（2）了解自己所重视的工作价值。

2. 策略

认知策略、行为练习策略。

3. 准备材料

大拍卖项目单见表15-4，工作价值衡量见表15-5。

4. 活动程序

（1）闪亮的节奏活动。团体成员围圈站立，领导者放热门音乐，由领导者示范简单的四肢动作，其他成员跟着做一样的动作；之后，成员依序带领动作（约两个八拍），其他人亦跟着做。

（2）大拍卖游戏。领导者发给成员"大拍卖项目单"，并说明规则：待会儿我们要拍项目单上的东西，你们现在每个人皆有100万元，每件东西最低价为1万元，每次加价，不得低于1000元，并举例示范。之后，成员分享所得与所失，领导者解释所拍卖物品的价值意义，说明价值观经常影响我们的决定，必须先了解自己所看重的价值，才不会做出令人后悔的决定。

（3）填写工作价值衡量表。

a. 发表给成员。

b. 解释表上所列名词之意义。

c. 讨论几项职业的工作价值观。

d. 圈上表内重要性部分。

e. 要据兴趣、人格特质及工作价值等内容，请成员于表右上方写下四种最想从事之工作，并评量其工作价值。
    f. 帮助成员整理出最想从事之工作，及未来可能有的生活型态。
    g. 领导者总结。

表 15-4 大拍卖项目单

（1）学到一技之长（专业地位、成就）
（2）当一个有名的人（明星）
（3）指挥 100 人的老板（领导）
（4）与你喜欢的人朝夕相处（情感）
（5）环游世界（休闲）
（6）书、录音带（知识）
（7）帮助残障的人（社会服务）
（8）身心健康（健康）
（9）拥有早出晚归的工作（生活形态）
（10）拥有相处和谐的工作伙伴（人际）

表 15-5 工作价值衡量

吸引你的原因		重 要 性			我未来想从事的职业			
					1	2	3	4
工作报酬	社会地位	3	2	1				
	权力	3	2	1				
	待遇好	3	2	1				
	福利制度健全	3	2	1				
	升迁快	3	2	1				
工作内容	工作份量少、压力轻	3	2	1				
	富变化	3	2	1				
	挑战性	3	2	1				
	有创造机会	3	2	1				
	能独立作业	3	2	1				
	社会服务	3	2	1				
	领导性	3	2	1				
	流动性	3	2	1				
	常须进修	3	2	1				

续表 15-5

吸引你的原因		重要性			我未来想从事的职业			
					1	2	3	4
工作环境	室内	3	2	1				
	室外	3	2	1				
	跟人接触	3	2	1				
	跟机器接触	3	2	1				
	舒适	3	2	1				
休闲时间	工作时间不固定	3	2	1				
	工作时间正常	3	2	1				
人际关系	工作伙伴相处融洽	3	2	1				
	与上司相处融洽	3	2	1				
工作地点	离家较近（可常回家）	3	2	1				
	离家较远（须住宿舍）	3	2	1				

第七单元：寻才启事

1. 目标

（1）确认成员已学得有关生涯发展的概念与知识。

（2）了解中学生的可能出路。

（3）了解社会需要的人才。

（4）了解阅读求才广告的方法。

2. 策略

认知策略、行为改变策略。

3. 准备材料

有关求才报纸的分类广告。

4. 活动程序

（1）发剪报给成员，每人一张，2—3人为一组。

（2）请成员先大略看看剪报。

（3）根据剪报，进行抢答，并计分，其题目可为：

a. 要求学历不高的工作有哪些？

b. 要求初中或高中教育程度的工作有哪些？

c. 高中（高职）毕业生可做的工作有哪些？

d. 福利好的工作有哪些？

e. 违法的工作有哪些？

f. 某广告的工作内容如何？
g. 某广告的工作环境如何？
h. 某工作要求的学历如何？
（4）举两项或三项工作，询问会去应征者，并请其说明原因。
（5）引导成员思考：如果去应征且被录用，所付出的代价是什么？予以归纳。
（6）讨论应征时应注意之事项，如安全、仪容、应对技巧等。
（7）邀请成员分享心得。
（8）领导者总结。

第八单元：路无限宽广

1. 目标

（1）帮助成员整理团体所得。

（2）思考欲实现目标的阻力与助力。

2. 策略

关注策略、回馈策略、同伴辅导策略。

3. 准备材料

纸、笔。

4. 活动程序

（1）与成员共同回想过去团体进行的内容与收获。

（2）请成员整理自己的兴趣、性格、工作价值、向往的工作，认真地考虑未来可从事的职业，填写在"停、看、听"表格（见表15-6）。

（3）请成员思考欲达愿望和所可能面临的阻力与助力，解释并举例。

（4）成员3—4人一组，相互讨论如何运用助力、减低阻力，之后再回到大团体。

（5）全体成员讨论一些在小组内无法解决的问题。

（6）领导者分享今次聚会心得并告知成员于下次聚会时，带来自己目前最感困扰的问题。

表15-6 停、看、听

我向往的工作	吸引我的原因	助　力	阻　力

第九单元："秘密大会"

1. 目标

帮助成员通过"秘密大会"面对如何处理目前的困扰，使其能拥有较愉快的生活并能顺利发展。

2. 策略

关注策略、回馈策略、行为改变策略、同伴辅导策略。

3. 准备材料

纸、笔。

4. 活动程序

（1）请成员将目前最感困惑的一件事写在纸上，并将纸折叠好置于团体中央。

（2）领导者抽出一张纸并读出其内容，请成员共同思考问题的解决方法。

（3）解决问题的方式可以采用讨论、示范、角色扮演、书面资料提供等。

（4）逐个解决成员写在纸上问题。

（5）领导者整理团体所得，并引导成员思考如何从他人经验中学习成长。

第十单元：今宵多珍重

1. 目标

（1）整理团体经验所得。

（2）整理别人对自己的回馈，了解自己在团体中的表现。

2. 策略

关注策略、回馈策略。

3. 准备材料

事先布场地，录音带，录音机。

4. 活动程序

（1）化装舞会。

a. 事先通知成员将举行化装舞会，请成员打扮成未来自己最想从事的从业人员，并准备所需用品及先思考未来可能有的生活方式。

b. 团体开始，进行化妆，播放音乐。

c. 每一个人皆互相握手、打招呼及自由交换所扮演工作者可能有的心得及生活方式，并解释打扮的意义。

d. 成员轮流站在中央，听取其他成员对他打扮及所选取工作的感想。

e. 站在中央的成员分享自己打扮过程与接受别人回馈的心得和感受。

（2）圣诞老公公游戏。

a. 请成员假想自己是圣诞老公公，要送给团体的每成员一份礼物。礼物的内容，可以是对方需要的东西，欠缺的人格特质，或一些祝福的话等。将想送的礼物事先写或画在纸上。

b. 分送礼物。

c. 分享收到礼物的感受。

（3）领导者请成员送给这个团体一些礼物，要求成员说出对参加团体的感受与收获。

（4）领导者总结并结束团体活动。

第三节　自我控制能力训练

　　自我控制训练是通过团体辅导活动来提高成员的自我控制能力。这种训练适用于个性不稳定、行为冲动、缺乏自我控制能力，而经常表现出有外向性偏差行为的青少年。一般而言，青少年心理与行为失控的主要原因是：①尚未获得稳定的适当性行为；②获得了不当行为。

　　自我控制训练的目标在于：①减少习得性不当行为；②培养良好的适应性行为；③提升自我控制能力；④做自己的主人，走向积极丰富建设性的人生。

　　在此，我们介绍一个自我控制能力训练方案。

　　本训练方案包括十个单元活动：第一、二单元活动注重成员彼此的认识与接纳，促进团体凝聚力，并帮助成员学习较适当的行为方式，如有效自我介绍的方法，当别人意见与自己不同时，如何调整自己情绪。第三、四、五单元则注重增进团体的信任感，让成员能自在地表露自己，加深自我探索的程度，并学习如何处理自己的负面情绪，如何表达自己意见和感觉。第六、七、八单元则是以大地游戏的方式练习在诱惑或冲突情境中，如何把持自我、避免受同辈影响，或是受情绪冲动控制而做出与意愿相违背的事。第九单元是探讨两性交往应注意的事项，如何建立异性友谊，又不至于引发更多问题；如何调节性冲动，及时澄清一些错误的性偏见。第十单元是准备结束团体活动，运用"把心留住"的回馈活动，一方面帮助成员整理有关自我信息，另一方面让成员对展望一下未来的生活。

　　本训练方案的目标是：①帮助成员自我了解与自我接纳；②帮助成员学习在团体中自我表露与自我控制；③帮助成员学习面对诱惑与冲突情境的因应技巧；④培养成员的两性交往的正确态度和有效技巧。具体实施方式：一是人数为 10—12 人；二是训练方案包括九次小团体辅导和一次大地游戏；三是小团体辅导在团体训练室进行，每次团体辅导时间约 60 分钟；四是大的游戏可与其他团体共同进行，活动时间共约 3 小时，活动地点在校园里或郊外。

一、调整自我情绪

第一单元：群英会

1. 目标

（1）团体形成，让成员彼此认识。

（2）练习适当地介绍自己的方法。

2. 策略

关注、回馈。

3. 准备材料

无。

4. 活动程序

（1）名字串联活动。由辅导员说明并示范简单的自我介绍方式，包括姓名、年级、班别、喜欢的人或物；换下一人（甲）介绍，甲必须先介绍辅导员的姓名，再介绍自己，轮到乙介绍时，乙则必须先介绍辅导员及甲的姓名，再介绍自己。第二轮时，名字之外加上年级班别；第三轮时，加上自己的嗜好或个性特色……如此继续下去，到全部成员均自我介绍完毕，且记住其他人的名字。

（2）英雄本色活动。

a. 成员两人一组，一为甲，一为乙。

b. 甲向乙吹牛两分钟，话题可关于他个人的生活范围，如成就、专长、兴趣或不平凡的经验等。乙坐在甲的对面，像镜子一样反映甲吹牛的模样。

c. 甲乙互换角色，乙进行吹牛两分钟。

d. 讨论彼此在吹牛、当镜子时的感觉。

e. 两人一组，甲先向乙介绍自己两分钟，说一些自己的优点，再说一些自己的缺点。甲乙互换角色，乙向甲介绍自己的优缺点两分钟。

f. 讨论前后两次活动自己的感受如何？有无不同？怎样介绍自己可能比较容易被接受、效果较佳？

g. 两人一组，用讨论所得的方法再练习一次。

（3）说明团体目标、澄清成员期望，并制定团体规则。

（4）请成员对第一次团体的经验进行心得分享。

第二单元：画图活动

1. 目标

（1）增进团体凝聚力，培养合作态度。

（2）帮助成员心平气和地处理与自己不同的意见。

2. 策略

示范作用、行为练习。

3. 准备材料

图画纸、彩色笔、奖品。

4. 活动程序

（1）辅导员介绍本活动性质并说明规则。

a. 这是一种图画接力分组比赛的活动。美丑不重要，重要的是一组要完成一张属于自己组的图画。

b. 会给每个成员一个题目，每个人的题目组合起来便是自己小组的画。所以一定要把你抽到的题目画出来。

c. 活动进行时，只能眉目传情，不能开口说话，也不能代画或把自己的题目让别人知道。

（2）将成员分成三组或四组。

（3）将题目写在纸条上，折好分给成员。不同组的题目不同，同一组成员均相同（成员不知道）。

（4）各组开始作画。各组成员轮流画图，谁先开始都可以。

（5）自圆其说，各组成员对该组所完成的图画做解说。

（6）讨论。

a. 在活动过程中当别人所画的东西妨碍到自己时，我的感受如何？

b. 我是如何处理别人对我的妨碍或重叠？不管它，继续画自己想画的？还是借助他人画表达我自己的意思？

（7）颁奖。每组各得一种奖项，如最佳画仙奖、最佳抽象奖、最佳眉目传情奖、最佳乱七八糟奖等。

（8）分享此次团体的心得与感想。

二、自我探索，处理负面情绪

第三单元：士兵与布娃娃

1. 目标

（1）增进团体信任感。

（2）体会操纵与被操纵的感受，了解自我意识的重要。

2. 策略

角色扮演、认知改变。

3. 准备材料

无。

4. 活动程序

（1）要成员选择和自己相同体型的同伴，两人一组。

（2）分配甲乙角色，甲是士兵，乙是他的领导者，士兵只能前进，不能思考也不会做决定，行动像是机器玩具兵。乙的工作是领导甲转动，免得其撞到墙或桌子或撞到其他行走的士兵。

（3）5分钟后，甲乙角色互换，再进行5分钟。

（4）甲扮演一个布娃娃，完全放松地躺在地板上，乙的任务是让甲站立起来，甲可以决定在什么时候、怎样的动作时才接受乙的摆布。如此进行5分钟后，甲乙角色互换，再进行5分钟。

（5）活动结束后，分享彼此的感受，讨论下列问题：

a. 是士兵好当，还是领导者好当？

b. 被人操纵或操纵别人时的感受如何？

c. 当对方不合作时，你的感受如何？如何应对？

d. 实际生活中，你常像士兵还是比较像领导者？

e. 分享此次团体给予自己的感受。

第四单元：心情故事

1. 目标

（1）增进成员彼此更深入的了解。

（2）透过情绪事件的分享，成员彼此提供并示范排解负面情绪的方式，供其他成员参考运用。

2. 策略

示范作用、同辈辅导。

3. 准备材料

收录音机，录音带。

4. 活动程序

（1）请自愿的成员，播放最能代表自己的歌曲与其他成员分享。并讨论下列问题：

a. 我为什么选这首歌？遇到这类心情时，自己通常是如何排解的？

b. 其他成员是否也有类似的心情？如果有，你是如何排解的？效果如何？

（2）请能有效处理类似心情的成员示范其处理方式。

（3）讨论各种排解负面情绪的方式是否适合自己？会不会有不良的后遗症？如果有，该如何避免？

（4）征求另一位自愿的成员，继续分享他个人的心情故事。

（5）卡拉OK大会：随着音乐，唱一唱每位成员所带来的代表自己的歌曲。

第五单元：特别的爱给特别的你

1. 目标

透过活动帮助成员能够适度表达对别人的关怀。

2. 策略

示范作用。

3. 时机

团体活动中期。

4. 情境

10—12人；团体活动训练室。

5. 时间

约40分钟。

6. 准备材料

录音机，录音带。

7. 实施程序

（1）播放伍思凯的歌曲《特别的爱给特别的你》。请成员一边欣赏，一边想想：是不是也有那么一个特别的人，自己想对他说些话、表达对他的关心，但是一直没有付诸行动？

（2）请成员用纸笔把所想的记下来，只给自己看，不必给别人看。

（3）讨论伍思凯用歌唱的方式表达他特别的爱，我们可以用什么方式来表达呢？

（4）经团体讨论，决定一个想关怀的对象（如母亲），征求成员扮演，其他成员可视自己的个性、能力、练习用各种方式（口语或非口语或借助道具）向他表示自己的关爱。辅导员可先行示范。

（5）请角色扮演者谈谈他的感受和看法。

（6）请成员讨论要把特别的爱给特别的人时可能遇到的困扰，之后，团体决定是否要进行角色扮演或行为练习。

三、把持自我，控制情绪冲动

第六单元：大地游戏

1. 目标

(1) 增进团体合作态度。

(2) 从游戏中练习前五次活动所学的技巧。

2. 策略

改变环境、行为练习。

3. 准备材料

小组分站活动积分（见表15-7），贴纸，分站路线图，奖品。

4. 活动程序

(1) 成员六人一组，见个积分表、分站路线图交给成员（需不需要由小组长自行决定）

(2) 分站游戏共有五个。

a. 请问芳名：每一个组员均要为小组取个名字。之后，再从这些名字当中，决定一个最能代表自己小组的组名，并绘制一面组旗，分站辅导员再为其评分。

b. 瞎子走路：两人一组，分别扮瞎子和导盲员，走到标的物后折回，以接力的方式进行，所费时间越短，得分越高。

c. 自我推销：请用各种方式，在最短时间内，让分站辅导员认识你（姓名、特色……），并形成好印象。

d. 露天舞台：从"心情故事"活动中的歌曲中随机选一首歌，请该小组把它唱出来（至少要唱一段），再请问：如果遇到这种心情该怎么办？（至少列出三种方法）

e. 摩登洗车场：组员站成两列，然后有个组员从中间穿过，当作车子。当他通过时，每个人拍拍他，对他说些鼓励赞美的话，每个组员都要被洗一次。所说鼓励赞美的话越不一样，越适合当车子的人越好，得分越高。

(3) 每站积分最高20分，评分标准各分站辅导员协调后订定，宁可给高分，不要给太低。

(4) 颁奖。

表15-7 小组分站活动积分

组名：	得分 站名	2	4	6	8	10	12	14	16	18	20	总分
组员：＿＿＿＿ ＿＿＿＿												

四、探讨两性交往的方式

第七单元：挡不住的吸引力

1. 目标

（1）练习拒绝别人不当的请求。

（2）体会拒绝别人与被人拒绝的感受。

2. 策略

行为练习、示范作用。

3. 时机

团体活动中期。

4. 情境

（1）人数：10—12 人。

（2）地点：团体活动训练室。

5. 时间

约 40 分钟。

6. 准备材料

准备两个信封。

A 信封里面写着：亲爱的伙伴，好东西要和好朋友分享！请你们用这句话作借口，想尽办法让对方答应你们的请求。记住，这是个比赛，胜利的一组可以得到一份奖品。祝你们成功！

B 信封里面写着：亲爱的伙伴，不管对方用什么方法邀请，你们的心里实在不想答应，所以请你们用各种理由，各种方式，拒绝他们！告诉他们：不可以、因为……记住，这是个比赛，胜利的一组可以得到一份奖品。祝你们成功！

7. 实施程序

（1）将成员分成两组。将 A 封交给一组，B 封交给另一组。

（2）辅导员说明比赛规则：由一组成员先开始提出请求，另一组成员皆可拒绝，活动进行中，只能动口，不准动手；超过五秒未提出邀请（或拒绝），该组即扣一分。

（3）辅导员视团体状况，适时裁决比赛终止，带领成员讨论下列问题：

a. 拒绝别人时，心情如何？（不好意思？高兴？或是有点冲突？……）

b. 拒绝别人时，你所说的理由如何？（合理？合情？合法吗？……）

c. 被人拒绝的心情如何？（生气？无所谓？或……）

d. 邀请别人时，你所说的理由如何？（合理？合情？合法吗？……）

8. 注意事项

（1）可视团体需要，另行设计一个类似问题，使 A、B 两组的立场互换，体会不同的感受。

（2）奖品质量可视经费及成员需要，由辅导员自行决定。

（3）裁决胜负之时机。辅导员可依团体互动情形决定要让两组分出胜负，或是使其平分秋色。

五、自我总结，展望未来

第八单元：我是大明星

1. 目标

透过演剧活动练习处理生活中的冲突、矛盾事件。

2. 策略

行为练习、角色扮演。

3. 时机

团体活动中期。

4. 情境

（1）人数：10—12 人。

（2）地点：团体活动训练室。

5. 时间

约 50 分钟。

6. 准备材料

表演道具，剧本，顺序签。

剧本内容如下：朋友邀约家凯外出游玩（跳舞），虽向父亲承诺晚上 9 点以前回家，但朋友百般挽留，回家时已是深夜，父母焦急、愤怒地等待，走进家门，家凯自然是遭受一顿责骂……

7. 实施程序

（1）成员分组，派代表抽取表演顺序签及剧本，分组排练。

（2）第一小组演出。

（3）讨论与分享：

a. 剧中主角的心情如何？

b. 配角的心情如何？

c. 如果你是剧中人物，你会如何处理此事？

d. 换另一组成员以该组的观点，并参考讨论结果，再将该剧演出一次。

e. 再次讨论前面的问题，探讨两次行为方式有什么不同？什么较适合自己的需要？

f. 分享此次团体活动的心得体会。

第九单元：当哈利碰上莎莉

1. 目标

增进成员自我控制能力，学习以适当方式与异性交往。

2. 策略

认知改变、自我管理。

3. 准备材料

录放电影，影带，纸，笔。

4. 活动程序

（1）播放 15 分钟有关男女生理发育的影片。

（2）讨论下列问题，并写在纸上：

a. 喜欢她，如何让她知道？

b. 我喜欢她，但是她不喜欢我，怎么办？

c. 爱她，就要……

d. 如何控制自己的性冲动？怎么做？

（3）澄清成员所提意见的正确性，并带领成员从情、理、法三方面去探讨所提意见、方法的适当性。

（4）分享此次团体的心得。

第十单元：把心留住

1. 目标

给团体回馈，结束团体，对未来生活适当的评估。

2. 策略

回馈、关注。

3. 准备材料

笔，心形小卡片，录放音机，录音带。

4. 活动程序

（1）播放轻柔的音乐。

（2）发给成员约15张心形卡片。

（3）请成员在卡片上写出所有自己所拥有的、所想要的好特质或东西（一张卡片一项）。

（4）这些卡片就像成员的一颗心，请成员衡量自己及其他人的需要，送给每个成员自己的一点心意。

（5）请成员分享：

a. 送礼物的心情如何？为什么要送这些"心"，而不送另外那些"心"？

b. 接受礼物的心情如何？你想送礼物的人他用意如何？

c. 带着这么多成员送的"心"，离开团体后，你会有何打算？

d. 唱一首成员大都会唱的歌，如《心情故事》或充满活力的歌《向太阳怒吼》。

5. 结束团体活动。

第四节　自我意识训练

一、自我意识的分类

自我意识，是指人对自己存在状态的一种觉察。自我意识包括自我观察、自我评价、自我体验、自我监督、自我教育和自我控制等形式。自我意识是人的意识发展的高级阶段和重要特征。按其结构，自我意识有如下四种分类。

第一种，按自我意识的结构要素划分为认知自我、情绪自我和意志自我。认知自我包括自我感觉、自我观察、自我观念、自我分析与评价等。情绪自我包括自尊、自爱、自信、责任感、义务感、优越感等。意志自我包括自主、自立、自制、自律等，主要表现为个体对自己的行为表现的调节以及个体对待他人和自我的态度的调节。

第二种，按自我意识内容分为物质自我、社会自我和精神自我。物质自我是个体对自己身体、衣着、金钱等所有物方面的一种意识，其中身体包括躯体、性别、体形、容貌、年龄、健康状况等生理方面的意识。社会自我是指个体对自己在社会关系、人际关系中的角色的意识，包括自己的地位、作用、应当承担的社会义务和权利的意识等。精神自我是指个体对自己的心理活动包括心理过程和个性心理特征的意识，主要是对自己个性心理特征的意识，包括对自己的性格、能力、态度、道德、理想和信念以及行为、习惯等的意识。

第三种，按自我观念可以分为现实自我、投射自我和理想自我。现实自我是指个体从自己的立场和观点出发，对自己目前的实际状况的评价和看法。投射自我是指个体想象他人对自己的评价和看法。理想自我是指个体要实现的比较完善的一种自我境界或形象，是个人追求的一个目标。

第四种，按自我意识的作用可以分为积极的自我意识和消极的自我意识。像自信心、适度的自尊心、一定的责任感和义务感等属于积极的自我意识，而自卑、自我否定、缺乏自制力等属于消极的自我意识。此外，自我意识还可分为自我调节和自我导向，其中，自我调节包括自我认识、自我辨析、自我监督和自我控制等方面，自我导向包括动机（含需要、动机、兴趣）和方向（含理想、信念、世界观、人生观）两个方面。

二、自我意识训练方案

所谓自我意识训练，是指根据自我意识的成分和结构，采取针对性措施来提高自我意识水平，培养健康积极的自我意识的一系列方法和程序。

下面是一个有关自我意识的训练方案。

1. 训练主题

我认识自己吗？

2. 训练目标

（1）探索自我概念。

（2）增进自我了解。

3. 活动器材

笔，"我是谁"活动单，投射练习表。

4. 活动名称

（1）我是谁？

（2）自我投射活动表。

5. 训练程序

（1）自我概念说明和活动介绍。

（2）我是谁？

a. 请成员填写"我是谁"活动单（见表15-8）。

b. 将活动单用双面胶贴在胸前，成员自由走动交谈 30 分钟。

（3）投射活动

a. 请成员填写投射练习（见表 15-9）。

b. 将活动单以双面胶贴在胸前，成员自由走动交谈 30 分钟。

c. 活动分享：填写投射活动表时有什么感想？走动交谈过程中看到别人所写的内容，有什么体验？想想看，为什么自己会写下这些内容？它们是否代表你的价值观或信念？它们如何影响你的行为和生活？

（4）活动统整

a. 自我概念是什么？通过活动是否能够更清楚地认识了自己？

b. 自我概念对人际关系的影响如何？

6. 注意事项

（1）"我是谁"活动单的结果可视为成员的"主观我"，投射练习表可视为"理想我"。别人的反馈可视为"客观我"。

（2）此活动可达到加深认识彼此的效果。

表 15-8 "我是谁"活动单

请以"我……""我是……""我要……""我曾……""我可以………""我想……"等句型写下 10 个足以描述自己的句子，并在括号内填写 1—10 的数字，1 代表最重要、最核心的描述，依次类推。

[ ] _____
[ ] _____
[ ] _____
[ ] _____
[ ] _____
[ ] _____
[ ] _____
[ ] _____
[ ] _____
[ ] _____

表 15-9 投射练习

1. 假如我是一种动物，我希望是_____。
   因为_____。
2. 假如我是一朵花，我希望是_____。
   因为_____。
3. 假如我是一棵树，我希望是_____。
   因为_____。

续表 15-9

4. 假如我是一种食物，我希望是＿＿＿＿＿＿＿＿＿＿＿＿＿＿＿＿＿＿＿。
   因为＿＿＿＿＿＿＿＿＿＿＿＿＿＿＿＿＿＿＿＿＿＿＿＿＿＿＿＿＿。
5. 假如我是一种交通工具，我希望是＿＿＿＿＿＿＿＿＿＿＿＿＿＿＿。
   因为＿＿＿＿＿＿＿＿＿＿＿＿＿＿＿＿＿＿＿＿＿＿＿＿＿＿＿＿＿。
6. 假如我是一种电视节目，我希望是＿＿＿＿＿＿＿＿＿＿＿＿＿＿＿。
   因为＿＿＿＿＿＿＿＿＿＿＿＿＿＿＿＿＿＿＿＿＿＿＿＿＿＿＿＿＿。
7. 假如我是一部电影，我希望是＿＿＿＿＿＿＿＿＿＿＿＿＿＿＿＿＿。
   因为＿＿＿＿＿＿＿＿＿＿＿＿＿＿＿＿＿＿＿＿＿＿＿＿＿＿＿＿＿。
8. 假如我是一种乐器，我希望是＿＿＿＿＿＿＿＿＿＿＿＿＿＿＿＿＿。
   因为＿＿＿＿＿＿＿＿＿＿＿＿＿＿＿＿＿＿＿＿＿＿＿＿＿＿＿＿＿。
9. 假如我是一种颜色，我希望是＿＿＿＿＿＿＿＿＿＿＿＿＿＿＿＿＿。
   因为＿＿＿＿＿＿＿＿＿＿＿＿＿＿＿＿＿＿＿＿＿＿＿＿＿＿＿＿＿。
10. 假如我是上帝，我希望是＿＿＿＿＿＿＿＿＿＿＿＿＿＿＿＿＿＿＿。
    因为＿＿＿＿＿＿＿＿＿＿＿＿＿＿＿＿＿＿＿＿＿＿＿＿＿＿＿＿＿。

三、提高自我接纳水平的训练方案

下面是一个提高自我接纳水平的训练方案（见表 15-10）。

表 15-10　提高自我接纳水平的训练方案

1. 名称
我的情绪。
2. 对象
初中二年级学生。
3. 时间
80 分钟。
4. 目标
（1）能辨认各种情绪，并了解它发生的原因。
（2）知道各种情绪反应对身心行为的影响。
（3）学习控制情绪，发泄情绪的正确方法。
5. 实施方式
讲述、讨论、表演、歌唱。
6. 准备工作
（1）座位安排成半圆形。
（2）准备 10 张小卡片，上面分别写上表示情绪的名词，如快乐、愤怒、悲伤、害怕、痛苦、忧虑、讨厌、喜欢、着急、难过等。
（3）教师事先构思引发各种情绪的情境。
（4）教师事先收集各类情绪变化的图片。

续表 15-10

7. 实施程序

（1）教师向学生展示各类情绪的图片，让同学们说处是何种情绪。如图片上的人看起来怎么样。

（2）教师请每个同学抽出一张小卡片，表演上面写的情绪，并让其他同学猜测所表演的是一种什么样的情绪。

（3）教师说明每种情绪本身都是正常的，每个人都会有不同的情绪反应。带领同学一起讨论在什么情况下会有何种情绪表现。

（4）教师提出一下各种情境，让学生说出在该情境中，他们会有何种情绪产生以及如何处理这种情绪：

a. 有人弄坏了你的自行车。

b. 有人送了一件你很希望得到的礼物。

c. 有个同学放学后告诉你，他要找几个人一起来揍你一顿。

d. 明天老师要我们去郊游。

e. 当你正在看你所喜欢的电视节目时，有人把它调到了别的节目上去了。

f. 你最喜欢的小动物生病死掉了。

g. 你被放在一个漆黑的房间里，房间里没有第二个人。

h. 早晨妈妈给你交学杂费的200元钱不见了。

i. 你看到班上的小王又在欺负你的好朋友。

k. 回家路上，你不小心将手划破了。

- 讨论不适当的情绪反应会造成什么样的不良后果。
- 请每个同学就自己在日常生活中，因不适当情绪反应造成不良后果的情形举一例。
- 讨论如何因时、因地、因人做适当的情绪反应。

8. 教唱"忘忧歌"

歌词是：来呀。把你的忧愁扔在一边，乐！乐！乐！把你的脸儿变得大又圆，就是这样乐。忧愁，没有用，不能充饥渴。来呀来，把你的忧愁扔在一边，乐！乐！乐！

9. 补充活动

（1）短剧表演。

a. 教师先安排一个因情绪反应不适当而造成不良后果的短剧，请同学来表演。例如：小明一早醒来，一看时钟已经7点半了，随便梳洗了一番，早饭也没有来得及吃，就急忙赶到了学校。因为迟到而被检查纪律的同学记了名字。升旗时又因为忘记了戴红领巾而被老师数落了一顿。小明又生气又懊恼。上课时老师讲的是什么也没有听，结果偏偏被老师叫起来回答问题却不会回答，真是丢尽了脸。下课时，同学小虎走过来问他今天是怎么回事，他一把推开小虎，叫他少管闲事，小虎也很生气，认为好心没有好报，两人就打了起来。结果两人都被老师批评了一顿。小明心想，今天可真是倒霉透了。

b. 表演完毕，请学生讨论短剧的内容，对"应如何处理剧中的情境并做适当的情绪反应"发表各自的看法。

（2）角色扮演

每个同学写出一份情绪激动时造成不良后果的体验，由其他同学来扮演。

10. 教师总结

主要参考文献

[1] 于鲁文．心理咨询导论［M］．北京：清华大学出版社，2000
[2] 樊富珉．团体咨询的理论与实践［M］．北京：清华大学出版社，1996
[3] 林孟平．小组辅导与心理治疗［M］．北京：商务印书馆，1993
[4] 林孟平．辅导与心理治疗［M］．香港：商务印书馆，1988
[5] 王连生．教育辅导原理与技术［M］．台北：五南图书出版公司，1991
[6] 洪炜，等．团体咨询的策略与方法［M］．北京：中国轻工业出版社，2000
[7] 吴武典，等．如何进行团体咨商［M］．台北：张老师出版社，1993
[8] 吴武典．团体辅导手册［M］．台北：台湾心理出版社，1996
[9] 吴梦珍．小组工作人员［M］．香港：香港社会工作人员协会出版社，1992
[10] 洪志美，等．自我肯定训练团体手册［M］．台北：台湾桂冠图书公司，1995
[11] 张景然．团体咨询的理论与实务［M］．台北：扬智文化事业股份有限公司，1995
[12] 刘华山．学校心理辅导［M］．合肥：安徽人民出版社，1998
[13] 陈国海，刘勇．朋辈心理咨询［M］．广州：暨南大学出版社，2001
[14] 郑希付．临床心理学［M］．开封：河南大学出版社，1997
[15] 江光荣．心理咨询与治疗［M］．合肥：安徽人民出版社，1998
[16] 曾文星，徐静．心理治疗理论与分析［M］．北京：北京医科大学出版社，1994
[17] 马建青．辅导人生：心理咨询学［M］．济南：山东教育出版社，1992
[18] 高觉敷．精神分析引论［M］．北京：商务印书馆，1986
[19] 林方．人性能达的境界［M］．昆明：云南人民出版社，1987
[20] 车文博．心理治疗手册［M］．长春：吉林人民出版社，2000
[21] 李茂兴．咨询与心理治疗［M］．台北：扬智文化事业股份有限公司，1994
[22] 钱铭怡．心理咨询与治疗［M］．北京：北京大学出版社，1994
[23] 钱铭怡．心理治疗［M］．长春：吉林教育出版社，2002
[24] 陈仲庚，张雨新．人格心理学［M］．沈阳：辽宁人民出版社，1987
[25] 申荷永．团体动力学：理论与实践［M］．长沙：湖南人民出版社，1996
[26] 季建林，储展明．认知治疗的国际动态［J］．中国心理卫生杂志，1994（2）
[27] 季建林，徐俊冕．认知治疗的现状与趋势［J］．中国心理卫生杂志，1989（3）
[28] 徐俊冕，季建林．认知心理治疗［M］．贵阳：贵州教育出版社，1999
[29] 王登峰，谢东．心理治疗的理论与技术［M］．北京：北京时代文化出版公司，1993
[30] 吴增强．现代学校心理辅导［M］．上海：上海教育出版社，1998
[31] 黄惠惠．团体辅导工作概论［M］．台北：张老师出版社，1993
[32] 章志光．社会心理学［M］．北京：人民教育出版社，1997
[33] 沙莲香．社会心理学［M］．北京：中国人民大学出版社，1997

［34］邓明昱，郭念峰．咨询心理学［M］．北京：科学出版社，1999

［35］许又新，吕秋云．现代心理治疗手册［M］．北京：北京医科大学、中国协和医科大学联合出版社，1997

［36］肖沛雄，陈国海，许国彬．大学生心理与训练［M］．广州：中山大学出版社，1999

［37］李建周．教师心理训练［M］．北京：教育科学出版社，1996

［38］李建周．心理训练［M］．北京：教育科学出版社，1992

［39］张雨新．行为治疗的理论与技术［M］．北京：光明日报出版社，1989

［40］戴尔·卡耐基．成功之道全书［M］．沈阳：沈阳出版社，1995

［41］黄素菲．人际关系测试与训练［M］．北京：中国纺织出版社，2002

［42］乐国安．咨询心理学［M］．天津：南开大学出版社，2005

［43］吴宗宪．国外犯罪心理矫治［M］．北京：中国轻工业出版社，2004

［44］张建新，等．心理咨询师的问诊策略［M］．北京：中国轻工业出版社，2000

［45］晏凤鸣．社会工作实务［M］．北京：中国人民大学出版社，2005

［46］李鸣，等．团体心理治疗理论与实践［M］．北京：中国轻工业出版社，2005

［47］刘安真，黄慧涵，等．团体咨商——策略与技巧［M］．台北：五南图书出版公司，1996

［48］许金声，等．自我实现的人［M］．北京：生活·读书·新知三联书店，1989

［49］叶红萍，等．格式塔咨询与治疗技术［M］．北京：中国轻工业出版社，2005

［50］黄艳．心理剧治疗的理论与实践［D］．山东大学硕士学位论文，2006

［51］李鸣．心理剧的历史和理论［J］．临床精神医学杂志，1995（6）

［52］郑日昌．心理治疗［M］．北京：北京大学医学出版社，2007

［53］刘朝莹，江光荣．现实治疗法的新进展：选择理论述评［J］．心理科学进展，2005（2）

［54］刘勇．团体心理治疗与团体训练［M］．广州：广东高等教育出版社，2003

［55］刘勇．教师团体心理辅导［M］．北京：科学出版社，2008

［56］刘勇．团体游戏治疗：借鉴与应用［J］．华南师范大学学报（社科版），2004（2）

［57］刘勇．述评阿德勒式团体咨询理论［J］．石家庄师范专科学校学报，2004（1）